MILAGRE EM JOASEIRO

A marca FSC® é a garantia de que a madeira utilizada na fabricação do papel deste livro provém de florestas que foram gerenciadas de maneira ambientalmente correta, socialmente justa e economicamente viável, além de outras fontes de origem controlada.

RALPH DELLA CAVA

Milagre em Joaseiro

Tradução
Maria Yedda Linhares

3ª edição

COMPANHIA DAS LETRAS

Copyright © 2014 by Ralph Della Cava

Grafia atualizada segundo o Acordo Ortográfico da Língua Portuguesa de 1990, que entrou em vigor no Brasil em 2009.

Título original
Miracle at Joaseiro

Capa
Victor Burton

Imagem de capa
Ricardo Cosmo

Preparação
Cacilda Guerra

Índice remissivo
Luciano Marchiori

Revisão
Huendel Viana
Márcia Moura

Dados Internacionais de Catalogação na Publicação (CIP)
(Câmara Brasileira do Livro, SP, Br asil)

Cava, Ralph Della
Milagre em Joaseiro / Ralph Della Cava; tradução Maria Yedda Linhares. — 3ª ed. — São Paulo: Companhia das Letras, 2014.

Título original : Miracle at Joaseiro.
ISBN 978-85-359-2381-0

1. Cícero, Padre, 1844-1934 2. História política 3. História social 4. Juazeiro do Norte (CE) - História I. Título.

13-13-10609 CDD-381.41098142

Índice para catálogo sistemático:
1. Juazeiro do Norte: Ceará: História política e social 981.312

[2014]
Todos os direitos desta edição reservados à
EDITORA SCHWARCZ S.A.
Rua Bandeira Paulista, 702, cj. 32
04532-002 — São Paulo — SP
Telefone: (11) 3707-3500
Fax: (11) 3707-3501
www.companhiadasletras.com.br
www.blogdacompanhia.com.br

Dedicado à memória de
Alba Frota,
Joaquim Alves,
Octávio Aires de Menezes
Odílio Figueiredo
e Rui Facó,
amigos e pesquisadores

Sumário

Apresentação da terceira edição	9
Prefácio à terceira edição	35
Apresentação da primeira edição	39
Prefácio à primeira edição	41
Introdução	45
1. As origens sociais do milagre	55
2. O conflito eclesiástico	86
3. Um movimento em gestação	112
4. Organiza-se o movimento	134
5. Da religião à política	152
6. Padre Cícero ingressa na política	175
7. Joaseiro pede autonomia	197
8. O Cariri quer o poder estadual	216
9. Joaseiro no plano nacional	255
10. O Patriarca e a Igreja	283
11. Os últimos dias	305

Apêndice 329

Abreviações 353
Notas 355
Referências bibliográficas 465
Créditos das imagens 481
Índice remissivo 483

Apresentação da terceira edição

Relato o que vi e ouvi e aquilo que alguém deu de si.

Padre Antônio Vieira

Juazeiro é uma terra de pouca geografia e muita história.

Padre Murilo Barreto

Em um trecho final do posfácio à segunda edição alemã de *O capital*, após o autor mencionar vários críticos dessa sua obra, considerando alguns deles inconsistentes, em especial os positivistas franceses que o acusavam de praticar uma "dialética metafísica" — tanto assim que numa passagem chega a afirmar: "Ninguém pode julgar mais severamente do que eu os defeitos literários de *Das Kapital*" —, para enfim acolher longamente um comentador russo que se concentra mais na análise de seu método de investigação, afirmando deste: "Eu não saberia responder melhor ao escritor russo do que mediante extratos de sua própria crítica, que podem, aliás, interessar ao leitor".

Pus essa referência no pórtico desta apresentação no intuito de me inspirar nessa atitude benfazeja de Marx para com seus críticos, visto que em geral ele era um contestador aguerrido e useiro de uma ironia cáustica.

Penso que seria legítimo afirmar que, durante o meio século de amizade que me irmana ao professor Ralph Della Cava, participei atentamente da feitura desta sua obra primordial, desde as raízes de sua concepção, ainda como mero e vago projeto de pesquisa, até as fases finais de sua elaboração e nascimento, pois que convivemos desde 1963, em diferentes momentos, no Ceará, em Boston, em Nova York, no Rio de Janeiro, em São Paulo, Paris, Berlim, num diálogo sem descontinuar por todo esse tempo de nossa atividade acadêmica. Daí se constituiu significativa rede de relações intelectuais e afetivas, a qual nas últimas décadas se enriqueceu com um amigo comum: Geová Sobreira, arquivo vivo da memória e da história de Joaseiro;* sem esquecer outro amigo comum e também outra fonte diretamente ligada à temática da obra em apreço: dr. Renato Casimiro. Portanto, para evitar que as emoções que nos unem prevaleçam no que vou expor, adotarei doravante uma atitude intencionalmente formal em relação ao autor.

Costumo enfatizar ser comum a certas personagens que — por sua existência contraditória, sua forte ação transformadora, seu desempenho intenso e fora dos padrões considerados normais e corriqueiros, suas marcas indeléveis na história — tendam quase sempre a provocar dissensão e a suscitar antagonismos na interpretação de seus atos, de sua personalidade e de seu percurso vital. O padre Cícero Romão Batista (1844-1934) é, na nossa his-

---

* Conservou-se ao longo de toda a obra a grafia *Joaseiro* dos documentos da época, em vez do atual Juazeiro do Norte. (N. T.)

tória regional e nacional, a mais bem talhada figura a entrar no molde dessa tendência.

Assim, bem diferente do que reza a tradição, segundo a qual o distanciamento no tempo propiciaria a serenidade de análise crítica e de seu julgamento, no seu caso, quanto mais se torna longínqua sua existência concreta, tanto mais se acumula a montanha dos escritos de seus detratores e de seus apologistas. Dessa literatura vasta e desigual a seu respeito, talvez a única validade resida no registro de alguns fatos relevantes; e, por vezes, nem isso, visto que não passam de meras repetições. Além do mais, sua heurística e sua hermenêutica inclinam-se sempre num rumo que torna exclusivas as vias de acesso, que enquadra rigidamente os questionamentos, tendendo a obstar ou dissimular a possibilidade de outros olhares e, enfim, a adensar a bruma da incompreensão no horizonte de sua historiografia. Daí que sejam raras as obras que, como *Milagre em Joaseiro*, de Ralph Della Cava, logram escapar a essa espécie de maldição que se exprime na obsessão persecutória ou laudatória.

Portanto, ensaio desde logo uma espécie de síntese preliminar da impressão de conjunto que capturo nesta obra, decerto a mais significativa dos muitos trabalhos que o autor produziu desde sua publicação, para, em seguida, explorar os desdobramentos de alguns pontos, que me parecem principais, neste livro, sem exclusão de outros tantos de efetivo valor. Com efeito, esta que foi, na origem, sua tese de doutorado em história na Universidade Columbia se tornou o marco fundamental da mudança de perspectiva na historiografia brasileira sobre padre Cícero e seus temas correlatos: em seu amor à verdade, em sua pertinácia investigativa e com seu relacionamento amigo, o autor logrou desvelar as entranhas dos baús que ocultavam a documentação da intolerância da hierarquia eclesiástica no processo contra padre Cícero; desse modo, sem descartar a montanha dos escritos de detratores e apologetas do protagonista principal dessa história, ele soube se posicionar de maneira equidistante dessas correntes, daí extraindo, apoiado em seus conhecimentos de história econômica e política e em sua perspectiva metodológica mais abrangente, a reconstituição do período, longe das explicações simplificadoras e reducionistas em termos de fanatismos e messianismos, visto que, tendo acolhido em ensaio de Roger Bastide a noção de *romanização*, ampliou-a a ponto de transformá-la em categoria básica da história da Igreja a partir da segunda metade do século XIX, sobretudo no espaço que nos concerne. Esta perdurará como sua marca inovadora em nossa historiografia.

Logo nas últimas linhas da apresentação da primeira edição, há um equívoco histórico e interpretativo que importa assinalar: aí se afirma que o movimento de Canudos, em seu "*fanatismo religioso* [...] *reapareceu em Joaseiro, apenas decorrida uma geração*". Na verdade, as ocorrências em Joaseiro, iniciadas um pouco antes (a partir de 1889), se deram de fato mais ou menos simultaneamente ao movimento de Canudos (1893-1897). Além disso, qualificar esse movimento como "fanatismo religioso" constitui distorção grave de quem escreveu essa espécie de resenha: tal atributo não expressa mais do que os preconceitos e estereótipos recorrentes da tradição letrada brasileira e de alhures em face das agitações populares de inspiração sociorreligiosa. Decerto, tal resenha, supostamente escrita por Charles Wagley, bom conhecedor do Brasil e excelente especialista de nossa etnologia indígena e que dirigia então o Instituto de Estudos Latino-Americanos da Universidade Columbia, não deixava à vontade o jovem historiador Ralph Della Cava para corrigir tal equívoco. Mas ele o fará, de modo sutil e indireto, em seu belo ensaio de reavaliação comparativa, justamente desses dois movimentos, mencionado na introdução deste livro, *Brazilian Messianism and National Institutions: A Reappraisal of Canudos and Joaseiro* (p. 52).*

Mas retorno à caminhada do autor na exposição de seus propósitos neste livro. Quando no prefácio ele exprime sua esperança de que os motivos e a significação do passado de Joaseiro, esclarecidos por sua consistente contribuição historiográfica, "*estejam* [...], *por fim, desnudados do mito* [sic], *da fantasia e do erro*" (p. 42), creio dever sublinhar que esse uso inepto da noção de *mito*, assemelhado ou identificado à fantasia e ao erro, além de inadequado num texto de bom historiador, presta indevida homenagem ao legado positivista do século xix. E a utilização do termo "mito", nessa acepção pejorativa, reaparece em várias passagens da obra.

Adentremos, porém, de vez o corpo da obra. Na sua introdução (pp. 45-54), ao se referir aos "aspectos milenaristas e messiânicos" do fenômeno de Joaseiro, posto que seja para deixá-los, "expressamente, num segundo plano", trata-se na verdade de uma concessão que faz o autor ao prestígio intelectual de autores, como Maria Isaura Pereira de Queiroz, que pespegaram esse suposto quadro analítico, importado da Europa sem maior trabalho crítico do conceito, em nossos movimentos sociorreligiosos populares. Aliás, logo em seguida, o autor enfatiza, com sólido argumento, que nem a teoria nem o modelo, tanto messiânico quanto mile-

---

* Quero chamar a atenção para a importância singular deste ensaio do autor, escrito em 1966, antes de sua tese, porém publicado somente em 1968, em *The Hispanic American Historical Review* (v. 48, n. 3, ago. 1968), e que traduzi e publiquei com autorização do autor e do editor na *Revista de Ciências Sociais* da Universidade Federal do Ceará (v. 6, n. 1/2, 1975): "Messianismo brasileiro e instituições nacionais: Uma reavaliação de Canudos e Joaseiro". Foi nesse texto — que recebeu menção honrosa para os melhores artigos de 1968 pela Conferência sobre História da América Latina — que ele elaborou com riqueza de dados históricos a argumentação que deu suporte ao quadro analítico que emprega na presente obra.

narista, possuem consistência *explicativa* para dar conta de um movimento que durou por quase meio século. E poderíamos legitimamente acrescentar: movimento que perdura até hoje nalguns de seus desdobramentos. Eis por que Della Cava, por várias vezes, acentua seu caráter de história *política* como fato primordial do propósito básico que o presente estudo pretendeu realizar.

Não obstante, na sequência de sua argumentação, ao reafirmar mais uma vez a natureza de seu escopo, cabe um reparo ao termo que ele utiliza: "Em parte por tais motivos, pretende esta monografia [...] *recriar* [sic, grifo meu] a história *política* de Joaseiro" — visto tratar-se na verdade da *reconstrução* dessa história, aquilo que ele efetivamente produziu de forma inovadora e bem fundamentada. Portanto, algo a meio caminho entre o que ele cunhou como "recriação" e aquilo que poeticamente afirmava Michelet: "*A história é uma ressurreição*". A saber, uma tarefa de Sísifo, que se refaz a cada período.

Além disso, é em sua introdução que ele constrói admiravelmente os delineamentos de sua metodologia e de seu suporte conceptual, com os quais reconstruirá, sobretudo, a história política do movimento de Joaseiro e, em menor escala, o esclarecimento de alguns aspectos relevantes de sua história econômica; a saber, o quadro interpretativo segundo o qual esse movimento religioso-popular se originou e se desenvolveu dentro de definido contexto por suas estruturas dominantes em escala mundial e nacional. Em suma, tal movimento afetou o processo histórico do período e foi afetado por este em três pontos básicos: pela instituição internacional da Igreja Católica Apostólica Romana; pelo sistema político do Brasil imperial e republicano; e por uma economia nacional e mundial em mutação.

Na excelente síntese histórica que o autor nos propicia no capítulo 1 desta obra — "As origens sociais do milagre" —, onde até a escolha dos títulos de seus tópicos nos encanta por seu estilo, reside aí sua tese do processo de *romanização*, que constitui indubitavelmente uma de suas contribuições mais importantes e inovadoras neste livro. E quero insistir nesse aspecto a fim de sublinhar seu alto valor hermenêutico. De fato é, sobretudo, no desenvolvimento inicial do tópico A *"romanização" do catolicismo brasileiro* (pp. 69 ss.) e nas observações acrescidas na nota 33 (p. 359) que Della Cava elabora — tanto confessando sua inspiração no ensaio de Roger Bastide "Religion and Church in Brazil" (1951) quanto ajuntando suas próprias interpretações — um dos pontos cruciais em que irá arrimar sua análise do tema de que se ocupa nesta monografia. O conceito de *romanização* constitui, pois, aquilo que iluminará e abrirá novos caminhos e perspectivas de nossa historiografia, em especial nessa área e a partir desse período. Aos quatro pontos indicados na análise da "Igreja romanizada" no Brasil proposta por Bastide e resumidos pelo autor na nota 33, ele acrescenta um quinto aspecto fundamental: a integração sistemática da Igreja brasileira, de maneira ideológica e institucional, nas estruturas altamente centralizadas da Igreja Católica dirigida desde Roma. Portanto, este último aspecto do processo aclara a aguda observação de Bastide segundo a qual, ao se tornar romanizada, a Igreja no Brasil se desnacionalizou. E eu teria a tentação de ajuntar: após o Concílio Vaticano de 1870, ela sofreu um recuo numa como tridentinização de sua contextura. Em suma, tal processo de revitalização da Igreja e do clero se dá mediante a ênfase numa santidade pessoal e na exaltação de devoções sobrenaturais que nos vinham da Europa, conforme exemplificado amplamente nas páginas deste livro.

No tópico seguinte do capítulo inicial, *A fé e a nação*, há evidente deslize que merece ser assinalado. Quando o autor se refere, no começo do tópico, à questão religiosa no período imperial, ele qualifica o fato como "o primeiro conflito importante entre a

Igreja brasileira e a *nação*" [sic]: na verdade, o conflito se deu entre a Igreja e o Estado, representado pelo Governo Imperial, como, aliás, sua própria exposição o demonstra (pp. 74 ss. [grifo meu] e nota 47).

Encerrado o primeiro capítulo com o tópico *Prelúdio do milagre*, no qual a ocorrência de 1º de março de 1889 vem sumariamente narrada, o capítulo seguinte amplifica o relato do conflito eclesiástico que se instala à medida que a população toma conhecimento do "milagre", e o fato de que este foge da esfera privada e se torna cada vez mais público. Os dois últimos parágrafos do tópico *O milagre público e suas implicações doutrinárias*, após o relato minuciosamente documentado das marchas e contramarchas que se seguiram à sua ampla divulgação, encerram esse tópico por arguta observação do autor, que remete o acontecimento para nível mais amplo, ou seja, o das transformações políticas que se aceleram, no período, com o golpe militar que derruba o Governo Imperial e proclama a República naquele mesmo ano de 1889, e suas consequências para a situação da Igreja em face do Estado que se estruturava em sua nova configuração. Assinale-se enfim a entrada em cena, nesse palco político que também se alarga em plano nacional, de outros protagonistas importantes nos dois lados da "questão religiosa", e em especial de José Marrocos, primo de padre Cícero e competente defensor do *milagre*.

Há significativo aspecto na construção desta obra historiográfica, comum a esse gênero de pesquisa e criação, que reside na abundância de notas de rodapé e principalmente de notas finais, consistindo estas em grande parte de referências à documentação primária e secundária que dão suporte de rigor e de validação daquilo que vem sendo afirmado; ou, com bastante frequência, no caso, constituídas de reflexões enriquecedoras dos fatos e do confronto de interpretações. Por isso, cabe sublinhar a riqueza dessas notas neste livro de que me ocupo. E mais ainda no terceiro capítulo — "Um movimento em gestação" —, a variedade e a riqueza das reflexões contidas em tais notas são de tal extensão e importância que a metade desse capítulo se compõe de tais materiais. Esse conjunto examina justamente a intensificação e a complexificação dos conflitos nessa fase inicial da questão religiosa, as quais condicionarão o desenrolar dos processos políticos das décadas seguintes na reconfiguração dos espaços de poder e de progressiva autonomização desse movimento, quase único em suas singularidades em face do perfil dominante da história de nossas agitações populares. Assinalo, todavia, pequeno reparo conceptual no segundo tópico desse capítulo, em que o autor busca caracterizar aquilo que ele chama de "nova religião popular", que se expande em apoio à Questão do Milagre: quer-me parecer que o termo correto e adequado ao fato seja *religiosidade*, que se refere às práticas do sagrado e não se confunde com o sistema de conjunto doutrinário e de códigos implicados no conceito de *religião*.

O capítulo subsequente — "Organiza-se o movimento" — é outro dos textos mais densos da reconstrução histórica dessa fase em que o conflito entre a hierarquia e os fenômenos de Joaseiro não se arrefece. Eis por que esse, como o anterior, se enriquece e se compõe, de fato, com suas notas finais. Assim, apesar de inúmeros outros fatos e personagens que vão surgindo e se envolvendo com a questão religiosa, nesse capítulo, após extenso, minucioso e bem documentado relato do conflito que se concentra nas figuras de padre Cícero e do segundo bispo do Ceará, d. Joaquim José Vieira, o autor o encerra — como se preparasse o leitor para os desenvolvimentos outros a que a história levou seus protagonistas — mediante este juízo iluminador: "Nos quinze anos que se seguiram, Joaseiro continuou sendo, para muitos dos observadores, um 'centro de fanatismo religioso'. *Por trás dessa fachada, porém, estavam ocorrendo importantes transformações políticas* [...]" [grifo meu].

Sem descontinuar o estímulo dado por essa observação, ao iniciar o capítulo seguinte — "Da religião à política" —, o autor complementa sua afirmação positivamente nesse rumo, que só fez crescer até os dias de hoje e mesmo de modo mais intenso do que se podia prever então: "De centro de 'fanatismo' religioso a importante força econômica e política do Vale do Cariri, foi essa a transição que se operou em Joaseiro de forma quase imperceptível". Nesse capítulo fecundo por seus aspectos paralelos à "questão religiosa", observa-se no discurso do historiador refinada percepção dos fatores sociais que condicionaram os fluxos migratórios diferenciais na construção demográfica, socioeconômica e política, e que fizeram de Joaseiro um polo dinâmico, simultaneamente diverso e integrado à região sul do estado: resultante e produtora de tais transformações ao longo de seu processo histórico, a cidade se tornou um centro com dominância de adventícios em sua síntese cultural, que se manifesta inclusive na fala de seus habitantes tradicionais. É claro, porém, que as mutações mais recentes, nacionais e globais, introduziram novos fatores que estão acarretando a ampliação de um horizonte de perspectivas em seu rumo batido na direção de núcleo urbano de modernidade inovadora — cujo traço mais destacado é o de ser hoje matriz de instituições universitárias de maior envergadura fora da capital do estado. Faço, pois, questão de citar, em destaque, ao menos, pequeno trecho, dentre as argutas reflexões do autor sobre esse processo aqui aludido:

> Quanto às razões pelas quais os romeiros se dirigiam a Joaseiro entre 1894 e 1934, nada mais simplista do que as procurar apenas na motivação "religiosa". Muitos dos romeiros chamados pelas elites de "fanáticos" eram analfabetos, pobres e politicamente inertes. Sob a capa de impulso religioso, não ortodoxo ou heterodoxo, escondia-se, muitas vezes, o desejo infrutífero de controlar o meio

adverso e sobrepujar as injustiças sociais que faziam de suas vidas uma desgraça. Tal, pelo menos, é a conclusão que se pode tirar do conteúdo comovente de várias centenas de cartas endereçadas a padre Cícero entre 1910 e 1913. Escritas, quase todas, por semianalfabetos, essas cartas constituem um raro libelo histórico dos pobres do Brasil sobre as iniquidades sociais que predominavam no sertão nordestino durante a primeira parte do século xx. (p. 158)

Indubitavelmente, nesse capítulo, o tópico intitulado *O Patriarca e seus romeiros* é um dos momentos mais altos desta obra do historiador Ralph Della Cava. Expressão generosa do nível analítico em que situa seu trabalho de pesquisador, que não exclui do rigor documental e arquivístico aí produzido a sensível compreensão, emocional e estética, daquele universo humano denso de existências contraditórias em suas dores e esperanças, mas em busca de uma terra de promissão que identificavam à sombra de padre Cícero do Joaseiro. Transcrevo tão só um parágrafo desse belo tópico, em abono da admiração que em mim desperta:

Joaseiro era, de fato, uma "cidade santa" presidida por um santo Patriarca que era o padrinho dos doentes, dos desabrigados, dos oprimidos, dos que tinham fome, dos criminosos e dos pecadores. Tachados de "fanáticos" pela sociedade culta do litoral, tais romeiros, pelo contrário, consideravam-se apenas afilhados de padre Cícero. O clérigo assumia ainda, de boa vontade, os papéis de médico, conselheiro, provedor e confessor, que lhe eram exigidos por seus seguidores e, na sua própria mente, por Deus. (pp. 160-1)

O capítulo 6, "Padre Cícero ingressa na política", como o próprio título explicita — sendo, no entanto, o mais curto do livro —, demonstra com ênfase a dimensão pública que os conflitos cada vez mais assumem, sobretudo pelo surgimento de novo e importante protagonista, dr. Floro Bartholomeu da Costa, que se tornará o "alter ego" do Patriarca, produzindo a aliança de seu braço político com a liderança espiritual de Cícero; assim como se acentua a disputa entre Joaseiro e Crato pela criação do bispado do Cariri. Portanto, mais uma vez nesse capítulo, após relativamente longo relato, com sólido suporte documental de gênero vário, sobre a lenta transição das pugnas em torno da "questão religiosa" rumo a essa inserção definitiva do padre no universo político da época, a estender-se mais ou menos de 1908 até sua morte, em 1934, período em que ele se transforma na figura de um dos mais destacados líderes em nível local e estadual, e mesmo no conjunto da nação. Vale salientar dois aspectos básicos na construção desse discurso histórico: o uso de saborosas metáforas de inspiração político-literárias e a vigorosa síntese analítica e interpretativa com que o autor vem concluindo cada parte de seu texto. Tal procedimento revela assim o solo das transformações econômicas e sociais sobre o qual se desenrolou a trama dos conflitos sociorreligiosos do cristianismo sertanejo nacional em face de uma hierarquia eclesiástica de perfil nitidamente romanocêntrico. Tudo isso a partir dos atritos e disputas de poder entre os dois principais polos urbanos da região, com o envolvimento político da capital do estado e do governo da União.

Mais uma vez tomo a liberdade de citar trechos finais do capítulo 6, a fim de ilustrar a estratégia discursiva adotada pelo autor, que se compõe com alguma regularidade de três passos: 1) uma abertura que se encadeia com o questionamento do capítulo anterior, seguida de 2) uma parte mais longa do relato histórico do período em exame, 3) para no final apresentar uma síntese analítica que insere a questão local num horizonte mais amplo de mutações econômicas e políticas nacionais e mundiais:

A "nova era" de republicanismo e penetração capitalista alterara, forçosamente, o estilo da política sertaneja. Os métodos tradicionais de coerção política, intensificados pelo crescimento dos espólios políticos regionais, estavam cada vez mais em descompasso com os tempos. Os coronéis de fazenda agora precisavam legitimar seu poder em função das novas leis republicanas. [...]

O Cariri representou o tipo das transformações sociais e políticas do sertão durante a República Velha (1889-1930). [...] Na primeira década do século XX, a principal tarefa do bacharel consistia na defesa verbal de seus chefes políticos. Em todo o Cariri, proliferavam jornais como testemunhas lúcidas dos recentes progressos econômicos, na medida em que os combates políticos se tornavam mais retóricos e menos sangrentos, menos custosos, e adotavam os padrões de valor do litoral urbano. [...]

Formado pela Faculdade de Medicina da Bahia, era o dr. Floro um bacharel que chegou ao Cariri no momento da transição. Sua profissão dava-lhe acesso aos lares ricos e pobres de Joaseiro. Seu consultório e sua farmácia fizeram-no cair nas boas graças dos moradores e do Patriarca, que o acolheu [...]. O dr. Floro trilhou o mesmo caminho do sucesso político que foi típico de outros médicos e advogados do sertão naquela época. (pp. 195-6)

Observe-se desde logo trechos iniciais do capítulo 7 — "Joaseiro pede autonomia"— em que o autor retoma o que acabara de tratar no tópico final do anterior e abre a perspectiva deste:

Compreende-se que o pedido de autonomia de Joaseiro em relação ao Crato tenha desencadeado uma feroz rivalidade entre as duas cidades. Originando-se nominalmente com a "questão religiosa" de Joaseiro, suas raízes vinculavam-se, entretanto, a uma série de atritos de natureza econômica entre as duas cidades, desde 1896. Propalou-se, nesse ano, que os posseiros "fanáticos" de padre

Cícero tinham se preparado para uma invasão armada às terras férteis do Crato. [...] [*Com as agressões vindas daí*] Os romeiros que cultivavam as terras, e que, como domésticos, trabalhavam nas casas dos cratenses ricos, retornaram a Joaseiro. Além disso, toda a população da aldeia boicotou a feira semanal do Crato: os artesãos de Joaseiro recusaram-se a vender seus produtos na cidade [...].

O boicote econômico ressaltou a causa fundamental da divisão entre as duas cidades: de um lado, um Joaseiro autônomo iria solapar a hegemonia regional do Crato; de outro, os comerciantes e, em menor escala, os artesãos de Joaseiro achavam que seu crescimento econômico fazia jus a um poder político proporcional. (pp. 197-8)

Há nesse procedimento narrativo adotado pelo autor algo que evoca a técnica do *suspense* das criações ficcionais, como agora, na transição do sétimo capítulo, que se encerra com uma frase magistralmente bem urdida — "Não poderia ter acontecido em momento mais importante: em janeiro de 1912, apenas seis dias antes das eleições federais e a três meses da eleição para presidente do estado, o vacilante Babaquara [*o velho oligarca Nogueira Accioly*] era violentamente deposto" — e que prepara aquilo que vai ser desenvolvido no capítulo 8 — "O Cariri quer o poder estadual" —, o mais denso do livro, tanto por sua extensão quanto pela trama complexa e violenta dos conflitos políticos que desembocam na "Revolução de 1914" e seus desdobramentos. Observe-se atentamente ainda uma vez, para exemplificar esse procedimento da excelente historiografia desta obra, o curto parágrafo, porém de forte luz, sobre a intriga que vem sendo relatada, contendo aguda crítica de interpretações enviesadas e típicas de nossa tradição letrada acerca do universo cultural "retardatário" dos sertões:

As idas e vindas e as traições políticas entre o Rio de Janeiro e Fortaleza atingiram o sertão de maneira profunda. O Vale do Cariri, o que é bastante significativo, tolerou tais zigue-zagues não por uma questão de pureza e primitivismo, e respondeu aos impulsos externos não porque fosse constituído de comunidades parcialmente isoladas e "rústicas", cujo estilo político, como querem alguns autores, era fundamentalmente diverso daquele que predominava no litoral ou estava em desacordo com a cultura política do litoral, por ser esta "civilizada", moderna e urbanizada. Ao contrário, o Cariri manteve-se a par de todas as tortuosas reviravoltas que se verificaram lá longe; não surpreende que a cada novo volteio tenham seus líderes manobrado com consumada habilidade em defesa de seus respectivos interesses locais e da preservação de uma maior rede política, na qual tinham se integrado as estruturas do interior havia mais de dez anos. (pp. 226-7)

Nas conversações que sempre mantive com Geová Sobreira, este insistia em sublinhar a relevância do oitavo capítulo tanto por sua contextura quanto pela importância do momento histórico aí examinado. Por fim, ele envia para mim algumas considerações sobre esse texto, que iluminam as condições de sua elaboração e acentuam seus aspectos mais valiosos. Escritas evidentemente num só impulso de correio eletrônico, tomei a liberdade de corrigir as falhas de digitação e de articulação sintática, a fim de poder transcrevê-las aqui mesmo sem concordar com alguns pontos de sua reflexão, razão pela qual omiti as hipérboles exageradas do final:

Não me lembro de ter sugerido adendos ao capítulo 8 do *Milagre em Joaseiro*. Julgo-o um dos mais ricos e que nasceu de uma casualidade, pois o Ralph, desesperado por não ter acesso aos baús da diocese do Crato, nem aos arquivos salesianos, nem muito menos aos da arquidiocese do Ceará, decidiu construir, como alternativa para a tese, estudar e escrever sobre a oligarquia Accioly. Sua temporada no Rio de Janeiro, vasculhando jornais do Ceará na Biblioteca Nacional, permitiu que tivesse uma vasta visão da política cearense. Retornando do Rio de Janeiro e retomando o objetivo da tese (os milagres de Joaseiro), ele teve a sorte — a sorte é muito importante nos grandes empreendimentos — de lhe serem facultados todos os documentos que eram guardados a mil chaves e só facilitados a pequenos acessos àqueles que se comprometiam a atacar o padre Cícero. Assim, o denso capítulo 8 é um cenário ricamente ilustrado da situação política do Ceará e do Brasil e necessário para se ter uma compreensão exata da grandeza e atipicidade do movimento religioso de Joaseiro. É uma pena que os historiadores de ofício do estado do Ceará não tenham partido desse capítulo para um livro de fôlego; e se ficou sempre na História miúda, achacando a oligarquia Accioly. A indicação de Franco Rabelo como candidato ao governo do Ceará foi talvez um acerto de contas pela deposição de Clarindo de Queiroz. Mais tarde, a indicação de Benjamin Liberato Barroso foi um acerto de quartéis e ainda mais num momento de crise com a seca de 1915, a derrocada da exportação da borracha, o desmantelamento do mercado europeu de produtos primários cearenses com a Primeira Guerra Mundial. A indicação de João Tomé para o governo do Ceará foi a retomada e a reorganização da oligarquia dos Accioly. Há muito de importante no capítulo 8 — o Joaseiro assumindo uma posição de destaque na política nacional. É no Joaseiro que nascem a ideia e o conceito de regionalismo, que uns vinte anos depois serão aceitos pelas elites urbanas. O Ceará sempre teve muito cuidado em não remexer em assombrações, e é por isso que o capítulo 8 é fundamental para se entender os movimentos políticos e sociais do Ceará.

É algo incitante compreender os cenários da época em que o *Milagre em Joaseiro* foi escrito. A década de 1960 foi ao mesmo tempo fantástica e trágica. O mundo vibrou com a eleição de John Kennedy. O charme e a riqueza do clã dos Kennedy encantavam a todos. Depois veio a invasão da Baía dos Porcos, a crise dos mísseis em Cuba, o Muro de Berlim, o movimento dos direitos civis e a Guerra do Vietnã. Foi nesse contexto que foi concedida a bolsa de estudos a Ralph para pesquisar um movimento religioso popular que havia conseguido sobreviver à repressão tanto da Igreja como do Estado. Ainda no cenário internacional, as grandes expectativas geradas pela convocação do Concílio Vaticano II e pela figura de d. Hélder Câmara tornaram-se de magnífica grandeza na esperança de reformas profundas na Igreja e principalmente o seu comprometimento com as camadas da população excluídas de tudo. O Brasil vivera os anos dourados de JK, pois além da bossa nova tínhamos ganhado duas Copas do Mundo de futebol. Tivemos desenvolvimento econômico e estabilidade política. A criação da Sudene e do Banco do Nordeste enchia de entusiasmo toda a região. A formação de técnicos abria grandes perspectivas para a juventude. Era a esperança por que o povo ansiava. Depois veio a tragicomédia de Jânio Quadros, o homem que não era rico, não fazia parte de qualquer clã político ou econômico, não tinha padrinhos, não era dono de jornal, não tinha dinheiro, nem era bonito. A partir de sua renúncia, passamos a viver o terrível dilema: ou as Reformas de Base defendidas pelas esquerdas ou uma quartelada militar. Deu-se a quartelada. O Ceará vivia, contudo, uma epopeia diferente sob a batuta de um gigante agitado, criador de escolas, fundador de universidades, Antônio Martins Filho, que pôs no mapa do Brasil um estado pobre que brilhava no campo intelectual. Foi nesse cenário que chegou a Fortaleza o jovem pesquisador norte-americano, católico, com a esposa nos últimos meses de gestação e um filho de dois anos no colo, dono de carisma pessoal que encantava e seduzia a todos em busca de um milagre que a Igreja Católica renegava e a elite do Ceará chamava de embuste.

Há, todavia, nesse capítulo uma questão talvez menor, mas que sugere algum reparo. Refiro-me ao tópico sobre *Cangaceirismo no Cariri*. Posto lamente o autor a esquálida ou inexistente bibliografia sistemática de estudos sobre o fenômeno — com o que não concordo, pois já havia então significativas publicações acerca dessa temática, longamente estudada —, há que se assinalar aí certa inconsistência conceptual de sua análise e que fundamenta a reconstituição histórica do período que sucede à queda da oligarquia Accioly e acompanha a presidência de Franco Rabelo, em sua luta contra o banditismo como suporte político do mandonismo de chefes locais da região. De fato, a literatura posterior à época da elaboração do presente livro se enriqueceu de ensaios que deram maior relevo tanto aos balizamentos analíticos e interpretativos desse gênero de banditismo quanto à tipologia de suas manifestações diferenciais. Não obstante, embora o autor proceda à clara distinção entre manifestações quer de "tipo espontâneo", gerado no seio do campesinato descontente, quer de "tipo dirigido", criado politicamente de cima para baixo (p. 234), no desdobramento de seu relato ele abandona esse critério e usa indiscriminadamente o conceito de *cangaceiro*. Em suma, *jagunços* e agregados aos exércitos privados de coronéis do Sertão se distinguem nitidamente de cangaceiros autônomos, atuando em bandos liderados por chefes de igual condição social — e que só serão extintos nos anos 1940 à medida que as mutações históricas do país lhes retiraram as condições de existência. E esse uso inadequado e indiscriminado de *cangaceiro* se reproduz nos tópicos subsequentes desse capítulo, mesmo assim, um dos mais importantes do livro.

Para concluir as considerações sobre esse capítulo desafiador, em sua construção quase barroca por suas volutas mentais, chamo a atenção para o segundo parágrafo da nota 78, que vem remetida do tópico *Planejando a "revolução", 1913*, onde o autor lamenta criticamente a maioria da historiografia da região, e faço questão de enfatizar o estilo elevado com que o dr. Ralph Della Cava elabora o andamento desta obra, conforme se pode apreciar nesta sua aguda afirmação: "É uma pena que grande parte do passado do Cariri permaneça no domínio quer da 'hagiografia', quer da 'demonologia', e não da história".

O exame da fase seguinte, em que lentamente o processo revolucionário vai sendo substituído, e as complementações analíticas do período, articuladas com as do anterior, são claramente expostas no capítulo 9 — "Joaseiro no plano nacional". Seus dois tópicos iniciais, dedicados a um balanço do poder em suas duas dimensões, nas relações entre o Catete e Fortaleza e nas de Joaseiro e o Cariri, constituem sua melhor demonstração.

Chega a ser encantador observar como, com a precariedade de recursos à sua disposição e em meio a essa montanha de documentos e obras examinadas criticamente, de personagens e categorias de gênero vário, grupos, facções e partidos, alianças e coligações, conflitos e rupturas de toda ordem, o autor consegue navegar com desenvoltura nessa *selva selvaggia*, na decifração dessas redes intricadas, para construir sua narrativa e harmonizar com maestria essa dissonante sinfonia.

Portanto, mais uma vez quero ressaltar algumas sutilezas analíticas de Della Cava ao se defrontar com o emaranhado dos processos políticos de então. Exemplifico: quando examina aí a quase ruptura da velha amizade de padre Cícero e Floro Bartholomeu em decorrência dos conflitos de poder que se seguiram à derrubada de Franco Rabelo e o consequente governo de Benjamin Barroso em meados de 1914. Na medida em que este, com o apoio de Pinheiro Machado, busca desmontar a liderança de Floro e seus suportes políticos, usando para isso a intervenção do Patriarca, nasce daí a primeira rusga na aliança de dezoito anos que os unia. Floro Bartholomeu faz, na ocasião, veemente apelo ao sacerdote, no sentido de que este se afaste de qualquer participação política e reforce a confiança em sua liderança. Ao final desse relato, Ralph Della Cava esclarece ter o septuagenário Patriarca ficado sem alternativa: sua esperança de recuperar o sacerdócio e a segurança de Joaseiro dependiam de Floro. Com efeito, o regresso a Joaseiro dos regimentos revolucionários de Floro, procedentes de Fortaleza, constitui a chance de os inimigos políticos de Joaseiro voltarem à carga contra o Patriarca, acusando-o de "acoitar criminosos"; e, em represália, Benjamin Barroso, como fizera seu antecessor, iniciou campanha policial contra o banditismo do Cariri — ora, somente a presença de Floro nas altas esferas do estado e da nação poderia impedir Benjamin Barroso de transformar tal campanha numa arma política contra os dedicados chefes acciolystas do Cariri. E o autor conclui o argumento:

> Essas foram as considerações superiores que fizeram o Patriarca submeter-se à liderança de Floro. Decorridos dois meses, essa submissão foi e continuaria a ser completa até a morte de Floro, em 1926. A pedido deste, padre Cícero concordou em jamais agir politicamente sem a prévia aprovação de Floro. (p. 260)

E na nota 11 do mesmo capítulo, Della Cava acrescenta esta preciosa observação:

> Em 18 de agosto de 1914, padre Cícero recebeu um telegrama anônimo, fazendo-lhe um relatório detalhado da guerra europeia e da morte do papa Pio x. Uma anotação na margem denota que Cícero estava chocado e ordenou que os sinos repicassem das 15h do dia 18 de agosto até a mesma hora do dia 21. Assim, a população de Joaseiro talvez tenha sido uma das poucas que no interior tomaram consciência dos acontecimentos mundiais.

Vale ainda salientar que, nas páginas finais desse "balanço do poder", há uma crítica explícita às interpretações dominantes em termos de um dualismo, digamos, para simplificar, cultural, entre o litoral e o interior. O autor assinala que foram as disparidades de acesso aos recursos do país, entre as duas áreas, que se tornaram um fator saliente da participação do Cariri na revolução de 1913-1914; e que esta deve ser compreendida atualmente, com o decurso de tempo, não como uma luta entre "uma cultura sertaneja atrasada" e o "litoral civilizado", mas, sim, como a busca do Vale do Cariri no sentido de aumentar sua cota de "civilização", poder e benefícios materiais. Portanto, a assim chamada "sedição" não foi uma luta destrutiva da estrutura de poder estatal, mas, antes, o meio violento para obter maior participação no sistema, compatível com a contribuição dada pelo vale ao progresso do Ceará.

Eis por que parece legítimo interpretar o nono capítulo como um esforço complementar do autor à análise desenvolvida no capítulo anterior e que constitui o tema central e mais relevante da tese demonstrada nesta obra. Note-se que o tópico seguinte, intitulado *Cariri: O contexto do desenvolvimento regional*, é claramente um desdobramento dos dois tópicos que o precederam — aqui, ele avança sobre o período de 1920 à Revolução de 1930, na perspectiva do balanço de poder exercido pelo Joaseiro e pelo Cariri no plano estadual e nacional. Della Cava é, nesse sentido, esclarecedor ao destacar o primado da liderança de Floro Bartholomeu nessa fase, em especial em sua defesa da República contra a Coluna Prestes, que pôs em relevo a posição do Cariri, o que levou Floro a ser agraciado, postumamente, com o título honorífico de general do Exército. E encerra esse relato com este comentário típico de seu estilo e de sua argúcia interpretativa: "*A salva de 21 tiros de canhão ao baixar o seu ataúde à sepultura foi o dobre dos sinos à morte política do Cariri*" (p. 268).

Nesse mesmo horizonte de considerações, em várias partes desta obra e, sobretudo, no período das transformações e desenvolvimento do vale, posteriores a 1915 — ver mais especialmente no tópico *Cariri: O impacto do desenvolvimento regional* —, Ralph Della Cava sublinha um fato que deve ser destacado aqui: a proeminência de padre Cícero como um dos principais mobilizadores e distribuidores da mão de obra para os grandes empreendimentos da região naquele período. Ele amplia ainda mais essas suas reflexões sobre tais mutações no excelente tópico *Regionalismo nordestino e nacionalismo "folclórico"* com que encerra o capítulo 9. Em tão curto espaço, força é reconhecer que a síntese realizada pelo autor nesse último tópico é bem elaborada na sua escolha de fatos e atos do período, que sublinham mais particularmente sua dimensão cultural. Acredito, porém, que o viés por ele adotado, privilegiando ocorrências e protagonistas locais, não enriquece essa tendência em seus fundamentos. Há outros autores ou atores, não citados por ele, como um Gilberto Freyre, que exerceu influência muito mais ampla e relevante nesse processo ideológico de invenção de uma "região Nordeste" — noção que inexistia, salvo como ponto cardeal, até os anos 1920 e, sobretudo, os anos 1930 —, que suscitaram a formação de uma consciência regionalista. Até os anos 1920 e 1930, a inteligência brasileira construíra o mapa cognitivo do país sobre dois eixos em coordenadas: um, mais geográfico, visualizando as províncias do Norte e as do Sul, tendo a Bahia como divisor de águas onde tudo começou; e outro, mais cultural, opondo o Litoral e o Sertão. Um exemplo simples disso se acha em escritores citados por Della Cava, como Gustavo Barroso, que, em suas primeiras obras publicadas no Rio de Janeiro, assinava-as como "João do Norte"; ou Leonardo Motta, cujo segundo livro sobre folclore trazia o título de *Violeiros do Norte* (1925) etc. Há, pois, que se assinalar outra perspectiva para a gênese dessa questão, e com certo *penchant* negativo, que se conjuga à de Gilberto Freyre, em especial a do neobandeirantismo paulista em sua busca de hegemonia. Mas essa é longa questão que exigiria maior argumentação, desbordando de muito os limites da parcimônia, e que Guillaume d'Ockham me perdoe.

Nos dois capítulos finais da obra, o autor não baixa a guarda de sua estilística, de modo a manter o alto padrão que impôs a toda sua construção. Assim, o capítulo 10 — "O Patriarca e a Igreja" —, além de se constituir de um retrospecto das lutas em que esteve envolvido padre Cícero, amplia seu exame para os anos subsequentes em que se dá o lento processo de seu envelhecimento e certo grau de distanciamento da política, conforme vem demonstrado no primeiro tópico. Importa, contudo, assinalar o cuidado do autor (ao examinar no tópico seguinte a "questão religiosa" de Joaseiro a partir do momento, 1916, em que d. Quintino, primeiro bispo do Crato, ficou no comando dos fatos a curta distância) em relação às dificuldades metodológicas da reconstrução do período, conforme sublinha a nota 20, em virtude da carência de documentação em face das transações pessoais entre Cícero e o bispo, o que tornou "mais especulativas várias de suas hipóteses". A isso ele acrescenta ainda que a nova e rápida mudança de orientação — em sua primeira visita pastoral a Joaseiro, d. Quintino restitui ao Patriarca o privilégio de celebrar missas — deve-se às necessidades e circunstâncias da instalação da diocese, e que importa não serem tais modificações de 1916 e 1917 interpretadas, exclusivamente, como ato de caridade e amizade por parte do bispo. Um reforço dessa interpretação se acha no desenvolvimento do tópico seguinte, *Os objetivos da reintegração, 1916-1917*, que é todo ele relevante e merece ser ressaltado, e mais particularmente em seu último parágrafo, que se encerra com esta reflexão do autor, criticamente, irônica:

Em suma, se a Igreja foi um fator de desenvolvimento do vale da maneira acima descrita, não deixa de ser uma ironia o fato de que ele só foi possível em virtude dos óbolos e estipêndios das missas assistidas e encomendadas pelos "fanáticos" dedicados de padre Cícero, mas encarados com antipatia pela hierarquia. (p. 299)

A obra se conclui no capítulo 11, significativamente intitulado "Os últimos dias". Trata-se efetivamente, em seus primeiros tópicos, de uma síntese histórica que acompanha os últimos anos do velho Patriarca nessa incessante dialética de aproximação e repulsa entre religião e política, e que traçou os rumos da construção de Joaseiro desde seus inícios até a morte de seu fundador. Supostamente o parágrafo mais significativo dessas reflexões seja o tópico *Joaseiro em foco*, em que o autor faz um comentário conclusivo, assinalando, após a morte de Floro, em 1926, a perda da posição política superior do Cariri e do prestígio múltiplo do Patriarca, para enfim apontar as fontes bibliográficas da lenda degradante da imagem de Joaseiro: "Chega-se, então, à conclusão inevitável de que parte da base historiográfica do passado desfigurado se deve, sobretudo, a dois de seus filhos da terra e a um conterrâneo caririense" (padre Macedo, Xavier de Oliveira e padre Alencar Peixoto) (p. 319). O derradeiro tópico do livro é a tocante narrativa dos últimos tempos — *a última jornada* — do padre Cícero Romão Batista, sobretudo da comoção geral no dia de sua morte em Joaseiro, na manhã de 20 de julho de 1934.

Esta obra de Ralph Della Cava não constitui, com a boa historiografia de que é feita, um livro do passado para ser fruído como objeto arqueológico. Não possui a textura de castelo medieval, contornado por suas muralhas. Ao contrário, é imenso corredor aberto com esforço e competência, e dá para inúmeras portas a sugerir os desafios de inovadoras investigações complementares. Eis por que invoco, sem concluir, a sabedoria judaica expressa na advertência do epílogo do sábio Qohèlèt:

Além disso, meu filho, sê advertido
de que fazer livros é um trabalho sem fim;
e de que muito estudo fatiga o corpo.
(Eclesiastes 12,12)

Eduardo Diatahy B. de Menezes
Professor emérito da Universidade Federal do Ceará
Fortaleza, 22 de outubro de 2013

Prefácio à terceira edição

Foi meio século atrás, quase nesta mesma data, que, pela primeira vez, pisei em solo de Joaseiro! É difícil acreditar que cinco décadas transcorreram tão rápido. Igualmente difícil é acreditar que esta terceira edição de *Milagre em Joaseiro*, uma tese de doutorado transformada em livro, tenha, hoje, mais de quarenta anos de idade.

Creio que outras pessoas, melhor do que eu, possam ter uma noção mais clara do valor desta obra quanto a merecer ela ou não uma nova edição. Mas, verdade seja dita, com esta nova e tão elegante edição, até este autor a caminho da senectude sente-se rejuvenescer.

Para mim, esse evento auspicioso evoca, com cores vivas, a grande aventura de toda uma vida. Nenhum volume de conjecturas jamais poderia ter prognosticado quão profundas marcas ele iria deixar em mim.

No pós-escrito da presente edição, endereçada originalmente, em 2004, a um público constituído por jovens estudantes, tentei recapturar a emoção e as dificuldades que vim a experimentar ao pesquisar o passado do Joaseiro. E como resultou gratificante arrostar essa empreitada numa cultura e numa língua que não eram as minhas, mas que, com o tempo, embora de forma incompleta, se tornariam parte integrante de minha pessoa e de minha identidade. Conforme recordei perante aqueles jovens (homens e mulheres), o conselho que me dera meu orientador sem dúvida me ajudara a enveredar pelo caminho certo. Reitero o espírito de sua sabedoria: certifique-se de que tudo o que você decidir aprender lhe seja tão caro quanto um grande amor.

Para ser franco, desde o início de minha pesquisa, funcionou como desafio muito mais a perplexidade do que um ato de amor. Por que, me perguntava, havia essa cidade de Joaseiro, inferior em riqueza e números apenas à capital do Ceará, se tornado tão mal-afamada, o mesmo acontecendo à sua população, cuja versatilidade e criatividade conheciam poucos rivais, e, igualmente, a seu notável "fundador", padre Cícero Romão Batista, estimado — se não venerado — tanto pelos ricos quanto pelos pobres?

Mais: por que tantos indivíduos e instituições de fora, que pretendiam defender os valores da civilidade e da compaixão, haviam desacreditado essa comunidade notável e seus principais atores?

Não era possível, em vez disso, perguntava-me, perquirir aquele mundo complexo e maravilhoso a partir "de dentro", para enxergá-lo do modo como ele se enxergava a si próprio?

Responder a essas perguntas, formuladas agora em termos talvez mais bem organizados do que então, fora a tarefa a que eu me propusera. No final das contas, o que descobri foram conflitos e rivalidades (pessoais e políticas) de proporções não menos épicas do que as encontradas na história de comunidades e nações por todo o mundo. Além disso, fruto de muito esmero, acabei por entender o que poucos entenderam integralmente: que o passado do Joaseiro não era marginal, mas, antes, indissociável do passado do Brasil, do passado da Igreja Católica Romana e das economias regionais e internacionais de seu tempo. E tentei mostrar como isso ocorreu.

Os leitores julgarão quão bem-sucedido possa eu ter sido. E, devido à falta de tempo e a outras dificuldades associadas a um projeto em andamento, espero que eles me perdoem por ter mantido este texto substancialmente inalterado desde que veio à luz pela primeira vez na forma de livro. Pelas mesmas razões, perdoem-me, também, outros historiadores de Joaseiro, por não ter eu incorporado suas descobertas a esta edição. Suas contribuições são tão numerosas quanto pioneiras.

Por coincidência, não poucas lançam novas luzes sobre os protagonistas das duas comemorações centenárias que ocorrerão em Joaseiro em 2014. Uma assinala a morte e o enterro de Maria de Araújo. Ela e padre Cícero foram protagonistas do "milagre" que projetou Joaseiro e padre Cícero na cena nacional, desencadeou uma controvérsia religiosa sem fim e promoveu peregrinações intermináveis, transformando um humilde povoado numa terra prometida.

A outra examina a assim chamada "Guerra de 1914". Uma aliança política tripartite — Joaseiro, um coronel deposto do vizinho Crato e uma mescla improvisada de dissidentes cearenses e agentes do governo federal — derrubou o governo estadual "salvacionista", de vida efêmera. Como consequência, Joaseiro se projetou ainda mais no cenário nacional, foi estigmatizado como posto avançado de cangaceiros e permaneceu por mais de uma década envolto em aparentemente infindáveis e acaloradas polêmicas.

Seria negligência de minha parte não mencionar aqueles cujo incentivo e cujos esforços tornaram possível esta edição de *Milagre em Joaseiro*. Três amigos de meio século cuidaram dos detalhes, de edição, tradução, seleção e inclusão de várias fotografias raras e relevantes, ausentes nas edições anteriores. Estendo meus sinceros agradecimentos ao dr. Eduardo Diatahy Bezerra de Menezes, ao dr. Geová Magalhães Sobreira e ao dr. Renato Casimiro (cujos arquivos cederam graciosamente numerosas fotografias para esta edição).

No que tange aos editores da Companhia das Letras, sinto-me singularmente honrado pelo particular esmero e carinho com que acolheram esta nova edição de *Milagre em Joaseiro* entre tantos outros volumes preciosos que publicaram sobre a história do Brasil.

Ralph Della Cava
Nova York, 15 de setembro de 2013
Festa de Nossa Senhora das Dores,
santa padroeira de Joaseiro

Apresentação da primeira edição

O Instituto de Estudos Latino-Americanos da Universidade Columbia, Nova York, foi fundado em 1961 para atender a uma necessidade nacional, pública e educacional de melhor compreensão das nações da América Latina e de relações interamericanas baseadas num conhecimento maior. Os principais objetivos do instituto são preparar um número limitado de norte-americanos para carreiras científicas e profissionais no campo dos estudos latino-americanos; fazer progredir nosso conhecimento da América Latina, através de um ativo programa de pesquisas realizado por membros do corpo docente, estudantes pós-graduados e professores visitantes; e, ainda, melhorar o nível da divulgação, por intermédio da publicação de uma série de livros sobre a América Latina.

Milagre em Joaseiro, de Ralph Della Cava, constitui uma agradável e importante contribuição a essa série. Durante vários anos, esteve o dr. Della Cava associado ao Instituto de Estudos Latino-Americanos. Foi estudante de pós-graduação em história, na Universidade Columbia, e matriculou-se, também, em cursos do instituto. Era instrutor de história e membro do quadro de pesquisadores do instituto no momento em que iniciou este livro. O estudo sobre os extraordinários acontecimentos verificados em Joaseiro e suas decorrências refletem a capacidade do autor para aplicar à história conceitos de outras ciências sociais. A trajetória de padre Cícero de Joaseiro é um aspecto importante da história social brasileira que, até o presente, não foi relatada em inglês nos seus pormenores. Trata-se, pois, de um relato fascinante sobre o espírito e a alma do árido e muito pobre Nordeste do Brasil; padre Cícero está, assim, ainda bem vivo na mente e nas lembranças do campesinato do interior nordestino. O estudo que o dr. Della Cava faz desse movimento religioso e de suas bases sociológicas constitui, de certa forma, um epílogo dramático ao grande clássico brasileiro *Os sertões*, de Euclides da Cunha, uma vez que o fanatismo religioso de Canudos aí descrito não foi um fenômeno isolado. Em muitos aspectos, reapareceu em Joaseiro, apenas decorrida uma geração, e seu germe ainda vive nos sertões brasileiros.

Orgulhamo-nos de incluir este livro na nossa série sobre a América Latina. A ajuda financeira da Fundação Ford possibilitou, em parte, a execução do programa de publicações do Instituto de Estudos Latino-Americanos.

Prefácio à primeira edição

No outono de 1962, na fase final de meus estudos pós-graduados em História Latino-Americana, achei necessário escolher um assunto digno de pesquisa. De uma coisa estava certo: o Brasil, nação latino-americana que menos conhecia, era a que mais me cativava. Uma rápida visita que lhe fizera aguçara meu desejo de tornar-me mais familiarizado com seu povo gentil e otimista. Tentava-me mais ainda sua expressiva língua, o português do Novo Mundo, que tão ardorosamente me esforçava por dominar.

Na época, foi de especial importância para mim a convicção de que o Brasil, o proverbial "país do futuro", lançara-se, havia uma década, no caminho de profundas reformas sociais. Nas cidades e no campo, populações até então entorpecidas e oprimidas acordavam para seus direitos de nascença, como forjadores de seus próprios destinos. Homens e mulheres idealistas a elas se uniam, sobretudo estudantes universitários e jovens operários, que se congregavam sob uma nova e promissora liderança política comprometida com a autodeterminação e o bem-estar de todo o povo brasileiro.

Coube ao professor Charles Wagley, à época na Universidade Columbia, encorajar-me, com espírito de compreensão, a combinar esses interesses pessoais com a minha vocação científica. Além do mais, foi por sugestão sua que passou a interessar-me — e, mais tarde, decidi-me a estudá-lo — um movimento de protesto religioso-popular que surgia na cidade sertaneja de Joaseiro, nos anos 1880, e que, a princípio, me parecia ser precursor do despertar que então se verificava pelo Brasil afora. Uma vez, porém, iniciada a pesquisa de campo, comecei a ver que as tendências populistas do movimento de Joaseiro, assim como aquelas que estiveram em jogo no Brasil antes de 1964, foram abortadas. Vi-me, então, diante da necessidade de abandonar minha perspectiva inicial e de buscar outras a partir das quais pudesse analisar o movimento de forma mais correta. Nessa tarefa, foi-me útil sobretudo a assistência de meu diretor de tese, o professor Lewis Hanke, de Columbia, enquanto outros pesquisadores e amigos brasileiros, intimamente familiarizados com Joaseiro, reforçavam minha convicção de que muito se poderia aprender sobre a história do Brasil com o estudo do passado daquele movimento.

Foi para reconstruir esse passado que residi no Brasil durante catorze meses, dos quais cinco na cidade de Joaseiro. Os três anos seguintes, passei-os a fazer, periodicamente, a reavaliação da maior parte das minhas ideias iniciais, à luz do material arquivístico e de estudos recentes. Os resultados de tal esforço, concluído em 1967, foram delineados nas páginas que se seguem. Nelas, procurei reinvestir pessoas, ações e relações com a racionalidade de que estou convicto possuírem, mas que outros escritores, bem como a distância da história, até então lhes haviam negado. Espero, também, que os motivos e a significação do passado de Joaseiro estejam agora claros, evidentes, inteligíveis e, por fim, desnudados do mito, da fantasia e do erro.

De forma alguma apresenta-se meu estudo como uma história definitiva de Joaseiro e dos joaseirenses. Passado o tempo, vejo com clareza que este livro jamais teria sido escrito se não fosse pelos habitantes de Joaseiro. Permitiram-me partilhar de suas vidas, de suas esperanças, de sua história, dando-me um sentido do passado que eu, de outro modo, não teria tido.

Minha dívida de gratidão estende-se ainda mais. Além daqueles já mencionados, gostaria, também, de registrar o nome de James Berry, Octavio Ianni, Luis Martín, Leo McLaughlin e Immanuel Wallerstein, cuja assistência transcendeu os limites convencionais do intercâmbio intelectual. D. Vicente de Araújo Matos, bispo do Crato, generosa e incondicionalmente deu-me acesso aos arquivos eclesiásticos de sua diocese, assim como o padre Gino Moratelli me cedeu os do Colégio Salesiano São João Bosco, em Joaseiro, do qual era diretor em 1964. O sr. Milton do Nascimento, de Fortaleza, e os funcionários da Biblioteca Nacional do Rio de Janeiro ajudaram-me, bondosamente, a microfilmar parte daqueles arquivos. Outros brasileiros auxiliaram-me de inúmeras formas; vários puseram à minha disposição documentos de família, manuscritos inéditos e fontes bibliográficas; não foram raros os que me deram muitas horas de seu tempo, em entrevistas pormenorizadas e conversas proveitosas. Procurei, em várias partes deste livro, assinalar meu reconhecimento pela ajuda que cada um deles me prestou.

Numerosos amigos e suas famílias também contribuíram para tornar inesquecível nossa estada no Brasil: José Oswaldo de Araújo, Raimundo Carvalho, Eduardo Diatahy Bezerra de Menezes, Giuseppe Sebasti, madre Neli Sobreira e Lívio Xavier.

Um financiamento do Foreign Area Fellowship Program permitiu-me residir no Brasil com minha família, enquanto a assistência do Instituto de Estudos Latino-Americanos da Universidade Columbia, Nova York, e do Departamento de História do Queens

College, City University of New York, facilitaram a elaboração deste livro.

No decorrer do trabalho, tive o prazer de desfrutar do companheirismo e da afeição de Olga Tatiana, Marco Rafael e Miriam Firenza, para os quais não encontro palavras capazes de transmitir a extensão de minha gratidão e de minha dívida.

Nova York, 13 de junho de 1970

Introdução

Esta obra destina-se a dar uma contribuição histórica aos estudos recentes sobre os movimentos religiosos-populares dos séculos XIX e XX. Assim, o objetivo primordial deste trabalho consiste em fornecer uma história política pormenorizada de um movimento que floresceu, entre 1889 e 1934, no pequenino núcleo rural de Joaseiro, situado no interior do Nordeste brasileiro.

Um apregoado milagre fez eclodir o movimento. Na manhã de 1º de março de 1889, o piedoso capelão de Joaseiro, padre Cícero Romão Batista, ministrava a comunhão a uma das devotas do lugar. Em poucos momentos, passou-se a acreditar que a hóstia branca tinha, por milagre, se transformado em sangue, sangue este que se disse ser, sem nenhuma dúvida, de Jesus Cristo. A crença coletiva assim gerada tornou-se, daí por diante, a pedra fundamental de um movimento religioso, enquanto padre Cícero, mais tarde suspenso de ordens pela hierarquia católica romana, veio a ser seu famoso chefe. Durante muito tempo, tanto o movimento quanto seu líder atraíram a atenção e o interesse dos brasileiros, provocando uma considerável controvérsia e dando origem a uma extensa bibliografia. Infelizmente, tal bibliografia tem sido bastante sectária, refletindo, no fundo, amargas divergências políticas e religiosas inspiradas, desde 1889, por padre Cícero e pelo movimento — divergências essas que se situam entre as mais acaloradas dos anais da história brasileira. Surgiu, além disso, uma vasta literatura "mítica": bardos nordestinos dos sertões e cantadores apropriaram-se, por volta de 1900, da figura profética de padre Cícero e introduziram-na em seu repertório popular. Assim fazendo, transfiguraram o sacerdote suspenso de ordens num ente "milagroso" e num dos heróis legendários da crença popular regional.

De pouco tempo para cá, cientistas sociais e pensadores políticos brasileiros vêm procurando estudar Joaseiro e seu líder a partir de perspectivas novas e mais adequadas, despojadas de paixão. Mas, apesar dessa feliz e oportuna mudança de atitude, alguns dos estudos mais recentes não chegaram a colher todos os frutos esperados e desejados. A explicação desse insucesso reside menos nos autores do que propriamente na sua dependência de fontes abundantes, porém facciosas e lendárias. É para remediar este último inconveniente e fornecer uma base mais segura para futuros estudos que a presente obra procura reconstituir, pela primeira vez, de forma extensa e minuciosa, a narrativa histórica do movimento de Joaseiro e de seu líder, padre Cícero.

Com tal objetivo em mente, é o atual estudo o primeiro a fundamentar-se amplamente em duas fontes arquivísticas importantes, as quais, na maioria, tinham permanecido até então inacessíveis aos estudiosos interessados. Uma dessas fontes engloba boa parte do que ainda existe da correspondência pessoal de padre Cícero, trocada ao longo de sua vida, e que está, no momento, conservada em Joaseiro, Ceará, no Colégio Salesiano São João Bosco. Graças ao auxílio do bibliotecário do colégio, padre Manuel Isaú, foi esse arquivo, pela primeira vez desde a morte de padre Cícero em 1934, examinado, organizado e catalogado por mim, na parte final do ano de 1964. O outro arquivo, também incompleto, mas nem por isso menos substancial, é de natureza eclesiástica e constitui o principal registro do movimento — tal como foi visto pela hierarquia da Igreja — a partir de 1889 até por volta de 1900. Pertenceu esse arquivo, originariamente, à diocese do Ceará em Fortaleza, mas, após 1914 ou 1915, foi transferido para a jurisdição da diocese do Crato, então recém-instalada. Além dessas duas fontes fundamentais, utilizou-se este trabalho de uma considerável massa de documentos manuscritos inéditos, encontrados nos arquivos pessoais das famílias de vários residentes ilustres de Joaseiro. Por fim, muitas obras antes esquecidas, documentos publicados e periódicos contemporâneos, assim como longas entrevistas individuais por mim conduzidas em Joaseiro e em outras partes do Ceará, durante 1963 e 1964, completaram as fontes básicas sobre as quais se acha ancorado o presente estudo histórico.

Como já foi dito, o objetivo primordial desta obra é registrar a história *política* de Joaseiro; seus aspectos milenaristas e messiânicos foram colocados, expressamente, num segundo plano. A estratégia não é arbitrária, embora tenha padre Cícero aparecido, a alguns de seus seguidores, como um messias e, em determinados momentos históricos, crenças milenaristas se tenham articulado dentro do movimento pela ação de certos grupos sociais. Entretanto, nem a teoria nem o modelo, quer messiânico, quer milenarista, são capazes de *explicar*, de modo satisfatório, um movimento que teve a duração de quase meio século e, por isso mesmo, foi submetido a um processo permanente de conflito, regateio e acomodação com a Igreja e o Estado hostis. Da mesma maneira, tais teorias parecem não levar em conta, de modo adequado, as mudanças que se operaram no próprio movimento, como demonstra a maleabilidade dos adeptos de padre Cícero, que no começo, em 1889, eram católicos, em 1894 proclamaram-se fiéis dissidentes e, por fim, constituíram, a partir de 1900, a base política popular que permitiu ao sacerdote suspenso entrar nas estruturas políticas dominantes e conservadoras, nos âmbitos regional, estadual e federal. Outras razões existem para que as teorias e os incidentes do messianismo e do milenarismo sejam relegados a um segundo plano, o que se tornará evidente ao longo deste trabalho. Isso não significa que monografias recentes baseadas em tais teorias não tenham lançado uma nova luz sobre como se faz a coesão social dentro de movimentos como esse, ou de que forma uma ideologia que se pretende popular e religiosa pode ser, de fato, um veículo para o protesto social. Entretanto, uma percepção a priori e por demais rígida de todo e qualquer movimento religioso de cunho popular como *necessária* e *exclusivamente* messiânico e milenarista corre o risco de tornar-se hoje tão restrita quanto eram as anteriores interpretações do século xix, que tachavam quase todos esses movimentos de "fanáticos", "heréticos", "retrógrados", produtos de uma sociedade culturalmente "atrasada". Além disso, uma perspectiva milenarista rígida em demasia expõe-se a não levar em conta as relações entre os movimentos religiosos-populares e as realidades políticas dentro das quais eles cresceram e se desenvolveram.

Em parte por tais motivos, pretende esta obra, antes de mais nada, recriar a história *política* de Joaseiro. Outrossim, a estratégia que visa enfocar a *totalidade* das ligações do movimento religioso-popular com a política, não se restringindo aos seus limitados aspectos messiânicos e milenaristas, tornou-se uma exigência em face das circunstâncias históricas concretas que envolveram o movimento de Joaseiro. Alguns breves exemplos serão suficientes para justificar essa orientação. Desde o início, viu-se Joaseiro nas malhas do que se poderia denominar de "política eclesiástica". A tentativa dos fiéis dissidentes no sentido de obter a aprovação de Roma para os alegados milagres de Joaseiro exigia que tais fiéis agissem politicamente, lato sensu, dentro dos moldes de uma instituição internacional e burocrática, a Igreja Católica Apostólica Romana. Mais tarde, padre Cícero, chefe religioso de Joaseiro havia muito tempo, assumiu legalmente o cargo político de prefeito de Joaseiro; em 1912, tornou-se vice-presidente do estado do Ceará; em 1913-1914, empenhou seu prestígio em favor do movimento armado que depôs o presidente do Ceará; e, em 1926, foi eleito deputado federal. Durante os vinte últimos anos de sua vida, foi, reconhecidamente, a figura política mais poderosa do Nordeste. Esses fatos bastavam para justificar uma pesquisa acerca das bases políticas do movimento que explicasse, também, como esse movimento religioso-popular conseguiu integrar-se de todo no sistema político que prevalecia no Brasil.

Não seria de admirar que outros dados viessem a impor uma investigação paralela sobre a história econômica do movimento. Existe, por exemplo, forte evidência, embora apenas descrita, de ter a afluência de romeiros em Joaseiro produzido um impacto econômico imediato. A vila-santuário, na medida em que milhares de romeiros acabaram por nela se instalar em caráter permanente, em menos de vinte anos transformou-se, a olhos vistos, num florescente empório agrícola, comercial e artesanal dos sertões nordestinos. Além do mais, a região em volta, conhecida como Vale do Cariri, também foi afetada pela transformação de Joaseiro, assumindo pouco depois o título de "celeiro do Nordeste". Deve-se, ainda, ter em mente que o Joaseiro de hoje é uma cidade com cerca de 80 mil habitantes, uma das maiores do interior, debatendo-se, no momento, com um programa de industrialização; não é, pois, possível deixar de lado as origens históricas dessa extraordinária transformação, bem como a base econômica primitiva do movimento religioso-popular. Qualquer investigação econômica sistemática foi, infelizmente, prejudicada pela falta de elementos estatísticos dignos de confiança e pelas dificuldades avassaladoras que envolviam a elaboração dos dados existentes em fontes não homogêneas e, em geral, descritivas. Na melhor das hipóteses, pode o presente trabalho insinuar, em linhas gerais, as dimensões econômicas dentro das quais emergiu e se desenvolveu o movimento religioso-popular de Joaseiro.

Se por um lado, porém, tem esta obra como objetivo primordial recriar a história política do movimento de Joaseiro e, em menor escala, esclarecer alguns aspectos de sua história econômica, por outro, um segundo e não menos importante objetivo consiste em demonstrar uma hipótese inicial: a tese de que o movimento religioso-popular originou-se e desenvolveu-se dentro de um contexto social definido pelas estruturas dominantes em âmbito mundial e nacional. Mais precisamente, o movimento religioso-popular de Joaseiro afetou e foi afetado: 1) pela instituição eclesiástica internacional, a Igreja Católica Apostólica Romana; 2) pelo sistema político nacional do Brasil imperial e republicano; e 3) por uma economia nacional e internacional em mudança.

Dessa perspectiva decorrem dúvidas que são levantadas, implicitamente, quanto à validade de algumas hipóteses anteriores, segundo as quais os movimentos religiosos-populares estariam isolados, de uma perspectiva geográfica e cultural, das estruturas dominantes no plano mundial e nacional. Além disso, tal perspectiva reformula um ponto de vista brasileiro de longa tradição que se popularizou com Euclides da Cunha. No seu renomado livro *Os sertões*, o surgimento de um movimento religioso-popular em Canudos foi tido como sintomático do conflito inerente entre, de um lado, a cultura moderna e sofisticada dos centros urbanos do litoral e, de outro, a cultura arcaica e atrasada do interior rural abandonado. A visão dualista da sociedade brasileira ainda hoje persiste amplamente. Este livro, entretanto, sugere que essa visão tem sido muito exagerada. Não resta dúvida de que, em Joaseiro, mesmo até o fim do século XIX, a sociedade sertaneja estava integrada, em muitos níveis importantes, numa ordem social nacional e única. O caso de Joaseiro revela, ainda, que o conflito entre um movimento sertanejo e a civilização refinada das cidades se estendeu, conforme está implícito em Euclides da Cunha, não devido à incapacidade e à resistência do primeiro em aceitar as conquistas materiais e outras obtidas pelo litoral, mas precisamente porque o sertão procurava tirar uma fatia maior daquelas vantagens.

A ênfase deste estudo nas elites do interior (sacerdotes e profissionais liberais, comerciantes e proprietários de terra), bem como nos meios e na extensão de sua incorporação "numa ordem social nacional e única", não é, por si só, tão evidente quanto possa parecer. De fato, ele se afasta, de maneira considerável, da posição de historiografia tradicional da "República Velha", que vê esse período enquanto sistema federalista, no qual as forças regionais, estaduais e nacionais operavam com relativa autonomia e independência umas das outras, até 1930.

No tocante à historiografia de Joaseiro, a tentativa de demonstrar os laços que unem as elites locais ao sistema social total representa um afastamento ainda mais radical da tradição. Estudos anteriores sobre o movimento de Joaseiro atribuíram as origens e a evolução desse movimento, na sua quase totalidade, à personalidade de padre Cícero ou, numa outra linha de raciocínio, ao "fanatismo religioso" e à cultura *folk* das massas rurais. No empenho de contrabalançar esses enfoques distorcidos, embora nenhum deles seja aqui integralmente posto de lado ou renegado, defende-se aqui a tese de que os atores e os acontecimentos, nos quais o movimento de Joaseiro se originou e se desenvolveu, eram partes e parcelas de uma ordem social nacional.

É impossível antecipar todas as objeções que essa hipótese pode suscitar. Uma, porém, é inevitável: há alguma evidência derivada de outros movimentos populares-religiosos, e não apenas do de Joaseiro, para validar essa hipótese? Só uma análise comparada, agora e no futuro, poderia fornecer uma resposta. Por esse motivo, tornou-se necessário testar a hipótese, através do reexame de, pelo menos, mais um movimento, como o famoso movimento de Canudos, já mencionado. Os resultados dessa pesquisa preliminar, empreendida em 1966, e há pouco publicada sob o título *Brazilian Messianism and National Institutions: A Reappraisal of Canudos and Joaseiro*, confirmaram, para os objetivos deste livro, a fecundidade da abordagem aqui adotada. Uma ampla análise comparada dos dois movimentos, bem como a inclusão da monografia preliminar, ultrapassaria os limites do trabalho ora apresentado. Para a comparação com recentes movimentos europeus de crenças radicais, consultou-se o livro *Primitive Rebels*, de E. J. Hobsbawm, cuja leitura é recomendada. Mas, em contraste com o assunto tratado por Hobsbawm, lidou-se aqui com um movimento brasileiro que, apesar de seu nítido potencial de oposição ao statu quo, preferiu as estruturas políticas conservadoras da nação brasileira e foi obrigado a integrar-se nelas. Fora tais diferenças, tanto o estudo de Hobsbawm quanto este partem do pressuposto de que os movimentos religiosos-populares desenrolam-se dentro de um contexto social global.

Surgirão, sem dúvida, objeções de outra ordem. Estudiosos da história brasileira dirão que este estudo foi levado a delinear novos rumos e a fazer a revisão de velhas interpretações da história do Brasil, a partir da penúltima década do século XIX. O nacionalismo brasileiro estava enraizado num segmento do clero nascido no Brasil nos anos anteriores a 1900, e tal afirmação constitui um exemplo de um novo rumo. Quanto às interpretações revisionistas, situam-se tais exemplos na demonstração implícita que reside no seguinte: 1) a violência política no interior, no início do século XX, emergiu do crescimento da economia nacional e do sistema político, não se explicando, portanto, pela persistência das rivalidades tradicionais entre famílias nem, tampouco, pela decadência moral inerente à civilização sertaneja; 2) por volta de 1910, a estrutura política nacional marchava para a criação de um sistema de autoridade altamente centralizado e que foi apenas consolidado, mas não forjado, pela Revolução de 1930 de Getúlio Vargas.

Chega-se a essas conclusões ao perceber a sociedade brasileira pelo prisma histórico do movimento de Joaseiro. A partir dessa posição, os pontos de vista mencionados parecem evidentes e certos, embora não tenha sido possível substantivá-los com a profundidade que mereciam. Mas, ao serem fixados, mesmo de forma ainda precária, julga-se, após uma reflexão, que o mérito de apresentar esses novos pontos de vista é mais ponderável do que o de aguardar os resultados de pesquisas adicionais.

Cabe, ainda aqui, uma palavra sobre a forma deste estudo. A reconstituição da história humana e fascinante de Joaseiro e de padre Cícero teria sido, inevitavelmente, desfigurada, caso prevalecesse a análise sobre a descrição. Optou-se, assim, por uma narrativa cronológica baseada em fontes arquivísticas descritivas e abundantes, que são extensa e frequentemente citadas no texto como o veículo mais adequado para permitir o relato de sua própria história pelas principais personagens da época. Até que muitos dos erros e das questões predominantes fossem solucionados, era inevitável deixar-se envolver nas malhas da cativante personalidade de padre Cícero, com a interminável e acalorada controvérsia que ainda inspira. Desfazer erros e resolver questões no próprio texto, entretanto, acabaria por sobrecarregar sem necessidade o leitor leigo. Ficaram, assim, as notas reservadas para um diálogo longo com um punhado de especialistas, sobretudo os do Ceará, que se tornaram, também, biógrafos apaixonados do sacerdote suspenso e de seu movimento.

Por último, torna-se necessário esclarecer algumas formas ortográficas do português do Brasil empregadas neste livro. Não há uma ortografia padrão para o nome do lugar, Joaseiro; ele pode aparecer igualmente, em títulos de obras publicadas, como Joazeiro, Juaseiro ou Juàseiro; hoje, sua designação oficial, pelo Instituto Brasileiro de Geografia e Estatística (IBGE), é Juazeiro do Norte. Preferimos reter, através do texto, a antiga grafia do século XIX, a saber, Joaseiro; sempre que são citados manuscritos e obras mencionando esse topônimo, mantemos a ortografia original. O mesmo se aplica à ortografia original mantida com relação aos nomes próprios de autores e às várias personalidades referidas na narrativa. O texto também segue a prática brasileira usual de referir-se, por vezes, a pessoas importantes, personalidades oficiais etc. pelos nomes próprios de batismo (por exemplo, Floro Bartholomeu da Costa: dr. Floro).

1. As origens sociais do milagre

A CHEGADA DE UM VISIONÁRIO

Em 11 de abril de 1872, chegava a Joaseiro, lugarejo de população reduzida, um sacerdote recém-ordenado, padre Cícero Romão Batista.[1] Nesse dia, rezou a missa na rústica capela de Nossa Senhora das Dores, um modesto santuário rural, único marco que se destacava nesse longínquo distrito dos confins nordestinos do próspero município do Crato. No decorrer daquele mesmo dia, o jovem padre, de pequena estatura, cabelos escuros e pele clara, continuou a ouvir em confissão os moradores da localidade e a ministrar-lhes os sacramentos. Nada no seu comportamento nem no exercício de seus deveres sacerdotais indicava que, na capela de Nossa Senhora das Dores, menos de dois decênios mais tarde, viria ele a ser o protagonista de um milagre.[2]

Em abril de 1872, havia motivos para se acreditar que aquela primeira visita do sacerdote a Joaseiro deveria ser a última. Foi com relutância que ele se dispusera a vir da cidade vizinha do Crato, sede do município, em três horas de marcha a cavalo, arte para a qual jamais demonstrou ter inclinação. Viera apenas para satisfazer o desejo de dois dos mais ilustres cidadãos de Joaseiro, aos quais prometera passar alguns dias na localidade que, havia muito tempo, estava sem sacerdote residente.[3] Por outro lado, não tinha aquele padre de 28 anos qualquer intenção de aceitar o cargo de capelão, que estava vago e que lhe era oferecido por seus eminentes anfitriões, embora lhe garantisse moradia adequada e emolumentos seguros em troca de seus serviços sacerdotais. Muito pelo contrário, esperava padre Cícero partir em breve rumo a Fortaleza, a distante capital litorânea do Ceará. Para lá, às margens do Atlântico, no Seminário Diocesano, onde fora ordenado em 1870, planejava regressar como professor. Padre Cícero tencionava deixar o povoado sob o pretexto de visitar sua mãe, que residia no Crato, e viajar direto para Fortaleza, antes que sua saída definitiva da região viesse a ser descoberta.

Um sonho, entretanto, veio alterar, de súbito, seus planos.[4] Certa vez, ao anoitecer de um dia exaustivo, após ter passado horas a fio a confessar os homens do arraial, atravessou pesadamente o pátio da capela em direção ao prédio da pequenina escola onde estava provisoriamente alojado. Aí, no quarto contíguo à sala de aulas, caiu no sono e a visão fatal se revelou: treze homens em vestes bíblicas entraram na escola e sentaram-se em volta da mesa do professor, numa disposição que lembrava o quadro *A última ceia*, de Leonardo da Vinci. O padre sonhou, então, que acordava e se levantava para espiar os visitantes sagrados, sem que estes o vissem. Nesse momento, os doze apóstolos viraram-se para olhar o Mestre. De acordo com o relato desse sonho, Cristo apareceu na escola tal como no retrato litúrgico popular do século XIX, que se encontrava em quase todos os lares piedosos da época. Nesse quadro, o coração do Nazareno, visivelmente exposto, está representado de maneira simbólica como se incendiado de amor pelos homens e, ao mesmo tempo, despedaçado e sangrando por causa das feridas infligidas pelos pecados da humanidade e pela indiferença à fé. Conhecido pelo nome de Sagrado Coração de Jesus, era esse quadro, naquele tempo, objeto de grande devoção religiosa e popular na Europa, sobretudo na França, e no Brasil, devoção essa que assegurava a seus fiéis praticantes a salvação, quer das chamas eternas do inferno, quer das intermináveis adversidades terrenas.[5]

No momento em que o Cristo imaginário levantava-se para dirigir a palavra a seus apóstolos, um bando de camponeses miseráveis entrou, de repente, na escola. Carregando seus parcos pertences em pequenas trouxas sobre os ombros, estavam os homens e as mulheres vestidos de farrapos, e as crianças nem isso tinham. Davam a impressão de vir de muito longe, de todos os recantos dos sertões nordestinos. Cristo, então, virou-se para eles e falou, lamentando a ruindade do mundo e as inumeráveis ofensas da humanidade ao Sacratíssimo Coração. Prometeu fazer um último esforço "para salvar o mundo", mas, caso os homens não se arrependessem depressa, poria fim ao mundo que Ele mesmo havia criado. Naquele momento, apontou para os pobres e, voltando-se de repente para o jovem sacerdote estarrecido, ordenou: "E você, padre Cícero, tome conta deles".

"Com essa ordem", contou o padre a um amigo anos depois, "acordei e não vi mais nada; mas pensei um pouco e decidi, mesmo se estivesse errado, a obedecer".[6] Meses depois, naquele mesmo ano, padre Cícero juntou os poucos bens que tinha no Crato e mudou-se para Joaseiro, trazendo a mãe e as duas irmãs solteironas. Instalou-se numa pequena casa coberta de palha, defronte à capela de Nossa Senhora das Dores, e começou sua vida de sacerdócio entre os pobres que lhe haviam sido confiados por Cristo no sonho predestinado.

Não foi essa a primeira nem seria a última "visão" do clérigo. Em 1862, seu pai tinha sido vitimado por uma epidemia regional de cólera. Pouco tempo depois, apareceu em sonho a seu filho, para obter-lhe a garantia de que "não abandonaria os seus livros, pois Deus daria o jeito para fazê-lo prosseguir os seus estudos".[7] Quando o estudante relatou este episódio a seu padrinho, um rico comerciante do Crato, este não teve dúvidas em auxiliar o afilhado a seguir a vocação religiosa; em 1865, partia o jovem Cícero para estudar no Seminário de Fortaleza. Anos depois, ocorreram "outras visões", e em todas elas se discernia o mesmo padrão: figuras de indubitável autoridade apareciam para decretar e garantir ao piedoso clérigo seu futuro rumo de ação. O padre nunca se mostrou avesso em revelar tais experiências aos amigos e parentes, que, como ele, movidos pela mesma devoção e ingenuidade, chegaram a reverenciá-lo como um homem de singular e indelével vocação para a santidade. Nada mais tentador, pois, do que afirmar que as qualidades extraordinárias de padre Cícero e a profunda impressão que elas causavam em seus próximos eram suficientes para "explicar" o milagre que ocorreria em 1889. Tomá-lo como tal é ignorar, entretanto, as profundas raízes sociais das quais brotariam, mais tarde, tanto uma crença coletiva num milagre quanto um dos movimentos religiosos-populares mais extraordinários da história do Nordeste brasileiro.

O VALE DO CARIRI

O movimento de Joaseiro surgiu no Vale do Cariri, que se situa na extremidade sul do atual estado do Ceará e foi povoado, no primeiro quartel do século XVIII, por criadores de gado provenientes da Bahia e de Pernambuco, atraídos que eram pelas terras férteis e pelas fontes perenes de água.[8] Graças a esses recursos naturais, constituía o Vale do Cariri um verdadeiro oásis cercado por todos os lados de infinitas extensões de terras planas, que eram assoladas ciclicamente pelas secas e quase nada produziam. Devido, ainda, aos recursos do vale, veio a agricultura, em especial a cana-de-açúcar, a predominar sobre as atividades pastoris. Pelo final do século XVIII, grande parte dos rebanhos tinha sido forçada a emigrar em direção ao norte, para uma zona menos fértil do vale e, também, rumo ao leste e ao sul, além da imponente Chapada do Araripe, penetrando nas terras ressecadas, de mato ralo, dos estados vizinhos da Paraíba, de Pernambuco e do Piauí. Foi, igualmente, no final do século XVIII que a cidade do Crato, onde nasceu padre Cícero, em 1844, surgiu como a mais populosa e o centro mais importante do vale, recebendo a denominação de "Pérola do Cariri". Comandando um dos melhores solos da região, o Crato tornou-se o principal produtor e, por conseguinte, fornecedor de excedentes de alimentos para o sertão árido. Transformou-se, cada vez mais, no eixo das atividades comerciais do vale. Como centro mais importante de distribuição no interior de manufaturas europeias importadas, suas elites agrárias e mercantis ligaram-se, ipso facto, mais estreitamente com Recife, principal porto atlântico do Nordeste e florescente capital da era colonial, do que com Fortaleza, insignificante sede administrativa portuguesa da capitania geral do Ceará.[9]

Os laços com Recife foram de importância política crucial durante o primeiro quartel do século XIX. A cidade-porto era o foco de fermentação de movimentos nacionalistas e separatistas cujas ideologias e cujos programas políticos foram introduzidos no Vale do Cariri por muitos cratenses ilustres. Assim, tornou-se o Crato um centro de exércitos patrióticos que, no Ceará, buscavam a independência, após uma luta árdua contra os antigos senhores portugueses de Fortaleza e Icó, os outros dois únicos centros cearenses importantes, em população e riqueza, naquele tempo.[10]

A vitória alcançada pelo Crato sobre os realistas, entretanto, não garantiu para o vale a almejada hegemonia política, no âmbito da província, nem acréscimos regionais. Os líderes políticos da região eram demasiado radicais e, logo, caíram em desgraça com os conservadores que dominavam cada vez mais a estrutura de poder, altamente centralizada, do Império brasileiro recém-independente. Mais importantes para o relativo declínio do vale no conjunto do Ceará, entre 1824 e 1850, foram, no entanto, os reveses econômicos que marcaram o pós-independência. O Cariri, por exemplo, ainda não tinha produtos, como o algodão, de que a Europa então carecia e os quais comprava mais barato das regiões litorâneas do Ceará, que começavam a ser cultivadas e ficavam mais perto. Fortaleza, que fora uma modorrenta capital do tempo da Colônia, começava a conhecer um relativo adiantamento econômico. Outrossim, de 1824 a 1850, não apresentavam melhoria as comunicações entre o Cariri e o litoral, enquanto secas locais disseminadas por toda parte, em 1825 e 1845, foram muito graves, chegando a provocar o surgimento do banditismo generalizado e a acarretar a ruína até da economia do vale. Lutas políticas locais também contribuíram para desviar a região de suas aspirações anteriores de dominação sobre a recém-independente província do Ceará, voltando-se, então, o Cariri sobre si mesmo.[11]

Também no Cariri, como em quase todo o resto do Brasil, nos anos que antecederam a década de 1860, estava o catolicismo ortodoxo em estado de decomposição. O número de padres era inadequado, e grassava a imoralidade clerical. George Gardner, viajante inglês que visitou o Crato em 1838, ficou chocado com o número de padres que tinham amantes e filhos ilegítimos, os quais eram exibidos, sem pudor, em público. Até as igrejas, os santuários e os cemitérios careciam de reparos materiais; e o costume imperial de realizar eleições no recinto das igrejas acarretava, muitas vezes, profanação e destruição daqueles locais, na medida em que os inimigos políticos armados se digladiavam dentro dos santuários em dias de eleições.[12]

Assim, deteriorava-se a vida religiosa coletiva do vale. As classes baixas tinham apenas contatos marginais com a Igreja oficial, limitados, via de regra, às festas dos dias santificados e aos feriados importantes, quando se realizavam procissões solenes e comemorações sociais nos centros urbanos. Rara era a participação nas liturgias sacramentais; até o batismo e o matrimônio eram negligenciados, em virtude de serem pouco frequentes as visitas dos escassos sacerdotes às zonas rurais ou, então, porque os honorários clericais estavam acima do alcance dos pobres. Apenas as missões ocasionais, normalmente pregadas por padres estrangeiros — no caso do Cariri, quase sempre capuchinhos italianos —, levavam a religião às classes baixas na escala social. Mas a ênfase que os missionários emprestavam à ira de Deus e à perdição iminente do homem por causa do pecado contribuía para gerar um emaranhado de crenças supersticiosas. Os pobres chegavam a acreditar que os frades brancos, europeus — considerados racial e intelectualmente superiores —, eram homens de excepcional santidade, dotados do dom da profecia. Assim foi com o capuchinho italiano frei Vitale de Frascarolo, que pregou no Cariri no princípio do século XIX.[13] Depois de sua morte, foi-lhe atribuída uma profecia sobre a destruição do mundo; circularam textos impressos dessa profecia por todo o Nordeste, durante quase um século, e tanto os ricos como os pobres acreditavam em sua mensagem.

Em nítido contraste com o catolicismo ortodoxo, predominavam em ambas as classes práticas paralitúrgicas e crendices populares. Sobretudo entre os pobres, eram as crendices o meio mais eficaz para coibir a dureza e as adversidades da vida.[14] Era comum que se fizessem promessas aos santos na esperança de obter saúde, felicidade, fortuna, enquanto, entre os trabalhadores rurais, o plantio era precedido de preces, numa tentativa de afastar os maus espíritos, aos quais invariavelmente se atribuíam as más colheitas. Até nas elites do Cariri, uma maneira de agir mística e supersticiosa era algo corriqueiro para se conseguir melhoria material. Assim se fazia, sobretudo, nas épocas de seca. Os padres, que, no Cariri até os anos 1850, eram talvez os únicos a receber e dar educação formal, achavam que as secas cíclicas e devastadoras eram um castigo divino para com um povo pecador. Assim, padres e proprietários de terra praticavam uma liturgia antiga e complexa, carregando as imagens dos santos padroeiros das paróquias, em procissão, e implorando chuva a Deus, por sua intercessão. Novenas e outras práticas litúrgicas populares eram também correntes, com o intuito de sanar os males do mundo — mundo esse que, até meados da década de 1850, era, no tocante ao Vale do Cariri, dissoluto e anárquico.

A ERA DO RENASCIMENTO ECONÔMICO E POLÍTICO

Entre aproximadamente 1855 e 1865, anunciava-se para o Cariri uma era de renascimento e mudança.[15] As estruturas que começavam a tomar forma durante esse período vieram a produzir o contexto dentro do qual se desenvolveria o movimento de Joaseiro. Muitas dessas transformações resultaram de reviravoltas econômicas e demográficas em vários estados nordestinos. Centros urbanos em expansão, tais como Fortaleza e Recife, assim como cidades menores do interior, aumentavam, cada vez mais, a demanda de alimentos baratos. A crescente necessidade europeia de matérias-primas, nos anos 1860, principalmente o algodão, transformava, aos poucos, da subsistência para a produção comercial exportadora, as economias de muitas zonas do interior.

O impacto dessas mudanças foi importante no Cariri, em especial no Crato, onde a revitalização econômica, política e religiosa era mais sensível. Expandia-se com rapidez a agricultura, sobretudo a produção de cana-de-açúcar, em todas as terras disponíveis dentro do município. Em 1854, os produtores de açúcar do Crato obtiveram uma vitória decisiva sobre os últimos remanescentes dos fazendeiros de gado, pois uma lei municipal protecionista obrigava os criadores a transferir seus rebanhos para além dos campos férteis.[16] No município vizinho de Barbalha, a cana-de-açúcar também florescia. Crato e Barbalha, juntos, possuíam a maioria dos duzentos engenhos de açúcar do vale, o que representava um aumento considerável sobre os 37 de que este era dotado um século antes.[17] O principal produto da região não era o açúcar granulado, mas a rapadura, um bloco retangular de açúcar mascavo, bruto, que ainda é um dos componentes mais importantes da dieta das classes baixas. Ontem como hoje, ela tem sido exportada para as regiões áridas dos estados de Pernambuco, Paraíba e Rio Grande do Norte, constituindo-se num fator que explica os fortes laços políticos que ligam essas regiões ao Cariri. Na década de 1860, também foi o algodão cultivado em algumas partes do vale, destinado à exportação estrangeira. Fibras mais baratas de algodão eram consumidas internamente por pequenas unidades produtoras caseiras, incipientes e de curta duração, voltadas para a manufatura de panos baratos que se destinavam aos mercados locais.[18] Mas o auge do algodão, por mais importante que possa ter sido para o vale, pouco durou; com o fim da guerra civil nos Estados Unidos, a Europa reduziu suas importações do Nordeste brasileiro, as quais só foram retomadas na década de 1920, após a Primeira Guerra Mundial.

O açúcar e o engenho foram os principais responsáveis pela formação da hierarquia social do vale.[19] No seu ápice achavam-se os fazendeiros de cana, que gozavam de indiscutível preeminência política e social até o fim do século xix. Muito abaixo deles, com a única exceção dos profissionais liberais intermediários, situava-se uma força de trabalho subserviente. Ao contrário, porém, da costa pernambucana, voltada para a exportação de açúcar, a força de trabalho do Cariri não era constituída de escravos. Os braços da região empregados no campo eram nominalmente livres, e, do ponto de vista racial, quase sempre mestiços e não de origem africana. Viviam, contudo, no limite mais baixo da subsistência e eram, de fato, ligados em caráter permanente à terra dos produtores de açúcar, como bem indica a palavra usada para denominar esses trabalhadores: "agregados". As tarefas dos agregados não se limitavam à produção. Em tempos de rivalidade entre os proprietários de terra, aos trabalhadores da fazenda eram entregues armas para que defendessem com lealdade os interesses de seus patrões. Poucas vezes ocorreu uma rebelião contra o patrão, pois os laços sociais e religiosos, representados pelo compadrio e pela afilhadagem, ligavam entre si proprietário e trabalhador, numa rede de relações e obrigações mútuas.[20]

Um surto comercial verificou-se igualmente no Cariri, na década de 1850.[21] No Crato, a chegada de comerciantes e de capital novo foi uma decorrência do declínio geral da cidade comercial de Icó, que já havia sido próspera. A presença de capitalistas icoenses, como o velho Antônio Luís Alves Pequeno, cujo filho do mesmo nome era padrinho de crisma de padre Cícero e financiador de sua educação no seminário, causou um impacto imediato no Crato. Com sua chegada, abriram-se as primeiras grandes lojas da cidade, assim como as primeiras farmácias permanentes do vale. Pouco depois, foram construídos os primeiros sobrados (casas de dois andares, de luxo relativo), em geral por comerciantes mais ricos. Embora os comerciantes levassem meio século para adquirir poder político compatível com sua riqueza, e mesmo assim, via de regra, só com o apoio dos fazendeiros, estimularam a demanda de serviços municipais mais amplos, como melhores transportes, serviços médicos e, sobretudo, escolas. Sua presença na cidade atraiu coletores, advogados e até jornalistas. Membros do quarto poder desceram até o Crato, em 1855, onde foi fundado o semanário *O Araripe*, o primeiro jornal regional, destinado a prosperar durante mais de dez anos.[22]

O progresso em meados do século reavivou a contida ambição política do vale. A corte imperial conservadora, entretanto, bloqueou momentaneamente a esperança de vir o Crato a controlar a sede da autoridade provincial em Fortaleza. Em 1856, os líderes políticos cratenses iniciaram uma campanha em prol da autonomia política dentro do Império.[23] Nesse mesmo ano, a Câmara Municipal do Crato propôs ao governo imperial e à Câmara Provincial um plano de criação de uma nova província, a dos Cariris Novos. Aspirava o Crato poder, assim, alargar sua autoridade de modo a compreender não apenas todo o sul do Ceará como também as áreas vizinhas do Piauí, da Paraíba e de Pernambuco, onde os interesses econômicos cratenses tinham se entrincheirado fortemente. O plano fracassou, apesar do acolhimento que teve no Rio de Janeiro. Durante os cem anos seguintes, foram apresentadas várias propostas de autonomia, quase sempre artifícios táticos que permitissem negociar, de modo mais eficaz, com as estruturas existentes, na obtenção de vantagens regionais.[24] De fato, a visão de um Cariri maior não morreu facilmente; no princípio do século xx, coube a padre Cícero reavivar a chama desse objetivo, se bem que suas razões tenham sido menos políticas do que religiosas.

O RENASCIMENTO RELIGIOSO DO VALE: PADRE MESTRE IBIAPINA

Não surpreende que a vida religiosa do vale tenha sido revitalizada em meados do século. As transformações mais importantes nas estruturas religiosas do Cariri ocorreram na década de 1860 e foram devidas, sobretudo, aos esforços de uma das personalidades mais conhecidas do Nordeste, o ardoroso missionário, nascido no Ceará, padre Mestre Ibiapina.[25] Nasceu José Antônio Pereira Ibiapina perto de Sobral, em 1806. Estudou direito em Olinda e ingressou na carreira política cearense de modo promissor, interrompendo-a quando os maus fados políticos e pessoais o forçaram a deixar o Ceará, em 1837. Retornando a Recife, exerceu a advocacia e logo tornou-se conhecido como defensor dos pobres. Em 1853, com 47 anos de idade, trocou a toga pela batina. Sua "conversão" e ordenação revestiram-se de mistério. Um indício importante de sua devoção, entretanto, foi a decisão que tomou de mudar o nome de família, Pereira, para Maria, em homenagem à Virgem Mãe de Cristo, a quem se atribuía uma onda de milagres na França nos anos 1830, e cuja Imaculada Conceição se tornara, em 1854, dogma de fé, por decreto do pontífice romano.

Em 1862, a epidemia de cólera, que vitimou o pai de padre Cícero, levou o padre José Maria Ibiapina a regressar ao Ceará, onde a compaixão que demonstrara pelos pobres nos tribunais de Justiça podia, agora, ser empregada na causa de Deus. As autoridades da Igreja permitiram-lhe celebrar uma missa em Sobral, cidade localizada perto de onde ele nascera e assolada pela epidemia. Observa seu biógrafo, de modo curioso, que ele se tornou aí objeto de veneração popular e introduziu a "inovação de chamar todos os fiéis pelo Santíssimo Nome de Maria". Em contrapartida, seus admiradores deixaram de "usar seus patronímicos e sobrenomes pelos quais eram conhecidos — que foram postos de lado — e colocaram antes de seus nomes de batismo o nome de Maria". Ocorre, também, que Ibiapina começara a fundar uma congregação religiosa de freiras. No final do ano, recrutou moças da cidade, deu-lhes um hábito religioso e delas obteve um voto solene de trabalharem na Vinha do Senhor. A iniciativa, entretanto, ultrapassou os estreitos limites da licença que tivera para fazer pregações e foi considerada uma afronta à autoridade episcopal. Em janeiro de 1863, o bispo do Ceará foi pessoalmente a Sobral. Condenou, em público, as práticas instituídas por Ibiapina e, a despeito da solidariedade geral para com o missionário, ordenou sua saída imediata da diocese.[26]

Ibiapina encaminhou-se para as terras secas do sertão nordestino. Lá, distante de seus superiores eclesiásticos, parecia obcecado pelo objetivo de recuperar o povo para a Igreja e fundar uma congregação de freiras que se dispusesse a ajudá-lo em sua tarefa. Nos dois decênios seguintes, até seu falecimento, em 1883, Ibiapina atravessou seis estados nordestinos. Por toda parte pregava com o entusiasmo de seus dias de Sobral. Por toda parte era recebido com veneração por ricos e pobres. O trabalho do missionário não deixou de lado as melhorias materiais. Mobilizou trabalhadores submissos e crédulos não apenas para a realização de reparos nas igrejas e nos cemitérios, mas também na construção de açudes e na abertura de poços e cacimbas, bem como no planejamento de novas estradas, melhorias essas que foram acolhidas com entusiasmo pelas elites do interior, desejosas, sobretudo depois de 1865, de aproveitar o surto de prosperidade que as exportações de algodão ainda lhes proporcionariam por mais cinco anos pelo menos.

Era esse o caso do Vale do Cariri, que recebeu duas visitas prolongadas de Ibiapina, de outubro de 1864 a fevereiro de 1865 e de julho de 1868 a junho de 1869. Foi durante essas duas estadas que Ibiapina construiu as casas de caridade dos quatro principais municípios do vale — Crato, Barbalha, Milagres e Missão Velha —, o que, para nossa história, constituiu seu legado mais duradouro.[27] Assim como as dezoito outras casas de caridade, que foram construídas em outros lugares do Nordeste árido, destinavam-se a servir, ao mesmo tempo, de escola para as filhas dos fazendeiros e comerciantes ricos, de orfanato para as crianças das classes mais pobres, de centro para a manufatura de tecidos baratos e, consoante a própria ambição de Ibiapina, de convento para sua congregação de freiras.[28] As elites do vale, cujas filhas seriam educadas nas casas de caridade, apoiaram com vivo interesse as iniciativas do missionário, doando terras e rendas às escolas dos conventos. Coube aos pobres dar, generosamente, seu trabalho, acreditando que Ibiapina, assim como frei Vitale no século XVIII, era um profeta, dotado do poder de fazer curas.

A capacidade ímpar de persuasão de Ibiapina só encontrava paralelo na originalidade da congregação feminina que ele fundou. Em primeiro lugar, muitas das mulheres que ingressavam nas "irmandades de caridade" e passavam a ter o título de beata vinham das classes baixas do interior brasileiro. Em segundo lugar, embora sem aprovação de Roma nem do bispado brasileiro, Ibiapina exigia que as beatas portassem um hábito e fizessem profissão de votos, como se sua congregação religiosa e sua vocação tivessem recebido aprovação canônica. Em terceiro lugar, cada casa, se bem que independente das outras, vivia de acordo com uma única "regra", de autoria do missionário, regra essa que unia o trabalho físico às práticas de devoção.[29]

O trabalho realizado por Ibiapina no vale teve, de fato, algo de extraordinário: fundou uma congregação religiosa de mulheres, talvez a primeira do Nordeste, a qual, a despeito de sua ilegalidade canônica, constituiria um precedente importante na tentativa das futuras gerações eclesiásticas do Cariri para estabelecer ordens religiosas genuinamente brasileiras. Com suas casas de caridade, ele difundiu, no interior, as primeiras instituições educacionais para mulheres.[30] Por fim, reuniu pobres e ricos no trabalho em comum pela glória de Deus e pelo progresso material do homem. O exemplo de Ibiapina seria lembrado pelos habitantes do Cariri, como veremos adiante, mas no tocante à hierarquia eclesiástica militante e igualmente devota não teve boa acolhida, tendo sido, na realidade, por ela contestado.

A "ROMANIZAÇÃO" DO CATOLICISMO BRASILEIRO

Em 1854, foi criada por Roma a diocese do Ceará, jurisdição eclesiástica que correspondia aos limites geográficos da província imperial. Em 1861, d. Luís Antônio dos Santos, natural da província do Rio de Janeiro, foi nomeado primeiro bispo do Ceará.[31] Não podia ser pior o estado da diocese. Com uma população estimada em 720 mil habitantes, possuía apenas 33 padres, dos quais mais de dois terços tinham, conforme se dizia, famílias constituídas e cujo prestígio entre os leigos havia atingido, em consequência, seu ponto mais baixo.[32] Foi esse estado de coisas que levou à determinação drástica, da parte de d. Luís, de traçar os objetivos de uma política básica para a nova diocese. Tais objetivos, que seriam mais tarde incorporados por outros bispos militantes de mentalidade reformista, eram de duas ordens: 1) restaurar o prestígio da Igreja e a ortodoxia da sua fé, e 2) remodelar o clero, tornando-o exemplar e virtuoso, de modo que as práticas e as crenças religiosas do Brasil pudessem ficar de acordo com a fé católica, apostólica e romana de que a Europa se fazia então estandarte. Ou seja, d. Luís procurava inaugurar uma nova era na qual a Igreja e seu clero liderariam a substituição do "catolicismo colonial" do Brasil pelo "catolicismo universalista" de Roma, com toda a rigidez hierárquica, moral e doutrinária que tal transição implicava. Desse modo, ele foi o precursor do trabalho desenvolvido, a longo termo, pela hierarquia no sentido de "romanizar" o catolicismo brasileiro.[33]

Pouco tempo após sua chegada ao Ceará, d. Luís encetou a tarefa de fundar o primeiro seminário da diocese, principal passo no sentido da "romanização" da Igreja Católica no Brasil. Antigo aluno dos padres lazaristas franceses do Seminário de Mariana, em Minas Gerais, o bispo convidou os sucessores de seus mestres a montar e dirigir o novo empreendimento. Em 1864, chegou a Fortaleza o padre Pierre Chevallier, acompanhado de um pequeno grupo de compatriotas franceses.[34] Uma vez nomeado reitor, o padre Chevallier e seus colegas iniciaram a árdua tarefa de formar novos e zelosos padres brasileiros para salvação das almas do Ceará. Conseguiram os lazaristas, em 1867, ordenar a primeira turma, constituída de doze padres obedientes, piedosos e diligentes, mas a imposição de padrões europeus aos discípulos nordestinos provocaria, mais tarde, dissensões dentro do seminário. A obediência era um fator essencial para o sucesso das reformas de d. Luís. Por esse motivo, não toleraria o bispo qualquer provocação do padre Ibiapina, que, em 1863, havia sido mandado embora de Sobral. Em 1869, informações provenientes do Cariri levaram o bispo a tomar novas providências contra o famoso missionário. Ibiapina, ao que parece, tornara-se objeto de veneração popular. Durante sua missão em Barbalha, naquele ano, havia aconselhado uma mulher doente, que lhe implorara uma cura, a banhar-se na fonte de Caldas, localizada fora da cidade. Quando a mulher, três dias depois, regressou curada a Barbalha, Ibiapina foi saudado como "milagreiro". Em sinal de agradecimento, o povo no local da cura erigiu uma capela a Bom Jesus dos Pecadores. Pouco depois, tornaram-se comuns e frequentes as romarias a esse e outros lugares do vale onde já tinham ocorrido episódios semelhantes.[35] O assunto teria passado despercebido, caso um jornal do Crato não tivesse feito a publicidade de Ibiapina. Dirigido por José Joaquim Telles Marrocos, primo de padre Cícero, o jornal *A Voz da Religião no Cariri*, que fora fundado para incentivar a participação popular na obra de Ibiapina, passou a publicar com frequência notícias das curas "milagrosas" atribuídas ao missionário.[36] Em julho de 1869, cinco meses depois de terem aparecido os artigos de *A Voz*, d. Luís ordenou que cessasse todo e qualquer trabalho missionário no interior. Embora não se referisse a Ibiapina pelo nome, o bispo devia tê-lo em mente quando escreveu, no decreto, que as missões do interior haviam provocado "não poucos inconvenientes, com detrimento da disciplina eclesiástica e daquela paz e harmonia que deve[m] reinar entre o próprio pastor e o rebanho".[37] Ibiapina partiu do Cariri, mas seu legado continuou a irritar o bispo "romanizado".

Em setembro de 1872, apenas decorridos cinco meses da chegada de padre Cícero a Joaseiro, d. Luís foi ao Crato. Ao que tudo indicava, tratava-se de uma visita pastoral, a segunda que fazia à região. Um dos principais objetivos, entretanto, era pôr as casas de caridade sob o controle episcopal. Depois de terem tantos ilustres cidadãos do vale contribuído para a construção das casas, era de todo impossível suprimi-las. Não tendo qualquer intenção de conceder aprovação canônica à peculiar organização de beatas, ele procurou de toda forma restringir-lhes os excessos espirituais. Não apenas eram as piedosas mulheres profundamente devotas do Sagrado Coração de Jesus — como, aliás, o próprio d. Luís também o era —, mas, segundo se dizia, eram também devotas de Ibiapina, a quem louvavam em suas rezas e em suas obras de caridade como profeta e curador de males.[38] O desvio da ortodoxia e a falta de instrução teológica formal por parte das beatas eram prejudiciais a uma Igreja romanizada.[39] Por esse motivo e, também, a fim de assegurar o controle episcopal sobre o vale, d. Luís, ao que parece, pediu a Ibiapina que renunciasse à direção das casas de caridade. Tal suposição é confirmada em carta que Ibiapina escreveu à madre superiora da Casa do Crato, em setembro de 1872, logo após a chegada de d. Luís.[40] Na carta de despedida, compromete-se o missionário a nunca mais voltar ao vale. Aos adeptos dedicados das casas do Cariri, que preferiram não o acompanhar até a Paraíba, recomendou submissão total ao bispo. Depois dessa vitória, d. Luís colocou de imediato as quatro casas de caridade do vale sob a jurisdição direta de seus sacerdotes, alguns dos quais eram da própria região e estavam entre os vinte ou mais clérigos zelosos ordenados em Fortaleza. Acreditava o bispo que, dali em diante, prevaleceria a ortodoxia na região, embora não pudesse adivinhar que até mesmo seus diligentes padres eram admiradores de Ibiapina e levavam a sério a profecia do missionário segundo a qual Deus nada faria contra seu povo enquanto existissem as casas de caridade. Compreende-se, então, o quanto as beatas do Cariri e seus novos diretores pertencentes ao clero reformista e ardoroso chegariam a desempenhar um papel importante no milagre de Joaseiro.

A visita de d. Luís ao Crato teve ainda um segundo objetivo: fundar um seminário menor no Crato, a "Pérola do Cariri".[41] No momento em que as atividades de Ibiapina não mais poderiam desviar energias, recursos e boa vontade dos cidadãos eminentes do vale, melhoravam as perspectivas para a instalação de um seminário no interior. Dizia-se que padre Cícero, que era admirado por d. Luís a ponto de ter sido por ele ordenado, apesar das dúvidas do padre Chevallier, tudo fez, junto a seu bispo, para apressar o projeto do seminário.[42] Além do mais, a própria região era relativamente próspera e tanto os comerciantes locais como os fazendeiros defendiam com entusiasmo o estabelecimento no Crato de um internato de educação secundária. Em 1874 e 1875, ergueram-se as fundações de um seminário menor no alto de um morro com vista para a cidade, em terreno que fora doado à Igreja pelo padrinho de padre Cícero, coronel Antônio Luís Filho. Dizia-se que o próprio padre Cícero enviara algumas centenas de trabalhadores de Joaseiro para a construção do prédio.[43] Daí por diante, a vida do seminário foi difícil. A seca de 1877-1879 levou-o, entre outras consequências, a fechar suas portas. Foi reaberto, todavia, em 1888, um ano antes do milagre em Joaseiro. Por ser uma das duas únicas escolas de formação de toda a província, excluindo-se o Seminário de Fortaleza, tornou-se uma instituição muito prestigiada, assegurando ao Crato monopólio da instrução em todo o vale. Ressalte-se, ainda, o fato de que seu reitor tivera sempre a reputação de ser um homem de conhecimento e distinção; em 1888, esse cargo foi atribuído a monsenhor Francisco Rodrigues Monteiro, parente distante de padre Cícero, amigo de infância e sacerdote recém-ordenado. Coube-lhe, também, desempenhar um dos papéis principais nos acontecimentos de 1889.

A FÉ E A NAÇÃO

A construção do Seminário do Crato, nos anos 1870, obedeceu a uma lógica que foi além dos sonhos de um simples bispo e do orgulho profundo dos habitantes católicos da cidade mais importante do interior cearense. O fato refletiu, indiretamente, as crescentes tensões que existiam entre uma Igreja "romanizada" e as forças seculares da sociedade brasileira. Tais tensões tinham sido, em parte, inspiradas pelas mudanças que se operavam na Europa, onde as tropas de uma monarquia italiana liberal haviam derrotado os Estados papais e, em 1870, se apoderado de Roma. Em todo o mundo católico, os eclesiásticos condenavam a violência audaciosa dirigida contra a Sé de Pedro; sintomaticamente, no Ceará, d. Luís divulgou uma Carta Pastoral de protesto contra a invasão dos Estados papais.[44] Em 1872, irrompeu o primeiro conflito importante entre a Igreja brasileira e a nação. Conhecido pelo nome de "questão religiosa", o conflito surgiu quando o monarca d. Pedro ii mandou prender dois bispos, processá-los e sentenciá-los pela posição que tomaram, "sem autorização", contra a maçonaria.[45] Embora fosse maçom, o imperador agiu não em virtude do ataque substantivo dos bispos à maçonaria, mas em razão do posicionamento dos clérigos sem a prévia permissão real. Tal permissão era uma exigência do Padroado Real, que consistia no privilégio eclesiástico concedido por Roma ao imperador brasileiro e segundo o qual ele, e não os bispos, era o chefe titular da Igreja no Brasil.

O ataque dos bispos tinha suas raízes vinculadas à intensa campanha do Vaticano, de âmbito mundial, contra o modernismo, palavra esta incluída no Sílabo de 1864 e dirigida contra todos os seus inimigos, entre os quais se situava a maçonaria, tida como um dos mais hostis. Enquanto a maçonaria brasileira, comparada com suas congêneres europeias,[46] era anticlerical apenas num grau moderado, o conflito de 1872 prefigurou a crescente "romanização" do catolicismo brasileiro. Pouco tempo após esse episódio, os católicos do Brasil, até então indiferentes à permissiva variante nacional da maçonaria, logo se tornaram, como seus correligionários ultramontanos da Europa, opositores confessos. Além disso, o conflito de 1872, que durou mais de três anos, provocou um desencanto cada vez maior dentro da hierarquia da Igreja com relação àquela mesma estrutura imperial que ela antes apoiava cegamente. Pela primeira vez na história do Império, o clero brasileiro questionou abertamente o sistema de governo, que lhe parecia, agora, escravizar a Igreja ao Estado.[47]

Verdade é que o clero não advogava, então, a derrubada do Império, o que ocorreria em 1889. Essa opção não se lhe apresentava por vários motivos, sobretudo porque os adeptos da mudança inspiravam-se, desde 1870, nas doutrinas republicanas e em outras mais que os padres julgavam ser igualmente, ou até mais, antagônicas ao catolicismo. Assim também tinha sido por toda parte na Europa, onde republicanismo e liberalismo acorrentaram a Igreja e até o Vaticano. Foi por esse motivo que, quando se proclamou a República no Brasil, em novembro de 1889, a hierarquia católica saudou a "queda" do Império como uma libertação da Igreja, de inspiração divina. Ao mesmo tempo, porém, a Igreja não podia, oficialmente, receber a República de braços abertos, pois sempre se opusera, assim como Roma, às ideologias que lhe eram subjacentes. O dilema político com que ela se defrontava só se resolveu em 1890, quando a Pastoral coletiva da hierarquia brasileira, cuidadosamente redigida, jurou fidelidade ao novo governo, exigindo-lhe, porém, total liberdade para a Igreja agir na sociedade como quaisquer outros cidadãos livres ou entidades corporativas da nação e, em decorrência, continuar a opor-se às doutrinas que eram contrárias à fé católica.[48]

Tais doutrinas manifestaram-se no Brasil a partir de 1870.[49] A questão maçônica de 1872-1875 foi sentida de modo especial no Ceará. Enquanto poucos foram os bispos que, em outras partes do Brasil, expressaram apoio imediato aos dois confrades prisioneiros, d. Luís demonstrou ser um de seus mais resolutos defensores. Quando católicos famosos falaram no Parlamento em defesa dos dois bispos, d. Luís incentivou-os a tomar uma posição inflexível. Entrementes, apoiou a divulgação, em todo o Ceará, de uma petição de protesto contra a prisão dos sacerdotes antimaçônicos.[50] A partir daí, ficou o Ceará alertado com respeito aos planos "diabólicos" dos maçons de minar a fé católica no Brasil.

O positivismo começava a criar raízes no Brasil, sobretudo a doutrina de Augusto Comte, de longa data esquecida na Europa. Seu impacto sobre os intelectuais e, de modo especial, sobre os jovens oficiais militares que depuseram, mais tarde, o imperador foi, conforme se tem afirmado, um fator capital na fundação da República. Apesar do exagero dessa opinião, vivia o positivismo, inerentemente, em rixa com o catolicismo. Quando um número insignificante de adeptos da Religião da Humanidade de Comte construiu uma igreja positivista no Rio de Janeiro, em 1875, a Igreja Católica olhou de soslaio essa religião herética e suas subsequentes pretensões republicanas. No Ceará, os positivistas tinham pouca influência, embora no Cariri e no resto da província, de maneira geral, o positivismo fosse sinônimo de republicanismo.

O republicanismo, cujos adeptos criaram o primeiro partido republicano do Brasil, em 1870, e o entronizaram como sistema de governo em 1889, representava uma ameaça à Igreja por advogar o casamento civil e defender a política de tolerância religiosa. Até 1890, essas propostas eram tidas como limitações iníquas e graves ao monopólio da Igreja sobre a religião no Brasil. Da mesma forma, preocupava-se o clero do Nordeste com o crescimento de seitas protestantes em Recife, Fortaleza e outros lugares do litoral da região. Com frequência protegidos por maçons e republicanos, contando com a simpatia dos comerciantes de classe média, eram os protestantes capazes até mesmo de proselitismo em colunas periódicas de alguns dos mais importantes jornais do Nordeste.[51]

Todas essas forças — maçonaria, positivismo, republicanismo e protestantismo — sofriam a firme oposição do clero. Já vimos a atitude de d. Luís com respeito à questão maçônica. A de seu sucessor, d. Joaquim Vieira, segundo bispo do Ceará, foi muito mais famosa.[52] Nascido em 1836 em Itapetininga, São Paulo, e educado, formado e ordenado no Sul, o futuro bispo do Ceará (e, mais tarde, o principal adversário do milagre em Joaseiro) recusou-se, segundo se diz, a cumprimentar d. Pedro ii durante uma recepção em sua homenagem, por causa da ordem do imperador de mandar prender os bispos antimaçônicos. Apesar da afronta, d. Joaquim foi sagrado bispo do Ceará em 1883; dez anos mais tarde, e somente quatro após a proclamação da República, ele publicou uma célebre Carta Pastoral em que advertia seu rebanho contra os perigos do positivismo, do republicanismo e do protestantismo.[53]

Havia, no interior do Ceará, muito menos sofisticação sobre doutrinas e, talvez por isso mesmo, maior oposição. No Cariri, por exemplo, as palavras "republicano e maçom eram quase sinônimas e ambas se associavam à ideia de atentado à Igreja Católica e de perseguição aos cristãos". Não era difícil imaginar, em tal ambiente, como um jornalista do vale nos afirma que existiu, "o pensamento do fim do mundo e com ele as perspectivas tenebrosas de cruéis privações para os crentes em Nosso Senhor, do martírio infligido a todos os fiéis".[54] A mentalidade de crise foi, entretanto, gerada apenas em parte pelas dificuldades políticas da Igreja transmitidas aos fiéis pelos clérigos devotos e exigentes. No caso do Cariri, muitas das aflições populares eram reforçadas pelas secas cíclicas e pelos padres proféticos. Em 1877-1879, por exemplo, o Nordeste foi flagelado por uma das secas mais devastadoras de sua história; o Ceará foi declarado área de calamidade nacional. Em setembro de 1878, no pior ano do flagelo, d. Luís Antônio dos Santos dedicou, de maneira dramática, toda a província ao Sagrado Coração de Jesus, como haviam feito os bispos do mundo católico, em 1875, num ato solene de reparação pelos pecados do homem. Além disso, prometeu que, terminada a seca, ele, como bispo, ergueria uma grande igreja em Fortaleza em nome do Sagrado Coração.[55] No Cariri, o clero seguiu seu exemplo; por toda parte faziam-se votos a essa efígie específica do Cristo, enquanto em Missão Velha e Barbalha os padres organizavam procissões solenes de uma igreja a outra, levando à frente as imagens em tamanho natural de seus respectivos padroeiros.[56] Foi nesses tempos de crise nacional, regional e local que padre Cícero iniciou seu ministério cristão em Joaseiro do Cariri e arredores.

PRELÚDIO DO MILAGRE

Quando aí chegou padre Cícero, Joaseiro não passava de um insignificante lugarejo situado na extremidade nordeste do município do Crato. Fora povoado em 1827 por um certo padre Pedro Ribeiro da Silva, cuja residência e cujo engenho de açúcar eram mais imponentes do que a rústica capela que mandara construir e dedicar a Nossa Senhora das Dores.[57] Em 1875, o arraial ainda conservava os traços essenciais de uma fazenda de cana-de-açúcar; sua população totalizava em torno de 2 mil habitantes.[58] Cinco famílias — os Gonçalves, Macedo, Sobreira, Landim e Bezerra de Menezes — eram as que lá se encontravam como proprietários importantes. O restante da população consistia em trabalhadores ligados às fazendas de açúcar dessas famílias. Muitos deles descendiam dos escravos de padre Pedro, ou eram mestiços e brancos sem recursos que tinham vindo trabalhar nos pequenos e despretensiosos engenhos de açúcar das redondezas. O povoado ostentava uma capela, uma escola e 32 prédios com tetos de palha. Havia apenas duas ruas. A rua Grande, mais tarde rua Padre Cícero, estendia-se, paralelamente, ao longo da capela e encontrava-se em perpendicular com a rua dos Brejos. Do ponto de vista comercial, o povoado pouco oferecia a seus habitantes. Vez por outra, mercadores paravam em Joaseiro, de passagem para o Crato, vindos de Missão Velha. Em tais ocasiões, a empoeirada praça, defronte à capela, transformava-se em feira, na qual se trocava café por alguns produtos locais. Não havia economia de mercado propriamente dita. Os elementos mais pobres da comunidade viviam à margem da economia de troca e começavam a dar sinais de descontentamento na época em que chegou padre Cícero. Aqueles que tinham convidado o padre acreditavam piamente que sua presença iria fazer muito pelo progresso e pela tranquilidade das redondezas.

Há, infelizmente, muita ficção e poucos fatos sobre a vida de padre Cícero desde o momento de sua chegada, em 1872, até o milagre de 1889. O uso judicioso de todas as fontes existentes pode, entretanto, conduzir, senão a um retrato, pelo menos a um esboço desse cura de almas, indiscutivelmente devoto, humilde e virtuoso.

São factuais os relatos do sucesso que teve padre Cícero em trazer de volta à Igreja os elementos desordeiros da população de Joaseiro. Vários autores, inclusive os naturais da cidade, afirmam que elementos lascivos e criminosos moravam na localidade.[59] Eram dados à bebida e ao samba, que, naquela época, se considerava sensual e degenerado, por ser originário dos escravos. Há até mesmo uma insinuação de que várias prostitutas tinham se estabelecido, em caráter permanente, no povoado-encruzilhada. Padre Cícero não era contrário à punição pública de pecadores. Proibiu as danças, fez com que os homens parassem de beber e obrigou as prostitutas a confessar seus pecados, cumprindo penitência pública e emendando suas vidas. Relativamente em pouco tempo, diz-se que Joaseiro retornou à ordem, graças ao trabalho de seu capelão.

Também em alguns pontos padre Cícero seguia o exemplo do padre Ibiapina, ao qual se assemelhava pelo zelo e pela ação independente e obstinada.[60] Da mesma forma que Ibiapina, começou ele a recrutar, desde o início, as mulheres solteiras do povoado para uma irmandade que estaria sob sua autoridade direta. Algumas delas tinham sido beatas da Casa de Caridade do Crato, e outras, de Joaseiro, tomavam o hábito pela primeira vez. Umas eram viúvas e mulheres de certa instrução, como Isabel da Luz, que se tornou uma das mais notáveis professoras da juventude do povoado.[61] Outras, de posição social e inteligência mais modes-

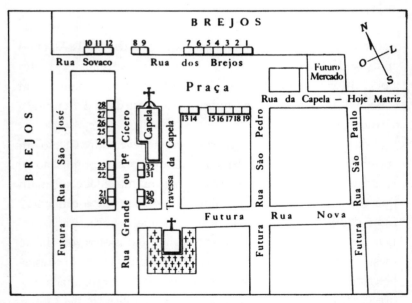

Joaseiro em 1875 com sua capela original e suas 32 casas; extraído de um mapa executado em janeiro de 1965 pelo falecido Octávio Aires de Menezes a pedido do autor.

tas, entregaram-se simplesmente a uma vida de piedade e oração, ao ensaio ocasional do catecismo e a uma participação exuberante nos serviços anuais da Semana Santa e nos autos do Natal, o que, sob a orientação de padre Cícero, se destinava à edificação dos habitantes, inculcando-lhes fervor à Igreja e às suas doutrinas. Várias dessas beatas viviam debaixo do teto do cura, na companhia de sua mãe viúva e de duas irmãs solteironas, além dos muitos órfãos que eram sustentados pelo padre.

Igualmente correta é a reputação que tinha padre Cícero de ser desprendido e pobre.[62] Era muito raro que aceitasse dinheiro para ministrar os sacramentos aos habitantes do Cariri. Em consequência disso, era o jovem padre tão pobre que benfeitores e amigos ricos do Crato costumavam fornecer-lhe batinas, sapatos e até os cobres para pagar seus cortes de cabelo. Dizia-se, também, que a mãe e as irmãs, assim como os inúmeros dependentes, viviam à beira da miséria; de tempos em tempos, sua mãe precisava mandar alguém de porta em porta mendigar a comida necessária para mantê-los.

A integridade e o sentimento religioso de padre Cícero, como sacerdote, estavam acima de qualquer censura. D. Joaquim José Vieira, seu novo bispo desde 1883, depositava nele inteira confiança, assim como seu predecessor. Na licença anual que era concedida ao clérigo para celebrar missa e ministrar os sacramentos, o bispo, via de regra, estendia a padre Cícero amplos poderes discricionários para suspender, sempre que necessário, as rubricas da Igreja que não julgasse essenciais. Em 1884, quando d. Joaquim visitou Joaseiro para consagrar o altar da capela de Nossa Senhora das Dores, que acabava de ser reconstruída por padre Cícero, ele elogiou o empreendimento do clérigo como "um monumento que atesta o poder da fé da Santa Igreja Católica, Apostólica e Romana".[63] Após o milagre de 1889, entretanto, surgiu uma tendência para retratar o padre como tendo sido, nos anos precedentes, um sacerdote exageradamente ardoroso e pouco exemplar. A esse respeito, muito se comentou a decisão de d. Luís, em 1870, de ordenar padre Cícero, apesar da objeção do padre Pierre Chevalier, o qual argumentava que o seminarista com frequência se mostrava demasiado místico, cabeçudo e, por vezes, audacioso em matéria doutrinária, para que pudesse dar um bom padre.[64] Poucas provas mais, no entanto, foram apresentadas para justificar a acusação implícita de que o capelão do interior, antes de 1883, tivesse excedido as normas ortodoxas da conduta, devoção e piedade sacerdotais. Além do mais, em matéria de zelo, não pode ele ser comparado a outros padres do vale cujos exageros piedosos e fervor desenfreado eram conhecidos em toda a região.

Havia, por exemplo, naquela época, no Crato, um sacerdote de nome Felix de Moura, cujas prédicas lembravam as dos missionários dos velhos tempos. O padre Felix foi, se não fundador, pelo menos diretor da Sociedade dos Penitentes do Crato.[65] Esses penitentes, cujas organizações e atividades no Brasil não eram esporádicas, tinham o costume de fazer reuniões nas ruas, altas horas da noite. Cobriam o rosto e o corpo com capuz e capa, quase sempre marcada com cruzes. Sob a direção de padre Felix, os penitentes marchavam pelas ruas cantando hinos e recitando orações até chegarem, em geral à meia-noite, ao cemitério do lugar. Uma vez aí, desnudavam as costas e "se disciplinavam" com chicotes de couro, na ponta dos quais havia peças de metal afiadas e outros objetos cortantes. O ardor de padre Felix era tal que, segundo consta, chegou certa vez a baixar as vestes até a cintura, flagelando-se, então, enquanto proferia um sermão na igreja.

Outro padre de inclinações igualmente exageradas era monsenhor Francisco Monteiro, natural do Crato e velho amigo de padre Cícero, o mesmo que em 1888 retornou ao Crato para se tornar reitor do seminário recém-aberto. Quando pertencia à paróquia de Iguatu, cidade do centro do Ceará, monsenhor Monteiro

82

angariou para si a reputação de orador veemente, profetizando a punição iminente da humanidade por Deus. Em Iguatu, era também conhecido por seus brados e vociferações durante o sermão, o que provocava lágrimas de arrependimento a seus paroquianos.[66] Por ocasião dos "acontecimentos de Joaseiro", teve monsenhor Monteiro a oportunidade de demonstrar suas habilidades oratórias e foi ele, talvez mais do que qualquer outra pessoa, o instrumento da proclamação, como milagre, daqueles acontecimentos.

Embora padre Cícero não fosse conhecido nem pela liderança de sociedades penitentes nem por seus dons de oratória, não resta dúvida de que o povo simples de Joaseiro sempre lhe atribuíra qualidades excepcionais de santidade e profecia.[67] Ao lado do reconhecimento público das alegadas visões do clérigo, não se pode negar que até suas ações mais ordinárias eram com frequência tidas como de inspiração sobrenatural. Quando, em 1877, mandou para as terras devolutas do alto do Araripe muitas vítimas da seca, que haviam fugido do sertão em busca do vale, obrigando-as a plantar mandioca para aliviar a fome, os sobreviventes agradecidos, mais tarde, atribuíram sua salvação ao padre, a quem consideravam santo.[68] Durante a seca de 1888, ocorreu um episódio semelhante, mas que se admite ter sido ainda mais dramático, vindo a confirmar a convicção que os crédulos tinham da sua santidade. Na medida em que a seca de 1888 continuava a infligir grandes sofrimentos ao Vale do Cariri, padre Cícero, padre Felix de Moura e padre Fernandes Távora, então vigário do Crato, uniram suas preces e fizeram uma promessa semelhante àquela que d. Luís havia feito em 1877. Caso Deus atendesse ao pedido e terminasse a seca, os três clérigos ergueriam uma enorme igreja em honra ao Sagrado Coração, no alto da serra do Catolé, na extremidade setentrional de Joaseiro.[69] Dizem que algumas chuvas caíram na região; pouco depois, o capelão de Joaseiro pôs-se a trabalhar para cumprir a promessa. Nesse ínterim, atribuiu-se a padre

Cícero e à sua santidade singular o alívio provisório no vale. Esse episódio deu aos crédulos, mais uma vez, uma oportunidade de aureolar com o mito certos fatos irrefutáveis que engrandeceram, nos decênios anteriores ao milagre em Joaseiro, a fama de virtuoso, desprendido e santo daquele clérigo sertanejo.

No decorrer do ano de 1889, a seca dos "dois oitos" (isto é, 1888) tomou conta do vale. O povo retornou, com tristeza, às suas orações em busca da consolação divina, enquanto os padres da região o conduziam com renovado fervor. As circunstâncias não diferiam daquelas que predominaram nos anos de 1877 a 1879. Apenas um fator era novo: a presença de Maria de Araújo, uma costureira de 28 anos, solteira, natural de Joaseiro e beata residente com a família de padre Cícero.[70] Nada no seu presente, nem no seu passado, indicava que se tornaria um instrumento da Providência, estigmatizada e transformada em objeto de veneração das massas.

No dia 1º de março de 1889, Maria de Araújo era uma das várias devotas que se encontravam na capela de Joaseiro para assistir à missa e acompanhar os rituais que se celebravam, todas as sextas-feiras do mês, em honra do Sagrado Coração de Jesus.[71] Foi uma das primeiras a receber a comunhão. De repente, caiu por terra e a imaculada hóstia branca que acabava de receber tingiu-se de sangue. O fato extraordinário repetiu-se todas as quartas e sextas-feiras da Quaresma, durante dois meses; do domingo da Paixão até o dia de festa da Ascensão do Senhor, por 47 dias, voltou a ocorrer todos os dias.

Por fim, em 7 de julho de 1889, dia da festa litúrgica do Precioso Sangue, monsenhor Monteiro, reitor do Seminário do Crato, comandou uma romaria de 3 mil pessoas até o povoado de Joaseiro; muitas dessas pessoas eram oriundas de famílias importantes do Crato. Diante de uma assembleia transbordante, monsenhor Monteiro subiu ao púlpito e fez um sermão sobre o mistério da Paixão e Morte de Cristo que, segundo os relatos, levou lágrimas aos olhos de seus ouvintes; então, agitou no ar um punhado de panos do altar que estavam visivelmente manchados de sangue; tal sangue, declarou, saíra da hóstia que fora recebida por Maria de Araújo e era, segundo o reitor, o próprio sangue de Jesus Cristo.[72]

2. O conflito eclesiástico

O INTERLÚDIO FATAL

Foi só em princípios de novembro de 1889, oito meses após a primeira ocorrência do milagre, que a notícia chegou a d. Joaquim, no palácio da diocese de Fortaleza. Suas fontes de informação eram, mesmo assim, bastante indiretas: uma carta do pároco do Crato e um artigo de um jornal de Recife.[1] O silêncio de monsenhor Monteiro, que em público proclamara o milagre, e de padre Cícero, que fora seu protagonista principal, provocou uma grande indignação em d. Joaquim.[2] Haviam eles desconsiderado a autoridade episcopal e, de maneira audaciosa, dado publicidade a fatos que não tinham sido comprovados como deviam.

Apesar dessa publicidade precoce, embora pequena, o milagre de 1889 teve uma insignificante repercussão pública no Nordeste até que, cerca de dois anos mais tarde, ele veio a se repetir na Semana Santa de 1891.[3] Nesse momento, a cobertura que lhe deu a imprensa do Ceará precipitou um conflito eclesiástico que agitou profundamente a hierarquia católica do Brasil e levou, por acaso, a um cisma em potencial dentro das fileiras do catolicismo do Nordeste. Contudo, seria errado afirmar, como alguns autores o fizeram, que no decorrer de quase dois anos — novembro de 1889 a março de 1891 — a chamada "questão religiosa" de Joaseiro jazia adormecida. Tratava-se, muito pelo contrário, de um interlúdio em que as diretrizes seguidas por d. Joaquim, embora sem alarde, contribuíram, em parte, para iniciar o conflito que irromperia mais tarde.[4] Os pormenores relativos a esse período, substantivados aqui por material arquivístico inédito, revestem-se de uma tal importância para a história posterior de Joaseiro que merecem ser considerados e reconstituídos com atenção.

A reação de d. Joaquim ao milagre inicial de 1889 foi mais contida do que seria de esperar. Verdade é que ele repreendeu padre Cícero com firmeza, por não ter sido avisado de imediato quanto aos fatos "extraordinários" ocorridos, e criticou sua negligência como uma quebra do voto clerical de obediência. Mas o tom de suas cartas de 4 e 5 de novembro de 1889 não era hostil para com o padre faltoso, nem com relação à possibilidade de ter de fato ocorrido um milagre. Por enquanto, consistia o principal recurso do prelado em pedir um relatório pormenorizado sobre os acontecimentos e em proibir padre Cícero de pregar em público sobre milagres ainda não comprovados pela Igreja.

O bispo não poderia ter pensado nem agido de outra forma. Como protetor da fé, era seu dever zelar pela "pureza da doutrina católica"; mas, como homem de fé, não poderia ignorar um fato renomadamente de origem divina. Além do mais, os longos anos de conduta sacerdotal exemplar de padre Cícero inspiravam certa confiança. "Sou amigo e admirador de vossa reverendíssima", escrevia d. Joaquim em novembro de 1889, "confio na sua sinceridade e sua ilustração e por isso o julgo incapaz de qualquer embuste."[5]

Deve ter havido outro fator que, inconscientemente, veio a influenciar d. Joaquim. Encontrava-se a Igreja, na época, sob ataques crescentes dos republicanos. Em 1888, o bispo confiara a padre Cícero seus temores de que o problema da "liberdade religiosa" estava se tornando cada vez mais crítico. Acreditava o bispo que os políticos da nação, "eivados de más doutrinas, querem descristianizar o Brasil mas, graças a Deus, não conseguirão porque ainda há fé para salvar o país".[6] Talvez acreditasse d. Joaquim que os milagres de Joaseiro tinham sido enviados por Deus para "confundir os descrentes".

As longas conversas que d. Joaquim manteve depois com monsenhor Monteiro, em Fortaleza, em final de dezembro de 1889 ou começo de janeiro de 1890, não esclareceram o bispo de forma satisfatória sobre os acontecimentos em questão.[7] No dia 7 de janeiro, chegou por fim às suas mãos o tão esperado relatório de padre Cícero.[8] Trata-se de um dos documentos mais curiosos da "questão religiosa" de Joaseiro. Revela um autorretrato patético do homem que se tornaria, logo depois, a figura central do conflito eclesiástico e uma das personalidades mais controvertidas da história do Ceará.

O relato de padre Cícero sublinha com clareza o fervor religioso que reinava em Joaseiro no período que antecede o primeiro "milagre" de 1889. De acordo com o clérigo, as chuvas de inverno ainda não tinham chegado. A fome e o medo de uma seca geral afligiam os habitantes do povoado e do vale. Faziam-se orações públicas e individuais; os sacerdotes do Cariri conduziam peregrinações de fiéis, promoviam novenas e outros atos de devoção com a intenção de deter a mão de Deus, evitando o castigo dos "horrores da seca" sobre o povo.

Os que se reuniram na capela de Joaseiro, na primeira sexta-feira de março de 1889, tencionavam fazer um ato de profunda reparação ao Sagrado Coração de Jesus a fim de que Joaseiro fosse poupado. Muitas pessoas haviam chegado na noite anterior, sobretudo as mulheres que faziam parte de uma irmandade de Joaseiro recém-fundada, a do Apostolado da Oração, uma organização que existia por todo o mundo católico e destinava-se a promover a devoção ao Sagrado Coração.[9] Seis ou sete dessas mulheres piedosas haviam ficado de vigília na capela durante toda a noite, enquanto padre Cícero confessava os homens do arraial. Por volta das cinco horas da manhã, escrevia o religioso, ele teve pena das almas cansadas, entre elas, Maria de Araújo; resolveu dar-lhes logo a comunhão, a fim de que pudessem retornar às suas casas e repousar antes da missa matutina que seria celebrada. Foi então que ocorreu o alegado milagre. Maria de Araújo foi a primeira comungante. Padre Cícero pôs a hóstia sobre sua língua: a beata caiu no chão, em transe. Sangue escorria da hóstia, "parte da qual ela engoliu [...] enquanto outra caiu no chão".

A reação de padre Cícero não se revela com clareza nesse documento. Admite que, a princípio, prestou pouca atenção ao incidente. Pensou, talvez, que a beata, enferma desde a infância (fato que ele só confiou ao bispo mais tarde),[10] tivesse tido um mal súbito. Apesar disso assegura, de forma inequívoca, em seu relatório — escrito dez meses após a ocorrência do fato — que a hóstia recebida por Maria de Araújo tinha se transformado no Precioso Sangue de Cristo. Ao recapitularmos os fatos, parece que sua primeira reação foi hesitante. Muito embora a "transformação da hóstia" se tivesse repetido várias vezes durante a Quaresma, ele insistiu com Maria de Araújo para que invocasse um sinal divino como prova de serem tais fatos realmente milagrosos. Apesar das garantias dadas pela beata, padre Cícero tudo fez para manter em segredo esses fatos "extraordinários". Foi só depois que monsenhor Monteiro subiu ao púlpito de Joaseiro e proclamou que a hóstia tinha se transformado no sangue de Cristo que padre Cícero passou a garantir aos crentes a ocorrência de um milagre. Mesmo assim, agiu, conforme declara no relatório, "porque me parecia uma espécie de escândalo e desconceito para monsenhor Monteiro",[11] que tinha muito prestígio na qualidade de reitor do Seminário do Crato.

A despeito das repetidas afirmações contidas no relatório de que o fato revelava "o empenho de Cristo em salvar os homens", estando o padre seguro de ter sido mesmo o sangue de Cristo que saíra da hóstia, o documento transmite, com força e clareza, a imagem de um protagonista relutante, de um padre cumpridor de seus deveres, levado de roldão pela convicção dos colegas e pelas legiões tumultuadas de peregrinos ingênuos que começavam a inundar o lugarejo em busca da fé.

Para d. Joaquim, o relatório de padre Cícero não esclarecia o principal problema: de onde provinha o sangue? Se era proveniente da hóstia, raciocinava d. Joaquim, tratava-se então, de fato, de "grande maravilha que merece ser espalhada pelo mundo inteiro".[12] Caso, porém, tivesse o sangue saído da boca da beata e se espalhado na hóstia, seria ilógico "concluir que a hóstia se tivesse transformado em sangue".[13]

Era esse o ponto crucial do problema que o bispo procurava esclarecer. Apesar de fortes reservas, d. Joaquim não condenou o "milagre" nem os padres. Verdade é que proibiu padre Cícero de "qualificar como milagrosos" os "fatos extraordinários" ocorridos e ordenou a não tornar pública a adoração dos panos do altar manchados de sangue. Mas o bispo não impediu que os padres se referissem em público aos fatos que presenciaram e nos quais tiveram participação. Além do mais, chegou a encorajá-los no sentido de se cercarem, nas ocorrências futuras, de "testemunhas que possam depor, sob juramento, sobre tudo o que haviam visto e ouvido".[14] Essa era a estratégia imposta pelo direito canônico e, ao adotá-la, tinha o bispo, sem querer, encorajado os advogados do milagre a conferir aos acontecimentos de Joaseiro uma legalidade processual própria da maioria dos milagres já consagrados pelo catolicismo.

Entre janeiro e março de 1890, d. Joaquim adotou uma segunda estratégia que, por si só, segundo acreditava, acabaria de imediato com suas próprias dúvidas. Sugeriu que padre Cícero transferisse Maria de Araújo, de Joaseiro, para a Casa de Caridade do Crato. Se o padre e a beata aquiescessem, conjecturava o bispo, o ato de obediência seria uma prova de sinceridade e santidade. Caso os fatos extraordinários se repetissem no Crato, com a ausência de padre Cícero, estando a beata sob a orientação espiritual de outro padre, então, nesse caso, toda e qualquer especulação levantada em sua mente, quanto à possível influência de padre Cícero sobre a beata, ficaria sem base.[15] Quando, em junho, a mãe da beata solicitou ao bispo a suspensão da ordem, d. Joaquim teve a resposta que esperava. A desobediência ao bispo barrava a possibilidade de um milagre. D. Joaquim retirou as propostas; sua opinião estava formada. Passava, agora, para padre Cícero toda a responsabilidade da prova. Mais uma vez, proibiu que o religioso proclamasse os fatos como milagrosos, quer do púlpito, quer na imprensa. Competiria a padre Cícero provar ao bispo que o que se dera tinha sido um milagre.[16]

D. Joaquim fechou a questão pelo menos até maio de 1891, levado que fora a assumir uma posição pública, em virtude da publicidade que apareceu na imprensa do Ceará. Até então, permanecera distanciado do assunto, talvez na esperança de que acabasse por si. Tudo indica que, entre junho de 1890 e maio de 1891, não houve troca de correspondência entre o bispo do Ceará e os protagonistas de Joaseiro. O silêncio oficial, entretanto, veio a ser prejudicial à posição do bispo.

O MILAGRE PÚBLICO E SUAS IMPLICAÇÕES DOUTRINÁRIAS

No Vale do Cariri, o povo não se apercebia da sutileza que permitia a padre Cícero e a outros sacerdotes falar em público sobre os "fatos extraordinários", contanto que não os qualificassem de miraculosos. Ninguém em Joaseiro duvidava da ocorrência de um milagre cuja finalidade tinha sido, pretensamente, revelada a Maria de Araújo, em agosto de 1889: Deus escolhera Joaseiro para ser o centro de onde converteria os pecadores e salvaria a humanidade.[17] A prova da missão divina do arraial estava nas levas infindáveis de romeiros que chegavam a Joaseiro. Ali, maçons brasileiros e protestantes buscavam a absolvição e retornavam à Igreja. Saravam os enfermos e os fiéis fortaleciam novamente sua fé. Ao partirem de volta, os romeiros levavam consigo um talismã, uma fita ou um pedaço de fazenda que tinham sido esfregados no vidro da redoma onde se guardavam os panos e as toalhas do altar manchados de vermelho pelo que se acreditava ser o Precioso Sangue de Cristo.

Nas redondezas do Crato, quase toda a população, entre a qual se encontravam grandes fazendeiros e ricos comerciantes, permanecia firme nessa crença. Mais de 3 mil dos cidadãos importantes da cidade fizeram a primeira peregrinação a Joaseiro em 1889.[18] Um ano mais tarde, ainda sob a chefia de monsenhor Monteiro, voltaram para as comemorações da Semana Santa. O exemplo foi seguido por outras cidades do vale. De Barbalha, Milagres e Missão Velha, fiéis e padres patrocinaram a causa de Joaseiro, sobretudo pela palavra espalhada de boca em boca e pelas visitas ao arraial.

Contrariamente à opinião de que o milagre de Joaseiro se originou entre as camadas mais baixas, coube aos padres do vale desempenhar o papel mais importante na divulgação e na justificação da crença popular nos milagres. Não há dúvida de que a fama de padre Cícero, sacerdote piedoso e cumpridor de seus deveres, continuou sem jaça e concorreu para a credibilidade dos acontecimentos, mas quase não se deu relevância ao fato de que o prestígio do reitor do Seminário do Crato, monsenhor Monteiro, contribuiu muito para reforçar a crença do povo. Outros religiosos tiveram, também, participação ativa: padre Quintino Rodrigues e padre Joaquim Soter, professores do Seminário do Crato; padre Felix de Moura, diretor da Irmandade dos Penitentes do Crato, e, ainda, os três vigários das cidades de Missão Velha, Barbalha e Milagres.[19] Todos esses padres acreditavam piamente, desde o começo, que tinha havido um milagre. Enquanto essa crença se revestiu de segredo e enquanto d. Joaquim não a condenou de maneira clara, como o padre Felix confessou mais tarde numa carta confidencial ao bispo, eles mesmos acreditavam sem reservas.[20]

A falta de iniciativa de d. Joaquim, entre junho de 1890 e maio de 1891, contribuiu enormemente para que o milagre criasse raízes entre o clero e os fiéis, tanto no vale como no sertão dos estados vizinhos. Além disso, seu pedido de que padre Cícero apresentasse testemunhas "que possam depor sob juramento" quanto à veracidade do milagre tornou-se uma razão para levar os fiéis a angariar testemunhas em defesa de sua causa. No final de 1890 e princípio de 1891, poucos eram os fiéis que hesitavam em proclamar, em público, a verdade do milagre.

Por fim, em 24 de abril de 1891, o jornal *Cearense*,[21] de Fortaleza, atirou o primeiro petardo, dando início a um novo round da "questão religiosa" de Joaseiro e do conflito eclesiástico que se seguiu. O jornal publicou, sem comentários, o relato feito por uma testemunha ocular da transformação da hóstia. O autor do documento era um conhecido médico do Crato, dr. Marcos Rodrigues de Madeira. As credenciais do dr. Marcos causaram muito boa impressão. Diplomara-se no Rio de Janeiro, onde, mais tarde, exercera a medicina na Santa Casa da Misericórdia. No tempo do Império, exercera um mandato de deputado na Assembleia Provincial do Rio de Janeiro. Por outro lado, gozava da reputação de ser "descrente", fato esse que deu mais crédito a seu testemunho.

Madeira declarou que estivera em Joaseiro durante a solenidade da Quinta-Feira Santa, em 25 de março de 1891, quando padre Cícero o chamou para presenciar e verificar a transformação da hóstia. O doutor empreendeu o inquérito na presença de cinco padres, vários cidadãos distintos da vizinha cidade do Crato e uma multidão de tais proporções que se lhe tornou necessário pedir a padre Cícero que mandasse embora os espectadores. Após completar o exame, em condições que nada tinham de excelentes, concluiu o dr. Madeira que a hóstia recebida por Maria de Araújo se transformara, de fato, em sangue. Afastou a suposição de que a beata estivesse doente e garantiu que a transformação "é um fato sobrenatural para o qual não me foi possível encontrar explicação científica".[22]

A publicação do importante testemunho de Madeira, segundo d. Joaquim, "causou sensação imensa" na diocese de Fortaleza e em todos os lugares aonde o depoimento chegou.[23] A população católica instruída do Nordeste exigiu uma explicação e o veredicto do seu bispo. A declaração do dr. Madeira forçara, com efeito, a mão de d. Joaquim; não era mais possível lutar contra Joaseiro. Nessas condições, d. Joaquim ordenou que padre Cícero fosse, com urgência, a Fortaleza.

Nesse ínterim, o cura da paróquia do Crato lembrou a seus paroquianos que "nenhum católico era obrigado a crer no que [em Joaseiro] sucede, visto como a autoridade competente [o bispo] [...] ainda não procedeu a exame nem verificou o fato". Concluiu seu sermão pedindo cautela e prudência, pois, como era do conhecimento da Igreja, não era pouco comum em tais casos que "o demônio fizesse as coisas sagradas parecerem maravilhosas a fim de deturpar a verdadeira religião de Jesus Cristo".[24]

A iniciativa pessoal do único clérigo discordante no vale vinha, entretanto, tarde demais. Em Joaseiro e no Crato, quase ninguém acreditava que o diabo tivesse algo a ver com os milagres ocorridos desde 1889 e dos quais muitos padres respeitáveis foram testemunhas e advogados. No momento em que um médico importante declarava não poder a ciência explicar uma ocorrência evidentemente sobrenatural, não havia razão para que os outros duvidassem. Ricos proprietários e comerciantes do Crato, presentes em Joaseiro durante as solenidades da Semana Santa de 1891, apoiaram o ponto de vista do dr. Madeira. Assim fizeram vários outros padres que vieram em romaria dos estados vizinhos de Pernambuco, Paraíba e Rio Grande do Norte.[25] Um deles enviou, imediatamente, um artigo para o influente hebdomadário católico *Era Nova*, de Recife, proclamando o acontecimento como milagre.[26]

Logo após a Páscoa, outro médico eminente e um conhecido farmacêutico tornaram públicas suas opiniões profissionais. O médico era o dr. Ildefonso Correia Lima, importante político do Ceará. Concluiu sua declaração dizendo que a transformação da hóstia se devia a algum "agente externo, que eu concluo que seja — Deus".[27] O farmacêutico era Joaquim Secundo Chaves, do Crato, mais conhecido como Secundo, católico devotado e amigo de longa data de padre Cícero. Ele abriu uma nova perspectiva para os acontecimentos de Joaseiro. Alegou que Maria de Araújo era estigmatizada, isto é, que ela tinha em seu corpo as chagas de Cristo. A implicação era clara: se a beata repetia com tal intimidade a Paixão de Cristo, então não podia haver dúvida quanto à origem divina da transformação da hóstia.[28]

Muitas dessas declarações tiveram acolhida rápida na imprensa secular e religiosa do Nordeste brasileiro. Em maio, no empenho de dar-lhes publicidade ainda maior, a Vanguarda, tipografia do Crato, reuniu-as num panfleto intitulado *Os milagres do Joaseiro ou Nosso Senhor Jesus Christo manifestando Sua presença real no divino e adorável sacramento da Eucharistia.*[29] Não trazia licença eclesiástica e continha certo número de proposições teológicas surpreendentes.[30] Encontravam-se tais teses nas declarações de um grupo de "profissionais", sobretudo naquelas feitas por padres e leigos, e davam uma ideia dos problemas em torno dos quais girava o nascente conflito eclesiástico.

A primeira das teses afirmava, de modo categórico, que as hóstias tinham se transformado no Precioso Sangue de Cristo. Havia sido esse o ponto de vista tanto de padre Cícero quanto de monsenhor Monteiro, desde o início. Mas o entusiasmo com que outros sacerdotes aderiram à ideia representava uma clara ameaça à integridade da doutrina da Igreja. Se era, de fato, o sangue de Cristo, derramado de novo em Joaseiro "para converter e salvar a humanidade", então se tornaria implícita a noção de uma *segunda Redenção*. Isso, claro, contrariava o ensinamento da Igreja segundo o qual a Redenção só podia ocorrer — e ocorreu — uma única vez.

A segunda tese exposta no panfleto era igualmente audaciosa. Em carta divulgada por um certo Henrique Figueiredo Filho e dirigida a seus familiares, descrevendo os acontecimentos de Joaseiro, afirmava o missivista que "estamos prestes ao Dia do Juízo Final".[31] Apregoava-se que a presciência do advento iminente do Apocalipse havia sido confirmada ao autor por padre Cícero, que em pessoa declarara que "serão todos chamados e poucos serão os escolhidos".

As duas inovações doutrinárias ganharam os sertões com rapidez, no exato momento em que a vida política brasileira sofria suas mais profundas transformações desde a Independência: no dia 15 de novembro de 1889, o Exército Nacional depôs o imperador e proclamou a República. A decisão do novo regime de desligar a Igreja do Estado confirmava os piores temores da hierarquia militar. Com o intuito de proteger os interesses da Igreja, evitando maiores perdas nas mãos dos republicanos, partiram os próceres religiosos, sem delongas, para a criação, em 1890, de um partido político de âmbito nacional, o Partido Católico. Não foi ele adiante em virtude de sua própria fraqueza, não sem antes, porém, ter mobilizado um grupo de militantes dedicados, em todos os cantos e recantos do Brasil, inclusive no Crato e nas cidades vizinhas. Entre eles, encontravam-se padres e leigos, alguns dos quais notórios adeptos dos milagres; tais milagres eram agora, mais do que nunca, endossados por eles, talvez como um consolo em face da derrota política do catolicismo.

Enquanto a situação política nacional parecia muito propícia à divulgação das duas novas crenças que começavam a emanar de Joaseiro, cumpre assinalar que cada uma delas se dirigia a grupos sociais distintos. A crença na segunda Redenção, com suas implicações teológicas sofisticadas, enraizou-se sobretudo entre membros do clero e do laicato mais instruído. A crença no advento do milênio, traumática por natureza, encontrava especial ressonância entre as massas supersticiosas e analfabetas. Foram os padres e sua audaciosa teologia da segunda Redenção que, logicamente, suscitaram a ameaça de cisma, enquanto coube às massas, na expectativa do milênio a qualquer momento, fornecer adeptos ao cisma em potencial.

AÇÃO E REDENÇÃO: AS BASES LEGAIS DO CONFLITO

Em meados de julho de 1891, d. Joaquim passou, de súbito, a refrear seu rebanho indócil do Cariri. Em resposta a duas intimações do bispo, padre Cícero acabava de chegar a Fortaleza em meio ao júbilo e à curiosidade do povo da capital.[32] Em 17 de julho, o Paço Episcopal serviu de palco ao primeiro inquérito formal sobre os "fatos de Joaseiro". Dois dias depois, após longos interrogatórios e o término dos relatórios escritos, d. Joaquim proferiu uma decisão interlocutória.[33]

O âmago da decisão canonicamente provisória era a rejeição total, por parte do bispo, da proposição de que a hóstia tinha se transformado no sangue de Cristo: "Não o é, nem pode ser, segundo os ensinamentos da teologia católica".[34] D. Joaquim procurou demonstrar a padre Cícero que a teoria tomista da transubstanciação negava claramente uma contenda dessa natureza. Qualquer pretensão em contrário implicaria, segundo a compreensão do bispo, uma inovação nociva à doutrina, como a da segunda Redenção, porquanto a teologia tomista ensinava infalivelmente que a Redenção era um acontecimento histórico único, não podendo ser repetido. Em carta pessoal a padre Cícero, antes de sua partida em 22 de julho, d. Joaquim voltou a censurar o clérigo por ventilar a falsa doutrina, criticando-o com veemência por insinuar aos fiéis que o Juízo Final estava próximo: "A Igreja lhe autorizou a pregar esta novidade?".[35] A decisão do bispo aplicava-se também aos outros padres desobedientes. Proibiu-os, ainda uma vez, de declarar em público que os "fatos" eram "milagrosos" e ordenou a cessação imediata da veneração pública dos panos manchados de sangue. Como medida final, prometeu instituir uma Comissão Episcopal de Inquérito para fazer uma visita a Joaseiro e investigar os "fatos extraordinários" que lá se deram.

Por que d. Joaquim prometeu enviar uma comissão de inquérito, por que não impôs a seus padres sanções mais severas e por que não agiu com mais energia para suprimir aquelas mesmas crenças cuja veracidade ele próprio parece ter negado — essas são perguntas importantes que se devem formular. Uma possível explicação de sua atitude tolerante pode talvez residir em sua convicção particular de que o catolicismo era a única e verdadeira religião, ao passo que os milagres eram as próprias provas de Deus, da origem divina tanto da fé quanto da Igreja. Enquanto ninguém no Cariri escarnecesse da autoridade episcopal em matéria de doutrina ao admitir que o sangue saído da hóstia era de

Cristo, e uma vez provado que não provinha da beata — assim explicava o bispo, paciente, a padre Cícero —, os fatos de Joaseiro constituiriam "uma grande maravilha em prol do Ceará".

Outra explicação pode estar ligada à natural tendência de d. Joaquim para a cautela e a inclinação burocrática para manter-se fiel às leis canônicas reconhecidas que regiam um caso tão extraordinário como aquele. Assim, uma comissão de inquérito não apenas poderia melhor resolver in loco todas as dúvidas existentes como, também, enfeixaria seus resultados na melhor forma canônica possível. Ademais, sua decisão interlocutória — de que o sangue "não é, nem pode ser" de Cristo — assegurava a d. Joaquim que nem ele nem zelosos padres do Cariri incorreriam na ira de Roma por alterar o inalterável ensinamento de São Tomás e da Igreja.

Enquanto o bispo buscava apoio no direito canônico, sua decisão interlocutória era contestada com violência no Cariri. Nove dias depois de ter chegado ao vale, cinco padres e 34 cidadãos enviaram uma petição formal a d. Joaquim, pleiteando a rescisão daquela deliberação.[36] Argumentavam que a decisão "feria de morte" a causa de Joaseiro, antes mesmo que a comissão de inquérito tivesse sido enviada para conduzir a investigação. Como medida final, os apelantes avocavam a si as regalias canônicas estabelecidas pelo Concílio de Trento, que lhes permitiam apelar diretamente a Roma, caso d. Joaquim se recusasse a rescindir a fatal decisão.

Conhecida como "Petição de Apelação de Julho", o documento foi despachado para Fortaleza em setembro de 1891. Era-lhe anexada uma carta de padre Cícero, na qual ele dizia que a apelação inclusa expressava tanto seu próprio ponto de vista quanto o de "muitos padres e milhares de pessoas que de todas as partes têm vindo a este lugar".[37] Ciente de que d. Joaquim tomaria essa atitude como mais um ato de desobediência, o padre justificou sua posição recorrendo a uma fonte de autoridade mais alta do que a de d. Joaquim. Explicou em tom solene que, durante três dias consecutivos, no mês de agosto, Cristo aparecera-lhe numa série de visões, revelando-lhe o significado dos acontecimentos de Joaseiro. "À vista de testemunhos desta ordem", perguntava padre Cícero, "poderia eu deixar de crer e de afirmar que o sangue manifestado aqui nas sagradas formas é o Sangue de Jesus Cristo?"[38] D. Joaquim rejeitou, de pronto, a apelação, mas prometeu não impedir que os apelantes levassem o caso até Roma. O bispo ficou angustiado e desanimado. Em Joaseiro, porém, nascia um povo eleito. Unidos em Cristo, que escolhera Joaseiro para desafiar os ímpios, prepararam-se os habitantes da aldeia para receber a comissão de inquérito.

A PRIMEIRA COMISSÃO DE INQUÉRITO E O NACIONALISMO CLERICAL BRASILEIRO

A comissão de inquérito chegou a Joaseiro nos primeiros dias de setembro de 1891.[39] Compunha-se de dois membros: padre Clycério da Costa Lobo, chefe-comissário, e padre Francisco Ferreira Antero, secretário.[40] Padre Clycério tinha 52 anos e era sacerdote havia quase trinta. Depois de seus estudos em Olinda e sua ordenação na Bahia, residiu, por uns tempos, no Rio de Janeiro. A pedido do primeiro bispo do Ceará, retornou a Fortaleza na qualidade de secretário particular de d. Luís e principal organizador do seminário. Sob d. Joaquim, padre Clycério foi o responsável pelo plano do primeiro Sínodo Diocesano do Ceará, em 1888. Pelos serviços que prestou à Igreja, mereceu a nomeação para o cargo de arcebispo da Bahia, o mais antigo e mais importante bispado do Brasil, honra essa que ele, modestamente, recusou.[41]

Padre Antero era originário de uma família preeminente de Icó que já dera vários filhos ao sacerdócio. Estudou em Roma e foi ordenado no Colégio Pio Latino-Americano, em 1878. Para um homem de 36 anos, já demonstrava notável habilidade como doutor em teologia sagrada e, no momento de sua visita a Joaseiro, d. Joaquim estava pensando em indicá-lo para candidatar-se a um bispado vago em algum ponto do Brasil.[42] Pelos fatos mencionados, não há dúvida de que o bispo nomeara dois homens competentes, insuspeitos quanto à piedade e ao saber, e de reconhecidos serviços prestados à Igreja. Não lhes escaparia qualquer irregularidade nos "fatos de Joaseiro".

A comissão iniciou o inquérito em 9 de setembro de 1891, após três dias de recolhimento e orações. Seus objetivos eram de duas ordens: testemunhar a transformação da hóstia e entrevistar as personalidades dominantes da questão. Decorridas duas semanas, em 24 de setembro, saíam de Joaseiro acompanhando Maria de Araújo, que foi transferida para a Casa de Caridade do Crato.[43] Assim fizeram por determinação do bispo para que pudessem conduzir a investigação sem a presença de padre Cícero. Em resumo, os comissários assistiram, pessoalmente, à transformação da hóstia várias vezes; interrogaram dez beatas, oito padres e cinco civis eminentes; registraram também o nome de 22 pessoas que, segundo se apregoava, tinham sido "milagrosamente curadas" pela devoção ao "Precioso Sangue do Joaseiro".

Em 13 de outubro, padre Clycério deu o inquérito por encerrado. Voltou para Fortaleza dentro de um mês e, em 28 de novembro, submeteu o relatório a d. Joaquim. O bispo mal pôde acreditar no que leu; concluiu que "a questão do Joaseiro" pusera em movimento uma "Igreja dentro da Igreja".[44]

Cada página do relatório do padre Clycério, intitulado "O processo do inquérito",[45] proclamava os "milagres do Joaseiro" como de origem divina. O documento era ao mesmo tempo uma defesa, tomando o partido dos "fatos extraordinários", e uma evidência de "uma Igreja dentro da Igreja". À guisa de defesa, o processo procurava refutar todas as objeções suscitadas antes por d. Joaquim. Vinte e três testemunhas atestaram o bom estado de saúde de Maria de Araújo, afastando, assim, as causas naturais que pudessem ter afetado a transformação da hóstia. Uma das testemunhas garantiu aos comissários que a beata, desde 1885, trazia consigo as chagas de Cristo, o que implicava dizer que a existência anterior de um sinal de santidade excluía qualquer dúvida no tocante à origem divina da transformação da hóstia. A fim de dissipar a crescente divergência de que padre Cícero exercera influência indevida sobre a beata, uma das testemunhas sublinhou, especificamente, que o "hipnotismo" ou a "sugestão psíquica" não tinham sido empregados pelo padre. Para provar ainda mais que fora Deus, e não padre Cícero, quem operara a milagrosa transformação, os comissários atestaram, eles mesmos, que essa "maravilha" ocorrera seis vezes diante deles e, o que é mais importante, na ausência de padre Cícero.

Além disso, o processo tornou-se a evidência de uma "Igreja dentro da Igreja", o julgamento imposto pelo próprio d. Joaquim a Joaseiro. Tornava-se claro que começava a surgir uma seita em potencial, seita essa que reivindicava, como principal fonte de autoridade, as revelações de Cristo a padre Cícero e à beata. As revelações, por seu lado, parecem ter sido justificações talhadas na teologia aventureira que fora audaciosamente sustentada, alguns meses antes, perante o bispo pelos fiéis dissidentes de Joaseiro; o orgulho e as novas circunstâncias não permitiam, agora, que se recuasse dessa posição.

Pouco antes de a comissão partir de Joaseiro, padre Cícero submeteu um "Additamento" ao seu depoimento anterior.[46] Nesse documento, transcrevia sua mais recente revelação de Cristo em defesa de Joaseiro. De acordo com o padre, Cristo explicava que[47] para satisfazer este ardente desejo que consumia o Meu coração para de novo manifestar-me aos homens foi necessário Eu [...] multiplicar as mais espantosas maravilhas, vindo *derramar de novo o Meu Sangue entre vós.* Assim como a Minha palavra é infalível, do mesmo modo as Minhas obras serão permanentes. Portanto, não há nada aqui, *nestas novas manifestações, que seja contrário ao ensino da Igreja e dos teólogos,* mas antes é como luz soberana e como manancial de todas as perfeições divinas que vos transportará através do véu que envolve as vossas almas nesta fé quase sem vida [...]. (grifos nossos)

A revelação de Maria de Araújo é muito menos falaz no que se refere ao significado singular da transformação, mas também ela invocou a autoridade de Cristo sobre a do bispo. Numa revelação, o Sagrado Coração lhe dava instruções de como agir.[48]

[...] que os padres e os bispos fizessem preces e celebrassem muitas missas pelo bom êxito dessa causa, prometendo abundantes graças a quantos assim fizessem; que, se não conheciam esse mistério *por ser um mistério novo de que não tratam os teólogos,* se recolhessem em seu divino coração onde beberiam o conhecimento e a crença desse mistério [...]. (grifos nossos)

A discrepância entre essas duas alegadas visões é compreensível. Padre Cícero, *como padre,* estava menos inclinado do que a beata a assegurar que um *novo* mistério tinha se produzido. Mas isso pouco significava para os fiéis, cuja única preocupação era edificar a causa de Joaseiro sobre os alicerces de uma autoridade cristã, a do próprio Cristo.

Se o conteúdo doutrinário do "Processo" levou d. Joaquim a vislumbrar um cisma em potencial, foi a deserção evidente de dois dos mais capazes sacerdotes da diocese que consolidou a certeza daquela sua temível perspectiva. A decisão dos padres Clycério e Antero favorável à "Igreja dentro da Igreja" foi de grande importância, tanto para o atônito d. Joaquim quanto para os fiéis de Joaseiro, que ficaram bastante fortalecidos com o apoio dos dois comissários. Assim, importa examinar os fatores que talvez tenham motivado os dois doutos sacerdotes a abandonar o bispado e a aderir ao povo eleito de Joaseiro.

Não há provas de que padre Clycério ou padre Antero tenham tido em qualquer momento um choque de fundo psicológico. Sua erudição e longa experiência nos mais altos escalões da administração eclesiástica eram um atestado de sua fidelidade à Igreja. A intensidade das pressões populares em Joaseiro sobre ambos, em prol de um relatório favorável, talvez tenha influenciado sua decisão, bem como enfraquecido suas faculdades críticas.[49] Mas, para tanto, não há prova suficiente. Dois outros fatores oferecem, ao que parece, uma explicação mais satisfatória para a deserção dos comissários.

O primeiro desses fatores refere-se à atitude prevalecente dentro da hierarquia católica em face das transformações que se operavam na política nacional. Convém lembrar que os padres Clycério e Antero, assim como muitos outros de seus colegas, inclusive d. Joaquim, estavam sensibilizados, mantendo-se vigilantes e receosos pelo impacto funesto sobre a Igreja e a religião no Brasil que exerciam a política e as doutrinas "liberais". Na qualidade de administradores "romanizados" e categorizados do Palácio Diocesano, seguiram, de perto, a agitação anticlerical que surgira entre maçons brasileiros, republicanos, positivistas e "materialistas". Viram a proclamação da República em 1889, a falência total do Partido Católico em galvanizar os fiéis numa força política capaz de servir aos interesses da Igreja. Em seguida, em 1891, missionários protestantes, sob a proteção da lei e com o apoio das elites de Fortaleza, começaram a fazer proselitismo no Ceará.[50] É provável que tais acontecimentos tenham levado os comissários a acreditar que Deus interviera em Joaseiro, num dado momento, justamente para salvar os homens, a fé e a nação. A leitura de uma carta, escrita em agosto de 1892 por padre Antero e dirigida ao comissário do Santo Ofício em Roma, justifica essa conclusão:[51]

> Ah! Se vossa excelência tivesse conhecimento do estado de nosso infeliz Brasil em quanto a religião; como trabalham os sequazes do Satanás para arrancar dos corações daquele abandonado povo toda a ideia de religião; como fazem progresso agora o positivismo e o materialismo procurando destruir os dogmas, mistérios e tudo o que há de mais santo em nossa religião; exclamaria, como eu e muitos outros maravilhados pelas vitórias que vai tendo nossa santa religião nesses lugares sobre inimigos tão perigosos quanto audazes, originadas por este milagre da transformação das hóstias consagradas em carne e sangue no povoado do Joaseiro: Ó Providência admirável do nosso bom Deus [...] para nos salvar em tempos tão calamitosos [...].

Por outro lado, padre Clycério declarou várias vezes que no Brasil grassava o "indiferentismo religioso" e que o milagre de Joaseiro ocorrera como um sagrado antídoto.[52]

O segundo fator vincula-se ao conflito latente entre o clero secular brasileiro da diocese e os padres lazaristas franceses que dirigiam e lecionavam no Seminário de Fortaleza. É difícil precisar quando se originou o conflito. Uma fonte ostensiva de tensão residia na falta de gosto dos brasileiros pelos rígidos "padrões europeus" que, desde 1864, haviam sido impostos à vida do seminário e eram tidos como as balizas da perfeição. Era um problema de tal forma grave que persistiu durante mais de meio século. Em 1914, o *Álbum histórico*, volume comemorativo do cinquentenário do Seminário de Fortaleza, entre referências elogiosas aos lazaristas franceses, aludia à frequente incompreensão, por parte de seus tutores estrangeiros, das condições brasileiras.[53] Sob a capa dessas acusações, jazia latente, e cada vez mais forte, a consciência nacional dos seminaristas brasileiros, que se manifestou após a proclamação da República.

Em 1890, as tensões preexistentes e reprimidas eclodiram na "revolta dos seminaristas".[54] No dia 13 de maio daquele ano, por ocasião do segundo aniversário da libertação dos escravos, feriado nacional, recusou-se o reitor Chevallier a suspender as aulas e ordenou que os alunos continuassem os estudos. O ato feriu, profundamente, o patriotismo dos estudantes, sobretudo dos cearenses, cujo estado natal tinha sido o primeiro a abolir a escravidão, em 1884. Os estudantes revidaram. Por três dias, promoveram manifestações no interior do seminário, recusando-se a assistir às aulas e rebelando-se contra o chamamento à ordem. Um padre historiador, então colega de vários dos participantes, rememorou que nem um só professor "ousou acalmar os ânimos conturbados".[55] No terceiro dia, d. Joaquim foi obrigado a intervir. Reuniu o corpo discente e ordenou aos organizadores que se confessassem. Ninguém obedeceu e ninguém traiu. Em consequência, o bispo fechou o seminário, mas, três meses depois, o resultado da revolta consagrava a vitória dos estudantes. D. Joaquim reabriu o seminário, tendo antes demitido o padre Chevallier do cargo de reitor, cargo esse que ocupara durante um quarto de século, e no final do ano ordenou padres os três seminaristas que haviam desempenhado papéis decisivos na revolta.

Também no Crato, durante a grande seca de 1877-1879, surgira uma animosidade contra os lazaristas. Lá chegaram os padres estrangeiros, em 1875, para inaugurar e compor o corpo docente do Seminário do Crato. Com a mortandade provocada pela seca de 1877, fugiram do interior, para espanto dos moradores do vale, em troca da segurança oferecida pela capital. Um natural do Crato descreveu a fuga dos padres — "como que uma deserção de soldados em frente do inimigo"[56] —, atitude essa que talvez explique o fato de ter sido um brasileiro, monsenhor Monteiro, mais tarde nomeado reitor por ocasião da reabertura do seminário, em 1888. Mesmo que não tenham sido a causa primordial, o fato é que as tensões existentes entre o clero brasileiro e os lazaristas franceses do Ceará aguçaram a "questão religiosa" de Joaseiro. Padre Clycério, por exemplo, estava convencido de que o padre Chevallier fora o maior responsável pelas desavenças surgidas entre seus colegas eclesiásticos quanto à validade dos milagres naquela região. Acusou, com severidade, "as pretensões teológicas dos padres franceses" de serem a principal razão do prejulgamento negativo, por parte de d. Joaquim, dos "extraordinários acontecimentos" de Joaseiro.[57] Padre Antero, que era formado pelo Colégio Pio Latino-Americano de Roma e doutor em teologia, apareceu como o crítico mais feroz dos lazaristas franceses. Em 1893, escreveu a um amigo, bispo do Pará, e acusou, sem rebuços, os prelados estrangeiros de Fortaleza de tudo adulterarem, "mentindo e caluniando [o milagre de Joaseiro]". Na opinião de padre Antero, a hostilidade dos franceses a Joaseiro estava vinculada à visão míope dos europeus de que "Nosso Senhor não deixa a França para obrar milagres no Brasil".[58]

Padre Antero estava ainda convencido de que, a despeito dos lazaristas franceses, o catolicismo brasileiro atingira a maturidade, graças ao milagre de Joaseiro, e de que a Igreja brasileira era, de agora em diante, comparável a qualquer uma da Europa. Foi essa a intenção de sua carta, de 1892, à Inquisição. Assinalou, nessa missiva, que, caso Roma *não* autenticasse os milagres de Joaseiro, ela se defrontaria com a tarefa de invalidar "milagres idênticos [que já tinham sido] aprovados pela Igreja" nos quais os povos da França, de Portugal e da Itália vinham, de longa data, acreditando.[59]

Poder-se-ia argumentar que as opiniões dos padres Clycério e Antero são de valor duvidoso, uma vez que foram formuladas algum tempo após a verificação dos fatos em questão, ou, então, por terem sido elaboradas no calor do conflito envolvente. Talvez nada mais fossem do que racionalizações feitas por dois preeminentes membros da Igreja, cujo prestígio começava a declinar no momento em que se deixaram levar, de forma irreversível, pelo milagre de Joaseiro. Mesmo assim, é muito sintomático o fato de que os dois padres lançaram, sem sombra de dúvida, um problema teológico e eclesiástico em termos de nacionalismo brasileiro.[60]

A "IGREJA DENTRO DA IGREJA"

Tanto o padre Clycério quanto o padre Antero continuaram sendo o centro da "causa de Joaseiro", expressão com que se denomina a subsequente tentativa legal dos fiéis de apelar diretamente a Roma na campanha que visava autenticar os milagres. Tal campanha originou-se na "Petição de Apelação de Julho", despachada a d. Joaquim em setembro de 1891 e por ele rejeitada sumariamente por causa da natureza *impromptu* do documento. Mas, quando o bispo devolveu a petição de julho a seus autores, não quis dizer com isso que os estava proibindo expressamente de preparar outro documento. Chegou mesmo a incentivá-los nesse sentido, contanto que fosse feito segundo as exigências do direito canônico. Além disso, prometeu aos apelantes que "não tinha nenhum interesse de negar-lhe[s] recurso das [suas] decisões à Santa Sé".[61]

Em decorrência da adesão de d. Joaquim ao direito canônico, os fiéis de Joaseiro reformularam a petição anterior, adornando-a com os procedimentos canônicos usuais e, de acordo com as precedentes instruções do bispo, submeteram-na ao padre Clycério em outubro de 1891, às vésperas de sua saída de Joaseiro. O

"Memorando de Outubro", como passou a ser conhecido, foi encaminhado formalmente em nome de Secundo Chaves, farmacêutico do Crato e amigo íntimo de padre Cícero, e, ainda, em nome de outros 61 signatários do Crato, de Joaseiro e demais cidades do Cariri. Da mesma forma que a petição de julho, o memorando de outubro insistia nos direitos dos apelantes de recorrer a Roma contra toda e qualquer objeção feita por d. Joaquim.[62]

No tocante ao bispo, mais surpreendente do que a nova apelação foi a decisão dos peticionários de nomear o padre Antero para ser um dos três "procuradores" de Joaseiro, dotado de plenos poderes para representar em Roma a causa dos apelantes. D. Joaquim comprovou, a partir daí, a deserção de padre Antero. Apesar dos esforços para dissuadir o jovem padre de advogar a causa de Joaseiro, padre Antero aceitou, com alegria, sua nova missão e, em 1892, embarcou para Roma representando o povoado.[63]

Além do padre Antero, dois outros procuradores foram nomeados: um deles foi padre Cícero; o outro era um mestre-escola do Crato, José Joaquim Teles Marrocos, cujo desempenho no início da história da "questão religiosa" de Joaseiro é de tal importância que merece aqui uma breve menção biográfica.[64] José Marrocos era filho natural de um padre, parente e amigo íntimo de padre Cícero. Antes do milagre de Joaseiro, conquistara para si um lugar na história do Ceará como um dos cruzados abolicionistas do Brasil. Tendo exercido o jornalismo no Rio e, mais tarde, em Fortaleza, contribuiu para a derrubada da odiosa instituição da escravidão. Foi esse apenas um episódio passageiro na sua carreira, dedicada acima de tudo ao ensino e ao jornalismo no Cariri, onde fundou escolas e jornais. Marrocos, entretanto, era um homem frustrado. Sua primitiva ambição, como a de seu primo padre Cícero, fora ingressar no sacerdócio. Mas, por questões de disciplina, tinha sido expulso do Seminário de Fortaleza pelo padre Chevallier, encerrando-se assim sua aspiração mais profunda.

Marrocos, ao que parece, compensou esse insucesso dedicando sua vida à religião e à Igreja. Os contemporâneos observaram-lhe o hábito constante de ler o Breviário Romano, coleção de orações feitas diariamente pelos padres, bem como os frequentes atos de piedade. Era amigo dos pobres e do clero. Chegou a construir, às próprias custas, um cemitério perto do Crato e uma capela em Fortaleza para uso exclusivo da população escrava da capital. Em 1890, a pedido do padre A. E. Frota, vigário-geral da diocese do Ceará, organizou no Crato o malfadado Partido Católico, com o objetivo de "opor-se às leis iníquas do governo contra a nossa Santa Religião".[65] Não era a primeira vez que um ex-seminarista demonstrava entusiasmo pelas causas especiais de sua Igreja. Três decênios antes, coubera a Marrocos mobilizar o Crato em apoio ao venerável padre Mestre Ibiapina. Durante a visita do missionário, em 1868-1869, fora Marrocos quem editara *A Voz da Religião no Cariri* e dera publicidade às "curas milagrosas" atribuídas a Ibiapina em Caldas e outros lugares da região.[66]

Tendo em vista o passado de Marrocos, sua piedade e participação política, não é de surpreender que viesse a desempenhar um papel importante no milagre de Joaseiro. Não há dúvida de que foi um dos primeiros a partilhar do segredo do milagre inicial de março de 1889. Três meses mais tarde, insistiu, secretamente, junto a padre Cícero no sentido de preparar Joaseiro para a grande celebração solene da festa litúrgica do Precioso Sangue, o que, de fato, se deu em julho e à qual monsenhor Monteiro compareceu chefiando 3 mil peregrinos provenientes do Crato.[67] Marrocos pôs, com tranquilidade, todo o seu talento jornalístico a serviço da propaganda do mais recente milagre ocorrido no Cariri. Há indícios de que os poucos artigos publicados em 1889 no Rio de Janeiro e em Recife eram de sua autoria.[68]

Marrocos saiu, por fim, do anonimato em julho de 1891. Assim o fez a fim de incluir seu nome na famosa petição de julho.

Em outubro, prestou à comissão de inquérito um longo depoimento a título pessoal, no qual argumentava, de forma persuasiva, que os fatos de Joaseiro eram realmente divinos.[69] A partir da segunda metade de 1891, o intelectual Marrocos não mais poupou esforços na defesa de Joaseiro. Continuou a escrever na imprensa do Nordeste enquanto desconhecido, a não ser de seus colegas mais próximos; começou a expedir aos bispos do Brasil e de Portugal longas consultas em busca de uma sólida defesa teológica dos milagres de Joaseiro.[70] Ao final de 1891, dizia-se que Marrocos, como arquissacerdote da "Igreja dentro da Igreja", havia eclipsado por completo o próprio padre Cícero.

Dom Joaquim tinha, pois, bons motivos para ficar alarmado. A participação de Marrocos injetava novo vigor em Joaseiro e a deserção de dois de seus padres mais competentes, de maneira inesperada, ecoou para o milagre como um crescendo de credibilidade. Ao encerrar-se o ano de 1891, o impacto era evidente: milhares de romeiros chegavam a Joaseiro todos os dias, enquanto o número de padres que vinham apoiar a "Igreja dentro da Igreja" subira de cinco para quase vinte. A essa altura, d. Joaquim concluiu que despontava no horizonte um cisma de bandeira desfraldada.

3. Um movimento em gestação

DESAFIO E PROTESTO

Importa examinar o julgamento que d. Joaquim fez do movimento como um cisma. Originou-se num momento de angústia e frustração. Por um lado, dois dos sacerdotes mais promissores da diocese, os padres Clycério e Antero, ficaram do lado de Joaseiro, assim como mais dezoito padres e milhares de romeiros que partiam do Ceará, de Pernambuco, da Paraíba e do Rio Grande do Norte. Por outro, um dos bispos mais importantes do Brasil, d. Joaquim Arcoverde, que veio a ser, mais tarde, o primeiro cardeal do país, jogou a culpa sobre d. Joaquim. Na opinião confidencial de Arcoverde, até agora inédita, tornara-se Joaseiro "um escândalo [nacional] que convém remover ou destruir e nada mais". Para ele, d. Joaquim havia sido tolerante ao extremo; segundo o futuro cardeal, só havia um curso de ação: suspender os padres, queimar a prova, proibir falatórios, remover Maria de Araújo de Joaseiro e submeter o cômico processo à Inquisição de Roma.[1]

Por mais que as acusações de cisma por parte do bispo refletissem sua ansiedade e seus temores pela diocese, tratava-se de um juízo incorreto em termos técnicos. Era incorreto porque os dissidentes do sertão nem tinham rejeitado formalmente a doutrina católica, nem haviam deixado de reconhecer a supremacia papal. Pelo contrário, eles depositavam todas as esperanças de reconhecimento do milagre na benevolência de Roma. Ao negarem a autoridade do bispo, os dissidentes invocaram, de forma adequada, seus direitos canônicos de apelação a Roma. Além do mais, até d. Joaquim reconhecera esse direito, estabelecido pelo Concílio de Trento, e prometera não colocar obstáculos no caminho.[2]

Os dissidentes *não podiam* abandonar a Igreja, a menos que desejassem derrotar a causa. Pensavam que os milagres de Joaseiro eram sinais da Providência, provas divinas de duas importantes asserções. Primeiro, Deus reagia contra os "tempos conturbados" do Brasil, dignando-se, mais uma vez, a redimir os pecadores. Ele proclamava a supremacia nacional do catolicismo. A fé católica era o único antídoto às incursões do protestantismo e do espiritismo, à ideologia republicana errônea impregnada de doutrinas positivistas e materialistas, darwinistas e maçônicas. Segundo, os milagres de Joaseiro eram, conforme se proclamava, idênticos àqueles que ocorreram na Itália, na França e em Portugal em séculos passados e que tinham sido sancionados pela Igreja. Para os dissidentes, os milagres de Joaseiro tornavam o catolicismo brasileiro igual à fé tradicional da Europa. Apenas Roma podia legitimar essas duas afirmações, declarando que os milagres eram verdadeiros; o cisma só resultaria no caso de serem elas derrotadas.[3]

Apesar disso, a apelação à longínqua Roma constituía, para d. Joaquim, um ato de desafio e protesto contra sua autoridade mais próxima. Audácia desse tipo teria sido inconcebível não fosse o apoio maciço que os dissidentes tiveram por parte dos sertanejos.

As elites do Crato, de Barbalha e de outros municípios do Cariri cerraram fileiras com os dissidentes, em virtude do prestígio de padre Cícero e da posição social de monsenhor Monteiro, reitor do Seminário do Crato.[4] A presença da comissão de inquérito, meses antes, em Joaseiro e no Crato, a infindável onda de peregrinos e as declarações públicas de apoio da parte de numerosos padres constituíam provas tangíveis, para as elites, de que os acontecimentos de Joaseiro mereciam crédito. Foram as classes baixas, entretanto, que demonstraram ser as mais entusiastas dos milagres. A fé que neles depositavam, bem como em padre Cícero, jamais desvaneceu. Quando d. Joaquim obteve, mais tarde, deserções entre as elites e o clero, as classes baixas tornaram-se intransigentes adeptas do clérigo, mesmo depois que a luta de padre Cícero com a hierarquia cearense lhe ocasionara suspeitas governamentais e censuras eclesiásticas. Essa hostilidade, da parte do Estado e da Igreja, levou as classes baixas de Joaseiro a recorrer, em várias oportunidades, a explosões de violência e defesa armada em favor de padre Cícero. Tais atos de protesto contra as autoridades dominantes da sociedade brasileira não chegaram, entretanto, à revolução. Padre Cícero jamais endossou as expressões agressivas de solidariedade; ao contrário, tudo fez para controlá-las e evitá-las. A personalidade do sacerdote e seu desejo profundo de que a apelação a Roma fosse bem-sucedida exigiam, de seus adeptos, docilidade, subserviência e apolitismo. Como se tornaram as classes baixas — camponeses, meeiros e trabalhadores da enxada vinculados às propriedades das redondezas — a espinha dorsal do movimento religioso popular de Joaseiro é algo que merece ser analisado.

RELIGIÃO POPULAR

Para as classes baixas, a principal atração de Joaseiro era a religião popular que começou a manifestar-se em 1891 e 1892, e não os imponderáveis teológicos em torno dos quais se debatia o clero dividido do Ceará. As beatas de Joaseiro e do Crato vieram a ser os propagadores-chave da religião popular. A princípio, apenas a costureira de origem modesta Maria de Araújo partilhara da publicidade de Joaseiro, na companhia de padre Cícero e de monsenhor Monteiro. De 1889 até o final de 1891, foi em vida proclamada "santa". Só ela transformara a hóstia no sangue de Cristo e só ela era procurada pelas massas, como um oráculo de inspiração divina com poder de interceder junto a Deus. No final de 1891, entretanto, outras beatas do Crato e de Joaseiro apareceram em cena de repente. Incentivadas por padre Cícero e monsenhor Monteiro, nove dessas beatas depuseram perante a comissão de inquérito, em setembro de 1891. Pouco tempo depois, "visões, êxtases e revelações" que elas proclamavam ter tido e que, em caráter confidencial, relataram à comissão tiveram ampla publicidade em todo o Cariri. Foi então que várias dessas beatas, descontentes de viver na obscuridade da Casa de Caridade do Crato ou na residência da família de padre Cícero, começaram a imitar publicamente Maria de Araújo.[5] Ofuscaram com rapidez a taciturna, retraída e reticente costureira-santa. Reivindicando participação naqueles "poderes sobrenaturais", as novas beatas tornaram-se os oráculos populares de Joaseiro. Saídas da mesma classe social a que pertencia a maioria dos aproximadamente quatrocentos romeiros que chegavam, dia após dia, durante 1891 e 1892, as novas "santas" do povo manipularam o credo religioso de Joaseiro com retumbante sucesso. À margem da discussão teológica sofisticada que se passava entre o clero, as beatas deram asas à religião popular que nascia.[6]

A pedra de toque da fé popular propagada pelas beatas era uma visão apocalíptica da iminente destruição do mundo. Da mesma forma que os padres dissidentes do Cariri, elas chamavam a atenção para a recente derrubada da monarquia brasileira e para a recém-decretada autoridade da República sobre o matrimônio, o que era, até então, domínio exclusivo da Igreja. Consideravam-se essas duas mudanças como sinais do "juízo final".[7] Em matéria de prova, uma beata repetiu a advertência da Mãe de Deus, que teria sido transmitida numa "aparição" anterior a Maria de Araújo.

Todos esses fatos aqui ocorridos [no Joaseiro] são as graças reservadas para os últimos tempos; o Meu divino Filho quer castigar os homens acabando com o mundo, e por mais que eu ore em favor do mundo Ele me respondeu que já não pode mais [desistir], que já se vê obrigado a castigar o mundo.[8]

Outra beata informou que, por serem os milagres de Joaseiro graças divinas para redimir os homens, aqueles que não acreditassem seriam condenados ao inferno![9] De fato, "nem o bispo nem o papa nem o mundo todo eram maiores do que Deus", que havia escolhido Joaseiro para restaurar a fé "que já está se acabando".[10]

Além da visão do Apocalipse, a "nova religião" oferecia aos crentes alívio dos sofrimentos terrenos. Em outubro de 1891, alegava-se que 27 homens e mulheres que tinham vindo a Joaseiro provenientes dos estados do Rio Grande do Norte, Pernambuco e Ceará haviam sido "milagrosamente" curados: os aleijados andaram, os cegos passaram a enxergar e uma mulher estéril ficou grávida.[11] Em consequência, Joaseiro — como muitos outros centros religiosos ortodoxos do Brasil — foi inundado de peregrinos, que lá iam em busca de remédios para seus males temporais. Muitos iam para fazer uma promessa, outros para pagar promessas feitas. Diferentemente do que ocorria em outros locais de devoção popular do Brasil, os romeiros de Joaseiro não veneravam um santo poderoso, mas apenas uma pequena urna de vidro colocada no altar-mor da capela de Nossa Senhora das Dores. Dentro da urna havia hóstias não consumidas e uma variedade de panos usados durante a celebração da missa. Tanto as hóstias como os panos traziam manchas visíveis que se dizia terem sido feitas pelo Precioso Sangue de Cristo por ocasião das comunhões de Maria de Araújo. Apesar da proibição expressa de d. Joaquim, a urna logo se tornou o objeto central da adoração. Para os romeiros, a veneração da urna e de seu conteúdo sagrado tinha prioridade sobre as práticas litúrgicas regulares do catolicismo. Após cada cerimônia religiosa, os peregrinos se aproximavam dela com ansiedade e esfregavam no vidro fitas, borlas e pedaços de pano, que se transformavam, na mesma hora, em relíquias do milagre de Joaseiro. Para parentes e amigos muito enfermos ou idosos incapacitados de fazer a peregrinação, essas relíquias mágicas eram os portadores da salvação temporal e espiritual.

Um dos componentes da nascente religião popular de Joaseiro era sua contagiante euforia espiritual. Predominou em 1891 e 1892 e transformou o lugarejo num acampamento que se constituía no posto avançado do renascimento espiritual.[12] Todos os dias chegavam novos contingentes de romeiros: homens, mulheres e crianças, leigos e clérigos, ricos e pobres, pessoas ilustres e simples desconhecidos. Superlotavam a capela nas horas da missa e lá iam para confessar os pecados e venerar a urna sagrada. Entre eles havia maçons e protestantes, que, em declarações públicas, arrependiam-se de seus pecados e se convertiam ao Cristo. Nesse ínterim, beatas corriam pelas ruas apinhadas exibindo crucifixos de bronze que sangravam "milagrosamente", havendo ainda as que caíam em "êxtases" e transes no meio da multidão.

À frente da aldeia encontrava-se o clérigo, padre Cícero. Garantia a ricos e pobres que o que viam e ouviam era verdadeiro.[13]

O EMBUSTE

Para d. Joaquim, as notícias que chegavam de Joaseiro só podiam significar um embuste incrível e sacrílego. O "fanatismo" religioso de Joaseiro e a provocação de seu povo à autoridade episcopal instigavam-no a revidar com o vigor que achava que devia ter tido em 1889. Convencido, porém, de que padre Cícero era "incapaz de qualquer embuste", por mais teimoso, ingênuo e rebelde que fosse, acabou o bispo por acreditar que a culpa cabia a Maria de Araújo.[14]

Não lhe foi fácil desvendar a farsa de que suspeitava. Nem um só chefe político, profissional liberal ou fazendeiro do Cariri proferira, para seu conhecimento, uma palavra de descrédito.[15] Importantes membros do clero de Fortaleza ainda teriam de desdizer a veracidade dos fatos de Joaseiro, como d. Joaquim esperava que fizessem.[16] No final, apenas dois de seus sacerdotes do Cariri não eram crentes entusiastas.[17]

Convinha ao bispo, em tais condições, nomear uma pessoa de fora para ocupar o cargo de vigário do Crato. Monsenhor Antônio Alexandrino de Alencar, afável e devotado pastor de Quixadá (Ceará), chegou a seu novo posto em 4 de fevereiro de 1892.[18] Durante os oito anos que se seguiram, ele exerceu com dificuldade a mais árdua função da diocese: a de executor da política da Igreja em Joaseiro. Devido à sua indecisão e às suas simpatias duvidosas, não tardou a ficar sob o fogo cruzado dos contendores. Primeiro, o bispo e, depois, os dissidentes julgaram que ele havia traído a confiança que nele depositaram. Cada lado o acusava de apoiar o inimigo. Surpreendentemente, porém, quando conseguiu, em 1900, a transferência de posto tantas vezes pedida, foi elogiado pelo bispo e pelos dissidentes, cada um achando que ele havia favorecido seus respectivos intentos.[19]

118

Decorridos dois meses da chegada de Alexandrino, d. Joaquim já fazia pressão para obter prova do embuste que atribuía a Maria de Araújo. Em abril de 1892, Alexandrino, na companhia de vários padres e leigos, seguindo instruções do bispo, promoveu uma reunião no Crato a fim de realizar um segundo inquérito. Depois de isolar a beata na Casa de Caridade do Crato, Alexandrino deu-lhe a comunhão, durante a missa, em três dias consecutivos. Nem uma só vez ocorreu a transformação da hóstia! Ficava claro que os "milagres de Joaseiro" nada mais eram que um ardil.[20]

Dias depois, entretanto, teve lugar no Crato um fato surpreendente, o que obrigou d. Joaquim a não mais considerar a beata como tendo sido a pessoa que dera origem ao embuste. Nos primeiros dias de março, um mês antes do inquérito do Crato, a famosa urna de vidro, onde estavam guardados as hóstias e os panos manchados do sangue que se alegava serem de Cristo, foi removida de Joaseiro, por ordem de d. Joaquim. Para ele, a veneração da urna constituía uma inovação litúrgica desautorizada e a perpetuação do fanatismo desenfreado. Ao remover a urna de Joaseiro, esperava o bispo pôr fim aos abusos litúrgicos. Podia, depois disso, submeter seu conteúdo a um minucioso exame científico. Relutante mas obediente, padre Cícero levou, ele mesmo, a urna para monsenhor Alexandrino, que logo a trancou à chave no tabernáculo que ficava no centro de um altar da igreja do Crato. Quando Alexandrino terminou o segundo inquérito, foi examinar a urna e descobriu que o tabernáculo estava vazio. A urna havia sido roubada! No Crato, a suspeita logo recaiu em cheio sobre José Marrocos, o campeão intelectual da causa de Joaseiro, apesar de haver contra ele apenas evidência circunstancial. Só quando a urna foi descoberta entre os pertences de José Marrocos depois de sua morte, ocorrida em 1910, encerrou-se o mistério, que durara dezoito anos, sobre o paradeiro da relíquia.

Mas sua descoberta estava destinada a desempenhar um papel dramático na subsequente história política de Joaseiro, da mesma forma que seu desaparecimento repentino o desempenhara na controvérsia religiosa do povoado nos tempos iniciais.[21] Por ocasião do roubo, d. Joaquim pensou, de imediato, que Marrocos, e não a beata, era o cérebro do embuste. A suposição de que o jornalista procurara de todos os modos evitar que fosse feito um exame minucioso no conteúdo da urna logo conduziu à conclusão inevitável de serem as manchas de sangue produzidas pelo homem, e não de origem divina. Outra consequência imediata do furto foi a brecha, a primeira de fato importante, a se dar nas fileiras até então sólidas do clero do Cariri. Os dois padres que participaram do inquérito de abril, padre Quintino Rodrigues da Silva, vice-reitor do Seminário do Crato, e padre Manoel Cândido dos Santos, cura da cidade vizinha de Barbalha, abandonaram de todo as fileiras dos dissidentes e se voltaram para o lado de d. Joaquim. O exemplo, em parte, incentivou três figuras políticas importantes do Cariri a seguirem, naquele ano, o mesmo caminho.[22]

Apenas em julho de 1892 pôde d. Joaquim colher os frutos das evidências que se acumulavam contra os dissidentes. Era o mês que se dedicava anualmente em todo o mundo católico à piedosa veneração litúrgica do Precioso Sangue de Cristo. Chegara o momento propício, segundo os dissidentes, para a Providência Divina repudiar as conclusões de Alexandrino no inquérito de abril. Uma estranha sucessão de fatos "miraculosos" ocorridos nas cidades de Joaseiro, Icó, Aracati e União criou a impressão de que se tratava mais de uma coordenação "diabólica" do que propriamente de uma ordenação divina.[23]

Em cada um desses lugares ocorreu espetáculo semelhante: beatas corriam pelas ruas cheias de gente agitando no ar crucifixos de bronze que sangravam "milagrosamente". Em Joasei-

120

ro, os altares ficaram tintos de vermelho, enquanto os crucifixos e as imagens dos altares vertiam o sangue da Redenção. Na longínqua União, eventos semelhantes eram pontilhados de revelações proféticas de três dessas beatas. O pároco da cidade, padre Clycério da Costa Lobo, o desafortunado chefe da primeira comissão de inquérito de 1891, passou a transmitir às cidades circunvizinhas, inclusive à cidade-porto de Aracati e à capital, Fortaleza, a predição agourenta de uma iminente destruição decretada por Deus. Nas duas semanas que se seguiram, enquanto os moradores de Aracati e União aguardavam sua sina bíblica, verificou-se o êxodo desordenado de populações, provocando tumultos e justificando, para muita gente, a imediata intervenção policial.[24]

Não se sabe se essas ocorrências simultâneas tiveram origem num plano único ou se foram independentes umas das outras. São conhecidas, porém, suas consequências. Em 5 de agosto de 1892, d. Joaquim baixou severas penalidades, as mais dramáticas até então estipuladas: suspendeu padre Cícero, privando-o de pregar, confessar e orientar os fiéis. Deixou-lhe apenas a faculdade de celebrar a missa. Medida semelhante, tomada com relação ao padre Clycério, que logo depois partiu para outra diocese, tinha por fim evitar que um segundo Joaseiro surgisse em União.[25] Decorridos sete meses, tendo o bispo obtido, de forma confidencial, novos depoimentos, sem conseguir, entretanto, conter os acontecimentos em Joaseiro, d. Joaquim apresentou sua primeira declaração pública importante relativa à questão. Na sua primeira Carta Pastoral de março de 1893, o bispo advertiu os fiéis "contra os vícios opostos à nossa santíssima e divina religião". Desacreditou de maneira explícita, embora não os condenando, os "milagres do Joaseiro" e exortou os membros da diocese a ignorá--los de todo.[26]

POLÍTICA DA EXPECTATIVA

Para decepção de d. Joaquim, nem a suspensão de padre Cícero, em 1892, nem a Carta Pastoral de março de 1893 resolveram a questão. Seu único recurso consistia, agora, em enviar o caso para a Congregação do Santo Ofício em Roma — a Inquisição. D. Joaquim relutara em adotar essa atitude, o que era compreensível. Em 1891, a única evidência que possuía eram as conclusões da primeira comissão de inquérito, conclusões essas apologéticas e impregnadas de parcialidade. Se tivesse enviado apenas esse documento, os severos cardeais inquisidores haveriam de criticar sua "tolerância", assim como o fizera d. Joaquim Arcoverde. Se tivesse condenado o relatório desde o primeiro momento, os dissidentes o teriam acusado de renegar a promessa que fizera de permitir-lhes qualquer apelação para Roma. Independentemente da tática episcopal, Roma exigiria informações sobre a conduta de d. Joaquim. Assim, em abril de 1892, ordenou o segundo inquérito e suspendeu, em agosto, padre Cícero. Em março seguinte divulgou a Carta Pastoral, cujas ponderações teológicas destinavam-se a desfazer as pretensões não ortodoxas de Joaseiro de que o "sangue miraculoso" era de Cristo. Por fim, em maio de 1893, remeteu a Roma os resultados da investigação e ficou à espera.[27]

Contrariamente à atitude do bispo, os dissidentes demonstraram pressa em dirigir-se a Roma. Constituíram, em 1891, como já foi lembrado, uma comissão composta de três membros para advogar a causa perante a Santa Sé. Em agosto de 1892, partiu com destino a Roma, sem a permissão de d. Joaquim, o representante da comissão, o padre Francisco Antero, teólogo erudito e secretário do primeiro inquérito. Lá chegando, apresentou aos eminentes membros da Igreja uma cópia furtada do relatório de 1891 e argumentou que os "fatos de Joaseiro" eram provas da so-

122

licitude divina para com o Brasil, que se encontrava, segundo ele, assolado e sitiado pelas maléficas doutrinas do materialismo e do positivismo.[28] Em junho de 1893, os dissidentes reagiram à primeira Carta Pastoral, bombardeando o Santo Padre com pedidos de reintegração de padre Cícero no sacerdócio. Em setembro, enviaram monsenhor Monteiro a Petrópolis, munido de novos documentos, a fim de que o núncio apostólico os remetesse a Roma.[29] Por fim, em dezembro de 1893, revidando a interdição parcial imposta a Joaseiro por d. Joaquim, José Marrocos escreveu uma carta à Santa Sé. Engenhoso, rogava-lhe a nomeação de um pároco para Joaseiro, que ficaria às expensas dos dissidentes. O novo pastor, argumentava Marrocos, poderia verificar, com toda a liberdade, os milagres de Joaseiro e a fé de seu povo, pois, como emissário do papa, permaneceria independente da autoridade de d. Joaquim.[30]

O entusiástico recurso a Roma tinha por base, naturalmente, a convicção de que a Santa Sé favoreceria os dissidentes. Havia, ainda, a certeza de que, por todo o sertão, muitos eram os que apoiavam os dissidentes, do ponto de vista financeiro, político e, no seu sentido mais amplo, ideológico.

Durante o ano de 1892, por exemplo, preeminentes figuras regionais contribuíram para a causa de Joaseiro. Em maio, o barão de Pajeú (Pernambuco) doou trezentos mil-réis e trezentas cabeças de gado. Em outubro, um membro da conhecida família Feitosa, de Inhamuns (Ceará), depositou meio conto de réis nos cofres dos dissidentes.[31]* Corria a notícia de que um grupo de peregrinos pobres, provenientes de vários estados do Nordeste, fez uma contribuição coletiva, com a vultosa quantia de meio conto de réis por dia. As finanças de Joaseiro prosperaram com tanta rapidez

---

* A unidade monetária básica do Brasil imperial era o mil-réis (1$000). Um milhar de mil-réis forma um conto (1:000$000). O valor do mil-réis flutuou amplamente durante os anos 1890.

que padre Cícero chegava a fazer, no Crato, compras de alimentos no valor de vinte contos.[32] O potencial econômico do povoado ficou demonstrado, de forma expressiva, em maio de 1892. Depois de decidir quanto à ida do padre Antero a Roma, padre Cícero determinou que várias pessoas pedissem esmolas para o custeio da viagem. Certo pedinte chegou ao Crato, no dia seguinte, para trocar papel-moeda por quatro contos de ouro![33] Tais somas eram enormes para a época. Em 1892, por exemplo, toda a renda fiscal anual do vizinho município de Brejo dos Santos era de apenas seiscentos mil-réis; só em 1908 foi que chegou a ultrapassar, ligeiramente, a soma de um conto e quinhentos mil-réis.[34]

A maior parte das elites do Cariri continuou a defender politicamente o padre, apesar do depoimento confidencial de algumas preeminentes figuras locais denunciando a farsa dos milagres. Monsenhor Alexandrino informou que, em agosto de 1892, a esmagadora maioria de seus paroquianos estava "profundamente indignada" com a suspensão de padre Cícero. Assegurava-se que graças à mediação de Alexandrino vários dos moradores importantes desistiram de atacar a suspensão através da imprensa.[35] Em outubro, entretanto, reavivou-se o ressentimento causado pela suspensão de padre Cícero; um conhecido fazendeiro de Joaseiro andou pelo Cariri arregimentando adeptos do religioso.[36] Por fim, em dezembro de 1892, os principais chefes políticos e moradores de sete cidades do vale — Barbalha, Crato, São Pedro, Jardim, Icó, Várzea Alegre e Umari — subscreveram protestos públicos em oposição a d. Joaquim e em prol de padre Cícero. Reafirmavam o direito de acreditar nos "milagres" até que Roma decidisse em contrário. Afirmaram, com unanimidade, a inocência de padre Cícero na questão do roubo da urna e negaram que ele constituísse uma ameaça à ordem pública.[37]

Foi a última cláusula do protesto de 1892 que deu ao documento sua profunda significação política. Em primeiro lugar, pedia, implicitamente, que a "questão religiosa" de Joaseiro permanecesse, na sua essência, uma causa eclesiástica e não cível. Em segundo lugar, oferecia apoio político secular a padre Cícero na luta que empreendia contra a hierarquia eclesiástica. Por fim, presumia, de forma implícita, que o sacerdote, em contrapartida, não converteria seu maciço apoio "religioso" numa arma contra as estruturas políticas locais. No futuro, esse acordo tácito foi repetido, se não na forma, pelo menos em essência. Em todos os momentos, atou o clérigo e seu movimento ao sistema político vigente no interior. Inconscientemente, o movimento religioso de Joaseiro tornava-se parte integrante da política patrimonial brasileira, apesar da intensa desconfiança que gerara contra a autoridade institucional da Igreja.

Era claro para os coronéis do interior que os adeptos de padre Cícero formavam um movimento. Mas essa é uma das realidades mais difíceis de serem comprovadas. Foi só a partir de 1895 que se constituiu uma organização formal e, assim mesmo, sob o manto das irmandades (organizações do laicato de cunho religioso e âmbito paroquial). Por volta de 1893, começou a surgir uma singela comunhão ideológica — o maior componente de qualquer movimento. O dogma principal era a crença na origem divina dos milagres de Joaseiro. Depois da suspensão de padre Cícero, e com a publicação da Carta Pastoral de 1893, a crença contínua nos desacreditados milagres estava a exigir um grau de militância maior ainda do que no passado. O que mais caracterizava essa militância era a recusa crescente por parte do povo miúdo em reconhecer a autoridade de d. Joaquim. Ao final de 1893, circularam, entre os romeiros e os moradores de Joaseiro, as histórias mais absurdas sobre o bispo: alguns o acusavam de ser pai de um filho ilegítimo, outros o retratavam como maçom.[38] Tais histórias ilustravam e racionalizavam a desconfiança popular na hierarquia eclesiástica. Por outro lado, o povo transformava padre Cícero num grande fazedor de milagres e no árbitro de suas almas. "O povo somenos do Joaseiro é sempre assim", observava monsenhor Monteiro, desconsolado, "não reconhece poder algum, senão o de padre Cícero, *nosso papa*."[39] A coesão de Joaseiro deu um passo avante em dezembro de 1893, no momento em que d. Joaquim colocou o povoado sob interdito parcial: daí por diante, nenhum ato poderia ter lugar na capela de Joaseiro.[40] A população inteira de Joaseiro estava, portanto, obrigada a sofrer coletivamente privações espirituais em virtude de suas crenças não ortodoxas. José Marrocos caracterizou com propriedade a consciência que a população tinha de si mesma como minoria perseguida: estava ela condenada a "um ostracismo espiritual [...] como se tivesse sido enxotada e corrida para fora da fé católica e do rebanho do Bom Pastor".[41]

Tratado como se fosse uma seita e privado de comemorar suas festas religiosas, o povo logo encontrou outras práticas para manifestar sua lealdade.[42] Enfeitava as casas com retratos de padre Cícero e de Maria de Araújo, que eram tidos e estimados como *novos santos*, os descobridores de *novos mistérios*; usava em volta do pescoço correntes com medalhas cunhadas na Europa portando a efígie de seus heróis. Na medida em que esses costumes eram também condenados como "superstição grosseira", constituíam, de fato, atos de desafio.[43]

Nos primeiros meses de 1894, os relatórios de Alexandrino documentavam, com a mesma monotonia, a desconfiança crescente de Joaseiro no tocante à hierarquia, bem como sua exuberante expectativa em torno da iminente aprovação de Roma.[44] No último dia de julho de 1894, o veredicto da Sagrada Inquisição Romana Universal foi tornado público:[45]

Os eminentíssimos e reverendíssimos padres da Santa Igreja Romana, cardeais inquisidores gerais, pronunciaram, responderam e estatuíram o seguinte: — que os pretensos milagres e quejandas coisas sobrenaturais que se divulgam de Maria de Araújo são prodígios vãos e supersticiosos, e implicam gravíssima e detestável irreverência e ímpio abuso à Santíssima Eucaristia; por isso o Juízo Apostólico os reprova e todos devem reprová-los, e como reprovados e condenados cumprem serem havidos.

A segunda Carta Pastoral de d. Joaquim, lembrando-se talvez do conselho de Arcoverde, foi elaborada de acordo com as proscrições romanas que objetivavam erradicar o quisto. Num apêndice ao decreto de Roma, ordenou que: 1) todas as peregrinações deviam cessar; 2) todos os votos e promessas eram declarados írritos, nulos e supersticiosos; 3) todos os documentos escritos e impressos que tinham por fim defender as pessoas e os fatos citados, assim como as medalhas e fotografias, deviam ser recolhidos e queimados; 4) os padres e os leigos que falassem ou escrevessem em defesa dos pretensos milagres incorreriam nas penas, respectivamente, de suspensão de ordens e privação dos sacramentos; 5) finalmente, a urna roubada com seu conteúdo deveria ser entregue às autoridades da Igreja dentro de trinta dias, para ser queimada; se o gatuno não se apresentasse no prazo citado, que fosse, ipso facto, excomungado.

Em julho de 1894, o bispo concluiu sua segunda Carta Pastoral dando divulgação ao decreto supracitado e estipulando sanções com a fórmula consagrada pelo tempo: *Roma locuta est; causa finita est.*[46]

VOX POPULI

Dois meses se passaram. Entrara em vigor o plano de ação de d. Joaquim para executar o decreto de Roma e silenciar Joaseiro para sempre. No princípio de setembro de 1894, padre Cícero e quatro outros clérigos dissidentes chegaram a Fortaleza, a chamado do bispo.[47] Na ausência deles, monsenhor Alexandrino, como ficara combinado, seguiu para Joaseiro. Seria essa a missão mais difícil de sua carreira. Não apenas devia ler a Carta Pastoral de 1894 como, também, obter a remoção de Maria de Araújo de Joaseiro e conseguir a retratação pública das outras nove beatas, em cumprimento a uma cláusula do decreto romano que não fora publicada. O pedido do Crato à capital para que enviasse quarenta soldados confirmava a gravidade da missão. Parte dessa tropa estava estacionada no Crato, enquanto o restante do contingente chegou a Joaseiro antes de Alexandrino.[48] Segue-se, aqui, o relatório da missão, submetido a d. Joaquim no dia 20 de setembro de 1894.[49] Inédito até agora, revela, mais do que qualquer outro documento, a militância dos habitantes de Joaseiro:*

Fui para Joaseiro em 13 de setembro para aconselhar Maria de Araújo a seguir vossa instrução de internar-se na Casa da Caridade de Barbalha durante seis meses. "Disse que estava pronta", mas queria consultar a família. De acordo com a vossa ordem, permiti-lhe apenas quatro dias para tomar uma decisão. Retornei, então, para o Crato.

Iniciei os preparativos para a minha volta a Joaseiro no fim da semana a fim de divulgar a Carta Pastoral. Mas "chegavam a cada momento *ameaças de toda sorte* se eu tivesse a audácia de ler a referida Pastoral". Parti para Joaseiro no sábado à tarde.

Na manhã de domingo 16 de setembro, "subi ao púlpito e fiz a leitura invertendo a ordem. Comecei-a pela Pastoral do ano passado, 1893; concluída esta, li a última de julho de 1894 contendo a

---

* Por uma questão de brevidade, o texto a seguir é uma paráfrase fiel da carta de Alexandrino. As aspas indicam o texto real. Os grifos são nossos.

decisão da Santa Sé [...]. Procedi assim *porque a Pastoral do ano passado* [...] *não tinha sido lida na capela daquela povoação*". A leitura levou uma hora e meia.

Durante a leitura e enquanto eu pregava ao povo sobre a obrigação de obedecer ao seu bispo e ao decreto da cúria, várias mulheres começaram a gritar: "*É mentira, é mentira* [...], e alguns homens e mulheres em não pequena quantidade retiraram-se p^{a} não ouvir a leitura e sermão".

Às 5:30 da tarde, voltei à capela para dar a bênção e fazer o outro sermão que eu havia anunciado pela manhã. O tema era a parábola dos fariseus e dos publicanos, "imagens dos verdadeiros e falsos devotos; verberei com toda indignação os embustes d'ali, os sacrilégios, profanações e irreverências ao Santíssimo Sacramento [...] em termos claros, *declarei que tudo no Joaseiro era embuste*".

Naquele mesmo dia, dois dos irmãos de Maria de Araújo vieram me dizer que ela estava doente e que assim não podia sair de Barbalha. Pediram-me que adiasse sua partida para o mês seguinte, no que concordei, na esperança de contar com a vossa aprovação.

Na manhã do dia seguinte quando me preparava para deixar o Joaseiro apareceu o irmão mais velho da *beata* e pediu-me q. fosse à casa d'eles a fim de ver o estado em que se achava ela.

"[...] lá chegando, encontrei a casa repleta de mulheres, talvez umas duzentas, e no terreiro e imediações [...] *quinhentos e tantos homens entre os quais alguns armados*." Foi com dificuldade que consegui entrar no quarto onde Maria de Araújo estava deitada, doente. Quando pedi sua resposta definitiva sobre retirar-se para Barbalha, respondeu, "mas não pude ouvir a resposta".

"Um terceiro irmão e a irmã mais jovem interromperam e em altas vozes disseram 'ela não vai, *ela não vai porque não queremos*.'" Fecharam a porta com força e *eu suponho que seus três irmãos queriam que eu me fosse*. Bati na porta. Ela se abriu imediatamente. Saí da casa e "reprovei o procedimento do povo ali reunido".

Um dos seus três irmãos chegou até mim e disse: "ela não vai, pr. qe. eu não quero". Repeli-o e segui pª Crato e quando estava à pequena distância, ouvi vivas, não sei a quem; talvez a padre Cícero e Maria de Araújo. Soube depois que deram-me apelidos chamando-me de *"hipócrita (vigário do pau oco) e outros insultos...".* Segui desapontado para Crato por causa da vaia que me deram.

Ontem mesmo (19 de setembro), "dois irmãos de Maria de Araújo e um primo legítimo d'ela responderam nesta cidade do Crato p.r crime de morte; p.r conseguinte os *irmãos são capazes de assassinar-me".*[50]

"Desde que eu li a Pastoral, Joaseiro tem estado em completa conflagração, de modo que é impossível, para mim, ir até lá de novo. Muitos no Crato me advertiram que permanecesse longe, mesmo em caso de emergência para confissão *in articolo mortis.* Não sei como vou continuar a viver aqui, se as coisas continuarem desse jeito. É tal minha depressão que me tem ocorrido pensar em solicitar uma transferência."

Dominado por uma profunda tristeza, Alexandrino acrescentou o seguinte pós-escrito:

"O povo do Joaseiro, em sua quase totalidade, não aceita a decisão da Santa Sé baseado em sofismas.

"Espera a volta do padre Cícero de quem tudo confia. Não crê em papa, bispo, em qualquer outra autoridade eclesiástica.

"O padre Cícero para eles é tudo, e depois do padre Cícero, a Maria de Araújo. Quando fui à casa dela — o povo que a cercava, tendo-a por santa, a contemplava cheio de admiração.

"Esta turba ignara composta de criminosos e homens de todo jaez são capazes de tudo.

"Sou informado de que os comerciantes açulam contra mim romeiros e moradores novos no Joaseiro a fim de não verem o descalabro inevitável produzido pela decisão da Santa Sé.

"A vista do exposto sem ordem e sem nexo pela impressão que me domina o espírito, parece *uma medida necessária pôr interdito na igreja do Joaseiro.*

"Dizem ali que se as portas forem fechadas que arrebentam as portas, e não farão caso de interdito.

"O espírito de revolta está ali plantado [...]."

No dia 23 de setembro, padre Cícero regressou, afinal, a Joaseiro. Teve uma recepção típica da tradição sertaneja. A meia légua de distância do povoado, ele e monsenhor Monteiro foram recebidos por uma comitiva de boas-vindas, montada a cavalo. Havia inúmeras outras pessoas a pé. Os cavaleiros formavam uma guarda de honra em volta dos padres. Desfilaram devagar ao longo da principal via pública, a rua Grande, até atingir o centro de Joaseiro. Todo o percurso estava guarnecido de centenas de arcos de triunfo enfeitados com ramos de palmeira e de carnaúba. Uma exibição de foguetes, estrelinhas, rodas coloridas e outros fogos de artifício saudaram o regresso dos heróis. Uma testemunha ocular chamou-a de recepção "estrondosíssima". No dia seguinte, duas léguas distante do povoado, nos campos de cana-de-açúcar em pousio de São José, padre Cícero celebrou a missa. Foi assistida por mais de 3 mil fiéis de Joaseiro.[51]

Só após o jubiloso regresso do padre retirou-se o contingente militar. Dois dias mais tarde, Maria de Araújo, graças à intervenção de padre Cícero, seguiu para Barbalha.[52] Mas havia pouco motivo de júbilo. Roma e Fortaleza pareciam mais interessadas em acabar com Joaseiro do que propriamente em recuperá-lo dentro da ortodoxia. Cláusulas secretas do decreto e do plano de ação do bispo visaram destruir os apoios financeiro, político e ideológico do movimento.[53] Padre Cícero, por exemplo, foi obrigado não apenas a "restituir todo o dinheiro recebido em nome dos pretensos milagres" como também a recusar, no futuro, ofertas de peregrinos, em quaisquer circunstâncias. Os leigos que não renunciassem à crença nas superstições de Joaseiro seriam privados dos sacramentos. Por conseguinte, os chefes políticos do vale, que haviam dado apoio a padre Cícero em 1892, ficaram, a partir de setembro de 1894, temporariamente relutantes. Com relação às beatas de Joaseiro e do Crato, monsenhor Alexandrino tinha o poder de exigir-lhes uma declaração por escrito de que aceitavam o decreto romano e, ainda, uma completa confissão de culpa. Caso se recusassem, não poderiam continuar a residir na Casa de Caridade do Crato nem a usar o hábito religioso.[54]

Nos meses seguintes, os dissidentes sofreram o golpe mais violento de todos: sob a infatigável pressão dos bispos do Nordeste, os adeptos clericais restantes se retrataram. Suas declarações formais de lealdade a Roma foram logo publicadas nos jornais seculares e religiosos da região.[55] Daí por diante, a padre Cícero só restava o próprio povo. Não tendo mais partidários entre os membros do clero, tornou-se necessário convocar as massas e, mais tarde, os chefes políticos.

Quando o movimento parecia estar à beira do colapso, padre Cícero e padre Antero, os dois únicos clérigos que se recusaram a abjurar, decidiram fazer um novo recurso a Roma. Na mente dos sacerdotes, dizia-se então, "a decisão da Santa Sé não é infalível".[56] Em contrapartida, argumentavam que d. Joaquim alterara o primitivo relatório do inquérito de 1891. Acreditavam que os documentos adicionais enviados a Roma, em maio de 1893, tinham prejudicado a causa dos dissidentes. O próprio padre Cícero declarou: "Não posso negar o que vi e poderiam ser verdadeiros esses fatos [do Joaseiro] porque [...] a Congregação [do Santo Ofício] não poderá aprovar um erro; mas pode condenar uma verdade por não estar bem provada".[57]

Enquanto a nova apelação seguia seu curso normal, a população de Joaseiro, sob interdito virtual nos limites do lugarejo, comportava-se, em face da nova campanha, com extraordinária solidariedade. Boicotou de imediato os padres e os serviços religiosos do Crato. Procurou descobrir, secretamente, um ou dois padres que, apesar do decreto romano, davam demonstrações de simpatia para com as crenças do povo. Esses padres da "clandestinidade" não arrancavam dos moradores denúncias explícitas dos "fatos do Joaseiro", como o exigiam os "agentes" do bispo no Crato. A Igreja em Joaseiro passou para a "clandestinidade" enquanto boicotava, publicamente, a Igreja oficial. O boicote desferiu um duro golpe nos cofres da "Igreja do bispo", uma vez que os fiéis de Joaseiro contribuíam com dois terços da renda dos sacerdotes do Crato.[58] Não obstante o sucesso financeiro da campanha, o protesto mostrou-se inadequado para as tarefas que tinha pela frente. De fato, se a nova apelação a Roma fosse bem-sucedida, padre Cícero precisaria encontrar meios mais eficazes de organizar seus leais, mas amorfos, partidários.

4. Organiza-se o movimento

AS IRMANDADES

A mobilização dos adeptos de padre Cícero, que era a tarefa mais imediata e urgente, foi encabeçada com entusiasmo por um homem de meia-idade, José Joaquim de Maria Lobo, tenente-coronel da Guarda Nacional, recaindo, como de costume, a incumbência intelectual de redigir os novos recursos a Roma sobre o enigmático José Marrocos, que já era tido como excomungado pela Igreja por não devolver a urna roubada. Próspero fazendeiro de Lavras da Mangabeira, município do sertão localizado na extremidade setentrional do Vale do Cariri, José Joaquim de Maria Lobo granjeou para si, mais tarde, o epíteto de fanático, em virtude de sua extrema piedade e devoção. Suas visitas anteriores a Joaseiro e a crença ardorosa de sua mulher nos milagres levaram-no a fixar residência na "cidade santa". Sua entrada em Joaseiro, em 8 de dezembro de 1894, não poderia ter sido mais propícia à causa ressurgente de Joaseiro.[1]

Lobo logo se pôs a trabalhar. Sua principal tarefa consistiu em organizar os moradores da aldeia e da região, dispersos e politicamente inconscientes, tornando-os instrumentos viáveis em prol de padre Cícero. Os veículos-chave nos quais Lobo se baseava eram, curiosamente, as irmandades, organizações religiosas no âmbito da paróquia* que congregavam o laicato e incluíam homens e mulheres. Duas dessas associações leigas, pelo menos — o Apostolado da Oração do Sagrado Coração de Jesus e a Conferência de São Vicente de Paulo —, foram criadas antes dos "milagres" de 1889 e, como já se viu, desempenharam um papel nada desprezível na gestação da crença nos "milagres de Joaseiro". Quatro outras irmandades foram reativadas ou, então, fundadas por iniciativa e sob orientação de José Joaquim de Maria Lobo, a saber: a Conferência de Nossa Senhora das Dores (padroeira da capela de Joaseiro), a do Santíssimo Sacramento, a do Precioso Sangue e, por fim, a Legião da Cruz, fundada em 7 de julho de 1895.[2]

Formalmente, os objetivos dessas seis associações, como os de suas congêneres existentes em paróquias através do estado e do país na segunda metade do século XIX, eram de dupla natureza: 1) instruir o laicato em matéria de doutrina da Igreja e melhorar a vida espiritual de seus membros; 2) congregar os recursos materiais e humanos dos fiéis para os fins específicos da vida paroquial local, o que abrangia desde as celebrações litúrgicas dos dias santificados até a obtenção de fundos para consertos e obras na igreja. Algumas irmandades, como a de São Vicente de Paulo, engajavam-se em obras de caridade e distribuição de esmolas, em base local, estadual e nacional.

---

* O termo "paróquia" aqui empregado não se aplica corretamente a Joaseiro na época, uma vez que o povoado era, canonicamente, designado como *capelania*, que é, dentro de uma paróquia, um distrito menor de culto. Designada, assim, de capelania, Joaseiro se integrava à freguesia do Crato.

As irmandades de Joaseiro, como aliás a própria unidade paroquial, operavam com autonomia local considerável, embora estivessem sujeitas, pelo direito canônico, a variados graus de controle eclesiástico. Com exceção da Legião da Cruz, cinco das associações leigas precisavam receber, e de fato haviam recebido, a aprovação canônica por ocasião de sua criação. Todas elas foram formalmente reconhecidas por d. Joaquim e pelo Conselho Central do Ceará, cuja sede ficava em Fortaleza e estava sob a fiscalização clerical da diocese. As irmandades paroquiais podiam, em tese, enviar representantes às reuniões anuais do Conselho Central. No caso da Sociedade de São Vicente de Paulo, cada unidade local fazia parte de uma organização nacional, com unidades intermediárias no nível diocesano.

Essas observações sobre os objetivos e a estrutura das associações paroquiais ou irmandades levam às seguintes demonstrações: 1) a mobilização em larga escala dos adeptos de padre Cícero foi em grande parte facilitada pelas instituições existentes, que haviam recebido autorização anterior da hierarquia eclesiástica; 2) as irmandades de Joaseiro forneceram, potencialmente, os dissidentes com acesso às instituições do laicato e do clero; 3) as irmandades ofereciam a base financeira para a maioria das atividades engendradas por José Lobo em favor de Joaseiro.

Sob a direção de José Lobo, tornaram-se as irmandades de Joaseiro as estruturas "políticas" da causa dos dissidentes. Enquanto mantivessem a possibilidade de persuadir Roma a revogar o decreto de 1894, as irmandades não tinham carência de membros. Por exemplo, em 1898, o Apostolado da Oração, em Joaseiro, alegava possuir 125 funcionários e mais de 5 mil associados ativos inscritos.[3] O fato de que outras irmandades se atribuíam, simultaneamente, um número elevado de membros indica que deve ter havido duplicação de afiliação. Mesmo se todas as seis irmandades de Joaseiro tivessem alistado as mesmas 5 mil pessoas, tal número talvez representasse quase toda a população adulta do lugarejo. Nesse caso, as estruturas religiosas da aldeia atingiam um grau elevadíssimo de mobilização, em contraste com os partidos políticos da região. Nesse mesmo período, por exemplo, havia menos de 2 mil eleitores no Vale do Cariri, enquanto no Brasil, como um todo, menos de 2% de sua população global gozava de franquias eleitorais.[4]

As reuniões das irmandades, como, aliás, os serviços religiosos de Joaseiro, tinham por vezes mais em comum com "os comícios políticos" do que com as aulas de catecismo. Por exemplo, numa das reuniões da Legião da Cruz, a mais importante das irmandades de Joaseiro a partir de 1895, estava em discussão uma carta de protesto de certa monta. Um adendo à ata da sessão assinala, com pesar, que havia tantos membros presentes, ou seja, 5467, que nem todos puderam assinar![5] Evidentemente, esse comício de massa não pode ter sido típico das atividades da irmandade, mas não deixa de caracterizar o ativismo, em grande escala, ao qual se entregara a população de Joaseiro em favor de padre Cícero.

DOIS PEQUENOS REVESES

Atribuía-se a José Lobo a vitalidade das irmandades. Ele, e não padre Cícero, nem José Marrocos, era o comandante das armas "políticas" do povoado na luta contra a hierarquia do Ceará. De terno preto, fitas coloridas e medalhas religiosas pregadas na lapela, ele podia ser visto quase todos os dias carregando, de uma reunião para outra, os grossos volumes encadernados que continham as atas e a correspondência das irmandades.

No pequeno espaço de tempo decorrido desde sua chegada a Joaseiro, José Lobo assumira uma posição de destaque na Sociedade de São Vicente de Paulo.[6] Foi em nome dessa organização que, em março de 1895, embarcou para o Rio de Janeiro e Petrópolis em missão importante. A viagem foi decorrência de um pequeno revés que se dera nos meses precedentes. Por duas vezes, entre dezembro de 1894 e janeiro de 1895, e sem qualquer resultado positivo, padre Cícero havia dirigido recurso ao papa Leão XIII pela revogação do decreto do Santo Ofício de 1894.[7] Cícero insistia na tese de que nem tinha profanado os ensinamentos da Igreja, nem podia negar "os verdadeiros e sinceros [...] fatos do Joaseiro". Pedia, então, que o convocassem, junto com outros padres, a Roma, a fim de explicar pessoalmente seu caso perante o pontífice, e, ainda, que se enviasse de Roma uma comissão apostólica com o objetivo de estudar, verificar e testemunhar por si mesma os "fatos do Joaseiro". Em ambas as ocasiões, o clérigo suspenso ingenuamente insistiu junto ao Santo Padre para que "nada pronunciasse nem substanciasse com relação aos fatos do Joaseiro até a chegada a vossos pés da petição de vosso servo".[8] Quando ele chegou, Roma repreendeu seu servo: "*Adquiescat decisis*", ordenou o telegrama de 7 de janeiro de 1895 — "Submetei-vos ao decreto!".[9]

Era a missão de Lobo desfazer essa derrota. Com sua partida para o Sul, ficou Joaseiro na alegre esperança de que ele conseguisse levantar a atmosfera de perseguição em que mergulhara o povoado. Seu plano consistia em mobilizar, em nome de padre Cícero, uma das maiores associações do laicato católico do Brasil.

Quando José Lobo desembarcou no Rio de Janeiro, no final de março de 1895, dirigiu-se para a sede do Conselho Superior da Conferência de São Vicente de Paulo. Munido de credenciais que o designavam como representante oficial do Capítulo da Conferência de Joaseiro, Lobo apelou para o Conselho Nacional no sentido de que encampasse os objetivos de Joaseiro. Para sua desdita, o pedido de que o conselho oferecesse seus "bons ofícios" junto à Santa Sé não surtiu efeito. O mesmo se deu com seus argumentos nacionalistas segundo os quais o milagre de Joaseiro era comparável aos da Europa nos séculos passados. Até sua apaixonada tentativa de convencer seus confrades de que o milagre era um contra-ataque provincial à profanação que a República infligia ao catolicismo no Brasil caiu em ouvidos moucos.[10] Repelido pelo Conselho Superior, Lobo prosseguiu, de mãos vazias, para Petrópolis. Aí, durante o mês de abril, teve três encontros com o núncio apostólico no Brasil, d. Jerônymo de Maria Gotti.[11] Reiterou as súplicas de Cícero no apelo a Leão XIII, de dezembro e de janeiro. Parece que o núncio deu poucas esperanças a José Lobo, pois, vários meses após seu regresso a Joaseiro, este ainda insistia no caso por meio de correspondência com Petrópolis.[12]

A LEGIÃO DA CRUZ

Quando Lobo regressou a Joaseiro, em maio de 1895, não havia dúvidas quanto ao fracasso de sua missão. Mas ele não desistiu de realizar duas metas nela implícitas, a saber: 1) a intervenção de uma prestigiosa organização de leigos católicos em prol de Joaseiro; e 2) a retomada da defesa da causa de Joaseiro diretamente na Santa Sé. Em julho de 1895, tornaram-se essas metas o objetivo tácito do capítulo recém-estabelecido em Joaseiro — a Legião da Cruz.

A Legião era uma organização nacional de católicos fundada em 1885.[13] Inspirava-se nas diretrizes papais de âmbito mundial que visavam deter a onda de crises financeiras e políticas da Santa Sé, ocasionadas pelas guerras de unificação e independência italianas. Sua finalidade era levantar dinheiro dos católicos de todas as classes e nações. Com o nome de "óbolo de São Pedro", essas contribuições eram, e ainda são, remetidas todos os anos para o

Santo Padre para serem empregadas de acordo com suas necessidades e seus desejos.[14]

Lobo assegurava que a fundação, em Joaseiro, do capítulo da Legião da Cruz lhe tinha sido sugerida e autorizada pelo arcebispo do Rio de Janeiro, d. João Esberardo, durante sua visita de abril de 1895.[15] Mas o malogro de Lobo em obter a aprovação canônica no Ceará levou d. Joaquim a condená-lo, bem como à organização, em 1898. Naquela época, o bispo afirmava que a Legião não passava de uma "astúcia plausível" destinada a promover as falsas causas de Joaseiro.[16] Em todo caso, durante os três anos de sua existência (1895-1898), ela ofuscou todas as outras irmandades de Joaseiro e tornou-se a mais notável promotora da causa dos dissidentes. Logo se conseguiu atrelar, por um tempo, a causa de Joaseiro a uma instituição de âmbito nacional, cujo prestígio em Roma era reconhecido. Sob a chefia de José Lobo, ela cresceria através dos sertões.

Em 1897, o número de membros da Legião em Joaseiro já havia ultrapassado 5 mil.[17] Atas e documentos existentes alegam que mais de 10 mil sócios ativos espalhavam-se por outros lugares. Organizavam-se esses últimos em nove mesas, ou capítulos, através do estado do Ceará e uma na Paraíba. Grande parte das mesas estava situada em distritos rurais, em torno de municípios maiores do interior do estado. Muitos dos membros eram trabalhadores de fazenda.[18]

Os novos membros recebiam um certificado de afiliação assinado por José Lobo. Os certificados eram remetidos ao presidente do capítulo local e distribuídos a cada membro, a quem competia contribuir com a soma mensal de cem réis (entre 1895 e 1898, um mil-réis valia entre quinze e dezenove centavos de dólar).[19] Em teoria, a totalidade dos membros da Legião tinha condições em potencial de levantar e remeter a Joaseiro a soma anual de dezoito contos, importância esta que equivalia ao total dos impostos pagos ao governo do estado do Ceará, em 1894, pelos municípios de Jardim, Brejo dos Santos, Milagres, Missão Velha, Porteiras e Várzea Alegre.[20] Embora incompletos, os arquivos da organização existentes em Joaseiro indicam, entretanto, que vinte contos e 500 mil-réis foram levantados no decorrer dos três anos de seu funcionamento. Dessa importância, cerca de 25% foram coletados apenas em Joaseiro; do total, mais de catorze contos foram remetidos, fielmente, quer aos escritórios da Legião no Rio de Janeiro, quer diretamente a Roma.[21]

Embora a organização tenha conseguido levantar apenas um pouco mais de vinte contos entre julho de 1895 e setembro de 1898, sua capacidade financeira era, em certos aspectos, tão potente quanto a de toda a diocese do Ceará, que, na época em questão, correspondia aos limites geográficos do estado. Em 1898, por exemplo, d. Joaquim autorizou uma coleta, através de toda a diocese, em homenagem ao papa Leão XIII. Pouco mais de onze contos foram remetidos ao Santo Padre. No mesmo ano, a Legião da Cruz de Joaseiro, compreendendo menos de 2% da população da diocese e, ainda mais, só de trabalhadores rurais muito pobres, conseguiu remeter quase sete contos![22]

Como se propagou a Legião da Cruz além das fronteiras de Joaseiro é algo difícil de reconstituir em termos históricos. Talvez José Lobo tenha criado capítulos locais ao longo de suas inúmeras viagens através do estado. Uma explicação mais plausível, entretanto, deve levar em consideração as ondas infindáveis de romeiros que desembocavam em Joaseiro, a "cidade santa". Entre 1893 e 1898, d. Joaquim procurou, de todas as formas, acabar com as peregrinações, que, segundo pensava, só serviam para inculcar "a crença nos pretensos [e condenados] milagres entre as pessoas inocentes de boa-fé, especialmente os sertanejos das dioceses vizinhas".[23] Não resta dúvida de que, com o estabelecimento da Legião em 1895, houve um aumento considerável do número de peregrinações, visto que o campesinato do Nordeste, ingênuo e abandonado pelo clero, buscava as curas que Joaseiro oferecia. É provável que a organização tenha incentivado ativamente essas peregrinações, um dos mais amplos movimentos demográficos da história do Nordeste brasileiro. É provável, também, que os peregrinos, ao regressar, assim como o pólen levado pelo vento, fundassem legiões onde quer que houvesse um desejo de recriar a atmosfera redentora de Joaseiro.

Foi o aumento do número de peregrinações a Joaseiro, inspiradas pela Legião, em final de 1895 e princípio de 1896, que levou d. Joaquim à conclusão, mais uma vez, de estarem padre Cícero e seus sequazes desafiando com desfaçatez o decreto do Santo Ofício. Em consequência disso, em abril de 1896, o bispo suspendeu padre Cícero de todas as suas ordens. Privado havia quatro anos do privilégio de pregar e confessar, o clérigo dissidente foi, por fim, despojado da única prerrogativa que lhe restava, a de celebrar a missa fora dos muros de Joaseiro.[24]

Em setembro de 1896, José Lobo foi a Roma. Na qualidade de delegado da Legião da Cruz do Brasil e portador dos proventos crescentes do capítulo de Joaseiro, atravessou o Atlântico na primeira de quatro viagens que faria à Santa Sé. Lá chegando, procurou ele mesmo obter a revogação do decreto de 1894 e a reintegração plena de padre Cícero. Lançava mão do último recurso de Joaseiro, o pontífice romano.[25]

OS CAPANGAS E A CÚRIA

A engrenagem da administração curial girava mais devagar do que a dos regimes seculares. A convenção tradicional do Santo Ofício de discutir os assuntos relativos a cismas e heresias somente nas quartas-feiras de cada semana contribuía ainda mais para retardar o exame da apelação apresentada por Lobo.

Em Joaseiro, entretanto, a longa pausa servia para alimentar as esperanças dos dissidentes, fazendo-os crer que o papa Leão xiii só poderia ser favorável ao recurso. Prosseguia a militância contra a hierarquia eclesiástica do Ceará. O boicote aos padres do Crato provocou a observação de monsenhor Alexandrino de que os rendimentos paroquiais de Joaseiro estavam reduzidos a zero. Enquanto isso, os paroquianos de Joaseiro continuavam a procurar apenas os padres que, desafiando as ordens de d. Joaquim, não lhes exigiam confessar a descrença nos milagres. Para esses padres, as recompensas financeiras eram mais do que satisfatórias.[26]

Ao final do ano de 1896, um incidente desagradável contribuiu para intensificar o repúdio de Joaseiro à Igreja "oficial" no Crato e chegou a gerar a ameaça de uma revolta camponesa no Vale do Cariri. Numa noite de novembro, enquanto padre Cícero pregava sua ilícita, embora costumeira, homilia para uma multidão imensa que se achava postada defronte de sua casa, cinco homens não identificados procuraram aproximar-se do sacerdote. De repente, sacaram suas facas. A multidão logo os empurrou, impedindo que avançassem; quatro fugiram e o quinto foi preso. Padre Cícero escapou por pouco de morrer.

A tentativa de assassinato indignou Joaseiro. O povoado lançou a culpa sobre a Igreja oficial no Crato e seu vigário, monsenhor Alexandrino. Nas semanas que se seguiram, o clero e os ricos fazendeiros e comerciantes cratenses viveram sob o temor de uma iminente invasão de suas terras e propriedades. Apregoavam que Joaseiro podia reunir 4 mil ou 5 mil capangas em menos de uma hora, a um sinal de alarme de padre Cícero. O pânico tomou conta do Crato, a tal ponto que monsenhor Alexandrino, em nome da cidade, instou d. Joaquim a requerer a imediata intervenção do governo do Ceará. O vigário propôs que o governo removesse à força a crescente população de Joaseiro para campos de internamento além das fronteiras do estado! O presidente do

Ceará não atendeu ao pedido extremo, mas a ameaça de um levante em potencial dos camponeses do Cariri não foi esquecida com facilidade.

Joaseiro prosseguiu em sua militância. Então, em junho de 1897, chegou de Roma a resposta havia tanto tempo aguardada. Para surpresa e mágoa dos habitantes da aldeia e dos peregrinos, o Santo Ofício não apenas rejeitou a apelação de José Lobo como também ameaçou padre Cícero de excomunhão, caso não se retirasse de Joaseiro para sempre, num prazo de dez dias! Se o padre tivesse algo mais a acrescentar, que fosse pessoalmente a Roma.[27]

A reação do sacerdote foi imediata e prevista: partiu para Salgueiro, cidade do interior pernambucano, a trinta léguas de Joaseiro.[28] Lá viveu, durante vários meses, seu "exílio" imposto por Roma, a cuja autoridade, em sua mente, jamais desobedecera. Nos meses seguintes, José Lobo retornou a Roma para apelar do novo decreto. Em Joaseiro, José Marrocos continuava a arregimentar o apoio de líderes políticos locais e preparava, às pressas, a tradução para o italiano dos importantes documentos que padre Cícero deveria levar consigo numa eventual viagem a Roma.[29] Em Salgueiro, padre Cícero recolheu-se ao silêncio, convencido de que estava sendo perseguido por homens dos quais Deus e Nossa Senhora das Dores iriam, por fim, libertá-lo.[30] Foi durante o exílio, entretanto, que a ameaça de excomunhão passou para um segundo plano, em virtude da surpreendente acusação de estar o clérigo conspirando contra o Estado.

CANUDOS E JOASEIRO: A REVOLUÇÃO E O STATU QUO

A acusação surgiu num momento de histeria nacional. A principal causa do pânico republicano foi o desbaratamento inglório, em novembro de 1896, de um destacamento do Exército por um bando desordenado de camponeses, no interior longínquo do estado da Bahia. A vitória atraiu de imediato a atenção nacional para o chefe do bando camponês, o célebre e peripatético místico Antônio Conselheiro.[31] Desde 1882, Conselheiro, como era conhecido por seus partidários, vinha sendo objeto da hostilidade eclesiástica por causa da pregação que fazia, segundo se propalava, entre os sertanejos ignorantes, de crenças religiosas contrárias à ortodoxia. A partir de 1893, passou a ser o centro de uma controvérsia política nacional por defender, propositadamente, a monarquia deposta. Com a recente vitória sobre as tropas republicanas, alguns chefes políticos acusaram-no de ser o guia de uma guerrilha fanática da conspiração monarquista para a derrubada da República. Daí por diante, sucessivos destacamentos militares foram enviados contra Conselheiro em seu reduto isolado de Canudos. As forças republicanas, pagando com o preço de muitas vidas, só conseguiram aniquilar Canudos em outubro de 1897, com a morte do último de seus 8 mil defensores.

Foi no meio da campanha militar de 1897 contra Canudos, quando o interesse nacional atingira o auge, que padre Cícero partiu para Salgueiro. Não tardou em ficar debaixo da alça de mira como um "outro Antônio Conselheiro". O bispo do Ceará foi o primeiro a fazer pontaria. No final de julho de 1897, d. Joaquim divulgou a terceira Carta Pastoral relativa a Joaseiro, relembrando a ameaça de excomunhão por parte da diocese romana. Nessa última condenação, o bispo, como não podia deixar de ser, aludiu à semelhança entre o fanatismo de Canudos e o de Joaseiro. Referiu-se, de modo especial, à inclinação das massas ignorantes a aceitar cegamente "qualquer novidade com aparência maravilhosa" e advertiu padre Cícero para que não tomasse Antônio Conselheiro como exemplo.[32]

Dentro de duas semanas, a analogia gratuita de d. Joaquim ecoou nas capitais políticas e eclesiásticas do Nordeste brasileiro. Transformava-se, assim, a longa disputa de padre Cícero com a hierarquia da Igreja do Ceará numa questão política nacional. Surgira um novo conspirador contra a República! Na Bahia, o presidente Luís Vianna atacava, dizendo que "uma falange de fanáticos", sob o comando de padre Cícero, estava em marcha para engrossar as fileiras camponesas de Canudos. Em Maceió, capital do estado vizinho de Alagoas, o presidente, respondendo aos boatos, ordenou que fossem tomadas precauções militares no caso de padre Cícero e suas "grandes escoltas" atravessarem a cidade alagoana de Água Branca, rumo a Canudos. Em Fortaleza, as reportagens jornalísticas, de inspiração sectária, conforme se verificou mais tarde, calculavam os contingentes de padre Cícero em torno de oitocentos capangas armados ou mais.[33]

Em Pernambuco, onde o sacerdote estava exilado, havia motivos para que se aceitassem essas informações como verdadeiras. Meses antes, quando se tornou conhecido o episódio militar de Canudos, o *Diário de Pernambuco*, periódico respeitado, reiterara que em Joaseiro, a "metrópole da superstição sertaneja", o fanatismo "criado por padre Cícero provocará, mais cedo ou mais tarde", o rompimento grave da "ordem pública". Referindo-se a Canudos, o jornal de Recife continuou demonstrando que as crenças supersticiosas difundidas nas massas ignorantes tinham instigado nelas o desejo de conquistar poder, posição social e "obtenção de riqueza e vantagens materiais da vida". Ao criticar a indiferença governamental pelo fanatismo crescente que grassava no interior, o *Diário* lembrava a seus leitores a necessidade urgente "de reagir contra todas as práticas supersticiosas", antes que líderes maléficos delas se utilizassem para "semear a anarquia no seio da sociedade".[34]

Enquanto a imprensa continuava a retratar as rebeliões do sertão como precursoras da destruição da civilização refinada das cidades do litoral, o presidente de Pernambuco e o bispo voltaram-se, cautelosos, contra o líder maléfico de Salgueiro. O presidente pernambucano, no final, acusou padre Cícero "de procurar Canudos para ajudar Antônio Conselheiro". O bispo censurou-o com severidade por insuflar o populacho local.[35] Mas as elites litorâneas interpretaram mal, por completo, o homem e a situação. A causa de padre Cícero, ao contrário da de Antônio Conselheiro, não era uma revolução social, mas a redenção individual de cada um. Ele era um messias tímido a quem Deus confiara a conversão dos pecadores. Súbita e involuntariamente, ele se viu no papel de arquiconspirador. Da mesma forma que a ameaça à sua vida e a persistente hostilidade do bispo, a nova acusação era-lhe apenas mais uma inescrutável provação imposta pela Providência. Ele acreditava que chegaria o dia em que essa mesma Providência o libertaria e proclamaria a verdade da causa que era a sua.

A crise passou com a mesma rapidez com que surgira. Horas depois de chegarem a Salgueiro os comunicados do presidente do estado e do bispo pernambucano, o sertão levantou sua voz em defesa do exilado. Coronéis, juízes, curas e chefes de polícia declararam, sem hesitação, que Cícero era "uma força da ordem", defensor da autoridade e pacificador das massas desgovernadas. Viera a Salgueiro em obediência, e não em desafio, à Santa Madre Igreja e embarcaria, em breve, para Roma, em atendimento à ordem da Santa Sé.[36]

Padre Cícero prontamente jurou lealdade a Roma e à Constituição republicana do Brasil e, de imediato, recorreu aos potentados políticos do interior, atitudes com as quais ele, mais uma vez, desviou de si a hostilidade ambivalente do Estado e da Igreja. Desde que começara sua querela com a hierarquia eclesiástica do Ceará, em 1891, o religioso, diferentemente de Antônio Conselheiro, inúmeras vezes tinha procurado, obtido e cultivado a proteção da hierarquia política local.[37] Agora, em Salgueiro, reafirmava essa política, talvez sem premeditação, de respeito imparcial e acima dos partidos pela ordem estabelecida. Graças a essa atitude previsível e nem por isso menos oportuna, é possível que tenha poupado sua "cidade santa" do total aniquilamento, como o de Canudos, que provou até onde a República era capaz de chegar.

O clérigo foi de tal forma persuasivo, ao declarar sua lealdade ao Estado e à ordem pública, que logo ganhou a confiança de um de seus mais sérios acusadores, dr. Joaquim Correia Lima, presidente de Pernambuco. Graças à sua influência, padre Cícero embarcou em Recife rumo à Europa, em fevereiro de 1898. Sem o auxílio financeiro pessoal do presidente pernambucano, a viagem do clérigo a Roma talvez jamais tivesse sido feita.[38]

ROMA E FORTALEZA EM DESACORDO

É estranho que, apesar de sua propalada fortuna, padre Cícero tenha passado os nove meses seguintes (de março a outubro de 1898), em Roma, com escassos recursos. Graças à bondade de um padre romano e o subsequente auxílio de seus benfeitores influentes de Recife, ele pôde permanecer na Cidade Eterna todo aquele tempo.[39] Nem por isso é menos verdade que chegou lá com uma soma escondida superior a 22 contos (3,3 mil dólares), pouco menos da metade do que poderia ganhar, durante toda a vida, um cura comum do interior. Tal soma, entretanto, não lhe pertencia. Correspondia aos estipêndios oferecidos pelos peregrinos brasileiros para a celebração de mais de 10 mil missas. Respeitador do direito canônico, que exigia a celebração de cada uma dessas missas, o clérigo suspenso distribuiu, escrupulosamente, o estipêndio das missas entre vários padres e instituições religiosas de Roma.[40] Nem mesmo a chegada de José Lobo, em sua terceira viagem a Roma, em abril de 1898, trouxe qualquer alívio de monta. Lobo entregou ao papa Leão XIII, como devia, os sete contos que haviam sido coletados pela Legião da Cruz e pouco sobrou para socorrer o padre.[41]

As aperturas financeiras de padre Cícero eram insignificantes em comparação com suas frustrações. A lembrança constante de suas recentes "perseguições" e o malogro em obter uma audiência imediata com o Santo Padre levaram-no, por momentos, a contemplar a possibilidade de nunca mais regressar ao Brasil. Mas a grande saudade que sentia da família e dos amigos de tantos anos, deixados no sertão, terminou por fazê-lo desistir da ideia.[42]

Muitos dos passos de padre Cícero em Roma não podem ser, infelizmente, reconstituídos, daí terem sido alvo, após seu regresso ao Brasil, de várias conjecturas por parte dos contemporâneos. Sabe-se, todavia, que a Congregação do Santo Ofício concedeu-lhe várias audiências antes de agosto de 1898, mês em que concluiu as investigações sobre seu recurso pessoal, declarando estarem em vigor os decretos precedentes.[43] "Com grave advertência e a proibição de falar ou escrever sobre os fatos de Joaseiro", padre Cícero e José Lobo foram despachados pela Inquisição, tendo este, ao que parece, intercedido em favor daquele durante os depoimentos. Além dessa advertência, o Santo Ofício sugeriu que padre Cícero deixasse Joaseiro para sempre e reiterou sua suspensão, imposta por d. Joaquim em 1892, de pregar, ministrar a confissão e aconselhar os fiéis.

De certa forma, a decisão encerrou, momentaneamente, os registros de Roma sobre os proclamados milagres de Joaseiro e não acarretou grande mudança na situação sacerdotal de padre Cícero. Mas algumas concessões foram feitas. Em primeiro lugar, o Santo Ofício considerou Cícero e Lobo "absolvidos de quaisquer censuras que tenham sofrido" à luz de decretos anteriores. Dessa forma, não exigiu "declaração explícita e formal de culpa" a ser feita publicamente, como o bispo de Fortaleza estipulara com tanta insistência. Em segundo lugar, deu a padre Cícero permissão para rezar missa em Roma e, dependendo da aprovação de d. Joaquim, também no Ceará. Por fim, retirou da jurisdição do bispo e colocou exclusivamente no âmbito da Sagrada Congregação do Santo Ofício da Inquisição Romana Universal qualquer alteração futura da posição clerical de padre Cícero. Segundo o entendimento do sacerdote, tais concessões representavam uma vitória parcial. Talvez no futuro Roma viesse a reintegrá-lo, enquanto d. Joaquim, disso estava Cícero convencido, jamais o faria. Além do mais, ele podia regressar a Joaseiro, pois Roma tinha apenas *sugerido*, e não *ordenado*, que saísse do povoado. Enfim, podia voltar a dizer missa, privilégio esse que ele esperava que d. Joaquim ratificasse, em vista da generosidade do Santo Ofício. De fato, na sua perspectiva, a viagem fora um sucesso. Depois de celebrar missa na Cidade Eterna, pela primeira vez desde 1896, escreveu ao sertão participando seu regresso próximo e confiou sua alegria por ter sido liberado por Roma "da montanha que tanto pesava sobre mim". Três semanas depois registrou em seu breviário uma audiência rápida que lhe concedeu Leão XIII, mas que, apesar de breve, encerrou triunfalmente sua visita.[44]

Parece, todavia, que mesmo essa vitória tão limitada pegou a Igreja de surpresa quando padre Cícero chegou a Fortaleza, em novembro de 1898.[45] Teriam as vultosas somas distribuídas por José Lobo e padre Cícero entre os altos dignitários romanos influenciado os acontecimentos? Não há evidência conclusiva que comprove essa acusação de suborno, implícita na Carta Pastoral de d. Joaquim do final do ano.[46] Apesar disso, a suspeita continuaria a influenciar as relações, já tão hostis, entre a hierarquia católica e o "milagreiro".

Quando padre Cícero chegou, por fim, a Joaseiro, no dia 4 de dezembro de 1898, a animosidade para com d. Joaquim não havia arrefecido, sobretudo porque este se recusava a permitir que o clérigo celebrasse missa em Joaseiro enquanto não lhe fosse comunicada oficialmente a decisão de Roma. Não tardaram os boatos segundo os quais o bispo o tinha despojado da vitória que alcançara perante o Santo Ofício. Leais à proibição de falar ou escrever sobre os fatos de Joaseiro, nem padre Cícero nem José Lobo tentaram desmentir tais rumores.[47]

O exílio de padre Cícero em Salgueiro e a longa estada em Roma não chegaram a mudar as relações existentes entre Fortaleza e Joaseiro. Fora do povoado, as classes baixas continuaram a congregar-se em torno do "fazedor de milagres" e, em Joaseiro, cresceu muito o ressentimento contra d. Joaquim e seus agentes sediados no Crato.

Nos quinze anos que se seguiram, Joaseiro continuou sendo, para muitos dos observadores, um "centro de fanatismo religioso". Por trás dessa fachada, porém, estavam ocorrendo importantes transformações políticas e econômicas.

5. Da religião à política

A "NOVA JERUSALÉM"

De centro de "fanatismo" religioso a importante força econômica e política do Vale do Cariri, foi essa a transição que se operou em Joaseiro de forma quase imperceptível. Ainda hoje, sente-se que não se evaporou de todo aquela atmosfera de meca; ela predomina nas festividades de setembro em honra de Nossa Senhora das Dores, padroeira da cidade, e nas comemorações de Todos os Santos, em novembro. Nessas ocasiões, 40 mil peregrinos convergem para lá, como presenciamos em novembro de 1965.[1]

Ao terminar o século XIX, era bem nítida a visão que se tinha de Joaseiro como centro de "fanatismo". Vários fatores favoreciam essa impressão. Um deles era a política da hierarquia eclesiástica do Ceará, que continuava a rotular o povoado de seita cancerosa dentro da Igreja (e dentro, também, do corpo político). Quando d. Joaquim, por exemplo, condenou publicamente a Legião da Cruz, em dezembro de 1898, citou o malogro de José Lobo em obter a aprovação eclesiástica para instalar a organização, mencionando ainda as práticas religiosas heréticas de seus membros. O bispo destacou os "legionários" camponeses das proximidades de Sobral e Ipu; acusou-os de instituir seus próprios sacerdotes e sacramentos, num desafio aos curas locais. Esses "fanáticos" tinham, também, desafiado os fazendeiros da região, que não titubearam em pedir intervenção policial. Em Ipu, o chefe camponês do capítulo da Legião, "em nome do padre Cícero e de Maria de Araújo", armou seus confrades com o objetivo de assassinar conhecido chefe político.[2]

Embora não tivesse ainda havido em Joaseiro conflito declarado entre as autoridades civis constituídas e os adeptos de padre Cícero, o arraial conseguiu atrair elementos socialmente marginais, cujos costumes e cujas crenças fanáticas muito contribuíram para justificar a impressão de que Joaseiro era uma "cidadela de sectarismo e fanatismo". Tal foi o ponto de vista que prevaleceu num relatório confidencial escrito em 1903. Submetido, ao que tudo indica, à consideração do padre Quintino Rodrigues de Oliveira e Silva, que, três anos antes, substituíra monsenhor Alexandrino no vicariato do Crato, o relatório oferece uma valiosa, embora exagerada, descrição da "Nova Jerusalém" que brotava.[3] "No Joaseiro de hoje", aponta o relatório, "raro é o indivíduo, homem ou mulher, que segue o catolicismo; cada pessoa tem a religião como pensa, sendo Cícero o seu ministro, seu centro, um deus. Muitos lhe negam qualidades mortais, dizendo que ele não nasceu e que, se tem mãe, é isto apenas uma *comparação*." Continua o relatório informando que por toda parte campeava a superstição: as massas ignorantes atribuíam curas milagrosas às plantas que se encontravam nos arredores da cidade e, também, à água de uma determinada cacimba existente no centro do vilarejo, apenas "por ter sido seu local escolhido pelo padre Cícero"; os romeiros, por exemplo, não queriam beber de qualquer outra fonte.

Em 1903, assim como tinha sido na década anterior, as beatas continuavam a desempenhar um papel importante. O relatório faz referência à tentativa, amplamente divulgada, de Maria de Araújo e outras beatas de fazer ressuscitar o falecido pai de Maria. Durante dois dias, velaram o corpo contando com sua ressurreição no terceiro dia. O documento rejeita sumariamente essas mulheres "perigosas, maldizentes e intrigantes".

Os beatos, versão masculina das autointituladas "freiras", fizeram sua aparição em Joaseiro por volta de 1903. Havia o "frei" Francelino, mulato que ostentava uma coroa de espinhos e tinha se tornado famoso pela denúncia que fizera da autoridade de d. Joaquim diante dos padres do Crato. Havia, também, o "beato da Cruz", que trajava uma longa batina preta enfeitada com desenhos cabalísticos, medalhas religiosas, rosários e amuletos e carregava uma enorme cruz de madeira aonde quer que fosse.[4] Esses e outros beatos, cerca de uma dúzia, viviam rezando, visitando enfermos, enterrando os mortos e dando recados em nome de padre Cícero. Em certas ocasiões, comandavam os cantos ritmados que eram entoados pelas brigadas de trabalhadores no labor do plantio e da colheita. Alguns beatos davam instruções ao ar livre sobre práticas religiosas, outros distribuíam orações fortes,[5] rezas às quais tanto os romeiros ingênuos quanto os católicos ortodoxos atribuíam, via de regra, especiais poderes curativos ou intercessórios; outros ainda dirigiam serviços religiosos na capela de Nossa Senhora das Dores, cujas portas, em 1903, "ficavam abertas noite e dia", mas onde, por ordem de d. Joaquim, nenhum sacerdote pôde botar o pé entre 1895 e 1916 (privação litúrgica coletiva que, mesmo não sendo, era equivalente ao interdito canônico que recaía sobre a capela e seus fiéis).

Não admira que, em consequência, no decorrer dessas duas décadas, tenha havido contra a "Igreja oficial" uma animosidade muito arraigada. O documento confidencial de 1903 revela, com franqueza incomum, que havia grande preconceito contra o bispo do Ceará; destacou o velho José Lobo como "talvez o mais ardente partidário do padre Cícero e, como tal, o maior adversário do bispo". Mostra, ademais, que os seguidores de padre Cícero, que continuavam a boicotar o clero do Crato, "tinham" a maioria dos padres do vale "em má conta, sendo tidos como maçons, ateus e protestantes os que não creem nos milagres do Joaseiro e na santidade do padre Cícero".

Não admira também que, em 1903, talvez no auge de seu isolamento em relação à Igreja oficial, os elementos mais fanáticos de Joaseiro, abandonados às suas próprias inclinações religiosas e com a imaginação à solta, acreditassem que a cidade era a Terra Santa e esperassem ansiosos pelo aparecimento de Cristo. Padre Cícero tinha, indiretamente, contribuído para essa crença.

Durante os anos de 1890 a 1899, o sacerdote havia começado a construir uma capela em honra do Sagrado Coração de Jesus, cumprindo uma promessa feita por ele e por três colegas no ano da seca de 1890, conforme já relatado. Em 1895 levantaram-se os alicerces da capela no alto da serra do Catolé, uma montanha que se ergue, abrupta, na extremidade setentrional de Joaseiro. Um ano mais tarde, contudo, d. Joaquim ordenou a suspensão do trabalho "blasfemo"! Uma vez, porém, que a promessa fora feita antes da condenação dos milagres por Roma, argumentava o clérigo, foi de boa-fé que ele recomeçou os trabalhos, após seu regresso de Roma. Conseguira na Itália plantas do projeto, de modo a converter a modesta estrutura naquela que seria, talvez, a maior "catedral" do interior do Nordeste brasileiro. Transeptos erguiam-se a quinze metros do chão, paredes de tijolos estendiam-se com dois metros de largura. Essa redobrada audácia provocou uma nova interdição no final de 1903, após o que o esqueleto vazio permaneceu inalterado até decorridos dez anos da morte de padre Cícero, em 1934.[6] A nova proibição de d. Joaquim foi denunciada em

Joaseiro como "um pretexto fútil de não se propagar o fanatismo" num momento em que, segundo a opinião de padre Cícero, "os livres-pensadores do Brasil desenvolviam enorme campanha contra o catolicismo romano".[7] Durante a construção da "catedral", o povo "transformou" Joaseiro em Terra Santa.[8] A serra do Catolé foi rebatizada como serra do Horto e era identificada com o Jardim das Oliveiras onde Cícero, assim como tinha sido com Cristo, suportava seu martírio. Paralelamente, o caminho íngreme talhado na pedra, ligando a aldeia ao Horto, tornou-se conhecido como o Caminho do Calvário, ao longo do qual capelas em miniatura, construídas sob a supervisão de Elias Gilli, um evadido italiano que virou beato, abrigavam as estações da Via Crucis. Até o riacho de inverno, Salgadinho, que corre do Horto para os alagados, a oeste de Joaseiro, foi apelidado de rio Jordão. Nessa Nova Jerusalém, de acordo com o documento confidencial de 1903, Cristo era ansiosamente esperado. Por duas vezes o povo acorreu na expectativa do advento; por duas vezes, sua chegada foi adiada.[9] Não tinha importância. Os romeiros continuavam a ir para Joaseiro, pois era lá, nas palavras de um sacerdote, que "estava revelado o aparecimento de uma Nova Redenção, e que do Joaseiro sairiam novos apóstolos, como haviam saído de Jerusalém, e por isso o Joaseiro iria tomar o nome de Nova Jerusalém".[10]

O PATRIARCA E SEUS ROMEIROS

Milhares de romeiros continuavam a convergir todos os anos para Joaseiro. Muitos lá se instalaram como moradores. Entre 1890 e 1898, a população da cidade mais que duplicou, ultrapassando 5 mil habitantes; em 1905, subiu para 12 mil; em 1909, chegou a 15 mil.[11] Os dados (esparsos e, muitas vezes, de exatidão duvidosa) permitem apenas uma análise ligeira desse notável movimento migratório e das motivações daqueles que foram para Joaseiro. A peregrinação foi o principal veículo dessa rápida expansão demográfica. Importa, no entanto, distinguir entre as peregrinações que ocorreram no auge dos "milagres" (antes da condenação de 1894) e aquelas que se verificaram nas quatro décadas seguintes. As primeiras, como já foi visto, eram iniciadas, sobretudo, pelos padres "dissidentes" que acreditavam no "milagre do Joaseiro" e o propagavam. Sob os auspícios clericais, tais peregrinações originavam-se, em grande parte, nos municípios do Vale do Cariri e nas cidades pernambucanas, do outro lado dos limites com o estado do Ceará. Eram menos frequentes os contingentes vindos da Paraíba e do Rio Grande do Norte. Quanto aos peregrinos, eram recrutados em todas as classes da sociedade; não eram poucos os fazendeiros ricos, chefes políticos e funcionários públicos, assim como os comerciantes, médicos, advogados e educadores. Havia, também, grande número de trabalhadores rurais sem terra que, em 1894, representavam a maioria da população permanente da aldeia.

Sob o impacto do decreto romano de 1894 e a subsequente retratação dos simpatizantes clericais de padre Cícero, as peregrinações sofreram alterações em vários aspectos. Em primeiro lugar, tornaram-se romarias "espontâneas", como movimentos não organizados que eram. Encorajadas talvez pela Legião da Cruz e pelos comerciantes recém-instalados em Joaseiro, foram empreendidas, entretanto, em oposição às seguidas proibições episcopais e sem a participação dos padres.[12] Data desse período o costume de esculpir cruzes nos troncos das árvores a fim de marcar os caminhos nordestinos mais percorridos rumo ao povoado.[13] Em segundo lugar, as peregrinações que tinham por base o Cariri diminuíram de maneira drástica e cederam passo àquelas provenientes de zonas distantes. Os pobres do interior do Maranhão e da Bahia, como também os dos sertões de Pernambuco, Paraíba e Rio Grande do Norte, ultrapassavam em muito o gotejar decrescente de origem cearense, como uma prova de que "santo de casa não faz milagre". Os mais numerosos vinham de longe, de uma região do rio São Francisco, no estado de Alagoas, assolada pela miséria. Sua contribuição foi sempre considerável. Mesmo hoje, os alagoanos e seus descendentes constituem uma grande percentagem dos 80 mil habitantes de Joaseiro.[14] Em terceiro lugar, a composição das peregrinações posteriores a 1894 pouco revelaram da heterogeneidade social precedente: muitos romeiros eram trabalhadores rurais, vaqueiros e rendeiros desprovidos de terra, e uma irregular dispersão de artesãos. Comerciantes, educadores e advogados, no último período, foram para lá por motivo de ordem comercial, profissional e política, e só raramente por uma questão de natureza religiosa, como tinha sido na época anterior a 1894.

Quanto às razões pelas quais os romeiros se dirigiam a Joaseiro entre 1894 e 1934, nada mais simplista do que as procurar apenas na motivação "religiosa".[15] Muitos dos romeiros chamados pelas elites de "fanáticos" eram analfabetos, pobres e politicamente inertes. Sob a capa de impulso religioso, não ortodoxo ou heterodoxo, escondia-se, muitas vezes, o desejo infrutífero de controlar o meio adverso e sobrepujar as injustiças sociais que faziam de suas vidas uma desgraça. Tal, pelo menos, é a conclusão que se pode tirar do conteúdo comovente de várias centenas de cartas endereçadas a padre Cícero entre de 1910 e 1913.[16] Escritas, quase todas, por semianalfabetos, essas cartas constituem um raro libelo histórico dos pobres do Brasil sobre as iniquidades sociais que predominavam no sertão nordestino durante a primeira parte do século xx.

Quase todos esses pobres sofriam de alguma enfermidade crônica. A recuperação, entretanto, era confiada de preferência aos santos ou aos rezadores, pois os médicos eram pouco numerosos e cobravam caro. Um município afortunado poderia vangloriar-se de ter um farmacêutico autodidata, mas sua assistência aos pobres não constituía a regra geral. Até os remédios caseiros lhes eram desconhecidos. Em tais circunstâncias, padre Cícero dava conselho médico, o que, com frequência, se reduzia a simples sugestões de higiene; quando surtiam efeito, eram festejadas como "milagrosas". Sua reputação de médico do povo era ridicularizada no Crato, onde se dizia, com cinismo, que "ele se arvorou em médico para todos os males e dá consultas e receitas para a plebe".[17] Mas, para os enfermos, uma cura servia para comprovar a santidade do padre. Eis aqui o pedido típico de uma cega de Sertãozinho:

> eu só tenho descanço quando chegar lá nesse lugar sagrado que só é aonde eu puderei achar remissão para os meus peccados pesso a meu padrinho e tenho fé que quando esta [carta] la chegar méu padrinho me ciarei a vista e me tire esta dôr das minhas pernas pesso a meu padrinho pelos puderes santos que tem a virtude que seja meu padrinho em todos os vechames e perigos [...].[18]

A litania de pedidos para curar tonteiras, paralisia, cegueira, reumatismo, infecundidade e várias outras indisposições e deficiências pode ser lida como um catálogo de patologia regional. Uma mulher, dirigindo-se ao "Filho da Santidade, Sirsáro [sic (Cícero)] Romão Batista", chegou a pedir a sanidade mental para uma louca.[19]

Um pedido, também frequente, dizia respeito à ruptura da vida familiar. De Alagoas, uma mulher, mãe de cinco filhos, confiou que o marido a havia abandonado após 25 anos de vida conjugal.[20] Outra, cujo marido, na companhia do filho mais velho, tinha fugido deixando-a com uma ninhada de filhos pequenos, pedia conselho ao padre, querendo saber se devia esperar pela volta do marido ou sair de casa com os filhos, em busca daqueles que eram seu ganha-pão.[21]

A endêmica carência de justiça no Brasil levava criminosos e vítimas do crime a procurar a proteção e o conselho de padre Cícero. Uma viúva com cinco filhos escreveu que seu marido tinha sido assassinado, em 1906, por um notório bandido, Antônio Silvino. Agora, ela, seus filhos e seus dois genros não podiam permanecer no lugar, pois temiam por suas vidas. Sua única esperança: "Eu mi valo do rvo. q. mi protija com os meus sete filhos com os grandis puderis e virtudis di Deus e da S. Virgem".[22] Até Chico Pereira, um dos mais famosos cangaceiros do Nordeste, refugiou-se, por uns tempos em Joaseiro, em 1922, para onde foi com toda a família, na crença de que padre Cícero "tem o dom dado por Deus p'ra amansar as [...] naturezas [criminosas]".[23]

A pobreza crônica do Nordeste e a busca desesperada dos pobres por um salário de subsistência parecem justificar, de maneira ponderável, a presteza com que milhares de "romeiros" tudo largavam para ir ao encontro de Joaseiro, "o oásis onde morreriam todas as tristezas humanas". Outra mãe de cinco filhos, tão pobre que nem uma imagem de santo possuía, declarava em desespero: "Cá não tenho nada, nem terra [...]", podia ela ir para o Joaseiro?; "Valho-me primeiramente de Deus e segunda de vossa reverendíssima mostrar-me um milagre santo e tirar-me daqui para lá [...]".[24]

De várias partes do Nordeste, mesmo da distante Minas Gerais,[25] homens e mulheres imploravam trabalho e o direito de ir morar no lugar a que um pernambucano chamou de "Santo Joaseiro".[26]

Joaseiro era, de fato, uma "cidade santa" presidida por um santo Patriarca* que era o padrinho dos doentes, dos desabriga-

---

* O termo "patriarca" é aqui usado de maneira figurada e não como um título eclesiástico. Até 1914, as autoridades clericais empregavam-no pejorativamente, mas após a morte de padre Cícero, em 1934, o termo passou a ser corrente,

dos, dos oprimidos, dos que tinham fome, dos criminosos e dos pecadores. Tachados de "fanáticos" pela sociedade culta do litoral, tais romeiros, pelo contrário, consideravam-se apenas afilhados de padre Cícero.[27] O clérigo assumia ainda, de boa vontade, os papéis de médico, conselheiro, provedor e confessor, que lhe eram exigidos por seus seguidores e, na sua própria mente, por Deus. Em 1918, ao aconselhar um colega sacerdote que se desviara a emendar-se, padre Cícero deu uma de suas raras explicações da "teologia do Joaseiro":[28]

> [Joaseiro] tem sido um refúgio dos náufragos da vida. Tem gente de toda parte que modestamente vem abrigar-se debaixo da proteção da Santíssima Virgem.
>
> E como é certo que todo Bem, ainda os mínimos, provém de Deus, e de todo Mal Deus é quem nos livra [...] [então as pessoas] vindo [até Joaseiro] em busca da Santíssima Virgem é um Bem, [porque] é Deus quem as traz [...].

A ECONOMIA DO NORDESTE

Nem a vontade de Deus nem a rebelião passiva dos sertanejos contra a injustiça dão a explicação total para o influxo maciço de peregrinos em Joaseiro e o crescimento econômico que se seguiu. Uma explicação mais ampla do desenvolvimento da cidade, a partir de 1894, deve basear-se nas mudanças significantes que ocorreram ao mesmo tempo na economia do Nordeste e do país como um todo.

---

sobretudo entre escritores e intelectuais. É empregado nesta obra, daqui em diante, porque exprime, com propriedade, a autoridade paternal e religiosa que padre Cícero exerceu sobre seus adeptos.

As quatro décadas que se situam entre 1877 e 1915 foram um período crítico na história econômica do Nordeste. Uma seca menor e quatro outras de grandes proporções abateram-se sobre a região, arruinando a agricultura durante doze daqueles 38 anos.[29] A prosperidade cearense da década anterior sofreu uma parada brusca. Começara nos anos 1860, quando as tradicionais exportações de algodão americano para a Inglaterra declinaram de modo abrupto, em decorrência da guerra civil nos Estados Unidos. A Inglaterra logo procurou outros produtores de algodão bruto, entre os quais o Brasil, com o objetivo de suprir sua indústria têxtil. Entre 1862 e 1877, o Nordeste árido, em especial os estados do Ceará, Maranhão, Paraíba e Pernambuco, ingressou numa era de crescimento sem precedentes, na medida em que as antigas terras de pastagem se convertiam, rápida e extensivamente, em produtoras de algodão.[30] Ao suprir a demanda internacional, o Nordeste integrava-se no mercado mundial em expansão. No Ceará, por exemplo, muitas casas comerciais, inglesas e francesas, foram criadas, assim como uma linha marítima direta entre Fortaleza e Liverpool (1866). A entrada de capital estimulou a produção de algodão, couro e outras matérias-primas, até mesmo em cidades distantes do sertão. Os brasileiros também abriram armazéns e companhias de comércio em Fortaleza para a exportação, para o interior, de gêneros alimentícios e manufaturas estrangeiras, em troca do produto exportável da região.[31]

Esses quinze anos de crescimento econômico foram brutalmente mutilados pela seca calamitosa que começou em 1877. Em um único ano, o de 1878, a fome ceifou 57 mil vidas entre os flagelados, que haviam fugido do interior para os abrigos provisórios de Fortaleza; outros 55 mil foram vítimas de um programa de emigração financiado pelo governo e obrigados a embarcar para outros estados. Quando a seca terminou, em meados de 1880, cerca de 300 mil pessoas, mais de um terço da população do Ceará, tinham emigrado ou morrido de fome e doenças.[32]

As secas de 1888, 1898, 1900 e 1915 tiveram, do mesmo modo, consequências desastrosas para a economia do Ceará. Provocaram, no conjunto, a emigração de cerca de meio milhão de sertanejos.[33] Mas essa perda da força de trabalho do Ceará não pode ser atribuída exclusivamente às secas. O êxodo em massa de trabalhadores foi possível, em grande parte, pelo advento concorrente da produção cafeeira do Sul e, a partir de 1888, pela abertura de vastas florestas de seringais nas regiões subpovoadas do Amazonas e do Pará. Ambas as regiões necessitavam de uma força de trabalho bastante flexível e barata, a fim de atender às exigências, em expansão, do café e da borracha, de que o Brasil se tornara o maior produtor mundial. Enquanto os imigrantes europeus supriram as necessidades crescentes de mão de obra do Sul cafeicultor, as florestas do extremo Norte dependiam, quase que por completo, das reservas humanas da região mais próxima, o Nordeste. Cada seca dava margem a que os "agentes da borracha" recrutassem contingentes sempre maiores de trabalhadores. Amplos subsídios federais financiavam a passagem pura e simples para o Norte, e o governo do estado do Ceará recolhia um "imposto por cabeça" correspondente a cada cearense saudável que embarcasse.[34] Todavia, a política de substituir a exportação de matérias-primas pela exportação humana, o que permitia o envio de dinheiro para a família, redundou na verdadeira crise do Nordeste. Tal crise não se limitava à seca; consistia, era visível, no consequente e rápido esgotamento de capital humano expelido para o Sul e, sobretudo, para o extremo Norte. Sem mão de obra abundante e barata, a agricultura tradicional do Nordeste árido — algodão e gado — era incapaz de recuperar-se nos anos em que não havia seca, sendo assim, de fato, ameaçada de extinção. Quando o governo do estado do Ceará se deu conta da contradição inerente ao tráfico de mão de obra, tentou, às pressas, defender o mercado de trabalho da região e protegê-lo da emigração.[35] Mas suas magras providências chegaram tarde demais; nem mesmo o colapso da borracha brasileira, por volta de 1913, aliviou a carência de mão de obra nordestina. Ela permaneceu crônica até o início dos anos 1920.[36]

A ECONOMIA DA "NOVA JERUSALÉM"

No meio de uma crônica escassez de mão de obra, Joaseiro e o vale circunvizinho surgiram como uma das poucas regiões do sertão árido que adquiriram capital humano, em vez de perdê-lo. Verdade é que os solos férteis do Cariri e suas fontes perenes de água enfrentaram quase todas as piores secas. Verdade é, também, que a partir de meados do século XIX suas terras despovoadas tinham a tradição de abrigar os flagelados do sertão à sua volta.[37] Não há dúvida, porém, de que a fama de "santo" e "milagreiro" de padre Cícero contribuiu tanto quanto a fertilidade do vale para atrair alguns poucos trabalhadores para o Cariri. Além do mais, a lealdade fervorosa que o Patriarca inspirava entre os adventícios dava margem a que ele surgisse como o indiscutível "czar da mão de obra" do árido Nordeste. Nenhum romeiro, por exemplo, empreenderia qualquer tarefa nem aceitaria qualquer emprego sem antes obter seu conselho ou comando. Por outro lado, nem os empreendimentos agrícolas do Vale do Cariri nem os subsequentes programas de obras públicas, financiados pelo governo federal no Nordeste, teriam progredido se não fosse a força de trabalho fornecida pelo padre.[38] O influxo de trabalhadores romeiros transformara, de fato, várias pequenas cidades do vale. Perto de Barbalha, por exemplo, a produção de cana-de-açúcar e rapadura conheceu rápida expansão. Em 1903 ou 1904, Barbalha chegou a desafiar a supremacia econômica do Crato, a "Pérola do Cariri".[39]

No vale, os planaltos menos povoados da chapada não tardaram a ser subjugados pela enxada do romeiro. Sob a iniciativa e direção de padre Cícero, a serra do Araripe, perto do Crato, e a serra de São Pedro, a nordeste de Joaseiro, foram desbastadas, parceladas e preparadas para produzir grandes quantidades de mandioca, o "trigo" do sertanejo. Eram de tal forma numerosos os que chegavam à serra de São Pedro que acabaram por transformar o letárgico município de São Pedro numa cidade florescente. Ainda hoje, ela é conhecida como a "cidade dos afilhados do padre Cícero".

De maneira regular a partir de 1900, e progressiva após 1914, as serras até então abandonadas, bem como a agricultura de mão de obra intensiva, foram responsáveis pelos impressionantes excedentes em alimentos produzidos na região do Cariri. Exportando em larga escala para outras partes do Ceará e para os estados de Pernambuco, Paraíba e Rio Grande do Norte, o Cariri angariou para si o título de "celeiro do Ceará".[40] Um eminente historiador do Vale do Cariri, cronista contemporâneo desses eventos, faz a seguinte avaliação do impacto que os romeiros causaram sobre a economia da região:

> Lucrou eminentemente o Cariri com a imigração dos romeiros. Sob esse ponto de vista foi o padre Cícero — não há o que duvidar — um dos maiores fatores de progresso da vida econômica sul-cearense. Ao lado das lavras de mandioca, na serra, alargaram-se consideravelmente as plantações de milho, de feijão e de cana-de-açúcar no vale caririense, até então, por escassez de braços, cultivado em reduzida parte.[41]

Também Joaseiro "lucrou eminentemente" com o influxo de romeiros. Em 1909, sua limitada área rural (menos da metade dos 219 quilômetros quadrados do território total) possuía 22 engenhos de açúcar empenhados na produção de rapadura e subprodutos alcoólicos.[42] Oito anos mais tarde havia outros dois engenhos, bem como sessenta localidades equipadas para preparar farinha de mandioca. Além do cultivo de arroz, feijão e milho, Joaseiro sobressaía na produção de borracha de maniçoba e na de algodão. A borracha foi introduzida na região por padre Cícero, na primeira década do século xx, e cultivada de forma extensiva nas serras.[43] Graças ainda ao Patriarca, o algodão, cuja cultura havia sido quase totalmente abandonada, fez sua *rentrée* no Cariri entre 1908 e 1911, logo depois de ter o padre comprado uma das primeiras máquinas de descaroçar algodão, movidas a vapor, a serem usadas no vale.[44] Os dois produtos, borracha e algodão, foram os principais responsáveis pela ligação econômica de Joaseiro com o comércio exportador das grandes casas comerciais de Fortaleza, em especial com a firma de franceses Boris Frères e a companhia brasileira de Adolpho Barroso.

O crescimento urbano de Joaseiro foi ainda mais notável do que sua expansão agrícola. Em 1º de janeiro de 1909, 15 050 habitantes achavam-se maciçamente estabelecidos em seu centro urbano, que compreendia 22 ruas e duas praças públicas iluminadas a querosene. Prestando serviços à cidade, havia duas padarias, três barbearias, quinze alfaiatarias, duas farmácias, vinte escolas primárias (das quais apenas duas eram públicas), uma tipografia, uma estação de telégrafo, uma agência de correios, um tabelião e uma repartição da coletoria de impostos do estado.[45]

O comércio local era animado. Além de uma feira semanal, realizada aos domingos na praça da igreja, orgulhava-se Joaseiro de possuir dez lojas abertas de tecidos e artigos de armarinho, igual número de armazéns e cerca de trinta pequenas mercearias, bares e lojas de miudezas. Muitos dos comerciantes tinham imigrado para lá provenientes de pequenas cidades vizinhas e de outros estados antes de 1910. Um dos mais ricos era o comerciante pernambucano João David da Silva, que acompanhara padre Cícero a Roma em 1898.[46]

A atividade econômica principal de Joaseiro, entretanto, provinha de suas florescentes indústrias artesanais. Elas se desenvolveram para atender às necessidades de consumo em ascensão e como uma resposta oportuna à incapacidade das limitadas áreas rurais de Joaseiro em absorver de imediato os imigrantes nas atividades agrícolas após a chegada. A princípio, resumiam-se tais atividades basicamente à construção de casas, assim como à manufatura de vários artigos de uso doméstico confeccionados com matéria-prima local: louças de barro, vasos, panelas, cutelaria, sapatos, objetos de couro, chapéus, esteiras de fibras vegetais, corda, barbante, sacos e outros recipientes para estocar e expedir gêneros alimentícios. Ao mesmo tempo, o influxo constante de "turistas-romeiros" (aqueles que regressavam para suas casas após uma breve visita) estimulou a manufatura de fogos de artifício — que eram queimados, segundo a tradição, pelo romeiro logo ao entrar em Joaseiro — e, ainda, a de artigos religiosos e recordações: imagens de madeira e de barro da Virgem, dos santos e, acima de tudo, de padre Cícero; crucifixos e medalhas de latão, prata e ouro; rosários, escapulários e "santinhos", toda uma gama de bugigangas que encontravam mercado com facilidade através de todo o Nordeste.[47] As habilidades manuais do povo local e as necessidades do sertão levaram, por fim, à fabricação e exportação de instrumentos rurais típicos, como enxadas, pás, facas, punhais, rifles, revólveres, balas e pólvora.

Em 1909, os artesãos de Joaseiro mudaram-se de suas casas e instalaram oficinas espaçosas e equipadas de máquinas, localizando-se no centro da cidade para ficar mais ao alcance da categoria dos assalariados, que aumentavam, e da freguesia em geral. Naquela época, o lugarejo possuía quarenta mestres de obra, oito ferrarias e sete oficinas de latoeiro, quinze fogueteiros, vinte oficinas de sapateiro, marcenarias, duas ourivesarias (havia quinze em 1917), 35 carpintarias e até uma fundição que produzia sinos de igreja e relógios, de parede e de torre de igreja, destinados à exportação no Nordeste.[48] Tais indústrias ligavam-se a um setor especializado de comércio

> que, de início, apenas distribuía a sua produção e, mais tarde, passa a financiá-la e a controlá-la, determinando uma crescente diferenciação social no seio do artesanato: donos de oficinas, uns independentes, outros submetidos aos comerciantes financiadores e um maior número de artífices que recebem salários [...]. [Como afirmou um historiador], pode-se imaginar o que esta atividade artesanal-mercantil vinha representar para libertar um elevado contingente de homens que até então viviam submetidos aos grandes proprietários rurais.[49]

Os efeitos do crescimento econômico de Joaseiro eram bem visíveis na participação crescente do povoado nos impostos recolhidos aos cofres federais e estaduais: os impostos federais subiram de 2 contos e 444 mil-réis, em 1916, para 36 contos e 550 mil-réis, em 1923; os impostos estaduais passaram de 29 contos e 800 mil-réis, em 1912, para 52 contos e 100 mil-réis, em 1922.[50] A prosperidade de Joaseiro continuou a repercutir no Vale do Cariri. Em 1921, o primeiro banco da região e uma associação de fazendeiros-comerciantes estabeleceram-se no Crato. Cinco anos mais tarde, a linha-tronco da Rede de Viação Cearense ligava Fortaleza a Joaseiro e ao Crato.[51]

Em resumo, nos quinze anos que se seguiram a 1894, forjou-se a estrutura econômica de Joaseiro, o que contribuiu para mostrar as bases sobre as quais o povoado se lançaria, em torno de 1909 e 1910, na campanha pela autonomia municipal. O apelo à autonomia, entretanto, teria sido impossível não fossem as mudanças significativas que já se operavam no sistema político nacional, estadual e regional. Tais mudanças começaram na administração de Manuel Ferraz de Campos Sales (1898-1902), que foi o segundo civil a assumir a presidência do Brasil depois da queda do Império.

A POLÍTICA DOS GOVERNADORES

Campos Sales tomou posse num momento de dissensões políticas internas e agitações que redundaram da transição do Império para o republicanismo. A decorrente instabilidade econômica do país trouxera sérios prejuízos ao seu comércio internacional e às suas fontes de crédito. A principal meta do novo presidente consistia em restaurar a confiança da Europa no Brasil pela adoção de um programa financeiro austero que garantisse o equilíbrio do Tesouro.[52] Na execução dessa política, Campos Sales fez grandes concessões aos diversos interesses regionais. Dela resultaram benefícios para os poderosos estados exportadores de café, São Paulo e Minas Gerais, onde residia metade do eleitorado nacional, mas, também, a consolidação imediata de "oligarquias" nos estados menos poderosos. Ali, "os grupos que se tinham apossado da direção dos estados (depois da proclamação da República) — a maior parte deles compunha-se de homens vindos dos partidos monárquicos — instalavam tranquilamente as suas fortes máquinas de fraude, de suborno e de violência".[53] A presteza presidencial em permitir que os interesses locais obtivessem domínio total em troca de seu apoio às diretrizes nacionais recebeu a denominação de "política dos governadores".

No Ceará, os sustentáculos políticos do Império tinham sido liderados pelo antigo senador imperial comendador Antonio Pinto Nogueira Accioly; em 1892, retomaram eles a direção do estado.

Quatro anos mais tarde, sob a bandeira do Partido Republicano Conservador — Ceará (PRC-C), Accioly elegeu-se presidente do estado. Duas vezes reeleito (em 1904 e 1908), conseguiu dominar a máquina estadual e o PRC-C até 1912, sem excetuar o período de 1900 a 1904, quando um testa de ferro assumiu a governança.[54] Accioly dirigia o interior do Ceará da mesma forma que o governo federal dirigia os estados. Deu, de bom grado, aos coronéis locais, ou chefes políticos, plenos poderes sobre o governo municipal: reconhecimento político, controle fiscal e distribuição dos favores e cargos estaduais e federais. Em troca, exigia apoio eleitoral e solidariedade partidária. Tal sistema, conhecido pelo nome de coronelismo, preconizava que o poder político no interior era uma prerrogativa tradicional dos grandes proprietários rurais — os fazendeiros —, fato esse que a queda da monarquia não chegou a alterar de forma radical.[55] Incorporava, entretanto, as mudanças estruturais que a República havia introduzido: cada estado passava a assumir a responsabilidade em matéria de educação, serviços públicos, administração e solvência financeira própria. O município tornava-se, assim, o elo crítico das malhas do governo: era ele a principal fonte de renda de que o governo estadual necessitava para manter em expansão sua burocracia. Tendo em vista assegurar a continuidade do pagamento do "tributo legal", a oligarquia do estado recompensaria os chefes de município tanto com empregos estaduais e federais e com o poder de distribuir favores locais quanto com a garantia de uma maior participação nas rendas municipais.[56] Mais do que a mera perpetuação de rivalidades locais entre famílias ilustres, sedimentadas pelo tempo, foi esse aumento acentuado de poder e riqueza no âmbito local que desencadeou, através dos sertões, as lutas violentas pelo governo municipal, nos primeiros decênios que se seguiram à proclamação da República.[57]

Em parte alguma foi a violência mais intensa e mais frequente do que no Vale do Cariri. A "política do oligarca", assim como o crescimento econômico acelerado dessa região, tornara o governo municipal mais apetitoso do que nunca. Entre 1901 e 1910, os chefes políticos de oito municípios do vale foram violentamente derrubados por rivais e vários outros foram ameaçados de deposição.[58] Nenhuma facção hesitou em armar seus trabalhadores (capangas ou cabras bons) ou em recrutar mercenários (jagunços ou cangaceiros) no sertão de Pernambuco e da Paraíba, com o intuito de apoderar-se do poder ou retê-lo nas mãos.[59] Data desse período a metamorfose do Cariri em refúgio de cangaceiros protegidos pelos coronéis locais.[60] Cada facção, de forma bastante curiosa, dizia-se leal ao partido acciolyno, denominação pela qual era popularmente conhecido o PRC-C no interior. Accioly, por seu lado, não intervinha em polêmicas locais, a não ser para proclamar o vitorioso. Um crítico contemporâneo do "oligarca" resumiu o funcionamento do sistema político do interior da seguinte forma:[61]

> Em cada localidade, no alto do sertão, nas regiões perpetuamente convulsionadas do Cariri, existem, quase sempre, dois chefes de cangaceiros, que se dizem filiados ao partido do oligarca, lutando entre si pelo domínio.
>
> Esses homens, os mais abastados, mantêm à sua custa tropas armadas e exercitadas, para sua defesa pessoal e conquista das posições. O mais forte é o que adquire afinal os favores do déspota.
>
> Este não intervém nessas lutas. Indiferente e passivo, assiste aos sangrentos combates, às incursões violentas, às depredações e aos saques [...].
>
> O incêndio pode lavrar por todo o território do estado; o oligarca não se imiscui nessas contendas entre chefes rivais [...].
>
> Ao mais forte confere o déspota a palma do triunfo e o domínio da localidade, com a demissão em massa das autoridades depostas.

A POLÍTICA DA "NOVA JERUSALÉM"

Enquanto o Cariri esteve mergulhado durante dez anos em lutas políticas, Joaseiro e o Patriarca mantiveram-se afastados dessas contendas. A principal preocupação do clérigo não era a política; preocupava-o, sobretudo, a restauração de suas ordens sacerdotais. As sucessivas petições que enviou ao núncio apostólico em Petrópolis e ao papa em Roma, em 1900, 1902, 1905, 1906 e 1908, atestam seu estado de espírito.[62] Dificilmente decorria um ano sem que o padre não incentivasse as incontáveis iniciativas de amigos para reinvesti-lo nas ordens sagradas. Sócios comerciais em Fortaleza e, sobretudo, os chefes políticos do vale não pararam de intervir em seu favor junto às autoridades eclesiásticas. Entre 1905 e 1906, os coronéis do Crato, Barbalha, Santana do Cariri e Brejo dos Santos apelaram para d. Joaquim em nome de seus respectivos governos municipais e "da alma popular caririense", no sentido da reintegração do Patriarca.[63]

Eis a razão pela qual padre Cícero não demonstrou interesse em participar das rivalidades políticas do vale. Procurou, a todo o custo, permanecer nas boas graças de todos os chefes políticos. Em 1904, por exemplo, quando o ilustre fazendeiro e comerciante do Crato coronel Antônio Luís Alves Pequeno (filho do padrinho de padre Cícero e o terceiro descendente na linha de sucessão a ter o mesmo nome) depôs, por meios violentos, o prefeito da cidade que havia catorze anos estava no cargo, padre Cícero não tomou partido, embora fossem os dois em disputa ligados a ele pelos sacramentos da Igreja. Ambos, o vencido e o vencedor, tinham em outros tempos empenhado seu prestígio à causa pessoal do Patriarca. A necessidade de manter a solidariedade dos chefes do vale, a fim de conseguir o restabelecimento de suas ordens, justificava, sem dúvida, sua "política de neutralidade".[64]

Importa observar que a neutralidade não excluía os esforços do Patriarca em pacificar as disputas políticas existentes no Cariri. Várias notáveis figuras do vale rogavam sem parar ao padre que exercesse, de bom grado ou de mau grado, sua "incontestável autoridade [...] para evitar [...] conflito[s] que com certeza trar[ão] bem tristes consequências". Entre 1903 e 1909, petições semelhantes partiram de Missão Velha, Lavras e Aurora, três municípios que se achavam à beira de um conflito. Em 1911, até o presidente do Ceará, comendador Accioly, sem esperanças de conservar o apoio do chefe político de Barbalha, apelou para padre Cícero solicitando seu empenho perante o coronel recalcitrante.[65]

Pensando bem, a neutralidade do Patriarca — compreendida lato sensu como uma recusa em aderir a qualquer dos lados em luta e como uma disposição para conciliar os adversários — era profundamente coerente com sua esperança de reintegração clerical e sua maneira de ver Joaseiro como uma cidade de Deus. De fato, durante esse período de incessante agitação política, ele transformou o lugarejo de um "refúgio para os náufragos da vida" num abrigo político para os chefes rivais do vale, independentemente de suas posições. José Lobo, que jamais negou tributo a padre Cícero, relembrou em seu testamento político a maneira pela qual o Patriarca, na primeira década do século xx, abriu as portas de Joaseiro para as "famílias e fortunas" dos coronéis rixosos:[66]

Em tempos áziagos e erizas tormentózas pelas quaes tem passado esta Zona, muitos [a]o [padre Cícero] teem integrado seos dinheiros mismo suas familias, como se dêo em julho de 1904 na conflagração do Crato; que se via sua caza na Serrinha denominada Horto, e outras casas do mesmo padre Cícero dentro desse povoado Joazeiro, replétas a não se poder andar [affirmo de vista] das senhoras, senhoritas, e crianças das principaes familias do Crato sem matizes de côres politicas, e sim geralmente, e também homens.

Na evolução da depozição do coronel Neco Ribeiro, ex-chefe da Barbalha [fevereiro e março de 1906], a mesma scena dolorosa foi identica dando assim todos os pais de familias dessas cidades um testimunho — que confiarão mais seos thezouros, suas familias, os thezouros monetários e de amor, mais no padre Cícero inérme do que de seus braços armados e asseclas que lhes rodeiavam; todos foram testimunhas dessas scenas, e duas testimunhas de vista e incontéstes formão prova plena — quanto mais tantas.

É indiscutível que a política de neutralidade manteve Joaseiro em paz com seus vizinhos e lhe possibilitou avançar rápido para atingir a fase de prosperidade econômica. Por outro lado, a proverbial benevolência do Patriarca e seus esforços conciliatórios exercidos em cinco dos oito casos de conflito municipal armado deram-lhe autoridade política *de facto* ainda maior do que a dos próprios coronéis em luta. Ao terminar o primeiro decênio do século xx, a "Nova Jerusalém" do Patriarca tornara-se populosa e forte o bastante para poder rivalizar com seus poderosos vizinhos, Crato e Barbalha. Mas nenhuma das condições mencionadas seria suficiente para explicar a campanha de Joaseiro em prol da autonomia municipal, o que só foi conseguido em 1911, nem a posterior transformação do Patriarca no coronel mais poderoso da história política do Nordeste brasileiro.

6. Padre Cícero ingressa na política

A POLÍTICA DO PATRIARCA E OS DOIS JOASEIROS

Entre 1908 e 1910, Joaseiro formulou, pouco a pouco, seu pedido de autonomia municipal. A campanha teve, na fase final, a aprovação entusiasta de padre Cícero e marcou, em consequência, sua entrada irrevogável no campo político. Essa decisão, ou, mais corretamente, uma série de decisões, forçou-o a abandonar sua política de dez anos de neutralidade; o abandono de tal política, visto de maneira superficial, poderia ser considerado maléfico aos esforços que ele vinha empreendendo por sua reintegração no sacerdócio. Além do mais, a momentosa decisão de ingressar na política provocou seu acesso rápido aos círculos governamentais do estado e da nação, o que jamais foi explicado de forma satisfatória. Por um lado, os adversários do clérigo afirmavam que ele ambicionava o poder e a riqueza, acusando-o de ser um "déspota oriental", um megalômano e um paranoico. Por outro, seus admiradores defendiam, com panegíricos, suas ações políticas, atribuindo-lhe realizações bem-intencionadas ou, então, encarando-as como o resultado inevitável das circunstâncias. Tais "hipóteses" servem, antes de mais nada, para ilustrar a intensidade da longa e duradoura controvérsia pública na qual o Patriarca se emaranhou de modo inextrincável, em virtude de sua opção política; elas não explicam essa decisão.[1] Qualquer tentativa de explicação deve começar pelo exame da própria confissão do Patriarca de que "nunca desejei ser político" e de sua contradição formal ao tomar posse no cargo de primeiro prefeito de Joaseiro, no final do ano de 1911. Explicou ele, naquela oportunidade, que, antes da elevação de Joaseiro à condição de vila, viu-se "forçado a colaborar na política [...] [a fim de] evitar que outro cidadão, por não saber ou não poder manter o equilíbrio de ordem até esse tempo por mim mantido, comprometesse a boa marcha desta terra [Joaseiro]".

A justificação a posteriori encontra-se em seu testamento, escrito em 1923.[2] Corresponde, em substância e cronologia, a uma declaração prévia do padre em carta até agora inédita. Dirigida ao presidente do Ceará, em junho de 1911, um mês antes de a Assembleia Estadual conceder autonomia municipal a Joaseiro, essa carta comprova que o religioso havia procurado ativamente anular as tentativas de "outro cidadão" de tornar-se o primeiro prefeito da cidade. Eis suas razões na forma como ele as confiou ao presidente Accioly:[3]

> Devo dizer a vossa excelência em tempo q'ele acha-se completamente incompatibilizado com o povo, contra o qual sempre assumia atitude definidamente hostil. Faço semelhante ponderação muito refletidamente porque sou amigo dele e não quero vê-lo passar pelo desgosto de conhecer uma verdade que talvez ele ainda não pudesse, ou não quisesse perceber; e mais ainda para que vossa excelência possa ter inteiro conhecimento do que realmente há a este respeito, e assim possa ajudar-me a evitar perturbações desnecessárias.

A carta de 1911, diferentemente do testamento de 1923, revelou que o misterioso "outro cidadão" era o fazendeiro mais rico de Joaseiro, o major Joaquim Bezerra de Menezes, descendente direto da família fundadora do Cariri e filho de Joaseiro.[4] Também desconhecido, até agora, foi o audacioso patrocínio, pelo major Joaquim, do primeiro comício político de Joaseiro, em agosto de 1907, evento esse a que padre Cícero não deu seu consentimento nem brindou com sua presença.[5] Num volante que circulou "ao povo do Joaseiro", o major convocava os "patriotas" da localidade à sua casa, a fim de tratar do "melhoramento a este torrão abençoado, tão querido", e do "engrandecimento desta florescente cidade". Ao proclamar que o acontecimento seria uma "reunião cívica sem cor política", não escondia sua intenção de promover a elevação de Joaseiro à condição de município e, em retrospecto, sua própria candidatura a primeiro prefeito da localidade.[6]

Se bem que o papel desempenhado pelo major Joaquim na história de Joaseiro esteja hoje quase esquecido, ele suscita duas perguntas importantes sobre a atuação de padre Cícero. Primeira, por que o Patriarca sabotou o apelo do major Joaquim pela autonomia de Joaseiro em 1907? Segunda, por que, em 1911, continuou o padre a opor-se às ambições políticas pessoais dos grandes fazendeiros?

Para responder à primeira pergunta, devemos nos lembrar de que Joaseiro era "povoação", entidade administrativa da comarca do Crato. Sua elevação à categoria de vila e sede de município com a mesma denominação exigiria que Crato cedesse seus direitos de jurisdição territorial e política sobre Joaseiro. Mesmo que o Legislativo estadual concedesse, legalmente, a autonomia, tal decisão iria, por certo, alienar o chefe político do Crato, coronel Antônio Luís Alves Pequeno, um dos mais poderosos coronéis do Cariri. Em 1907, entretanto, a "política de neutralidade" do Patriarca estava em pleno vigor. Um ano antes, por exemplo, o

177

coronel Antônio Luís hipotecara seu prestígio político à petição que solicitava de d. Joaquim a reintegração do clérigo.[7] Por essa época, os conselheiros mais íntimos do Patriarca, José Marrocos e José Lobo, estavam preocupados, acima de tudo, com a luta que o padre vinha mantendo contra a hierarquia eclesiástica. Em política, Marrocos sempre advogara a conciliação e a cooperação entre chefes regionais, jamais a rivalidade e a luta aberta. Lobo, por seu lado, continuara monarquista e tachava a cooperação com as instituições republicanas de traição à fé católica.[8] Assim, é bem possível concluir que o plano do major Joaquim, de autonomia para Joaseiro, em 1907, chegara num momento inoportuno. No tocante a padre Cícero, não havia motivos para estraçalhar sua tão bem-sucedida política de neutralidade, nem para afastar amigos do quilate de Marrocos, Lobo e mesmo do coronel Antônio Luís, provável defensor de apelos futuros pela reintegração.

Por que, então, opôs-se o sacerdote também à candidatura do major Joaquim a prefeito, nas vésperas da instalação do município de Joaseiro, em 1911? Na carta que dirigiu a Accioly, ele havia argumentado que o major "era completamente incompatibilizado com o povo, contra o qual sempre assumia uma atitude definidamente hostil". No seu testamento de 1923, acrescentou que o major Joaquim não soube nem pôde "manter o equilíbrio de ordem" que até 1911 tinha sido assegurado pelo Patriarca.

As duas razões indicam a profunda mudança que se operou na composição social de Joaseiro, mudança essa bem compreendida pelo clérigo e sem a qual não é possível entender-se a história política da cidade. Com o passar do tempo, seus habitantes tinham se dividido em dois grupos hostis: os filhos da terra e os adventícios.[9] Os filhos da terra não eram apenas os nascidos ali, mas também alguns dos que lá chegaram provenientes do Crato ou de outros lugares do Cariri. De maneira geral, sua posição social tinha sido sempre assegurada pela linhagem, pela propriedade ou, simplesmente, pelo direito de nascença. Os adventícios, que se tornaram a maioria, incluíam muitos dos imigrantes recentes originários de regiões distantes. O termo refere-se, da mesma forma, aos comerciantes ilustres, como os irmãos Silva, de Alagoas, e João Batista de Oliveira, de Pernambuco, e ainda aos humildes romeiros que se instalaram em Joaseiro.[10] O prestígio desse grupo era determinado mais pela afinidade social com o Patriarca do que propriamente por suas origens ou pela fortuna recém-adquirida.

A distinção entre filhos da terra e adventícios tornou-se patente desde 1894, no momento em que a condenação de Roma logo levou vários naturais da localidade, sobretudo os independentes e ricos fazendeiros, a descrer dos milagres; em consequência, muitos desfizeram os laços de intimidade que os haviam ligado ao padre.[11] Alguns filhos da terra, comerciantes e os de maior zelo religioso, conservaram a amizade do Patriarca por motivos econômicos ou religiosos. Apoiaram-no instintivamente, como foi o caso de Pelúsio Macedo, astuto artífice de sinos de igreja e relógio de torre, que permaneceu durante toda a vida como alto dignitário das conferências religiosas de Joaseiro.[12] O decreto de 1894, entretanto, levou o religioso a depender cada vez mais dos adventícios. Foi José Lobo quem engendrou a Legião da Cruz; foram as esmolas dos romeiros que financiaram as apelações a Roma; foram os imigrantes com tino para negócios — os comerciantes — que se tornaram os sustentáculos mais sólidos do clérigo. Não foi, pois, por acaso que João Batista de Oliveira, pernambucano, comerciante em fazendas e residente em Joaseiro, tenha sido a pessoa que acompanhou padre Cícero a Roma, em 1898. Na medida em que o Patriarca favorecia adventícios, tornavam-se cada vez mais profundos os sentimentos dos filhos da terra.

A distância entre os grupos cresceu com a entrada do novo século. Em 1905, Pelúsio Macedo, que estava naquele momento encarregado de coletar donativos para o custeio de um recente apelo telegráfico a Roma, observou, com argúcia, um aspecto econômico fundamental que caracterizava aquela divisão:

> A população do novo Joaseiro (digo novo pr. q. nos velhos habitantes só se encontra frieza) [...] se remexia pelas ruas acabando de completar a grande quantia para pagar a taxa do [telegrama] [...]. Nunca se viu melhor pontualidade e tanto gosto de se dar dinheiro em tempo tão mau [...] os não habituados parecendo dar com melhor gosto [...].[13]

Outro aspecto econômico dessa divisão foi o espírito competitivo dos comerciantes adventícios, que demonstraram, na maioria dos casos, ser mais bem-sucedidos nos negócios do que os filhos da terra.[14] Em 1907, a divisão entre o "novo" e o "velho" Joaseiro ficou mais rígida, como demonstrava a moda de criar apelidos mutuamente desrespeitosos. Os filhos da localidade chamavam os adventícios de *fanáticos*, *rabos de burro* e, o mais pejorativo de todos, *romeiros*, no lugar da palavra usual portuguesa "peregrinos". Em contrapartida, os adventícios rotulavam os naturais da terra de *cacaritos* ou simplesmente *nativos*, que tinha uma conotação muito indelicada.[15] O matrimônio era pouco frequente entre habitantes "novos" e "velhos" e até a participação nas irmandades religiosas tendia a congregar um ou outro grupo.[16]

Na medida em que a hostilidade introduzia uma cunha entre filhos da terra e adventícios, só ao Patriarca cabia galgar a distância entre os dois; por vários decênios, ele manteve, sozinho, os "dois Joaseiros" numa união precária. Esse entendimento frágil explica sua rejeição ao apelo que o major Joaquim fizera, em 1907, em prol do melhoramento "a este torrão abençoado, tão querido". Se o clérigo aprovasse, ele teria alterado "o delicado equilíbrio de ordem" em favor da minoria dos filhos da terra. Em

1911, quando os adventícios constituíram a nítida maioria de Joaseiro, era compreensível que o major se tornasse, nas palavras de padre Cícero, "completamente incompatibilizado" como candidato "do povo", isto é, dos adventícios, contra os quais "sempre assumia atitude definidamente hostil". Em consequência, o Patriarca se viu "forçado" a colaborar na política e não demorou em tornar-se o primeiro prefeito de Joaseiro. Era o reconhecimento tácito de que ele tinha dado uma volta completa em favor do "povo". Seu alinhamento, em 1911, com os adventícios levara três anos para amadurecer. Durante esse tempo, o adventício mais astuto de todos os que para lá foram, dr. Floro Bartholomeu da Costa, subiu com rapidez até o topo do "novo Joaseiro". À sua avassaladora influência sobre padre Cícero deve-se, segundo vários autores, o ingresso deste na política.[17]

O COBRE E O BISPADO DO CARIRI

O dr. Floro Bartholomeu da Costa, médico nascido na Bahia, foi para Joaseiro em maio de 1908.[18] Antes disso, havia trabalhado como jornalista, tabelião e médico itinerante nos sertões da Bahia e de Pernambuco. Abandonou em 1907 sua clientela, que lhe exigia tempo integral, para aliar-se a um nobre francês expatriado, o engenheiro de minas conde Adolpho van den Brule, na exploração de diamantes e metais semipreciosos.[19] No final daquele ano, conde Adolpho retornou ao Vale do Cariri, onde antes tinha estado para promover uma firma com sede em Paris, com o objetivo de explorar os depósitos de cobre que acabavam de ser descobertos perto de Joaseiro. Alertados pelos boatos de que fazendeiros hostis tencionavam reclamar para si a posse legal da área, os dois aventureiros partiram, às pressas, na direção do vale.[20]

O primeiro encontro que os dois tiveram com padre Cícero, em maio de 1908, não foi arbitrário. Havia algum tempo que este adquirira os direitos de propriedade sobre a maior parte dos depósitos de cobre de Coxá.[21] Mas, argumentaram os aventureiros, nem eles nem o Patriarca poderiam explorar as minas enquanto a posse das terras de Coxá não estivesse assegurada. Impressionado com a inteligência e a persuasão do dr. Floro, e com a competência técnica e os contatos europeus do conde Adolpho, padre Cícero não demorou a requerer à Justiça local o direito de demarcar Coxá, resolvendo, assim, a questão da posse.[22]

Nessa ocasião, o Patriarca nomeou dr. Floro seu procurador legal. Durante os meses seguintes, o médico cascavilhou ativamente os cartórios do Crato e de outras cidades do vale em busca dos registros de terras. Para melhor defender os interesses de padre Cícero, fixou residência em Milagres e fez várias viagens a Missão Velha, que eram os dois municípios com jurisdição sobre as minas de Coxá. Quando, em meados de dezembro de 1908, a Justiça local de Milagres deu decisão favorável à demarcação das terras requerida pelo padre, nenhuma outra pretensão rival havia sido interposta em termos jurídicos. Mas durou pouco a alegria do dr. Floro. No dia 15 de dezembro, na estrada de Coxá, os representantes do Patriarca (um advogado, um agrimensor e um sacerdote), tendo à frente dr. Floro, escaparam de morrer numa emboscada.[23] Em represália, o aventureiro baiano arregimentou o apoio dos chefes políticos de Milagres e Missão Velha, dos quais ficara, junto com o clérigo, bom amigo. Provido de cinquenta capangas armados, o dr. Floro desbaratou o bando de assassinos cujo objetivo era impedir que Coxá caísse nas mãos do Patriarca.

A luta armada encerrou de forma brusca a política de neutralidade de padre Cícero: ele foi considerado responsável pelo contra-ataque de Floro. Essa ação armada comprovou, além disso, ser uma declaração de guerra involuntária contra o poderoso chefe do Crato, o coronel Antônio Luís Alves Pequeno, pois foi com sua aprovação tácita que seu parente próximo, o coronel J. F. Alves Teixeira (que de longa data cobiçava furtivamente Coxá), enviou o bando de assassinos para impedir Floro. Alguns meses depois, essas circunstâncias contribuiriam forçosamente para a decisão do Patriarca de ingressar na política.[24]

A decisão anterior de padre Cícero de associar-se a Floro e ao conde Adolpho na questão de Coxá *não* foi determinada por considerações de ordem política. Por trás de sua ânsia em explorar Coxá, jazia a obsessão permanente de reaver a condição sacerdotal. A falência de suas inúmeras petições levou-o a adotar uma nova estratégia, em 1908, com referência à hierarquia recalcitrante. Essa estratégia surgiu depois de ter padre Cícero recebido informações, em 1907, de que Roma pretendia instalar um novo bispado no interior do Ceará; ora, alegava o padre, essa causa havia sido sustentada por ele perante o papa, em 1898.[25] Mas, em 1908, a escolha provável da sede da nova diocese recairia sobre o Crato, de onde emanavam, desde 1892, censuras e sanções eclesiásticas contra Joaseiro. Um bispado no Crato poderia vir a destruir para sempre as esperanças de padre Cícero de reintegração no sacerdócio, a menos que fosse a nova Sé instalada em Joaseiro![26] O clérigo passou de imediato a trabalhar pela criação da "diocese do Cariri". Através da imprensa e entre os amigos influentes da Igreja no Sul, argumentava que era Joaseiro, e não o Crato, a verdadeira alma do sertão nordestino, o principal centro de convergência "de Alagoas ao Maranhão". Tão seguro estava ele de ser bem-sucedido que ordenou a reconstrução de uma velha casa na rua Grande para servir de residência futura do primeiro bispo do Cariri.[27]

Nesse ínterim, sob pressão de d. Joaquim, que envelhecia, padre Quintino, vigário do Crato, passou a fazer campanha em prol da "Pérola do Cariri". Em 8 de dezembro de 1908, dia da

Imaculada Conceição, houve uma reunião solene de ilustres cratenses para planejar a campanha que deveria angariar fundos destinados a constituir o patrimônio da nova diocese, com sede no Crato.[28]

O desafio, que muito contribuiu para os futuros ressentimentos entre o Crato e Joaseiro, não passou despercebido. Em 10 de dezembro de 1908, o Patriarca telegrafou para um contato influente na nunciatura apostólica, em Petrópolis: "Faça todo custo sede despacho Joaseiro, Ceará".[29] Cinco dias depois, exatamente uma semana após a primeira reunião da campanha financeira no Crato, partiu o dr. Floro para fazer a demarcação de Coxá. Não resta dúvida de que o Patriarca identificava os campos de cobre como patrimônio do "bispado do Cariri" — com sede em Joaseiro![30] Tão convencido estava o Patriarca de que era a vontade de Deus erigir Joaseiro em Sé episcopal — não em município — que não percebeu as nefastas implicações políticas do conflito armado do dr. Floro, em Coxá. Em vez disso, na medida em que se tornava mais clara a perspectiva de uma nova diocese e, talvez, de sua reintegração, decidiu-se o sexagenário a viajar, sem alarde, para o Rio de Janeiro e ali, pessoalmente, promover a causa. Em 23 de abril de 1909, partiu de Joaseiro acreditando que "a Providência quer que eu vá ao Rio".[31] Às vésperas de sua partida escreveu a José Marrocos, cujos irreconhecidos esforços em favor da nova diocese foram tão consideráveis quanto os que empreendera em outras causas: "Ore por mim à Santíssima Virgem que sejamos bem-sucedidos".[32]

A VIAGEM RUMO À POLÍTICA

Dois meses mais tarde, o *Unitário*, jornal de Fortaleza de oposição feroz à oligarquia Accioly, noticiou o regresso precipitado de padre Cícero. Este havia desembarcado em Salvador, Bahia — e não em Fortaleza —, continuando viagem pelo interior, através da Rede Ferroviária do Rio São Francisco. Conforme observou o *Unitário*, o clérigo escolhera "o caminho mais curto" para o Cariri, onde tinha sido súbita e "expressamente chamado para pôr termo às amotinações".[33]

Durante sua ausência, os acontecimentos de Coxá tinham se tornado a causa e o pretexto de uma nova e "séria ameaça à paz do Cariri": em maio de 1909, os amigos do dr. Floro, chefes políticos de Milagres e Missão Velha, fizeram uma coligação com Barbalha objetivando a deposição, no Crato, do coronel Antônio Luís Alves Pequeno.[34] A atuação deste último, "por trás do pano", na emboscada de Coxá em 1908, cuja origem lhe era agora atribuída pública e diretamente e não mais ao seu parente, coronel Teixeira, convertera-se, de súbito, na *cause de guerre* explícita, na opinião de seu trio de inimigos.

O mais importante dos inimigos era o coronel Domingos Furtado, chefe político de Milagres. A causa real da briga de Furtado com Antônio Luís começou em 1904. Naquele ano, o rico e apolítico comerciante Antônio Luís, num "casamento de conveniência" com os hostis fazendeiros, depôs, por processos violentos, o prefeito da cidade, coronel José Belém de Figueiredo, também comerciante. Por ser forasteiro, nascido e criado em Milagres, Belém era muito antipatizado no Crato, visto que nem sua ascensão imerecida em 1892 nem o domínio que passou a exercer sobre o município teriam sido possíveis se não fosse o apoio contínuo e eficaz do coronel Furtado, seu mentor político. Nos dez anos que se seguiram, tendo Belém ocupado a terceira vice-presidência do Ceará, o eixo Crato-Milagres tudo fez para que o poder político e a riqueza material revertessem de forma equitativa para as economias de bases predominantemente mercantis e pastoris das duas respectivas cidades. Quando Antônio Luís e seus aliados agrários do Crato decidiram tomar posição contra Belém, Furtado foi em socorro de seu protegido com várias centenas de cabras armados. Com a sangrenta derrota de Belém, em 29 de junho de 1904, o ex-chefe derrotado e Furtado reagruparam suas forças para invadir o Crato, com oitocentos homens. Mas o segredo da conspiração vazou. O novo prefeito vitorioso, Antônio Luís, não tardou em reunir um "exército" de mais de mil homens e levou Furtado a recuar, de maneira vergonhosa, antes mesmo de ter sido desferido o primeiro tiro. A humilhação, maior do que a derrota, e a resultante diminuição de poder e de riqueza de Milagres em virtude da expulsão de Belém atormentaram Furtado, que, a partir daí, procurou vingar-se. Dessa forma, a vingança e o desesperado desejo de recuperação econômica de Milagres, a qualquer preço, explicam a presteza com que Furtado apoiou o dr. Floro em Coxá, em 1908, e ajudou-o a assumir a liderança da tríplice coligação de 1909.

Os coligados de Furtado em Missão Velha (antiga aliada do ex-chefe Belém) e Barbalha também se ressentiam do imenso poder político de Antônio Luís nos assuntos do vale. O trio apregoava que essa supremacia não podia ser atribuída ao fato de o Crato possuir o eleitorado mais numeroso, nem tampouco ao poderoso cargo de deputado estadual que Antônio Luís havia herdado do coronel Belém e conservado com todas as regalias, a partir de 1905. Pelo contrário, argumentava o trio, o principal poder do Crato, na qualidade de intermediário da oligarquia estadual em toda a região do Cariri, residia sobretudo nos favores especiais que eram prodigalizados ao coronel Antônio Luís por seu primo--irmão, o presidente do Ceará, dr. Accioly.[35] Além disso, os tradicionais interesses pecuaristas do Vale do Cariri, tipificados pelo coronel Domingos Furtado, atribuíam o declínio de sua fortuna à crescente riqueza, força e expansão competitiva dos comerciantes do Crato, simbolizados pelo coronel Antônio Luís, em muitos setores da economia do vale.[36] Ademais, as forças mercantis dos municípios primariamente agrícolas de Missão Velha e Barbalha entraram na tríplice aliança com o objetivo de aumentar sua participação nos lucros das atividades comerciais, desde que o Crato fosse reduzido às suas devidas proporções.

Esses eram os fatores que estavam por trás da coligação tríplice planejada para atacar o Crato em maio de 1909, em nome de Coxá e do Patriarca ausente. Cada lado pôs-se a recrutar mais de mil capangas armados, nas fontes de suprimento do sertão pernambucano e paraibano. No momento em que cada facção se preparava para pôr as cartas na mesa, foi padre Cícero intimado a regressar com urgência. O conflito, porém, jamais eclodiu. Graças às iniciativas conciliadoras de três comerciantes de Barbalha, provavelmente instigados pelo presidente Accioly, a violência imediata foi impedida. Mas a trégua que se instalou era frágil e inquietante.[37]

A animosidade reinante no ambiente não foi a única mudança de julho de 1909. A primeira edição de *O Rebate*, primeiro diário da cidade, saía da tipografia naquele dia ostentando o retrato de padre Cícero na primeira página.[38] Sob a direção editorial de padre Joaquim de Alencar Peixoto, um sacerdote não conformista do Crato, inimigo ferrenho do coronel Antônio Luís que fora para Joaseiro em 1907, o lançamento do jornal traduziu os anseios dos comerciantes de Joaseiro pela autonomia municipal.[39]

O aparecimento de *O Rebate*, assim como as consequências políticas de Coxá, ocorreu sem o conhecimento do Patriarca, estando ele, na realidade, ausente. Mas essas duas circunstâncias — *faits accomplis* — não deixaram de lhe ser retratadas pelo padre Peixoto e pelo dr. Floro como sinais inequívocos de que apenas a autonomia municipal seria capaz de assegurar a paz a Joaseiro, os campos de Coxá ao Patriarca e a plena satisfação aos comerciantes locais, cujos prósperos negócios chegavam quase a colocá-los em condições de igualdade econômica com o Crato. Os argumentos foram eficazes, pois naquela mesma semana o religioso telegrafou em caráter confidencial ao presidente Accioly solicitando a elevação do distrito à condição de município. O oligarca, cauteloso, transferiu a decisão para Antônio Luís, no Crato, que por sua vez se recusou a lidar de pronto com a questão, mas, tática e diplomaticamente, prometeu considerá-la no ano seguinte.[40]

O Patriarca talvez não tenha se dado conta do fato de que a troca de telegramas com Accioly marcara seu primeiro passo na política. Uma vez mais, porém, outras motivações, que não eram de ordem política, levaram-no, no fundo, a cometer esse ato decisivo. Por um lado, sua viagem ao Rio de Janeiro não teve o bom êxito que ele esperava da Providência e da Virgem. Para sua decepção, d. Joaquim, já bem idoso e enfermo, que havia jurado derrotar o clérigo nos seus objetivos, chegara inesperadamente ao Rio de Janeiro durante a estada do Patriarca lá. Uma vez na Cidade Maravilhosa, passou o bispo a trabalhar com todo o afinco contra a pretensão de ser criado um bispado em Joaseiro.[41] Por outro lado, apesar do incentivo de d. Joaquim, o Crato não tinha conseguido levantar fundos suficientes para o patrimônio. Considerando-se que Roma não estaria disposta a conceder um benefício eclesiástico a indigentes, restava uma pequena possibilidade de padre Cícero vir a realizar seu intento. Tais considerações justificaram sua convicção de que a independência política de Joaseiro poderia aumentar sua influência de modo a trazer a Sé para Joaseiro e, no fim das contas, fazê-lo recuperar sua condição de sacerdote.[42]

O "SATANÁS DO JOASEIRO" E SEU "ALTER EGO"

Logo depois do regresso do Patriarca, tiveram início as hostilidades entre ele e a hierarquia. Em 26 de agosto de 1909, d. Manuel

Lopes, bispo auxiliar e ajudante de ordem do doente d. Joaquim, chegou ao Crato numa visita pastoral.[43] No dia seguinte, abriu as baterias da nova campanha. Um dos padres da comitiva do bispo, de reputada inteligência e instrução, subiu ao palanque que fora montado na praça pública em frente à igreja do Crato. Diante de milhares de pessoas ali reunidas para as cerimônias ao ar livre que se realizariam durante a semana da missão pastoral, ele começou o sermão da seguinte maneira: "Povo nobre e altivo do Crato, peço permissão para falar sobre o povo imundo do Joaseiro que vive guiado por Satanás".[44] Assim, sob o disfarce de uma missão sagrada e visita pastoral, a hierarquia declarou guerra ao "Satanás do Joaseiro" com a intenção de derrotá-lo no projeto do "bispado do Cariri".

Mas a virulenta diatribe não ficou sem resposta. Sob o *nom de plume* de Manoel Ferreira de Figueiredo, o dr. Floro, que já tinha sido jornalista, passou para as colunas de *O Rebate*. Com três artigos combativos, impecáveis na lógica, na retórica e na militância, o médico baiano foi veemente na defesa do Patriarca de Joaseiro e sem subterfúgio na denúncia à hierarquia.[45] Em consequência dessa "justa defesa", o dr. Floro galgou a eminência política. Daí por diante, até sua morte em 1926, foi ele a figura mais importante da história de Joaseiro, sobrepujada apenas pela de padre Cícero. É compreensível que seus inimigos, cujas ambições políticas foram frustradas em virtude dos favores que o religioso lhe dispensava, denunciassem sua ascendência sobre o Patriarca e denegrissem o adventício, chamando-o de alter ego do clérigo. Assim, foi o dr. Floro descrito como aventureiro pretensioso e ambicioso que teria atingido a glória e a notoriedade política nacional "atrás da sombra da sotaina mais antiga do Cariri".[46] A influência do dr. Floro sobre o Patriarca é um fato indiscutível. Não pode, entretanto, ser levada em conta apenas em termos da ambição do dr. Floro ou da credulidade de padre Cícero. A ascensão de

Floro à posição de chefe político *de facto* de Joaseiro até 1926 foi possível por causa de inúmeras circunstâncias que serão aqui lembradas.

Em primeiro lugar, embora as múltiplas atribuições de Floro no empreendimento de Coxá — advogado, pesquisador e, quando necessário, defensor em armas — tenham-no tornado indispensável ao intento do Patriarca de erigir sua diocese, não se encontra aí a explicação única da amizade íntima que ligou desde o início duas personalidades tão diferentes uma da outra. De maior significação foi talvez a primeira e pouco conhecida defesa do padre, feita por Floro, contra a hierarquia no decorrer do ano de 1908. Motivou-a o fato que se passará a relatar.

Logo após sua chegada a Joaseiro, o dr. Floro travou conhecimento com d. Hermínia Marques de Gouveia, uma jovem senhora proveniente de Jardim cujo casamento não lhe dera filhos; por esse motivo, ela foi atraída para Joaseiro na esperança de um milagre.[47] Excessivamente piedosa e devota, logo se tornou uma das filhas espirituais prediletas do Patriarca. Durante uma grave enfermidade do clérigo, em 1905 ou 1906, d. Hermínia e outras senhoras devotas fizeram uma promessa à Virgem sob a invocação de Nossa Senhora do Perpétuo Socorro: em troca da recuperação de padre Cícero, seria erguida uma capela no novo cemitério, na extremidade ocidental da aldeia.[48] Em outubro de 1906, com o restabelecimento da saúde de padre Cícero, convenceu-se ele próprio de que a Virgem havia atendido ao apelo e deu ordens para a construção da capela prometida por d. Hermínia.[49] Logo depois, o vigário do Crato, em nome de d. Joaquim, mandou parar a obra. Assim ela permaneceu durante dois anos. Então, Floro chegou; Hermínia pediu-lhe para patrocinar a construção e padre Cícero concordou em financiá-la caso Floro, como pessoa estranha à região, obtivesse a necessária licença eclesiástica. Singularmente, o médico conseguiu a aprovação, contanto que padre

Cícero "não tivesse a menor interferência no trabalho", condição essa que Floro denominou, mais tarde, de puro "capricho episcopal".[50] Em meados de novembro de 1908, quando a capela já estava quase pronta, faleceu d. Hermínia.[51] Então, padre Cícero, com o consentimento do dr. Floro, em justa recompensa às virtudes e aos esforços da santa mulher, fez sepultar o corpo no interior da nova capela. Quando padre Quintino, vigário do Crato, soube do fato, tentou impedir o sepultamento. Dias depois houve nova proibição de prosseguir a obra. Foi aí que dr. Floro, exasperado, tomou o assunto nas próprias mãos. Mais tarde, relembrou:

Nessa ocasião, eu, considerando tudo aquilo mera palhaçada, tomei a peito terminar a obra, sem mais ouvir ponderações de padre Cícero nem de ninguém, o que fiz, disposto a assumir, muito satisfeito, a responsabilidade das consequências que, para mim, por mais graves que fossem, não me fariam mossa.[52]

Vários meses depois, quando o Patriarca pediu permissão ao bispo para consagrar a capela, este recusou, alegando ter informação segura "de que padre Cícero havia enterrado [lá] o corpo de uma prostituta".[53] A evolução desses fatos marcou profundamente o religioso. Ele passou a depender cada vez mais do dr. Floro, cuja audácia e lealdade e cuja total má vontade em contemporizar com a "calúnia e a chicana" dos homens da batina pareciam ser o único antídoto à perseguição implacável que lhe moviam.[54] Em poucas palavras, Floro, cujo evidente anticlericalismo ajustava-se, ironicamente, à convicção inabalável de padre Cícero em sua própria inocência, tornou-se, de 1908 até o dia em que morreu, o advogado corajoso e fiel do Patriarca contra a Igreja. Se, de fato, os ataques de Floro à hierarquia chegaram a prejudicar a causa de padre Cícero, não é esse o ponto a ser discutido aqui; eram provas suficientes de fidelidade para que o clérigo conferisse ao adventício sua eterna confiança, amizade e gratidão.

Um segundo fator concorreu para explicar a intimidade crescente entre Floro e o padre: os dois amigos e defensores restantes de padre Cícero, José Lobo e José Marrocos, desapareciam aos poucos de sua vida. É difícil determinar se Floro promoveu, sutilmente, essa ruptura ou se os antigos aliados do Patriarca decidiram afastar-se, ressentidos com o forasteiro que passara a usufruir da preferência do clérigo, que começava a envelhecer. Mas os sinais de ruptura são inegáveis.

José Lobo, por exemplo, vivia cada vez mais retirado em sua casa, onde aquele que tinha sido o fundador da Legião da Cruz dedicava seu tempo a responder às centenas de cartas que chegavam todos os dias para o Patriarca, enviadas pelos sertanejos, pobres e desprovidos de padres, do Nordeste brasileiro. Na medida, porém, em que aumentava o número dos desamparados da região, que iam a Joaseiro em romaria, diminuíam em quantidade e em importância as tarefas de José Lobo.[55] Pouco tempo depois de ter o dr. Floro fixado residência na casa do Patriarca, em 1908, o velho Zé Lobo começou a cultivar, ou a sentir de fato, uma amarga frieza na sua amizade com padre Cícero. Certo dia, Lobo defrontou-se com o padre e ameaçou nunca mais cruzar a soleira de sua casa caso este não se tornasse mais amistoso. O clérigo, inconsciente de qualquer diferença em seus sentimentos para com Lobo, negou com veemência que a amizade entre os dois estivesse alterada. Dias mais tarde correram boatos, provocados talvez pelos forasteiros enciumados, de que Zé Lobo tentara envenenar o Patriarca. Padre Cícero desmentiu publicamente a acusação, tachando-a de falsa e caluniosa. Mas, para José Lobo, tinha sido "queimada a última palha". Desse dia em diante até sua morte, em 1918, jamais voltou a pôr os pés na casa do Patriarca.[56]

No caso de José Marrocos, o esmorecimento de uma velha amizade foi tão súbito quanto estranho e inesperado. Antes da viagem de padre Cícero ao Rio de Janeiro, foi Marrocos quem mais trabalhou, sem desfalecimento e às pressas, preparando a defesa que o clérigo faria da nova diocese com sede em Joaseiro. Foi a José Marrocos que o padre, às vésperas de sua partida, confiou sua esperança de sucesso. Então, em 19 de julho de 1909, no dia seguinte ao regresso do Patriarca e à inauguração de *O Rebate*, Marrocos, queixoso, escreveu, de Barbalha, uma carta a seu amigo de tantos anos:[57]

> Todo o sábado [17 de julho de 1909] passei à espera da participação da festa inaugural da imprensa do Joaseiro: queria selar com minha humilde assistência o novo progresso d'uma terra, que sempre foi de minha estima, e por cuja prosperidade trabalhei o pouco que me foi possível. Esperei em vão e desapontado senão mto. contrariado assumi outros compromissos [...].
> [...] em todo caso mto. senti não ter testemunhado o novo progresso do Joaseiro: mas creia-me que não sou nem posso ser-lhe indiferente e d'aqui mesmo exclamo: Viva o Joaseiro!

Profundamente magoado, Marrocos tentou, mesmo assim, reaver sua influência sobre o Patriarca. No final do ano de 1909, redigiu um ataque ferino a d. Joaquim, que ele pretendia publicar nos jornais de Fortaleza.[58] Mas seu lance para reconquistar a preferência do clérigo, relembrando "a luta passada contra o inimigo comum" e reabrindo a controvérsia sobre a validade dos milagres de 1889-1891, era anacrônico em comparação com a tática mais persuasiva de Floro, que, ao evitar por completo o velho espinho dos milagres, preferia pôr em relevo a integridade pessoal do Patriarca, em contraste com a hipocrisia da hierarquia. Em consequência, a última diatribe inglória de Marrocos, criticamente intitulada "Joaseiro: A carta aberta do snr. Nicodemos — Resposta de José de Arimatéa", só foi impressa na forma de panfleto, com uma circulação muito limitada.[59]

Marrocos, porém, perseverou. No princípio do ano de 1910, o famoso educador do Cariri fechou seu colégio particular em Barbalha e abriu suas portas em Joaseiro. Estando mais perto do velho amigo, Marrocos parece ter reavido um pouco da antiga influência: no dia 15 de agosto, foi marcada uma convenção política no recinto do novo colégio. A reunião nunca se realizou. Na tarde de 14 de agosto, José Marrocos faleceu de repente. O laudo pericial registrou como causa da morte uma pneumonia. Como José Marrocos, na manhã anterior, demonstrara estar em bom estado de saúde, surgiram mais tarde boatos de que o dr. Floro havia envenenado o venerando professor.[60] A acusação parece improcedente, uma vez que ele se encontrava em Missão Velha quando Marrocos faleceu; só voltou a Joaseiro no dia 16 de agosto, para o enterro do sexagenário, e, nessa ocasião, o doutor proferiu a principal oração fúnebre.[61] Muitos anos depois, o motivo atribuído a Floro era que a orientação prolongada de Marrocos mantivera padre Cícero afastado da política e das fileiras do Partido Republicano Conservador do presidente Accioly.[62] Quer seja verdade, quer não, o caso demonstra que a ascendência de Floro causou ou coincidiu com o rompimento entre o Patriarca e seus antigos aliados.[63] Daí por diante, a política, e não os milagres, entrou na ordem do dia.

O terceiro e último fator relativo à ascendência de Floro era inerente às mudanças estruturais que decorreram da acentuada penetração de formas capitalistas modernas no sertão e, sobretudo, no Cariri, com o alvorecer do século xx. Apesar dos frequentes retrocessos econômicos provocados pelas secas, a procura europeia de borracha de maniçoba, couro e algodão, bem como de mercados capazes de absorver seus excedentes de crédito, serviços financeiros e manufaturas, injetou nova vida econômica no interior, entre 1880 e 1920.[64] Nas pequenas cidades, o advento de uma nova classe mercantil, arrojada e sequiosa de dinheiro, foi impulsionado pela emergente opulência dos proprietários rurais; na medida em que cresciam os lucros dos comerciantes, aumentava a possibilidade de disputarem com os fazendeiros o poder político local. Com a "política dos governadores", a República havia dotado os municípios de maior autonomia, de novas prerrogativas fiscais e de um número crescente de cargos burocráticos, condições essas que precipitaram, até dentro do mesmo partido político, frequentes e sangrentas lutas entre facções pelo predomínio no governo local.

A "nova era" de republicanismo e penetração capitalista alterara, forçosamente, o estilo da política sertaneja. Os métodos tradicionais de coerção política, intensificados pelo crescimento dos espólios políticos regionais, estavam cada vez mais em descompasso com os tempos. Os coronéis de fazenda agora precisavam legitimar seu poder em função das novas leis republicanas. Eram forçados a conformar-se com as novas "regras do jogo", com os pequenos grupos isolados de "opinião pública" espalhados ao longo da costa, com a exigência maior de melhorias materiais que começavam a surgir, mesmo nos pequenos setores alfabetizados da sociedade do interior. O coronel de sertão pouco a pouco habituou-se a contar com os serviços de talentosos e retóricos bacharéis, formados em quantidade sempre crescente nas faculdades de direito e medicina do litoral. A esses bacharéis da classe média, pelos serviços prestados aos coronéis, abriram-se as avenidas do poder, da preeminência pública e do sucesso, muito embora sua onipresença e ambição, que caracterizaram a vida política do período republicano, da mesma forma que seu oportunismo e sua corrupção, tenham levado os críticos, mais tarde, a encarar a decadência do republicanismo como igual à "praga dos bacharéis".[65]

O Cariri representou o tipo das transformações sociais e políticas do sertão durante a República Velha (1889-1930).[66] Advogados, como Raimundo Gomes de Matos e Raul de Souza Carvalho, tornaram-se os porta-vozes dos chefes políticos locais. No Crato, o jovem médico dr. Irineu Pinheiro prestava serviços ao coronel Antônio Luís Alves Pequeno em assuntos econômicos, na qualidade de fundador e diretor (em 1921) do primeiro banco da cidade. A intimidade entre o coronel e o bacharel levava, com frequência, ao casamento do bacharel com uma parenta próxima do coronel; o matrimônio aumentava para o profissional liberal as possibilidades de sucesso e garantia ao chefe político ingênuo a lealdade de seu ambicioso auxiliar.[67] Na primeira década do século xx, a principal tarefa do bacharel consistia na defesa verbal de seus chefes políticos. Em todo o Cariri, proliferavam jornais como testemunhas lúcidas dos recentes progressos econômicos, na medida em que os combates políticos se tornavam mais retóricos e menos sangrentos, menos custosos, e adotavam os padrões de valor do litoral urbano. Entre 1904 e 1909, apareceram mais de onze jornais em apenas três cidades do vale. Deles, dois no Crato, dois em Barbalha e *O Rebate* em Joaseiro tiveram vida longa e quase nunca deixaram de sair nos dias preestabelecidos.[68]

Formado pela Faculdade de Medicina da Bahia, era o dr. Floro um bacharel que chegou ao Cariri no momento da transição. Sua profissão dava-lhe acesso aos lares ricos e pobres de Joaseiro. Seu consultório e sua farmácia fizeram-no cair nas boas graças dos moradores e do Patriarca, que o acolheu não apenas como o primeiro médico residente na aldeia, mas também como um sintoma seguro do direito ao progresso que era devido ao sertão.[69] O dr. Floro trilhou o mesmo caminho do sucesso político que foi típico de outros médicos e advogados do sertão naquela época.[70] Além disso, sua experiência anterior como jornalista e tabelião e seus dotes de ambição, audácia e lealdade estavam destinados a servir a ele, ao Patriarca e a Joaseiro de maneira admirável na luta política que moveriam contra o Crato em prol da independência.

7. Joaseiro pede autonomia

LENDA DE DUAS CIDADES*

Compreende-se que o pedido de autonomia de Joaseiro em relação ao Crato tenha desencadeado uma feroz rivalidade entre as duas cidades.[1] Originando-se nominalmente com a "questão religiosa" de Joaseiro, suas raízes vinculavam-se, entretanto, a uma série de atritos de natureza econômica entre as duas cidades, desde 1896. Propalou-se, nesse ano, que os posseiros "fanáticos" de padre Cícero tinham se preparado para uma invasão armada às terras férteis do Crato. Lembremos que tal ameaça levou monsenhor Alexandrino, então vigário da "Pérola do Cariri", a solicitar do presidente Accioly o envio de tropas a fim de protegê-la.[2] Os incidentes de Coxá, em 1908, e a visita pastoral de agosto de 1909 contribuíram para reavivar a velha animosidade. Deve-se

---

* O autor faz alusão ao título do livro *A Tale of Two Cities*, de Charles Dickens, romance histórico que trata das relações entre Londres e Paris durante a Revolução Francesa. (N. T.)

ressaltar que a visita pastoral envenenou as relações entre a hierarquia e o Patriarca e, de forma mais significativa, selou a cisão econômica entre o Crato e Joaseiro. O ataque do missionário aos moradores de Joaseiro, chamando-os de "povo imundo" e cegos "seguidores de Satanás", redundou numa greve geral contra a economia do Crato. Os romeiros que cultivavam as terras, e que, como domésticos, trabalhavam nas casas dos cratenses ricos, retornaram a Joaseiro. Além disso, toda a população da aldeia boicotou a feira semanal do Crato: os artesãos de Joaseiro recusaram-se a vender seus produtos na cidade, enquanto coube aos joaseirenses deixar de nela fazer compras. Só em setembro de 1909, sob as ordens de padre Cícero, a situação voltou à normalidade, embora por pouco tempo.[3]

O boicote econômico ressaltou a causa fundamental da divisão entre as duas cidades: de um lado, um Joaseiro autônomo iria solapar a hegemonia regional do Crato; de outro, os comerciantes e, em menor escala, os artesãos de Joaseiro achavam que seu crescimento econômico fazia jus a um poder político proporcional.[4] Os temores do Crato articularam-se em novembro e dezembro de 1909. O jornal político do coronel Antônio Luís, o semanário *Correio do Cariry*, acusou Joaseiro de planejar a suspensão do pagamento dos impostos municipais. Segundo o *Correio*, tal ato representaria uma clara ameaça de derrubar as autoridades legalmente constituídas do Crato e do governo estadual. O *Rebate* logo retrucou, denunciando a acusação como a "mentira [...] mais monstruosa e [...] incrível", concebida com o intuito de indispor o governo de Accioly contra Joaseiro e de dar ao coronel Antônio Luís o pretexto para "invadir o Joaseiro de soldados, inundá-lo de sangue, saqueá-lo, roubá-lo e reduzi-lo a nada". O *Rebate*, entretanto, nada disse sobre se Joaseiro se recusaria ou não a pagar seus impostos.[5]

A omissão tinha, é claro, um propósito. No princípio de 1910, Joaseiro deixou de lado as reservas quanto às suas aspirações. Num artigo de maio publicado em *O Rebate*, Flávio Gouveia, outro dos *noms de plume* do dr. Floro, se não *nom de guerre*, denunciou de forma severa "a detestável, mesquinha, egoísta e toupeira" política de Antônio Luís. Esse ataque sem precedentes ao "Grande Eleitor" do vale tinha sido provocado pela chegada, ao Crato, de um batalhão de polícia do estado, no início do mês em curso. Dizia Floro que o coronel Antônio Luís tencionava insofismavelmente usar o batalhão contra Joaseiro, como primeiro passo da campanha que visava liquidar o inimigo tradicional do Crato, coronel Domingos Furtado, de Milagres. Ao ligar o destino de Joaseiro à sorte de Milagres, Floro ressuscitava a velha ameaça de uma aliança Milagres-Joaseiro, cujas bases ele tinha cuidadosamente lançado na época de Coxá. Astuto, passou então a promover não suas próprias ambições políticas, mas as aspirações dos comerciantes do lugar, os quais eram, como ele mesmo, quase todos adventícios em Joaseiro:[6]

> É quase uma lenda referir-se ao progresso espantoso por que tem passado esta terra, que, como avalanche imensa, tende cada dia, a pouco e pouco, a suplantar outros lugares que se lhe antepõem cronologicamente.
>
> [...] Entretanto, como irrisão da sorte, o Joaseiro ainda permanece na ínfima categoria de aldeia: aí está o que irritaria mesmo os nervos de um infusório se ele os tivesse.
>
> E isso tudo é obra de uma política detestável, mesquinha, egoísta, toupeira [do coronel Antônio Luís que está] no último quartel de suas ambições desmedidas; política que vive a perseguir homens de bem, política que tem as suas raízes no orgulho e na presunção, que vive a explorar o trabalho de milhares de homens!!
>
> Política que assim procede, há de chafurdar no lodo. Sim.
>
> Por que conservar ainda o Joaseiro, quase duas vezes maior do que a cidade do Crato, que é considerada a primeira nestes sertões

tórridos de quatro ou cinco estados vizinhos, dando ao fisco um rendimento superior ao desta, na sombra do desprezo com alcunha de povoação? Triste antagonismo da sorte! [...] É porque o Crato é o polvo que vai haurindo a seiva do Joaseiro.

Encontrava-se o Crato, de fato, diante de um dilema. O perigo de um boicote fiscal e de uma aliança Milagres-Joaseiro complicou-se, então, com o reiterado pedido de padre Cícero para que o coronel Antônio Luís cumprisse sua promessa de 1909 de apoiar, na primeira sessão da Câmara Estadual de julho-agosto de 1910, o projeto de autonomia de Joaseiro. Em junho, o Crato respondeu, num último esforço para fazer naufragar o projeto, tentando dividir a população joaseirense quanto à questão da independência municipal. A divisão entre filhos da terra e adventícios fazia parte de sua estratégia. Em 12 de junho, o *Correio* acusou o redator-chefe de *O Rebate*, padre Joaquim Peixoto Alencar, padre cratense não conformista e inimigo do coronel Antônio Luís, de ambicionar a prefeitura de Joaseiro.[7] Havia um fundo de verdade na acusação e considerável argúcia política em suscitá-la naquele momento. Os adventícios desgostavam profundamente do padre Peixoto, cuja situação de renegado em Joaseiro não o isentava de todo de manter elos sólidos com sua cidade natal. No tocante aos filhos da terra, ressentiam-se eles que um cratense viesse a ser o primeiro prefeito de Joaseiro. Além do mais, ambas as facções tinham pouco respeito pelo sacerdote por causa de sua integridade duvidosa, dizendo-se, ainda, que mantinha ligações inconvenientes com mulheres de classe baixa.[8] Até o presidente Accioly ficou horrorizado com a ideia de o padre Peixoto vir a ser o prefeito de Joaseiro. Embora o oligarca não fosse contrário à autonomia do povoado, ele jamais somaria o insulto à injúria entregando sua prefeitura a um padre não conformista, inimigo notório do primo-irmão do presidente do estado, o coronel Antônio Luís.[9]

A tática divisionista do *Correio* foi repudiada com veemência pelo próprio padre Peixoto: era uma infâmia espalhar boatos de que o redator-chefe de Joaseiro tramava excitar os adventícios a ponto de expulsar os filhos da terra. De qualquer forma, o *Correio* forçava Peixoto a negar publicamente suas próprias ambições.[10] Além do mais, ele foi obrigado a apoiar pela imprensa a candidatura a prefeito do coronel José André de Figueiredo, filho da terra, e para intendente da futura Câmara Municipal a do coronel Cincinato Silva, um adventício, sendo ambos comerciantes. Arquitetada sob pressão do Crato, a nova chapa cimentou uma aliança entre adventícios e filhos da terra.[11]

SEGUNDO LANCE: UMA DECLARAÇÃO DE INDEPENDÊNCIA, HAJA O QUE HOUVER!

A retirada forçada de Peixoto e o lançamento da chapa de conciliação Figueiredo-Silva preparou o caminho para um segundo lance. Em fins de julho de 1910, o Patriarca partiu para acalmar o hesitante Accioly, concordando com seu ponto de vista de que o batalhão de polícia que se encontrava no Crato havia algum tempo tinha o fim de limpar a área de cangaceiros e não o de atacar Joaseiro.[12] Apesar dessa e de outras concessões, incluindo a que assegurava a Accioly o apoio eleitoral de Joaseiro aos candidatos do PRC-C, ainda não ficara assegurado se o presidente do estado desejava mesmo outorgar a autonomia a Joaseiro.[13] Para provocar uma decisão formal, planejaram-se comícios maciços em Joaseiro, tática essa que objetivava exercer pressão sobre o indeciso oligarca. O primeiro dos comícios foi marcado para 15 de agosto de 1910, no Colégio de José Marrocos,[14] cuja morte repentina ocorrida na véspera da data fixada transformou o comício em funerais.

A morte de Marrocos, entretanto, propiciou vantagem ao coronel Antônio Luís. Seus assessores políticos, chefiados por um sobrinho seu, Raul de Souza Carvalho, que era juiz interino e editorialista político do *Correio*, entraram na antiga residência que o falecido possuía no Crato. Sob a justificação legal de fazer o inventário dos bens de Marrocos, os bacharéis proibiram terminantemente a entrada dos emissários de padre Cícero, que exigiam o direito de acesso aos haveres de Marrocos. O Patriarca ficou ainda mais enfurecido quando os subordinados de Antônio Luís escaparam levando o bem mais precioso do defunto: uma caixa de madeira que parecia sem valor. Nela se encontravam os panos "milagrosamente" manchados de sangue que tinham sido conservados numa urna de vidro em Joaseiro e, mais tarde, furtados do tabernáculo do Crato, no longínquo ano de 1892. Aquele furto, que havia motivado ipso facto a excomunhão de José Marrocos, constituía agora para o coronel Antônio Luís uma arma das mais poderosas contra Joaseiro.[15]

A redescoberta dos panos não poderia ter ocorrido em momento mais propício do que esse. Cinco dias apenas após a morte de Marrocos, o presidente do Ceará, que parecia ter ficado satisfeito com a concordância do Patriarca na questão do batalhão de polícia estacionado no Crato e no tocante às candidaturas do PRC-C, telegrafou a padre Cícero sobre a intenção da Câmara Estadual de elevar Joaseiro a município.[16] Quando o coronel Antônio Luís, que fora a Fortaleza para assumir sua cadeira na Câmara, tomou conhecimento da decisão de Accioly, recusou-se a aceitá-la. Alegou que não estava preparado para fixar os limites do futuro município e a Assembleia, em deferência à sua pessoa, havia concordado em adiar a decisão sobre o assunto.[17] A teimosia do chefe do Crato e a aparente disposição de correr o risco de uma reação violenta em Joaseiro baseavam-se, nitidamente, no poder que ele exercia sobre o batalhão de polícia aquartelado no Crato e, ainda mais, no fato de estar em suas mãos a pequena caixa de madeira. Esse "achado" avolumava-se em proporções descomunais no espírito de padre Cícero: se o estado de conservação dos panos iria provar que os milagres de 21 anos antes eram embuste ou verdade constituía um problema menor para ele, em face do medo de que sua nêmesis, d. Joaquim, pudesse apoderar-se do conteúdo da urna.[18] Em consequência, o Patriarca trocaria de bom grado o proverbial reino pela caixa de madeira; se resignaria mais com o segundo adiamento consecutivo da autonomia de Joaseiro se pelo menos pudesse ficar com o "achado". Em agosto, ele recebeu um telegrama de Fortaleza, sem assinatura, decerto de autoria do coronel Antônio Luís: "Padre Cícero, Joaseiro, acabe inútil discussão imprensa; o que você procura está em mão segura".[19] O chefe do Crato foi fiel à sua palavra; logo após regressar de Fortaleza, encontrou-se em segredo com o Patriarca num local determinado, a meio caminho entre o Crato e Joaseiro. Nesse momento, o religioso foi reempossado do tesouro do qual apenas a morte o separou.[20]

Mas o coronel Antônio Luís calculou mal. Em primeiro lugar, superestimou a habilidade e a vontade de padre Cícero de conter a ira de Joaseiro depois de ter-se sabido que o chefe do Crato havia forçado Accioly a voltar atrás. Em segundo lugar, subestimou as repercussões políticas em Joaseiro de sua teimosia. O Patriarca, na verdade, não mais podia evitar que padre Peixoto, o dr. Floro e os comerciantes locais optassem, provocativamente, pela independência, a despeito da reviravolta de Accioly. Em 30 de agosto, no mesmo dia em que chegaram a Joaseiro as notícias da decisão negativa por parte da Câmara Estadual, 15 mil pessoas reuniram-se na praça da Liberdade. Marcharam para a capela de Nossa Senhora das Dores, onde rezaram pela vitória; depois, fizeram uma passeata até a redação de *O Rebate*, onde ouviram a inflamada declaração de independência proferida por Peixoto e

Floro e, por fim, serpentearam pelas ruas até as residências de José André, Cincinato Silva e padre Cícero, entre canções e gritos de provocação ao Crato. No dia seguinte, no momento exato em que o coronel Antônio Luís chegava de Fortaleza, as 15 mil pessoas voltaram a reunir-se e a desfilar em prol da independência. No dia 3 de setembro, o chefe do Crato, imprudente, enviou o batalhão de polícia para Joaseiro sob o pretexto de cobrar os impostos. Eletrizado, o lugarejo em peso desceu sobre a praça da Liberdade e lá ficou em estado de alerta e vigília armada através da noite para repelir o ataque iminente.[21] Se outrora padre Cícero hesitara sempre em permitir que seus adeptos dessem vazão ao desejo de vingança contra Antônio Luís, a ameaça, no momento, de um ataque armado trazia-lhe o desengano das inclinações pacifistas. Embora nascido no Crato, embebido em sua história e nas tradições locais, afirmava agora, sem sombra de dúvida, que Joaseiro era a sua terra: "Sou filho do Crato, é certo, mas Joaseiro é meu filho".[22]

Outro fator igualmente importante explica seu súbito desejo de assumir uma posição política. Dois dias antes, o Patriarca foi informado de que o fazendeiro mais eminente de Joaseiro e filho da terra havia tentado patrocinar a autonomia do povoado, em Fortaleza. O major Joaquim Bezerra, odiado pelo coronel Antônio Luís e pelos adventícios joaseirenses, procurara flanquear o religioso e reavivar sua candidatura de 1907 à prefeitura do futuro município.[23] A notícia da "iniciativa inoportuna" do major Joaquim deixou o Patriarca sem alternativa. Imediatamente, ele pediu que o presidente fizesse, então, justiça a Joaseiro.[24] Quando o oligarca, inventando uma desculpa, respondeu que a falta de acordo quanto aos limites territoriais do novo município obrigara-o a pôr de lado a prometida lei sobre a autonomia, o padre sancionou o emprego da única arma de seu povoado: dali por diante — telegrafou a Accioly —, Joaseiro não mais pagaria impostos à Câmara Municipal do Crato; além disso, ou o oligarca ordenava, de imediato, que o coronel Antônio Luís retirasse de Joaseiro o batalhão de polícia, ou então assumisse "a inteira responsabilidade das consequências funestas do capricho mal--entendido e da desorientação política do sr. Antônio Luís".[25]

A INDEPENDÊNCIA DE JOASEIRO: CORONÉIS DO SERTÃO E O "BABAQUARA" EM APUROS

A decisão do Patriarca deu margem a vários meses de feroz controvérsia. A incansável invectiva do *Correio*, do Crato, e de *O Rebate*, de Joaseiro, estabeleceu, por baixo, um novo parâmetro em libelo político. Ninguém era sagrado — Antônio Luís e padre Cícero, bispos e bacharéis, padres e políticos —, todos serviram de alvo ao vitupério político, enquanto os "jornalistas bacharéis" se agitavam e chafurdavam nos chiqueiros lamacentos da política republicana. O dia do Ano-Novo de 1911 trouxe a temível probabilidade de que os ataques verbais pudessem transformar-se em agressão armada: o Crato, irritado com o boicote fiscal, ameaçou arrasar Joaseiro.[26] Refletindo-se melhor sobre o assunto, parece hoje inacreditável que apenas decorridos seis meses, no dia 22 de julho de 1911, a Assembleia Estadual do Ceará tenha votado a Lei nº 1028, que dava autonomia municipal a Joaseiro. Deve-se esse sucesso, oficialmente, ao Patriarca e à sua posição inflexível contra Antônio Luís. Louros menores recaíram sobre outros heróis momentâneos, tais como o padre Peixoto, o dr. Floro, José André e Cincinato Silva.[27] Mas, pelo reexame desse evento magno da história de Joaseiro, verifica-se hoje que a interação da política regional do Cariri e da situação política estadual, em mutação, parece ter sido de importância igual, se não maior, para o triunfo de Joaseiro.

No referente aos chefes políticos do Cariri, o êxito de Antônio Luís em fazer recuar por duas vezes, no último minuto, o
compromisso de Accioly de conceder independência a Joaseiro
constituiu mais uma prova de que o "sangue é mais forte". Para
derrotar o protegido "oligarca mirim" cratense era necessário que
os rivais do Crato fizessem a união do Cariri. Assim, as provoca-
doras passeatas da liberdade, de 30 e 31 de agosto de 1910, conta-
ram com a participação conspícua dos chefes políticos de Milagres, Missão Velha e Barbalha,[28] os mesmos da coligação que
havia tentado, em princípio de maio de 1909, depor Antônio
Luís, durante a viagem de padre Cícero ao Rio de Janeiro. Os três
defendiam agora, bravamente, a reivindicação joaseirense. Os de
Barbalha e Missão Velha, cujos limites territoriais eram contíguos
a Joaseiro, logo concordaram em ceder um pedaço de seus respectivos territórios ao aspirante a município, numa clara tentativa de pressionar Antônio Luís a admitir que parte de suas vastas
terras passassem para a futura jurisdição de Joaseiro.[29] Na realidade, a perda era pequena em comparação com os ganhos esperados. As comunidades mercantis da próspera Barbalha e da deca-
dente Missão Velha vislumbravam, com a concessão que fizeram,
maior acesso ao crescente mercado de Joaseiro, até então mani-
pulado pela pressão comercial do Crato, rival e superior.[30] No caso do coronel Domingos Furtado, chefe do município de Milagres, predominantemente agropastoril, foi a vingança política
pura e simples contra Antônio Luís que motivou seu apoio. A
coligação renovada com Joaseiro serviu de exemplo aos outros
chefes do vale. Em Aurora, os coronéis amigos que, dois anos antes, teriam sido ameaçados de deposição por Antônio Luís por
causa de Coxá foram bater à porta do Patriarca, em setembro de
1910, e declararam sua solidariedade à independência de Joaseiro. A visita deu oportunidade aos chefes de Barbalha e Missão
Velha de fazer uma segunda declaração de apoio.[31]

A formação dos "quatro grandes" mirins (Barbalha, Missão Velha, Milagres e Aurora) contra o Crato representou um perigo iminente para muitos dos tradicionais interesses do Crato. Mesmo que a "Pérola do Cariri", cercada de inimigos, não viesse a sofrer um ataque armado, a posição do Patriarca ficara muito fortalecida pelo apoio decidido dos quatro municípios vizinhos. Caso a recusa peremptória de Joaseiro em pagar os impostos fosse seguida de outra sanção econômica, a economia agrária e mercantil do Crato sofreria enormemente. Por enquanto, os interesses agraristas dissidentes do Crato não divergiam abertamente da posição de Antônio Luís; nessas condições, as hostilidades entre os dois centros recrudesceram nos cincos meses seguintes. Acirravam-se as tensões pela impetuosidade da briga entre o *Correio* e *O Rebate*; olhada à distância, ela parece ter sido alimentada mais pela inimizade entre os ambiciosos bacharéis das respectivas cidades do que propriamente pelas rixas entre seus patrões. Duas polêmicas jornalísticas fizeram as forças agraristas do Crato passar à ação. A primeira, lançada pelo *Correio*, renovou uma antiga acusação de que o padre Peixoto tinha mandado seu irmão ameaçar um repórter do jornal, que o havia injuriado. Como o nome de Alencar Peixoto fora injuriado, uma verdadeira cascata de invectivas jorrou de *O Rebate*. Em janeiro e fevereiro de 1911, depois de o *Correio* ter retrucado com acusações à integridade de padre Cícero, o dr. Floro abriu as baterias no segundo round com uma série de cinco artigos intitulados "De águas abaixo, não irá o Joaseiro", que constituíram sua mais famosa defesa de Joaseiro à independência, a qualquer preço![32]

A essa altura dos acontecimentos, o cidadão mais importante do Crato interveio, fazendo cessar a loucura de Antônio Luís. O coronel Nélson Franca de Alencar, tio de padre Peixoto e o fazendeiro mais rico do Crato, mobilizou a facção agrária do município e pediu a cessação das hostilidades. O rico fazendeiro não estava para ser atormentado, nem admitiria que a imprensa bacharelesca do Crato manchasse seu altivo nome de família, a que pertencia padre Alencar Peixoto. O coronel Nélson, íntimo e caloroso amigo do ex-chefe do Crato, o coronel Belém, havia apoiado o golpe de 1904 de Antônio Luís com relutância. Pressões de família levaram-no a essa decisão extrema, após o que as dezenas de capangas do coronel Nélson deram a vitória a Antônio Luís.[33] Decorridos, porém, sete anos de uma união de conveniência entre o fazendeiro mais rico do Crato e um comerciante igualmente rico, o coronel Nélson e o coronel Antônio Luís voltavam a se defrontar em campos opostos. Não obstante a resistência do chefe cratense, em 18 de fevereiro de 1911, o coronel Abdon Franca de Alencar, irmão do coronel Nélson, partiu para Joaseiro à frente de uma delegação de quatro homens; nela se incluíam dois dos mais respeitados comerciantes do Crato.[34] No tocante a Joaseiro, era ele representado pelo Patriarca, pelo padre Peixoto e pelo poderoso comerciante José André, provável futuro prefeito da vila. Os dois lados, entrosados com os interesses tradicionais de cada uma das cidades, logo chegaram a um acordo sobre três pontos:[35] 1) Joaseiro tornar-se-ia município e comarca (distrito judicial autônomo), mediante acordo geral sobre os limites territoriais a serem fixados por decreto da Assembleia Estadual, na sua sessão de julho de 1911; 2) Joaseiro pagaria os impostos atrasados ao Crato, uma vez outorgada a autonomia; 3) a briga entre o *Correio* e *O Rebate* deveria cessar de imediato. Quanto ao último ponto, a presença do coronel Abdon caucionava o consentimento de seu sobrinho. Embora Antônio Luís se opusesse aos termos da rendição, os coronéis Nélson e Abdon Franca de Alencar garantiram apoio ao "oligarca mirim" em troca de seu consentimento. A briga entre as duas cidades cessou depois de março de 1911, quando Joaseiro concordou, por fim, em permutar sua reivindicação de comarca pela de termo (pretoria da comarca do Crato) e pela garantia de que o Crato cederia o território adequado.[36]

A vitória de Joaseiro não se explica apenas pela divisão entre fazendeiros e comerciantes do Crato, ocorrida em virtude da aliança joaseirense com os "quatro grandes" mirins. Essa aliança regional levou o presidente do Ceará a abandonar a política de contemporização que empreendia em favor de seu primo do Crato. Um mês depois da tomada de posição oficial dos quatro chefes ao lado de Joaseiro, Accioly prometeu ao Patriarca (outubro de 1910) tudo fazer para harmonizar os interesses do Crato e de Joaseiro "a fim de ver em breve satisfeita a aspiração dos habitantes dessas localidades".[37]

Mais do que o altruísmo, era a esperteza política que motivava o oligarca. Na carta que dirigiu ao Patriarca, Accioly lamentava o evidente atrito político que se desenvolvera no Cariri, tradicional fortaleza do PRC-C. Preferia ver "todos os amigos unidos pelo engrandecimento de nossa causa", alusão velada à necessidade de solidariedade eleitoral nas fileiras locais do partido. Accioly, entretanto, tinha plena consciência da alternativa que lhe restava: continuar a apoiar Antônio Luís e deixar de resolver a briga Crato-Joaseiro custaria ao PRC-C a perda eleitoral de cinco bastiões no vale. Além disso, os eleitorados combinados (tradicionalmente manipulados pelos chefes locais) de Joaseiro, Milagres, Missão Velha, Barbalha e Aurora ultrapassavam o do Crato. Se as cinco cidades quisessem vingar-se de Antônio Luís, que desde 1905 era a mola do império político de Accioly no Cariri, o PRC-C e o oligarca seriam derrotados com facilidade no vale.

Não era prematuro nem sem fundamento o medo da derrota política. As eleições federais para deputado ocorreriam dali a três meses, mas a corrida para a presidência do estado devia ser decidida nas urnas quatro meses depois do pleito para a Câmara Federal, ou seja, em abril de 1912. O que preocupava o presidente do estado quanto ao futuro era a possibilidade de que essas eleições unissem a oposição, ameaçando sua autoridade. De fato, tal ameaça tinha sido muito fraca em 1907. Naquele ano, Accioly forçou a passagem pela Assembleia Estadual de uma emenda constitucional que lhe permitiria ser seu próprio sucessor depois das eleições marcadas para 1908.[38] Quando ele obteve seu terceiro mandato de presidente, os profissionais liberais da classe média de Fortaleza cerraram fileiras com os novos comerciantes endinheirados e com os fazendeiros tradicionais dissidentes em oposição aberta ao oligarca, de quem zombavam, chamando-o audaciosamente de Babaquara.[39] No final de 1911, o longo e singular domínio de Accioly sobre a máquina política do estado, desde 1888, começava a ser afinal questionado; ademais, a fraqueza senil do sistema uniu seus inimigos, sem constituírem eles ainda um partido político, mas formando um núcleo influente sob a bandeira do *Unitário*,[40] jornal de Fortaleza com oito anos de circulação diária, furiosamente agressivo no combate e na denúncia da corrupção. Seu toque de clarim pela derrota "da oligarquia acciolyna" adquirira grande amplitude com a campanha presidencial "civilista" de 1910, em âmbito nacional. Embora o marechal Hermes da Fonseca tenha vencido nas urnas, foi seu oponente, Rui Barbosa, renomado estadista brasileiro, quem traduziu, em 1910, a causa das populações urbanas do litoral através de todo o Brasil em sua "revolta, já latente, contra abusos, vícios e erros antigos, muitos deles vindos da monarquia".[41]

Em face da possibilidade de uma chapa do litoral apoiada pelo *Unitário* vir, por oportunismo, a aliar-se às forças anti-Crato do Cariri nas eleições de 1912, apressou-se Accioly em resolver a briga existente no vale. Conquanto apenas provas documentais indiretas tenham sido encontradas, é quase certo que o oligarca concorreu para o rompimento dentro das fileiras do Crato em detrimento de seu próprio primo Antônio Luís! Não por acaso um dos quatro membros da delegação de paz do Crato era Pedro

Gomes de Mattos, irmão do genro predileto de Accioly,* o famoso advogado cearense Raimundo Gomes de Mattos.[42] O médico banqueiro dr. Irineu Pinheiro, parente tanto de Accioly quanto de Antônio Luís, desempenhou, por baixo do pano, um papel importante no envio da emissão de paz a Joaseiro.[43] Era típico da política e da sociedade brasileira o fato de que laços de família pudessem ter exercido papel tão significante. Tais laços, entretanto, não foram suficientes para sobrepujar os interesses dominantes políticos e sociais que determinaram conscientemente o comportamento de todas as facções em causa.

PADRE CÍCERO, CORONEL DO MAIOR REDUTO POLÍTICO DO CEARÁ

A partir de fevereiro de 1911, as condições de paz foram impostas com rigor. O *Correio* e O *Rebate* respeitaram o acordo e refrearam a publicação de toda e qualquer matéria política. Apenas em agosto a publicação de *polianteias* para celebrar o aniversário de padre Peixoto e o sexto aniversário da formatura em medicina do dr. Floro constituiu um indício de que estava ocorrendo uma luta política pela prefeitura de Joaseiro.[44] Em maio, O *Rebate* fez uma grande cobertura da plataforma do PRC-C, que foi divulgada com onze meses de antecipação sobre a data marcada para as eleições de 1912, fato esse bastante sintomático da perda de substância política de Accioly em Fortaleza e do fortalecimento dos laços entre ele e o Patriarca.[45] Por trás da decepcionante calmaria

---

* Raimundo Gomes de Mattos era casado com uma sobrinha da esposa do oligarca, pertencente à família Pompeu. O engano do autor, nesse caso, explica-se perfeitamente em virtude do patriarcalismo peculiar à família brasileira na época. (N. T.)

existente no Cariri, permanecia sem solução, para Fortaleza e para Joaseiro, um ponto crítico: a escolha do prefeito de Joaseiro. Em 27 de agosto de 1911 desencadeou-se a tempestade. O artigo de fundo de *O Rebate* intitulava-se "Ao público". Padre Peixoto, redator-chefe e aspirante a prefeito, compôs o editorial em segredo, no qual negava de maneira enérgica que estivesse de relações cortadas com padre Cícero. Mas o padre não conformista sentia-se magoado ao afirmar que o Patriarca renunciava agora a uma velha promessa de fazê-lo prefeito de Joaseiro. A volta da "caixinha de madeira", dizia Peixoto, tornara-se uma contingência de sua liquidação política. Concluía com uma fulminação irônica, negando ao mesmo tempo que padre Cícero se achasse ao lado "d'esse garimpeiro político", o dr. Floro. Pois, se assim procedesse — escrevia Peixoto de forma vingativa e lembrando-se com argúcia da "desinteligência que há entre romeiros e naturais" —, o Patriarca estaria negando tudo aquilo que sempre defendera.[46]

Não importa saber ao certo se padre Cícero tencionava ou não oferecer a prefeitura a Floro. As revelações de Peixoto excluíam, a partir daí, a candidatura de Floro e a sua própria. Das duas possíveis escolhas restantes, a iniciativa inoportuna do major Joaquim Bezerra e sua impopularidade entre o coronel Antônio Luís e os adventícios de Joaseiro eliminavam, por completo, suas chances; padre Cícero tudo fizera nesse sentido em junho de 1911.[47] Permanecia apenas o coronel José André, o mais rico dos comerciantes locais, cuja candidatura tinha sido patrocinada, de forma ostensiva, por Peixoto em 30 de agosto de 1910. Mas a eliminação de seu nome está envolta em mistério. Três são as causas prováveis de seu rebaixamento de candidato a prefeito a candidato a intendente (presidente do Conselho Municipal de Joaseiro).[48] Em primeiro lugar, a escolha de José André, preeminente filho da terra, poderia provocar grande ressentimento na comunidade mercantil, que se compunha, em sua maior parte, de adventícios.

Padre Cícero, e ninguém mais, seria capaz de evitar a cisão danosa a todos. A segunda causa dizia respeito às ambições de Floro, que seriam muito prejudicadas na eventualidade de ficar o novo município sob o domínio de José André. Para o baiano, cujo punho delicado e firme se fizera sentir, embora nem sempre publicamente, em todas as fases da luta contra o Crato e nas negociações junto a Accioly e aos chefes locais, restava a única alternativa de fazer o próprio padre Cícero assumir o cargo. A influência que Floro exercia sobre o Patriarca garantiria suas ambições pessoais. Por último, o comerciante José André não representava uma escolha ideal para o Babaquara de Fortaleza. A Associação Comercial do Ceará, organização voluntária de comerciantes que abrangia todo o estado, tornando-se um componente fundamental das forças antiacciolystas, havia passado para a oposição.[49] A menos que o Patriarca controlasse Joaseiro, o poder de Accioly em todo o Cariri seria questionado com facilidade. Pouco tempo depois padre Cícero assumiu a prefeitura. Instado pelo dr. Floro e pelo presidente do estado, o Patriarca escreveu ao filho de Accioly, então secretário do Interior: "As ambições permitiram que eu, atendendo ao desejo do povo, assumisse oficialmente a direção política ca d'aqui, pª evitar embaraços na marcha dos negócios políticos".[50]

De fato, o interesse de Accioly pela ascensão de padre Cícero à prefeitura e a "marcha dos negócios políticos" não podem ser subestimados. O longo período decorrido entre a concessão da autonomia a Joaseiro pela Assembleia Estadual, em julho de 1911, e a inauguração do novo município, em outubro do mesmo ano, explica-se pelas atividades febris do oligarca para cicatrizar as feridas abertas pela crise do vale. Um Cariri unido representava cerca de um terço do eleitorado estadual; sua unidade nas eleições de 1912 poderia compensar o facciosismo que grassava em todo o estado.[51] Com inteligência, o oligarca tomou a iniciativa de promover a assinatura em Joaseiro de um pacto coletivo a fim de assegurar o apoio dos chefes políticos do vale à união do PRC-C com o coronel Joaquim Sant'Anna, chefe de Missão Velha e um dos principais rivais do Crato.[52] Accioly encontrara em Sant'Anna um agente disposto a impedir que o coronel Antônio Luís rejeitasse sua iniciativa. O teimoso chefe do Crato fingiu resistir até sete dias antes do encontro dos pactuantes em Joaseiro. Antônio Luís consentiu diante do juramento prestado por padre Cícero de "terminarmos este período de hostilidade" e da confirmação de sua solidariedade pessoal ao chefe cratense, cujo pai havia financiado a educação do Patriarca no seminário.[53]

Em 4 de outubro de 1911, o município de Joaseiro foi inaugurado com todas as pompas. Compareceram coronéis e seus representantes de dezessete cidades do Cariri. Contentes com a vitória obtida sobre Antônio Luís e desejosos de impedir que Joaseiro viesse a dominar a região, os chefes políticos lançaram a proclamação do hoje famoso "Pacto dos Coronéis".[54] Esse acordo formal, único nos anais da política regional brasileira, afirmava a intenção coletiva de manter o statu quo no Cariri, isto é, opor-se a futuras deposições. Comprometia-se, ainda, a renovar e a fortalecer os laços pessoais e políticos entre os participantes. Por fim, com o objetivo de fazer vigorar o pacto e garantir a participação da região na divisão do espólio político do poder estadual, comprometiam-se, todos os delegados, a manter "incondicional solidariedade com o excelentíssimo dr. Antonio Pinto Nogueira Accioly, nosso honrado chefe, e como políticos disciplinados [a obedecer] incondicionalmente suas ordens e determinações".

O pacto firmado na reunião da "Haia Mirim", para usar a frase ingênua mas adequada do Patriarca, foi um triunfo para Accioly.[55] Tal triunfo, contudo, só se tornou patente em 20 de dezembro de 1911. Em face da crescente oposição ao oligarca, os delegados do PRC-C anteciparam a convenção e reuniram-se em Fortaleza, convocados às pressas num prazo de quatro dias apenas.[56] Nessa ocasião, padre Cícero Romão Batista, prefeito de Joaseiro, foi nomeado por unanimidade candidato do partido ao cargo de terceiro vice-presidente do Ceará.[57] Como homem de palavra e sinceramente grato ao oligarca pela autonomia de Joaseiro, o clérigo, desinteressado de política, custou a aceitar a nomeação e, se o fez, foi para cumprir sua palavra dada em público ao pacto de outubro. Em retribuição pela autonomia de Joaseiro, o Babaquara de Fortaleza teve a sagacidade de cooptar nas fileiras do partido o chefe de um dos maiores redutos eleitorais do Ceará e, sem dúvida, o mais popular fornecedor de votos da história política do sertão nordestino. Não poderia ter acontecido em momento mais importante: em janeiro de 1912, apenas seis dias antes das eleições federais e a três meses da eleição para presidente do estado, o vacilante Babaquara era violentamente deposto.

8. O Cariri quer o poder estadual

A QUEDA DE ACCIOLY E A POLÍTICA NACIONAL

Nas duas décadas posteriores à queda de Accioly, padre Cícero tornou-se um dos chefes políticos mais importantes da história do Nordeste brasileiro. Seu movimento, antes religioso, passou a ser eminentemente político, tornando-se o baluarte das forças conservadoras. Para reconstituir a transição, é necessário passar em revista alguns dos fatos que se deram na parte final do ano de 1911 e no início de 1912, quando houve a queda da oligarquia Accioly.

A revolta contra o oligarca, sua deposição e fuga para o Rio de Janeiro ocorreram numa rápida sucessão de episódios, entre 21 de dezembro de 1911 e 24 de janeiro de 1912. Ao contrário da crônica das três décadas de domínio oligárquico, a desse único mês de vitória popular foi feita de forma minuciosa na famosa obra *Libertação do Ceará*, de Rodolpho Theophilo.[1] Ao atribuir a vitória sobre a oligarquia quase que exclusivamente às elites de Fortaleza, Theophilo bem representa a mentalidade dos profis-

216

sionais liberais e comerciantes locais, cujas ambições políticas vinham sendo de longa data frustradas. Contrastando com essa visão, o presente relato ressalta o contexto cambiante da política nacional brasileira. Vista hoje, a política nacional parece ter sido de importância maior para a derrota de Accioly do que os contemporâneos, como Theophilo, quiseram admitir.[2]

Em primeiro lugar, é forçoso relembrar que as forças anti-Accioly, confinadas sobretudo na capital do estado, foram impotentes durante quase dez anos. Organizadas frouxamente em 1903, quando os dissidentes do PRC-C cerraram fileiras com João Brígido e o *Unitário* saiu às ruas desde o primeiro número declarando guerra à oligarquia, foi só em 1910 que a oposição local demonstrou que podia ser consolidada. O revigoramento coincidiu com a campanha presidencial "civilista" de 1910, em âmbito nacional. A campanha, como já foi acentuado, teve em Rui Barbosa o porta-voz das classes médias desiludidas e contrárias ao marechal Hermes da Fonseca. De seu lado, era a candidatura Hermes, apoiada pelo Exército e pelas decadentes oligarquias estaduais, que encarnava, segundo as classes médias urbanas, "além da imposição militar, o irritante primado das oligarquias republicanas".[3] No Ceará, a campanha de Rui e a vitória posterior de Hermes, sendo a última devida à fraudulenta máquina eleitoral de Accioly, fizeram mais para forjar a unidade da oposição em Fortaleza do que todos os esforços anteriores reunidos contra o oligarca.[4]

Em segundo lugar, a subversão posterior das situações políticas locais proveio das contradições internas que arruinaram o governo de Hermes desde o começo. Uma fonte de contradição era o Exército brasileiro, que se transformou, com a vitória do marechal, num "novo partido político dominante" da nação.[5] A princípio, os militares congregaram-se em torno do presidente recém-empossado. Conforme a antiga tradição militar, lembrando o ex-presidente militar Floriano Peixoto (1891-1894), o Exército ajudou Hermes a esmagar, em novembro de 1911, os remanescentes da oposição civilista de classe média, sediada na Assembleia Legislativa do Rio de Janeiro. No entanto, a facilidade de seu sucesso, o desencadear de suas ambições e a reafirmação das simpatias e das origens do Exército vinculadas essencialmente à classe média não tardaram em transformar muitos oficiais em opositores vingativos, não mais dos correligionários civilistas de Rui, mas daqueles mesmos regimes oligárquicos que, nos estados, haviam assegurado a presidência para Hermes da Fonseca.[6] Entre dezembro de 1910 e dezembro de 1911, os vitoriosos militares da classe média fizeram uma nova aliança com os do outro lado, originariamente civilistas anti-Hermes, o que levou à derrubada das máquinas oligárquicas no Pará, na Bahia e em Pernambuco. De forma delirante, essas vitórias foram aclamadas como "salvações", e os novos presidentes militares, acolhidos como "salvadores".[7]

A mudança de Hermes com relação às oligarquias não se deveu apenas às simpatias pela classe média e às ambições de mando político por parte do Exército. A mudança tem também suas raízes ligadas a outra contradição importante: a cisão cada vez maior entre oficiais do Exército e o principal apoiador político de Hermes, José Gomes de Pinheiro Machado. Senador pelo estado do Rio Grande do Sul, Pinheiro Machado foi o líder do partido das oligarquias estaduais, o Partido Republicano Conservador (PRC), nominalmente de âmbito nacional. Foi o gaúcho quem engendrou a candidatura Hermes, depois de ter havido, no tocante à escolha do sucessor presidencial em 1910, uma breve cisão no eixo dominante Minas Gerais-São Paulo, que controlava, de maneira alternada, a presidência desde 1894.[8] Foi Pinheiro Machado quem forjou a profana, frágil, mas triunfante aliança eleitoral entre soldados profissionais e as forças oligárquicas estaduais. Quando, porém, o marechal tomou posse, a influência de Pinheiro Machado sobre ele cresceu enormemente, em detrimento das ambições militares. Além disso, quando questões amorosas afastaram, pouco a pouco, o viúvo Hermes dos assuntos do Estado, surgiu o gaúcho como presidente *de facto* do Brasil. O prestígio nacional de Pinheiro animou-o a procurar, depois de 1912, a nomeação presidencial para si próprio. Mas era visível que o futuro político do "homem forte" repousava em sua aliança contínua com os chefes oligárquicos estaduais do PRC. Por conseguinte, a relutância de Pinheiro Machado em promover novas "salvações" empurrou os militares para a oposição hostil.[9]

A FALÊNCIA DO CONTINUÍSMO E DA CONCILIAÇÃO

A distância entre o homem forte e os militares alargou-se de forma brusca em dezembro de 1911. Com três "salvações" que lhes eram creditadas, nos estados do Rio de Janeiro, Pernambuco e Bahia, os militares visavam agora depor Accioly. No que lhe dizia respeito, Pinheiro Machado compreendeu que suas ambições presidenciais exigiam a preservação intacta da máquina eleitoral de Accioly, mesmo que este viesse a ser sacrificado à hostilidade crescente da classe média de Fortaleza. Accioly, decerto, não tinha a menor intenção de deixar a direção dos destinos do Ceará. Quando Hermes e o homem forte gaúcho concordaram por algum tempo em tentar obrigar Accioly a indicar um sucessor aceitável, o oligarca convocou às pressas uma convenção do PRC-C em 16 de dezembro de 1911. Quatro dias depois, mesmo antes da chegada a Fortaleza dos representantes do partido no interior, os delegados escolhidos a dedo apoiaram de maneira esmagadora a chapa governamental de Accioly (que incluía padre Cícero como candidato à terceira vice-presidência do estado). Mas o idoso candidato do oligarca, que confessou de modo nada político continuar a política de Accioly ao pé da letra, era inaceitável para Pinheiro Machado. As forças antiacciolystas de Fortaleza logo tiraram partido da desaprovação do Catete: sem consideração a princípios, propuseram um candidato de conciliação, que seria escolhido entre vários dos companheiros do oligarca e que tivesse condições de ser aceito tanto por Accioly quanto por Pinheiro Machado. Accioly, entretanto, não estava disposto a conciliar-se com a oposição, e os candidatos em vista recusaram publicamente a dúbia honraria.[10]

A situação chegara a esse ponto quando os militares "salvadores" convenceram as forças anti-Accioly de Fortaleza a propor um candidato próprio, a ser escolhido dentro do corpo de oficiais do Exército. Por instigação de um oficial que servia na 4ª Região de Inspeção Permanente, com sede em Fortaleza, realizou-se um comício gigantesco na noite de 21 de dezembro de 1911. A partir desse momento, os opositores de Accioly, graças às promessas de apoio militar, encontraram seu "salvador": a candidatura do tenente-coronel Marcos Franco Rabelo foi jubilosamente lançada. Panfletos invadiram a cidade de Fortaleza: "Ecce Homo".[11]

Franco Rabelo nascera na "terra de sol" e havia quase vinte anos que não punha os pés no Ceará. Ex-professor da antiga Academia Militar de Fortaleza e, no momento, servindo no Rio de Janeiro, era mais lembrado (quando era) como genro do general José Clarindo de Queiroz, ex-presidente do Ceará, cujo mandato terminou, bruscamente, em 1892, quando os partidários de Accioly ajudaram a depô-lo. Apesar do anonimato de Franco Rabelo, foi seu nome logo endossado pelo ex-ministro da Guerra, general Dantas Barreto, que acabava de pedir demissão do alto cargo federal que ocupava para se tornar o "salvador" e, depois, presidente do vizinho estado de Pernambuco. Dentro do Ceará, a escolha de Franco Rabelo foi amplamente aplaudida pelos comerciantes e pela classe média de Fortaleza.[12] Os primeiros vieram a ser os mais ardentes sustentáculos do quase desconhecido oficial. Com a economia do estado dando lucros espetaculares em 1910, graças, sobretudo, ao surto da borracha no Amazonas, a comunidade mercantil do Ceará estava muito insatisfeita com sua falta de poder político, na medida em que Accioly continuava a favorecer o setor agrário tradicional e falhava em ampliar as obras públicas que, de acordo com os comerciantes, deveriam beneficiar a capital do estado. Essas e outras queixas, presumivelmente oriundas do nepotismo e da corrupção de Accioly, galvanizaram os comerciantes em cruzados moralistas, cujo apoio financeiro e político era fundamental à estabilidade do governo estadual.[13] Fracos demais para depor o oligarca, os comerciantes, em vista das recentes promessas de apoio militar do Rio de Janeiro, viam assegurada a possibilidade de vitória. Prepararam-se, sem mais tardar, para o encontro de forças decisivo, o qual, como nas "salvações" de Pernambuco e Bahia, em que as classes médias desempenharam um papel ativo, simbolizava a penetração lenta e irreversível do capitalismo moderno no Nordeste brasileiro e a total inadequação de uma oligarquia tradicional escorada no agrarismo para funcionar com eficiência sob as novas condições mundiais do comércio e da indústria.[14]

A POLÍTICA DE CLIENTELA: RABELISMO E MARRETAS

A causa imediata da queda de Accioly foi o imprudente tiroteio que resultou na morte de uma criança inocente, pela cavalaria da polícia do estado, durante as passeatas dos dias 29 de dezembro de 1911 e 14 e 21 de janeiro de 1912, financiadas pelos comerciantes e das quais participaram cerca de 10 mil pessoas da classe média.[15] A revolta contra a brutalidade policial inflamou-se ainda mais, não apenas pela rudeza dos recrutas rurais de Accioly como também porque estes absorviam mais de um terço do orçamento anual do estado.[16] Tornara-se impossível conter a hostilidade da classe média. Enquanto a poderosa Associação Comercial do Ceará pedia a proteção das tropas federais, pequenos lojistas, empregados do comércio, artesãos, ferroviários, condutores e mecânicos autônomos pegavam em armas. *Suo moto*, os elementos da classe baixa ocuparam as repartições públicas, bloquearam as estradas para impedir o abastecimento da polícia de Accioly e, por fim, bombardearam o palácio do governo, onde ele e sua família resistiam.[17]

Na análise final, a rendição do oligarca, em 24 de janeiro de 1912, deve menos aos comerciantes do que ao proletariado embrionário de Fortaleza. A desforra conscientemente terrorista dos proletários contra Accioly e a polícia jamais foi autorizada pelos comerciantes; estes, na realidade, a condenaram.[18] Nem por isso foi menos decisiva sua ação e menos eficaz seu agrupamento numa milícia de quinhentos homens, o que possibilitou ao inspetor militar de Fortaleza, enviado pelo Catete e pró-Rabelo, alegar total falta de meios para defender Accioly, visto que a tropa federal, limitada a cinquenta homens, era, na opinião do inspetor, insuficiente para enfrentar os quinhentos da milícia de trabalhadores.[19] Além disso, quando Hermes, influenciado por Pinheiro, deu ordens para que Accioly retomasse o poder no dia seguinte ao de sua deposição, embora plenamente consciente da impossibilidade de fazer executar a medida e mesmo sem intenção de fazê-lo, a milícia dos trabalhadores insurgiu-se contra os líderes da classe média e ameaçou passar à ação, caso Accioly fosse restaurado. Só depois de ter a liderança prometido exilar o oligarca, que partiu para o Rio de Janeiro no dia 25 de janeiro de 1912, os soldados-trabalhadores foram desmobilizados.[20] A concessão, entretanto, feita pelos trabalhadores de se aterem aos líderes burgueses acarretou o fim de suas aspirações políticas desarticuladas, exatamente como se dera em 1890, quando submissão idêntica redundou na dissolução do primeiro partido político proletário do Ceará; os trabalhadores cearenses tiveram de esperar até 1930 para serem de novo ouvidos.[21]

Com o exílio do oligarca e a supressão do proletariado, "situacionistas" e "oposicionistas" políticos do Ceará encaravam as eleições para o Legislativo federal, marcadas para 30 de janeiro de 1912, como um primeiro teste de força. Dez vagas estavam sendo disputadas.[22] As forças anti-Accioly uniram-se sob a bandeira do "rabelismo". Mas a legenda do novo partido mal conseguiu esconder as três principais facções que tinham se congregado na banda de música de Franco Rabelo. A primeira era representada pelos interesses agrários tradicionais contrários a Accioly e identificados com as famílias Paula Pessoa e Paula Rodrigues. Tratava-se do clã que havia apoiado o sogro de Franco Rabelo, o antigo presidente Clarindo de Queiroz, deposto pelo grupo de Accioly em 1892.[23] A segunda facção era constituída pelos dissidentes acciolystas que haviam rompido com o PRC-C em 1903 e se unido sob a liderança do *Unitário*, de João Brígido. Na terceira, enfim, encontravam-se os comerciantes enriquecidos de Fortaleza, seus aliados "salvacionistas" do oficialato do Exército e os "adesistas" recentes, comerciantes do interior.[24] Contra os rabelistas levantaram-se os remanescentes do PRC-C de Accioly, representados em Fortaleza pelo dr. José Accioly, filho do oligarca, o qual exercera, em mandatos passados, o cargo de secretário do Interior. Obrigado a permanecer em Fortaleza como "refém", com o intuito de aplacar a milícia dos irados trabalhadores, teve o dr. José Accioly plena liberdade para telegrafar aos coronéis do sertão filiados ao PRC-C. Chegou mesmo a receber delegações em Fortaleza, embora em "prisão domiciliar". Sua presença na capital, entretanto, não conseguiu evitar a deserção em favor dos rabelistas, que prometiam conservar os empregos daqueles funcionários nomeados por Accioly para os escalões inferiores da burocracia estatal.[25] Apesar do empenho do dr. José Accioly, os resultados eleitorais foram desastrosos para seus candidatos. A influência rabelista em várias cidades do litoral e o controle das mesas de apuração no interior deram ao rabelismo oito das dez vagas disputadas. Com grande exuberância, proclamou-se a morte do PRC-C na costa urbana. Mas o acciolysmo ainda não estava liquidado do ponto de vista político. No sertão, muitos coronéis manipularam fraudulentamente as eleições como prova de sua lealdade ao oligarca deposto. Ademais, os Accioly guardavam um trunfo importante: vários dos trinta deputados em exercício na Assembleia Estadual, eleitos em 1908 e com poderes constitucionais para proclamar os resultados das eleições governamentais de abril de 1912, continuavam fiéis ao oligarca.[26]

A lealdade dos chefes do interior ao PRC-C e a solidariedade dos atuais deputados da Assembleia Legislativa convenceram Pinheiro Machado, cujos olhos estavam voltados para a presidência da República, do valor político e da necessidade de preservar o velho PRC-C e sua máquina eleitoral. Em 19 de março de 1912, o coronel Marcos Franco Rabelo fez sua primeira entrada triunfal no Ceará, após quase vinte anos de ausência, sendo delirantemente recebido por 20 mil correligionários. Quatro dias depois, porém, o senador federal pelo Ceará, Thomás Cavalcante — homem da confiança de Pinheiro Machado —, chegou tranquilamente a Fortaleza, a fim de acabar com o grupo de Franco Rabelo e reagrupar o PRC-C num *acciolysmo* sem Accioly.[27]

Cavalcante foi ao Ceará para patrocinar a candidatura ao governo estadual do general antirrabelista José Bezerril Fontenelle. Com a ajuda financeira do Rio de Janeiro, o agente de Pinheiro Machado passou a comprar o apoio dos antigos adeptos de Accioly. Mas Bezerril Fontenelle foi derrotado nas eleições de abril. Ademais, a escandalosa tentativa de conservar o PRC-C sem Accioly não passou despercebida ao antigo oligarca e a seus companheiros de exílio no Rio de Janeiro como uma manobra inescrupulosa. Imediatamente acusaram Pinheiro Machado de traição.

A perfídia do gaúcho provocou um reagrupamento radical das forças políticas do Ceará. José Accioly, que acabava de regressar ao Rio de Janeiro, entabulou negociações, em maio, com os emissários de Franco Rabelo; receava que o eixo Pinheiro Machado-Cavalcante retirasse da dinastia Accioly suas bases políticas. Por fim, em junho, os Accioly, por oportunismo, aceitaram uma aliança com o rabelismo! Em troca de duas das três vice-presidências do estado e da metade das trinta cadeiras da Assembleia Estadual (a ser eleita em novembro de 1912), os Accioly prometeram direcionar a votação de seus deputados em exercício em favor da indicação de Franco Rabelo ao principal cargo executivo, em sessão marcada para o mês de julho. Quando chegou a Fortaleza a notícia do pacto de junho, os acciolystas dissidentes de 1903 (comandados por João Brígido) romperam indignados a aliança que haviam feito com os rabelistas e uniram-se a Cavalcante. Juntos, João Brígido e Cavalcante fundaram um novo partido da chamada "ala radical do PRC", que foi depois apelidado de "marreta".

A política clientelista, notória em todo o Brasil durante a República Velha, falava apenas a língua sem ideologia do oportunismo e do "vale-tudo". O fruto que ela deu no Ceará foi um novo e instável pot-pourri político: o rabelismo, originariamente concebido no peito moralista da ambição dos militares e das classes médias e nutrido no ódio anti-Accioly, agora abraçava às claras seus antigos inimigos. Em oposição ao rabelismo, surgia o novo partido marreta de Thomás Cavalcante, cuja liderança era confiada ao inimigo de longa data de Accioly e ex-rabelista, o intempestivo João Brígido.[28]

O resultado da nova divisão política em Fortaleza levou, como se esperava, à indicação de Franco Rabelo em julho de 1912 ao governo do Ceará, com o mandato de quatro anos (1912--1916).[29] Ao contrário das expectativas do pacto de junho, o apoio que Franco Rabelo recebeu do Legislativo nada teve de unânime. A Assembleia dos trinta deputados em final de mandato, cuja tarefa constitucional era confirmar a indicação do presidente, subdividiu-se; muitos dos antigos acciolystas abandonaram os marretas de João Brígido e Cavalcante, mas foram impedidos de entrar no recinto da Assembleia pelos rabelistas armados, que receavam, com razão, que os "novos" marretas recusassem dar seu voto a Franco Rabelo. Dos doze deputados que aprovaram a indicação de Franco Rabelo, só cinco eram rabelistas autênticos e sete eram parentes de Accioly, que davam, assim, provas de lealdade ao pacto de junho. O fracasso de Rabelo em obter a maioria exigida de dezesseis votos não o impediu de assumir o cargo, a 14 de julho de 1912. Naquele momento, o presidente Hermes e Pinheiro Machado aceitaram a vitória de Franco Rabelo e fizeram com que a Câmara Federal aprovasse as credenciais de alguns dos novos candidatos pessoais do recente presidente do estado, os quais haviam sido eleitos para a Câmara em janeiro. Mas o fracasso de Franco Rabelo em obter a maioria na Assembleia Estadual fez de seu governo, do ponto de vista constitucional, um natimorto; a ilegalidade de sua posse serviria, mais tarde, de pretexto jurídico a seus inimigos para a deposição do novo "salvador" do Ceará.[30]

CLIENTELISMO NO CARIRI

As idas e vindas e as traições políticas entre o Rio de Janeiro e Fortaleza atingiram o sertão de maneira profunda. O Vale do Cariri, o que é bastante significativo, tolerou tais zigue-zagues não por uma questão de pureza e primitivismo, e respondeu aos impulsos externos não porque fosse constituído de comunidades parcialmente isoladas e "rústicas", cujo estilo político, como querem alguns autores, era fundamentalmente diverso daquele que predominava no litoral ou estava em desacordo com a cultura política do litoral, por ser esta "civilizada", moderna e urbanizada.[31] Ao contrário, o Cariri manteve-se a par de todas as tortuosas reviravoltas que se verificaram lá longe; não surpreende que a cada novo volteio tenham seus líderes manobrado com consumada habilidade em defesa de seus respectivos interesses locais e da preservação de uma maior rede política, na qual tinham se integrado as estruturas do interior havia mais de dez anos.

Em Joaseiro, por exemplo, a proclamação da candidatura de Franco Rabelo resultou no surgimento de uma facção rabelista local, desde os remotos dias de janeiro de 1912. Era chefiada pelo coronel José André de Figueiredo, antigo aspirante a prefeito do município, filho da terra e conhecido comerciante. Esse mesmo coronel José André, no final de 1911, tinha sido forçado a abrir mão do almejado cargo de prefeito, em troca da presidência do Conselho Municipal, a fim de que padre Cícero pudesse aplacar a antipatia que o então presidente Accioly devotava aos adversários, comerciantes em ascensão, no litoral. Floro, é claro, não via com bons olhos a nova jogada do coronel José André. Sob a influência provável do doutor, embaraços de toda sorte foram criados para dissuadir José André de suas intenções políticas. Em janeiro de 1912, volantes circularam em Joaseiro denunciando o filho da terra, que se encontrava então em Fortaleza, "como inimigo do reverendo padre Cícero e dos romeiros". Alegando que José André planejava "deportar os romeiros", os panfletos incitavam a população a boicotar as lojas dos comerciantes. Uma fonte contemporânea chegava mesmo a apregoar que a mulher e os filhos de José André estavam retidos como reféns até que ele retirasse a indicação de seu nome. A história recente de Joaseiro, entretanto, sugere que José André continuou a receber o apoio dos filhos da terra para a prefeitura até bem depois da crise de janeiro, suposição essa que o presente relato confirma.[32]

Quanto à crise de janeiro, é indiscutível que Floro manifestou desejo de obter o poder para si mesmo. Após a queda de Accioly, Floro tomou a si o encargo de extirpar o rabelismo de Joaseiro e dar a si próprio a missão de restaurar a hegemonia do PRC-C no Cariri. Impaciente por ganhar a confiança dos líderes do partido em Fortaleza e in loco, passou a animar os espíritos dos chefes políticos desiludidos do vale, cuja amizade cultivara com persistência desde os dias de Coxá e da campanha de Joaseiro pela autonomia.[33]

Dois outros fatos que se deram além das fronteiras de Joaseiro vieram a alterar o espectro político local. O primeiro ocorreu no princípio de junho de 1912. Naquele mês, explodiu uma bomba em Fortaleza, na casa do senador Thomás Cavalcante, a quem Pinheiro Machado confiara a continuação do acciolysmo sem Accioly.[34] Logo depois, sob a provável influência do dr. Floro, o Conselho Municipal de Joaseiro reuniu-se em desagravo àquele atentado. A resolução, destinada a manter os laços de Joaseiro com Cavalcante e Pinheiro Machado, os autonomeados herdeiros do PRC-C de Accioly, estava prestes a ser aprovada por unanimidade. Então, três dos oito membros recusaram-se a votar em favor de uma emenda que denunciava os supostos assassinos como rabelistas. Os três dissidentes eram os irmãos Cincinato e Manuel Victorino da Silva, ricos comerciantes adventícios, naturais de Alagoas, e o coronel João Bezerra de Menezes, conhecido fazendeiro e filho da terra.[35] Os irmãos Silva, obviamente, preferiram não arriscar seus prósperos negócios em Joaseiro: condenar os presumíveis assassinos de Cavalcante como rabelistas serviria apenas para atrair sobre eles mesmos o ódio da Associação Comercial do

Ceará (ACC). Quanto ao coronel Bezerra, pouco tinha a temer da ACC de Fortaleza, já que sua riqueza repousava na terra; como membro, entretanto, de uma das tradicionais famílias de Joaseiro, não mais podia conter seu ressentimento para com o dr. Floro: era esse o momento de unir Joaseiro contra Floro. O rompimento dos três conselheiros foi a salvação da candidatura pendente do coronel José André de Figueiredo. De maiores consequências, embora de curta duração, foi a canalização do sentimento anti--Floro para o partido rabelista local, que uniu, enfim, os filhos da terra (sob a liderança de duas famílias tradicionais, os Figueiredo e os Bezerra de Menezes) e parte dos adventícios da cidade (nas pessoas dos irmãos Silva), desejosos de desafiar o dr. Floro.

As ambições pessoais de Floro pendiam na incerteza quando se deu o segundo fato que fez alterar radicalmente os alinhamentos partidários de Joaseiro. Tratava-se do pacto de junho entre José Accioly e os rabelistas, em oposição ao eixo Cavalcante-Pinheiro Machado. A ordem de Accioly aos deputados fiéis do PRC-C de Fortaleza para que, na sessão de abertura da Assembleia, reconhecessem a pretensão de Franco Rabelo à presidência do Ceará caiu "como uma bomba de dinamite" sobre muitos dos adeptos tradicionais do PRC-C acciolysta em Fortaleza.[36] Interpretando a manobra oportunista como uma traição a Accioly, alguns "duros" do PRC-C recusaram-se a reconhecer Rabelo na presidência e "aderiram" de imediato ao novo Partido Marreta, criado por Cavalcante.[37] Conduzida por João Brígido e pelos dissidentes anti--Accioly de 1903, a primeira circular do novo partido foi enviada aos chefes do PRC-C do interior, em 30 de julho de 1912.[38]

A chegada da circular a Joaseiro trouxe vantagem para as ambições de Floro. Ele assumiu, de pronto, a liderança do Partido Marreta em Joaseiro contra o rabelismo do coronel José André e seus correligionários. Entretanto, não apresentou sua própria candidatura a prefeito. Em vez disso, decidiu meter uma cunha no eleitorado rabelista de Joaseiro, oferecendo a indicação do comerciante adventício Manuel Victorino da Silva,[39] que já tinha se comprometido com o filho da terra José André. Com a aceitação de Manuel Victorino, o marretismo em Joaseiro congregou, temporariamente, a população adventícia da cidade, enquanto o rabelismo englobava apenas os filhos da terra. O velho temor de dividir os moradores do município de acordo com o lugar de nascimento voltava à tona; suas consequências econômicas e políticas só podiam ser desastrosas para Joaseiro. A ameaça, entretanto, nunca se materializou; algum tempo antes das eleições municipais, o dr. Floro deu-se conta de que a candidatura de Manuel Victorino da Silva era totalmente inviável e adotou uma nova estratégia. O falecido historiador de Joaseiro Octávio Aires de Menezes assim descreve os acontecimentos políticos da cidade:[40]

> Reunidos em convenção os "marretas" na liderança do Floro e mais alguns amigos do padre Cícero [...] concluíram que só outro filho da terra poderia competir com o candidato rabelista sr. José André. [Então], os filhos da terra organizaram uma ala dissidente do Partido "Marreta" e apresentaram como candidato o cidadão João Bezerra de Menezes, um outro filho da terra. O resultado dessa manobra política, *concebida pelo elevado tino político partidário do dr. Floro, não se fez esperar: os filhos da terra dividiram-se em dois grupos antagônicos. Toda a família Bezerra de Menezes passou a apoiar o parente candidato e ao lado destes, todo o eleitorado [adventício] sob as ordens e orientação do dr. Floro; estava desta forma liquidada a candidatura do sr. José André, sem possibilidade de vitória.* (grifos nossos)

O relato incompleto de Aires de Menezes levanta vários problemas. Infelizmente, a escassez de documentação não controvertida permite apenas respostas precárias. É provável que a decisão

230

inicial de Floro, por exemplo, de levantar a candidatura marreta de Manuel Victorino não tenha tido a intenção de dividir Joaseiro ao meio. Pelo contrário, ao subornar Silva para que rompesse com José André, Floro conseguiu, de fato, reunir outra vez toda a população adventícia sob suas próprias asas. Foi a partir dessa posição fortalecida que ele entabulou negociações com os filhos da terra. A candidatura de Manuel Victorino foi então retirada, depois que este e seu irmão Cincinato obtiveram a garantia de acesso a postos-chave no governo municipal após as eleições.[41] Floro convocou então um encontro da "ala dissidente" do Partido Marreta, ofereceu a prefeitura a João Bezerra e, com isso, forjou uma nova aliança entre adventícios e um setor dos filhos da terra.

Importa, também, explicar a vontade do coronel João Bezerra de Menezes de aderir ao inimigo dr. Floro e, assim, garantir a derrota do coronel José André, natural da terra como ele.[42] A rivalidade tranquila entre essas duas famílias tradicionais de Joaseiro (uma de comerciantes, outra de fazendeiros) não parece ter estado tanto em causa quanto o fato de apresentar-se a tentadora oportunidade, para o coronel João Bezerra, de tornar-se prefeito. Bezerra, pelo visto, aceitava o apoio de Floro apenas para chegar ao poder. Secretamente, ele esperava usar esse poder, mais tarde, contra o dr. Floro, cujo afastamento de Joaseiro era desejado pela maioria dos filhos da terra. Acontecimentos posteriores (que serão relatados no momento oportuno) confirmaram que Bezerra possuía um plano anti-Floro, o qual, de maneira significativa, ganhou o apoio de muitos elementos políticos na cidade do Crato. Também aí o rabelismo litorâneo tinha provocado alterações na estrutura do poder local.

Logo após a vitória de Rabelo, dirigidos pelo coronel Nélson de Franca Alencar — que tinha sido tão útil em fazer o coronel Antônio Luís Alves Pequeno concordar com a autonomia de Joaseiro em 1911 —, os interesses agrários tradicionais do Crato romperam a aliança com Antônio Luís e alinharam-se com o coronel Francisco José de Brito, um dos comerciantes rivais do antigo chefe. A nova coligação agrário-mercantil veio a ser o partido rabelista local. Da mesma forma que em Joaseiro, a esperança de vitória para a provisória coligação estava nas eleições municipais que Franco Rabelo prometera convocar em obediência ao compromisso assumido em sua campanha de liquidar a velha política de Accioly, segundo a qual os prefeitos eram nomeados pelos presidentes, em vez de eleitos pelo voto popular.[43] Diferentemente do que ocorrera em Joaseiro, onde a vitória de João Bezerra, ajudada por Floro, se dera sob a legenda da ala dissidente do Partido Marreta, a vitória da coligação agromercantil do Crato foi recebida como uma vassourada em prol do rabelismo. Contudo, a vitória não foi assegurada pelas eleições, e sim por uma explosão de violência. Rabelistas impacientes aproveitaram-se da ausência de Antônio Luís em meados de 1912. Reunindo um bando de soldados e cangaceiros, marcharam rumo ao prédio da Coletoria Municipal, derrubaram-lhe as portas, roubaram os arquivos da cidade e, pela força, ordenaram que as rédeas do governo fossem transferidas para o vice-prefeito. Esse fato, mais do que as eleições subsequentes, destituiu o coronel Antônio Luís do cargo que ele mesmo havia conquistado pela violência armada, no já remoto ano de 1904.[44] A derrota fulminante do "oligarca mirim" do Crato, que deixava de ser o Grande Eleitor regional em virtude da queda de Accioly, pôs os rabelistas numa corrida desenfreada para consolidar, por todo o vale, o poder recém-obtido. Barbalha, com sua classe mercantil concorrente, surgiu como o centro-chave do rabelismo no Cariri, em detrimento do Crato, cujo novo prefeito, também comerciante, o coronel Francisco José de Brito, era ao mesmo tempo prisioneiro e aliado dos interesses agraristas tradicionais da cidade. Foi em Barbalha, vários meses após a ascensão de Franco Rabelo, que os representantes rabelistas de quinze municípios do vale encontraram-se — de forma a lembrar a Haia Mirim convocada em Joaseiro pelos partidários de Accioly um ano antes —, com o objetivo de proclamar sua lealdade inquebrantável ao novo "salvador" do Ceará.[45] Mas os rabelistas do vale eram politicamente realistas. Verificaram que suas possibilidades de conservar o poder contra os depostos, embora ainda poderosos chefes do PRC-C do Cariri, seriam nulas, caso não contassem com o apoio militar. A necessidade urgente, quase desesperadora, do rabelismo de ancorar o poder político recém-conquistado na força militar foi um dos principais motivos que impeliram a campanha desfechada às pressas por Franco Rabelo contra o cangaceirismo no Cariri. Essa campanha teve, em sua época, uma grande aceitação pública ao apresentar-se como esforço humanitário e politicamente desinteressado no sentido de livrar o estado de elementos criminosos. Na realidade, porém, ela deu a Franco Rabelo os meios legais para enviar tropas estaduais ao Cariri e, dessa forma, garantir sua própria sobrevivência, bem como a de seus correligionários, numa região do Ceará, aliás, inamistosa em termos políticos.[46]

CANGACEIRISMO NO CARIRI

O recrudescimento do cangaceirismo no Vale do Cariri tem sido a justificação tradicionalmente dada para o envio ao Crato de duzentos homens da polícia estadual, logo após a posse de Franco Rabelo em julho de 1912.[47] Não resta dúvida de que o problema do banditismo no sertão do Nordeste estava na ordem do dia desde meados do século XIX. A partir de 1845, o crescimento demográfico e as secas esporádicas deram uma enorme contribuição para transformar os pacíficos camponeses de outrora em salteadores famintos.[48] Durante a grande seca de 1877-

-1879, assaltantes individuais começaram a organizar-se em bandos de cinco a vinte, adotaram *noms de guerre*, pelos quais são lembrados na história, e lançaram-se coletivamente a suas aventuras objetivando ganhos pessoais, embora, em alguns casos, para o benefício de seus compatriotas, camponeses como eles, desamparados e flagelados da seca. Mas os objetivos sociais incipientes desses rebeldes primitivos, espécies de Robin Hood brasileiros, parecem ter desaparecido assim que a seca acabou. Então, com o advento da República, em 1889, a política do sertão nordestino modificou-se de modo considerável: a política municipal tornava-se um largo meio de acesso à fortuna e ao poder. Na medida em que chefes locais, como os do Cariri, lutavam entre si pelo controle local, voltava à tona o cangaceirismo. Esvaziava-se ele, porém, das aspirações sociais embrionárias de antanho, como também do caráter de sua organização coletiva e, naturalmente, de seu conteúdo implícito de libertação individual e de independência com relação aos proprietários da terra.[49] Pelo contrário, era agora o próprio fazendeiro, isto é, o chefe político, que na promoção de seu interesse particular tornara-se o capitão, o protetor, o recrutador e o promotor do cangaceirismo. No final do século xix, por exemplo, o Crato estava mais ou menos livre do banditismo, quer do tipo espontâneo, gerado entre camponeses descontentes, quer do tipo dirigido, criado politicamente de cima para baixo. Em 1894, porém, o governo oligárquico reservou-se por meios legais a prerrogativa de instituir uma força policial de âmbito estadual. Revogou o direito que as Câmaras Municipais tinham de conservar suas próprias forças armadas e delegou apenas ao prefeito local (então chamado de intendente, nomeado de maneira direta ou confirmado no cargo pelo presidente do estado) a autoridade exclusiva de recrutar e dirigir a polícia.[50] Foi a força policial do Crato, recrutada entre criminosos e bandidos pelo coronel reinante, na era do coronel José Belém (1892-1904), e os arbitrários e brutais atos de agressão politicamente inspirados e por ela praticados contra os opositores de Belém que levaram à sua destituição violenta em 1904.[51] A ascensão a prefeito do coronel Antônio Luís Alves Pequeno de forma alguma alterou o costume estabelecido por parte dos chefes políticos de depender cada vez mais de cangaceiros mercenários. Em 1904, Antônio Luís aliciou mais de mil desses homens nos estados vizinhos de Paraíba e Pernambuco, onde eles estavam disponíveis e dispostos a aceitar emprego dos coronéis do Vale do Cariri, em virtude das perseguições que lhes haviam sido movidas pelas tropas governamentais. Esses mesmos cangaceiros montaram guarda no Crato em defesa do "oligarca mirim" durante todo o ano seguinte.[52] Várias deposições e tentativas frustradas em outras cidades do vale, o episódio de 1908 nas minas de Coxá e a desavença futura entre o Crato e Joaseiro sobre a questão da autonomia, todos esses fatos ajudaram a aumentar consideravelmente o número de cangaceiros mercenários residentes no Crato, sob a proteção dos chefes da cidade, quando Franco Rabelo tomou posse, em julho de 1912.

Tais condições, acrescidas do evidente interesse político de Franco Rabelo em assegurar uma base sólida no Cariri, com o auxílio de tropas estaduais de sua confiança, justificam apenas em parte o envio de duzentos soldados ao Crato, em meados de 1912. Uma terceira razão foi o apregoado prestígio de padre Cícero como "coiteiro" de bandidos do vale, acusação essa que, apesar de falsa, continua a ter adeptos.[53] A atuação de Flóro em Coxá, em 1908, contribuiu de forma visível para dar essa impressão, pois a linha política de tolerância do Patriarca e sua teologia pastoral, segundo a qual Joaseiro era "um refúgio dos náufragos da vida", eram expressamente mal interpretadas por muitos como um estratagema político para atrair criminosos e bandidos que buscavam refúgio na "Nova Jerusalém" brasileira. Mas o padre em pessoa acreditava, de maneira um pouco ingênua, que, uma vez em

Joaseiro, esses insensíveis refugiados viriam a arrepender-se e levariam a vida de outra forma. Por uma ironia do destino, a imagem de padre Cícero como protetor de bandidos fortaleceu-se em 1910, em virtude de uma série de atos criminosos perpetrados pelo delegado de polícia da localidade, Nazário Furtado Landim, dirigidos contra várias pessoas de Joaseiro. Contavam-se, é verdade, inúmeros bandidos e criminosos notórios em sua folha de pagamento. Mas os detratores de padre Cícero esquecem-se, com frequência, de que Nazário Landim e seus capangas foram propositalmente contratados e designados para as funções que exerciam pelo coronel Antônio Luís, do Crato;[54] Joaseiro, como é mister relembrar, apenas em julho de 1911 deixou de ser distrito do Crato, onde imperava, sem muita complacência, o "oligarca mirim".

Um único fato, ocorrido em 1911, fez mais do que qualquer outro para dar a essa ilusão uma aparência de verdade. De tal forma tem sido ele alvo de discussão controvertida que se impõe, agora, um esclarecimento fundamental. Em junho de 1911, um conhecido chefe político de A Lagoa do Monteiro,* coronel Augusto Santa Cruz, refugiou-se em Joaseiro.[55] Na sua companhia, seguiu um grupo de 130 agregados que incluía pessoas de sua família, amigos, correligionários, e, por conseguinte, mais de 24 cangaceiros armados.[56] A presença de Santa Cruz era prejudicial aos interesses de Joaseiro, visto estar ele fugindo das polícias pernambucana e paraibana, que, por sua vez, eram recrutadas entre criminosos e bandidos, os quais passavam a usar uniformes e a constituir os pelotões do governo, conhecidos como volantes, cujas ações recebiam o beneplácito legal. Nessa época, o coronel Antônio Luís, no Crato, e padre Cícero estavam em vias de chegar a um acordo sobre a autonomia de Joaseiro. Mas os capangas de Santa Cruz, então sob a proteção do Patriarca, davam ao chefe do

---

* Denominação anterior de Monteiro, cidade e município da Paraíba. (N. T.)

Crato o pretexto de voltar atrás. Para evitar que assim fosse, padre Cícero em pessoa conseguiu desarmar toda a comitiva de Santa Cruz; mandou vender os rifles e a munição e aconselhou o chefe paraibano a partir, levando consigo seus dependentes, rumo ao interior mais distante do Brasil, onde poderiam todos eles ganhar a vida honestamente com o cultivo da terra. Por fim, quando o Patriarca comprometeu-se a proteger a esposa e os filhos de Santa Cruz, concordou o chefe político paraibano em ir embora da cidade até que pudesse ter condições de segurança para vir buscar a família.[57] Ao mesmo tempo, o sacerdote enviou 25 dos cangaceiros de Santa Cruz para a serra do Araripe, onde foram obrigados a trabalhar, como penitência, nas plantações de maniçoba.[58]

O incidente terminaria aqui sem maiores consequências para o Patriarca, caso Santa Cruz não tivesse tomado a decisão posterior de renegar seu conselho de retornar à Paraíba e tentar depor seus inimigos, entre os quais se encontrava o próprio presidente do estado. Um mês depois da inauguração de Joaseiro, em outubro de 1911, padre Cícero, ciente dos planos de Santa Cruz, mandou-lhe uma advertência bem clara:

Digo com franqueza, não acho razoável fazer a revolução na Paraíba, não vejo resultado favorável [...]. Reflita e não se precipite arruinando o seu futuro. Eu não combino nunca com revolução e muito menos sendo você um amigo que lhe deseja todo bem. Reflita e D. lhe dirija e abençoe.[59]

De nada adiantaram a carta e o apelo do Patriarca nela incluso para que Santa Cruz regressasse ao Cariri, onde o clérigo lhe propunha a compra de uma fazenda que estava à venda e onde ele pudesse viver em paz. No princípio de 1912, Santa Cruz deu início ao avanço.[60] Quando isso ocorreu, padre Cícero foi logo envolvido na trama como um dos conspiradores principais, apesar de toda a evidência em contrário. Assim como em 1897, quando os interesses do poder atribuíram ao Patriarca, então exilado em Salgueiro, ligações com a revolta de Antônio Conselheiro em Canudos, também em 1912 interesses idênticos da Paraíba acusaram-no abertamente de subversão. O presidente da Paraíba, dr. João Machado, telegrafou a Hermes da Fonseca lançando sobre padre Cícero a responsabilidade de planejar, com Santa Cruz, o saque da Paraíba.[61] Apesar de o Patriarca ter negado, persistiu a impressão de que era ele um subversivo político e protetor de cangaceiros. Franco Rabelo, ou talvez seus auxiliares, pronta e cuidadosamente agiu para reforçar essa impressão em benefício dos próprios objetivos políticos, embora fosse ela inverídica e nada lisonjeira.

UM CONVITE À "REVOLUÇÃO", 1912

Com a chegada ao Crato de duzentos soldados e o subsequente envio de um considerável contingente para auxiliar a facção de Franco Rabelo, então no poder, em Barbalha, os rabelistas do Cariri sentiram-se fortalecidos. Sob o pretexto de acabar com o banditismo na região, eles e a polícia executaram, de forma meticulosa, sua obra eminentemente de partidarismo político.[62] À guisa de informação, prenderam cinquenta insignificantes cangaceiros a soldo da oposição; com maior diligência ainda, levaram a julgamento muitos dos chefes do PRC-C regional.[63] Humilhados, embora não tenham sido condenados, os chefes mantiveram-se cautelosos e quietos, aguardando a hora da vingança.

Persistia a euforia gerada pelo rabelismo triunfante, quando o novo prefeito de Joaseiro, João Bezerra de Menezes, passou de súbito à execução de seu plano secreto contra Floro. No final de agosto ou princípio de setembro de 1912, o coronel João Bezerra acabou com o fingimento de ser "marreta dissidente" e leal correligionário de Floro. A confrontação com este, sem o qual lhe teria sido impossível a vitória política, deu-se quando o alter ego do Patriarca recusou-se a entregar ao novo prefeito os arquivos do nascente município.[64] João Bezerra mandou, então, um emissário a Fortaleza. Depois de conversar com as autoridades estaduais, Franco Rabelo concordou em auxiliar João Bezerra. Sem levar em grande consideração o cargo de terceiro vice-presidente do Ceará ocupado por padre Cícero, Rabelo não teve escrúpulos de designar um oficial da Polícia Militar do estado, de sua confiança, o capitão José Ferreira do Valle, para exercer a função de delegado de Joaseiro.[65] Logo após sua chegada, em setembro de 1912, o intruso militar rabelista pôs-se a garantir a situação de João Bezerra como prefeito e a completar o cerco político do Cariri pela Polícia Militar de Franco Rabelo. O desacato à autoridade de padre Cícero não poderia ter sido mais claro. Quando o capitão José do Valle ameaçou de prisão alguns dos conselheiros municipais fiéis ao Patriarca e tentou obrigar Floro a entregar a João Bezerra os arquivos municipais, o religioso pediu sua remoção. Franco Rabelo, entretanto, aquiesceu apenas em parte; José do Valle foi transferido, mas seu substituto, o tenente Júlio Ladislau, que servira antes em Barbalha, deu demonstrações de ser também rabelista ferrenho.[66]

Outras provas dos planos de Franco Rabelo para controlar o Cariri e contrabalançar o prestígio do Patriarca podem ser acrescentadas. Em primeiro lugar, pouco depois da nomeação de Ladislau, um segundo cargo estratégico de Joaseiro caiu nas mãos dos rabelistas. Pelúsio Macedo, relojoeiro-sineiro autodidata e o mais antigo dos amigos íntimos de padre Cícero desde a morte de José Marrocos, foi demitido de seu emprego de telegrafista-chefe de Joaseiro, apesar dos reiterados protestos do clérigo. Em consequência, os rabelistas passaram a controlar a polícia e a ter acesso imediato à correspondência política e pessoal do Patriarca, o que explica o fato de ter ele adotado um código secreto para telegramas e confiado a mensageiros a entrega de sua correspondência. O afastamento de Pelúsio foi um fator decisivo que contribuiu para convencer padre Cícero de que Franco Rabelo, assim como d. Joaquim (que se exonerou de sua Sé pouco tempo depois, regressando para São Paulo, sua terra natal), estava firme no propósito de "perseguir" o Patriarca e sua "cidade santa".[67]

Uma segunda prova da hostilidade de Franco Rabelo parecia muito mais séria e irrefutável. Em dezembro de 1912, seu governo mandou um representante ao Recife. Nessa cidade, os governos de Pernambuco, Paraíba e Rio Grande do Norte concordaram com o Ceará em fazer o primeiro pacto interestadual para a supressão do banditismo em todo o Nordeste.[68] Do ponto de vista de Franco Rabelo, esse acordo histórico não apenas impediu que os chefes da oposição continuassem a aliciar e a proteger cangaceiros nos estados vizinhos. Ele também conferiu uma auréola maior de legitimidade à sua política de vigiar o vale, onde a oposição ao seu governo continuava poderosa, embora não aparecesse na superfície. Quando começaram a circular rumores no Cariri de que o objetivo verdadeiro do pacto interestadual era dar a Franco Rabelo meios de suprimir as forças do PRC-C da região, o Patriarca anunciou que, na qualidade de vice-presidente do Ceará, não poderia mais apoiar o governo do "salvador".[69]

A decisão do padre de esfriar relações com Franco Rabelo não foi intempestiva. Baseava-se em sua convicção de que Rabelo tinha se tornado "pau mandado" de seus conselheiros políticos, todos eles ardorosos antiacciolystas, não sendo mais capaz, portanto, de impedir os atos de violência e de agressão movidos por seus correligionários. Prova da incapacidade havia se tornado manifesta em Fortaleza, em novembro de 1912. Os rabelistas (comerciantes, elementos das classes médias e alguns trabalhadores) dessa cidade alarmaram-se quando souberam que a maioria dos deputados em exercício na Assembleia Legislativa (os dezesseis marretas que tinham se oposto ao pacto de junho e se recusaram a aprovar a indicação de Franco Rabelo) tencionava anular seu mandato de presidente. No âmbito jurídico isso era possível, uma vez que a indicação de Franco Rabelo nunca fora ratificada pelo voto da maioria da Assémbleia. Quando os dezesseis marretas tentaram fazer uma reunião em novembro de 1912, sob a proteção de unidades do Exército que haviam sido enviadas por Pinheiro Machado, espalhou-se entre os partidários de Rabelo em Fortaleza o boato de que Accioly poderia reocupar seu cargo de presidente do estado. Para evitar que isso acontecesse, os rabelistas armaram barricadas nas portas da Assembleia, incendiaram com tochas as residências de Accioly e de seus correligionários mais conhecidos, queimaram uma fábrica de tecidos do oligarca e demoliram as oficinas e os escritórios do venenoso *Unitário*, de João Brígido. No final, obrigaram o clã Accioly e seus partidários a se refugiar num navio inglês que estava ancorado em Fortaleza e que seguiria para o Rio de Janeiro.[70]

Como observou Rodolpho Theophilo em *A sedição do Joazeiro*, sequência de seu relato anterior sobre a queda de Accioly em 1912, Franco Rabelo não podia nem se atrevia a impedir que os correligionários descarregassem seu ódio contra os Accioly, que, segundo apregoavam seus deputados remanescentes, tencionavam voltar aos cargos, depois porém de terem aqueles deputados revogado o mandato originariamente inconstitucional de Rabelo. Como disse Rodolpho Theophilo:[71]

> Abrir luta com os que se defendiam contra o assalto dos Accioly, matar aqueles que o tinham escolhido para o governo era um absurdo.
>
> Se Franco Rabelo desse ordem para abafar o movimento seria desobedecido, a Força Pública ficaria ao lado do povo e os desatinos seriam sem conta e de muito maior gravidade.

Depois desses acontecimentos incendiários, o pacto oportunista de junho entre Franco Rabelo e os Accioly também foi pelos ares. Exilados, mais uma vez, no Rio de Janeiro, os Accioly ficaram sem alternativa, a não ser unir forças com os marretas, senador Cavalcante e João Brígido, bem como com alguns dissidentes que, através da miopia política de Franco Rabelo, tinham sido excluídos de seu governo.[72] Logo depois, a frente antirrabelista assim formada apresentou, em desespero de causa, uma chapa completa de trinta candidatos à Assembleia Estadual. Nenhum, porém, foi eleito em novembro. O rabelismo obteve uma vitória total; aparentemente, marretas e acciolystas jamais voltariam ao poder.[73] Sua única esperança residia agora em padre Cícero, que, na qualidade de um dos vice-presidentes do estado, era o líder oposicionista que ainda detinha um alto cargo político. Em vista do triunfo dos rabelistas, até essa esperança parecia remota. Se não fosse pelo sucesso absoluto da atividade político-militar de Franco Rabelo, ela estaria praticamente extinta. No Cariri, foi na realidade esse sucesso que gerou uma sensação de profundo desespero entre os que estavam "por baixo". Para eles, o sucesso por demais completo de Rabelo equivalia a um convite à "revolução", como um último recurso para a volta ao poder.

PLANEJANDO A "REVOLUÇÃO", 1913

Em janeiro de 1913, padre Cícero e seus adeptos convenceram-se de que o rabelismo tinha o propósito de destruir Joaseiro.[74] Os fatos precedentes tornavam essa convicção inabalável: as sucessivas nomeações de dois delegados rabelistas e um telegrafista em Joaseiro e a incapacidade de Franco Rabelo de punir os incendiários de Fortaleza. Acrescente-se ainda a campanha interestadual contra o cangaceirismo, que era considerada uma fachada para encobrir os desígnios de Franco Rabelo contra os coronéis da "velha guarda" do Cariri. De fato, para a libertação da "Nova Jerusalém", o Patriarca precisaria buscar auxílio em outra parte. Assim, em princípio de janeiro de 1913, no interesse de defender Joaseiro, padre Cícero renovou os laços de solidariedade com os Accioly, que eram criticados por ele pelo pacto que fizeram com Franco Rabelo. Politicamente simplório, acreditava que o "malfadado acordo de junho" fora a causa de todos os males que recaíam sobre o Cariri.[75]

A partir daí, a antipatia de padre Cícero por Franco Rabelo foi insuflada por uma torrente de cartas dirigidas pelos exilados do PRC-C no Rio de Janeiro e, acima de tudo, pela capacidade de persuasão de Floro Bartholomeu e do antigo chefe do Crato, coronel Antônio Luís; os dois, juntos, tornaram-se mentores absolutos do septuagenário e ministros para assuntos políticos. A desinteligência recíproca entre os dois chefes, surgida por ocasião da autonomia joaseirense, logo se dissipou quando os rabelistas de Joaseiro e do Crato retiraram de ambos o poder político. O alter ego e o "oligarca mirim" tornaram-se grandes amigos e aliados políticos. Uma prova dessa camaradagem foi a importante atuação de Antônio Luís garantindo a nomeação de Floro para deputado estadual na chapa derrotada do PRC-C marreta, nas eleições de novembro de 1912.[76] Desse momento em diante, as relações entre Floro e Antônio Luís ficaram mais íntimas; Floro visitava com frequência a casa de Antônio Luís no Crato. Um encarnava a ambição e a audácia, o outro, a esperteza política e o gosto pelo poder; juntos, galvanizaram o desespero dos chefes da velha guarda do vale, levando-os a se comprometer com a revolta dirigida contra o governo de Franco Rabelo.[77]

Contrariamente à maioria das interpretações tanto contemporâneas quanto atuais, parece certo que o coronel Antônio Luís foi o arquiteto principal do plano no Cariri; Floro foi o executor-

-chefe e padre Cícero, seu cúmplice atônito e indeciso.[78] É hoje evidente que não poderia ter sido de outra forma. Antônio Luís, primo-irmão do ex-presidente Accioly, chefe deposto do Crato, ex-deputado estadual e outro "Grande Eleitor" de todo o Vale do Cariri, era quem mais tinha a lucrar com a "revolução". Além disso, tratava-se de um político experiente, ao passo que Floro não conhecia uma única personalidade política do Ceará e jamais estivera em Fortaleza! Só depois de ter ido ao Rio de Janeiro, em agosto de 1913, o doutor travou relações com os Accioly, com o senador Cavalcante e com o próprio Pinheiro Machado![79] Quanto a padre Cícero, era ele prisioneiro dos boatos que corriam sobre os incontáveis atos de hostilidade de Franco Rabelo, objeto de adulação por parte dos poderosos e egoístas exilados do Rio de Janeiro e joguete de Floro e Antônio Luís. Tornaram-se estes, ao lado de seus subordinados, os principais porta-vozes do solitário clérigo no referente à crise política de 1913.[80] Até que ponto era sincera a confiança implícita que o Patriarca depositava em Floro e em Antônio Luís só se pode julgar pelos fatos posteriores, em especial por seu último testamento. Nesse documento, o clérigo designou Floro e Antônio Luís testamenteiros de seu legado, o que representava uma indiscutível prova de confiança numa sociedade em que apenas os amigos podiam garantir o cumprimento da lei.[81]

Admite-se que Antônio Luís e Floro não foram os únicos conspiradores. Havia, ainda, o imprevisível João Brígido, redator-chefe do jornal *Unitário*, a primeira pessoa a partir para o Rio de Janeiro em 1913 com o fim de conspirar contra o governo de Franco Rabelo. O atentado de morte contra um deputado marreta, no final de 1912, deu a João Brígido o pretexto para desfazer mais um governo.[82] O chefe-mor da conspiração, entretanto, era o senador gaúcho e presidente nacional do PRC, Pinheiro Machado. Sua candidatura, em princípios de 1913, a presidente da República, por designação do partido, contou desde o início com a forte oposição de uma coligação de São Paulo, Minas e de muitos estados nordestinos que haviam caído sob o domínio dos "salvadores" militares. O general Dantas Barreto, presidente "salvacionista" de Pernambuco e primeiro advogado da candidatura de Franco Rabelo em 1912, surgiu como o porta-voz nacional das forças de oposição. Em fevereiro de 1913, foi Dantas Barreto quem organizou o famoso "Bloco do Norte", a convenção política dos estados do Nordeste unidos contra a indicação de Pinheiro Machado. Um mês depois, Franco Rabelo levou o Ceará a aderir ao bloco. Apesar de hipotecar sua solidariedade a Pinheiro Machado, a entrada de Franco Rabelo no bloco constituiu uma imperdoável afronta ao gaúcho.[83] Logo em seguida, com o apoio de Hermes da Fonseca, que estava então com planos de casar-se e não demonstrava interesse pela política, Pinheiro Machado não hesitou em decretar "a deposição de Franco Rabelo".[84] A essa altura, aos Accioly exilados pouco mais restava a fazer, a não ser jogar seu peso político ao lado do homem forte do Brasil e de seus marretas prediletos do Ceará, Thomás Cavalcante e João Brígido.

Da missão de João Brígido ao Rio de Janeiro resultou que os elementos militares ligados a Pinheiro Machado foram logo transferidos para Fortaleza. O plano concebido pelo Catete pedia uma "quartelada" do destacamento do Exército sediado na capital do Ceará. O levante, entretanto, que visava forçar a demissão de Franco Rabelo foi descoberto antes de poder ser executado. Com seu insucesso, passava-se para uma segunda e mais sinistra alternativa.[85]

A alternativa apresentou-se em agosto de 1913, quando Floro Bartholomeu viajou para o Rio de Janeiro sob o pretexto de necessitar de tratamento médico urgente.[86] Segundo o velho Patriarca, a missão confidencial daria a Floro os meios de informar "os maiorais" do Rio de Janeiro sobre a desesperadora situação de

Joaseiro. Seis semanas antes da partida de Floro, o delegado rabelista atacou vários populares inocentes que comemoravam a tradicional festa de São João. Não se sabe mais qual foi a causa exata do incidente. Mas as medidas que foram tomadas no sentido de apurar as ocorrências provocaram recriminações recíprocas entre padre Cícero e o delegado. Fortaleza defendeu com ardor seu funcionário, que acusara o clérigo de estar mentindo. Indignado, o próprio padre responsabilizou Franco Rabelo por qualquer desordem futura ou estado de anarquia, que resultaria em outra afronta à sua honra e à tranquilidade de Joaseiro.[87] Nem por isso deixou padre Cícero de convencer os amigos do Rio para que fizessem o Catete autorizar a criação da Guarda Nacional de Joaseiro com o objetivo de defender a cidade em caso de ataque — o que lhe parecia, naquele momento, iminente. Tal unidade armada, leal ao Patriarca, seria a única segurança possível contra a polícia rabelista local — essa era a tarefa urgente que padre Cícero confiou à ação de Floro no Rio de Janeiro.[88]

A estada de Floro no Sul era importante para o Patriarca ainda por outro motivo. O doutor fora comissionado para entrar em contato com a rica benfeitora em potencial da provável "diocese do Cariri". Apesar da devastadora oposição de d. Joaquim, em 1909, persistia padre Cícero em seu plano de criar o bispado em Joaseiro. Já que Roma ainda não havia revelado o local da futura diocese, o sacerdote tinha razão de esperar que sua "Nova Jerusalém" viesse a ser a sede episcopal. Depois disso, estaria livre de obstáculos o caminho para o restabelecimento das ordens sacerdotais do clérigo.[89]

De agosto a outubro de 1913, Floro permaneceu no Rio de Janeiro, comeu e bebeu às custas de Pinheiro Machado, rodando e girando com marretas e acciolystas, procurado por pragmáticos e oportunistas que, ávidos, conspiravam pela volta ao poder.[90] Chegaram, com o tempo, a um acordo cujos pontos principais foram os seguintes: Floro devia regressar a Joaseiro; lá chegando, convocar uma sessão dissidente* da Assembleia Estadual do Ceará, à qual deveriam comparecer os dezesseis deputados que estavam em exercício na legislatura de 1908-1912; conseguir eleger-se presidente "legal" dessa câmara e, então, depois de contestar a constitucionalidade do governo Franco Rabelo, aguardar a chegada de tropas federais a Fortaleza, que deporiam o "salvador" e seu governo constituído ilegalmente. As partes interessadas nesse plano sinistro (já tendo havido um precedente, em 1910, quando Hermes fez uma intervenção armada em favor de uma das duas Assembleias criadas no estado do Rio de Janeiro) eram Floro, Pinheiro Machado, os Accioly, o senador Cavalcante e João Brígido. Antônio Luís deve ter sido notificado da trama com antecedência, embora pareça que padre Cícero só tenha sido informado em outubro do projeto de criar uma legislatura dual. Com o regresso de Floro a Joaseiro, entretanto, os outros pormenores da conspiração foram revelados ao sacerdote e segundo o critério exclusivo do doutor. Mesmo assim, padre Cícero parecia acreditar que a chave do problema era a eleição de Floro, e que tal medida atendia às exigências do direito da nação e aos desejos das mais altas autoridades constituídas do país. Além do mais, nada indica que Floro tenha mencionado o plano de enviar tropas federais, o qual, na realidade, jamais foi executado na data prevista.[91] Acontecimentos posteriores, não antecipados pelos conspiradores, estavam destinados a transformar a trama sinistra num verdadeiro holocausto. O fato é que, quando Floro deixou o Rio de Janeiro, estava selado o destino de Franco Rabelo.

---

* Originalmente, o autor usa a expressão "rump session", aludindo ao Rump Parliament, que foi o nome dado, pejorativamente, ao Longo Parlamento expurgado por Pride e dissolvido por Monk em 1660, após desempenhar papel importante na Revolução Inglesa do século XVII. (N. T.)

A "REVOLUÇÃO" DE 1913-1914

Franco Rabelo foi o primeiro a dar início às hostilidades, em setembro de 1913, enquanto Floro ainda se encontrava no Rio de Janeiro. O chefe do Executivo estadual ordenou o envio de soldados para o Crato; deveriam, segundo declarou de público, substituir, e não suplementar, as unidades ali estacionadas.[92] Muitos joaseirenses, entretanto, julgaram que Franco Rabelo estava prestes a invadir Joaseiro.[93] Não obstante a negativa do governo, pode-se hoje afirmar, com grande segurança, que a notícia de uma proposta de invasão da cidade tinha fundamento. O plano originara-se a partir dos chefes rabelistas do Cariri. Seu porta-voz, o coronel Francisco José de Brito, prefeito rabelista do Crato, propôs o referido plano em conversa com Franco Rabelo, em Fortaleza; a entrada de cangaceiros em Joaseiro, argumentava o chefe do Crato, fazia prever um ataque iminente aos coronéis rabelistas do Cariri. O plano de invasão de Francisco José de Brito, para o qual ele prometia contribuir com um número adequado de homens armados (sem dúvida alguma, cangaceiros), consistia "na ocupação militar das localidades circunvizinhas de Joaseiro". Cerca de duzentos homens deveriam ser colocados em cada uma daquelas cidades, a saber: Crato, Barbalha, Missão Velha e São Pedro (Caririaçu).

> Estacionado um contingente de duzentos praças em cada uma dessas cidades, num dia preestabelecido, toda a tropa convergiria sobre Joaseiro, de modo a penetrar na vila a um só tempo e de surpresa, quando então se efetuariam o desarmamento da população e a captura de todos os criminosos.[94]

Não é certo se padre Cícero tinha conhecimento ou apenas suspeitava da trama do coronel José de Brito. Desde o princípio, porém, ele protestou amargamente contra a invasão que se planejava, a ponto de ter sido Franco Rabelo obrigado a desmenti-la e retirar seu apoio.[95] Mas as tensões voltaram quando "panfletos sediciosos" atacando o presidente do estado circularam misteriosamente em Joaseiro. Rabelo avisou o padre de que seu governo "saberia como repelir" qualquer ato intencional de subversão.[96]

Na ausência de Floro, o Patriarca tomou o assunto nas próprias mãos, pela primeira e última vez em toda a sua "carreira política". A defesa de Joaseiro era sua preocupação principal. Nesse sentido, escreveu, em outubro, ao ex-presidente Accioly, que se encontrava no Rio de Janeiro. Ignorando a maioria dos pormenores da conspiração que fora lá tramada contra Franco Rabelo, o sacerdote informou que trezentos soldados haviam chegado ao Crato e que talvez eles impedissem, pela força, a reunião da Assembleia em Joaseiro. Foi então que o Patriarca alvitrou sua própria solução:[97]

> Vamos mal, esperando-se cada dia uma revolução provocada pelo presidente do estado. Seria *muito razoável* que o sr. marechal Hermes convidasse pessoalmente ao sr. coronel Rabelo a uma conferência no Rio e fizesse que ele *pacificamente e honrosamente renunciasse seu cargo*.
>
> Peço à Providência que [o marechal] intervenha *positivamente para nos dirigir e salvar* [...] dos graves perigos que nos ameaçam com tal governo.

Em consideração à verdade, o tom pacífico da carta do Patriarca e sua rejeição implícita da violência sustentam de maneira clara a afirmação de toda a sua vida de que ele "não fez a revolução [que se seguiu,] nela não tomou parte, nem para ela concorreu, nem teve [ele] [...] direta ou indiretamente a menor parcela de responsabilidade nos fatos ocorridos [mais tarde]".[98] Quando chegou ao Rio de Janeiro, a carta deve ter confirmado o temor dos conspiradores de que a posição conciliatória e de não violência poderia prejudicar o plano sinistro que tinham em mente.[99] Assim que ela foi recebida no Rio, Floro regressou às pressas.[100]

Floro voltou em segredo para Joaseiro, tomando a estrada do sertão, através da Bahia e de Pernambuco. Franco Rabelo estava preparado para barrar-lhe o caminho, mas em Fortaleza importantes oficiais do Exército ligados a Pinheiro Machado recusaram-se a participar de qualquer ação contra o conspirador. Com o doutor são e salvo em Joaseiro no final de novembro, deputados leais ao PRC-C, provenientes de várias partes do Ceará, começaram a entrar aos poucos na "Nova Jerusalém", onde aguardariam a convocação da Assembleia "florista".[101]

Nenhuma data foi fixada para a reunião da Assembleia ad hoc. Essa decisão tinha sido entregue a João Brígido, que já se encontrava em Fortaleza. Em 5 de dezembro, Brígido enviou uma carta secreta a Floro na qual recomendava que a Assembleia de Joaseiro só fosse convocada depois de 30 de dezembro de 1913 e antes de maio seguinte. Durante o tradicional recesso da Câmara Federal, o ramo executivo do governo podia dar apoio à Assembleia "florista" com total impunidade perante o público e o Legislativo. A carta de João Brígido, entretanto, foi interceptada pelos rabelistas no caminho para Joaseiro. Quando ele informou a Floro, em 9 de dezembro de 1913, sobre o furto da carta, a "revolução do Joaseiro", invariavelmente chamada de "sedição", irrompeu.[102]

Alguns dos outros fatos que ocorreram em Joaseiro não foram de todo previstos no Rio de Janeiro, mas foram antecipadas a deposição do prefeito rabelista, João Bezerra, e a prisão da força policial rabelista, em 9 de dezembro de 1913. Precipitada, embora aguardada, foi a instalação da Assembleia "florista" (embora tenham chegado apenas cinco dos esperados dezesseis deputados da legislatura anterior), no dia 12 de dezembro, assim como a "eleição de Floro Bartholomeu para presidente do governo provisório" três dias mais tarde.[103]

As reações às iniciativas de Floro foram imprevistas. Primeiro, o Catete, abarrotado de protestos da Câmara Federal, ainda em sessão, não deu caução militar nem política.[104] Segundo, os exilados rabelistas provenientes de Joaseiro, objetivando invadi-lo, uniram-se aos correligionários do Crato e começaram a recrutar cangaceiros nos estados limítrofes.[105] De Fortaleza, Franco Rabelo enviou novos contingentes de tropas para o Cariri no momento em que se antecipavam comícios pela vitória promovidos pelos comerciantes e elementos da classe média que pegaram em armas voluntariamente para defender a cidade. Por último, se bem que a sorte de Joaseiro estivesse posta na balança, padre Cícero ainda se recusava a sancionar a violência.

Foi então que o coronel Ladislau Lourenço, comandante das tropas estaduais no Crato, enviou, em 15 de dezembro, um telegrama de ameaça a Floro: "Estou com seiscentos homens em armas. Prepare-se, meu velho, que hoje ou amanhã vou comer o capão que me ofereceu daí e buscar os soldados e armamentos do governo. Não sofra do coração, que o negócio está feito".[106] A ameaça jogou a população nas ruas. Homens, mulheres e crianças, com o incentivo de padre Cícero, começaram a cavar com as próprias mãos quilômetros de trincheiras em volta da cidade. Dia e noite empilhavam terra fresca, com dois metros de altura, de um lado da trincheira. Metros de canos perfuravam os diques protetores através dos quais rifles Mauser e antiquados bacamartes poderiam fazer pontaria na direção do inimigo.[107] Ao fim de quatro dias, os famosos "vaiados", cujas ruínas permaneciam lá, foram concluídos ainda a tempo para um novo ultimato. Havendo chegado ao Crato, o coronel Alípio Lopes, escolhido a dedo por Franco Rabelo para comandar a invasão, telegrafou, com certo cinismo, a padre Cícero:[108]

Achando-se Joaseiro invadido por cangaceiros armados a fim de contrariar as ordens legais, intimo a vossa excelência fazer desarmar referidos cangaceiros no sentido de evitar derramamento de sangue de nossos patrícios, garantindo sua vida e propriedades, tudo conforme determinação expressa de sua excelência o sr. presidente do estado. Tem vossa excelência doze horas para deliberar a respeito. Findo referido prazo, romperei energicamente hostilidades.

No dia seguinte, 20 de dezembro de 1913, as tropas do coronel Alípio tentaram invadir Joaseiro, mas foram rechaçadas quinze horas depois. Tinha sido em vão o desejo de padre Cícero de evitar derramamento de sangue. Inúteis foram os apelos a Pinheiro Machado e ao marechal Hermes em prol de uma solução pacífica; os dois homens de maior responsabilidade perante o povo brasileiro guardaram silêncio e, em consequência, tornaram o conflito inevitável. Àquela altura, o sacerdote não queria nem podia permitir que Joaseiro fosse destruída. No testamento que escreveu dez anos após a revolução, ele relembrou que, não tendo conseguido evitar a guerra (e diante dos repetidos atos de agressão a Joaseiro), "considerei finda a minha árdua tarefa, afastando-me do campo de ação política, deixando ao mesmo tempo que o dr. Floro agisse segundo as ordens recebidas, já que não me era possível poupar esta população laboriosa da triste condição de vítima indefesa".[109]

Nos dias que se seguiram, as tropas rabelistas cercaram Joaseiro: alastrou-se a fome; os populares possuíam poucas armas e ainda menor quantidade de munição. O coronel Antônio Luís, do Crato, que fugira com a família para Joaseiro, montou uma fábrica provisória de munição na praça da Liberdade.[110] Mas a falta de alimentos persistia. Foram esses os dois fatores que obrigaram Floro a transformar a "Nova Jerusalém", fazendo-a passar de uma cidade na defensiva para uma cidade na ofensiva. O elevado moral de Joaseiro era um dado a seu favor. Cânticos e poemas denunciavam Franco Rabelo, elogiavam Floro e elevavam padre Cícero à condição de protetor divino da cidade.[111] Entre os fanaticamente religiosos, havia alguns que acreditavam que a bênção do Patriarca era como um escudo espiritual colocado no peito contra as penetrantes balas mortais do inimigo.

Após um mês de combates defensivos e apenas quando o Crato foi inundado de reforços enviados por Fortaleza, passou Joaseiro a contra-atacar; aí, então, o Patriarca concordou com a ofensiva "defensiva". Em 24 de janeiro de 1914, Crato caiu; três dias depois foi a vez de Barbalha. Instigados politicamente e embora limitados, o saque e a pilhagem dessas duas cidades, o que foi denunciado por padre Cícero, deixariam no Cariri dolorosas lembranças e cicatrizes ainda por muitos anos. Mas os consideráveis celeiros do Crato e Barbalha, abarrotados até o teto, ajudaram a espantar o espectro da fome em Joaseiro.

As brutalidades praticadas pelos cangaceiros a soldo de Floro (em grande parte contra os cangaceiros empregados pelos rabelistas) foram, não obstante, denunciadas com severidade por padre Cícero. Quando Floro ordenou o ataque contra o Crato, o Patriarca advertiu sem rodeios aos combatentes que poupassem as famílias da cidade e que mantivessem desimpedida uma das principais artérias da localidade por onde elas pudessem escapar.[112] Proibiu que se fizesse o menor mal a monsenhor Quintino, vigário do Crato, embora tenha sido ele o incansável agente de d. Joaquim na "questão religiosa de Joaseiro", atuação essa que foi duramente ressentida pelos fiéis da "Nova Jerusalém". O próprio padre Cícero, filho da "Pérola do Cariri", ficou desanimado à medida que chegavam as congratulações de correligionários pela vitória alcançada sobre o Crato. Num telegrama efusivo enviado por um coronel de Campos Sales, telegrama que está guardado no arquivo da estação, Pelúsio Macedo, já então restaurado em seu cargo de telegrafista, fez a seguinte observação: "Nota: Meu padrinho na chegada deste telegrama estava tão indignado com os roubos de Barbalha nos Sampaio [os maiores comerciantes da cidade e velhos amigos do Patriarca], e José meu irmão que disse, não aceitava parabéns nem telg. de parabéns em vista de tamanho horror".[113]

Enquanto o Patriarca lutava com sua própria consciência, os preeminentes auxiliares militares de Floro, dois chefes sertanejos, Pedro Silvino e José Borba de Vasconcelos, avançaram com seus bandos de criminosos e cangaceiros contra as tropas de Franco Rabelo. Vitoriosos sobre os soldados estaduais comandados pelo heroico oficial capitão José da Penha, que perdeu a vida em 22 de fevereiro, os revolucionários enfim atingiram Fortaleza, a pé e por trem.[114] Entraram na capital em 19 de março, somente depois que dois decretos federais haviam permitido o envio, pelo Catete, de vários navios de guerra e três batalhões de soldados. Pinheiro Machado cumpriu, afinal de contas, sua promessa de apoiar pelas armas a conspiração, e a capital do estado caiu sem grande derramamento de sangue.[115] Em 24 de março de 1914, Franco Rabelo embarcou para o Rio de Janeiro, depois de o governo do Ceará ter sido assumido pelo interventor federal recém-nomeado, o coronel Fernando Setembrino de Carvalho.[116]

Terminava a "revolução" de Joaseiro. Através dela, a cidade converteu-se no reduto político mais importante do Nordeste brasileiro; no entanto, a crise política do Ceará continuou sem solução. Ela, também, fez do Patriarca da "Nova Jerusalém" um poderoso coronel de envergadura nacional; sua reputação pessoal, todavia, nunca mais emergiu das profundezas políticas nas quais tinha mergulhado. A "revolução" triunfante, de certa forma, não passou de uma vitória de pirro.

1. Beato Zé Lourenço: nasceu em Pilões (PB), em 1872. Sua família era agregada à casa de caridade do padre Mestre Ibiapina, em Santa Fé (PB). Sua família mudou-se para Joaseiro em 1889, tangida pela seca que devastava a Paraíba. Por orientação de José Marrocos, foi para a propriedade Baixa-D'Antas, arrendada por padre Cícero, localizada no município do Crato. Em 1926, mudou-se para o Sítio Caldeirão, de propriedade do padre Cícero, e lá reinstalou a sua comunidade — dispersada pelas forças policiais do estado do Ceará em 1936.

2. A multidão envolvendo o préstito fúnebre do padre Cícero em direção à capela de Nossa Senhora do Perpétuo Socorro, onde o clérigo foi sepultado, em 21 de julho de 1934.

3. Quadro de honra da prefeitura de Joaseiro.

4. Romeiros em visita ao local da inacabada igreja do Sagrado Coração de Jesus, no alto da serra do Catolé, chamada de "Horto", ao norte de Joaseiro. Em 1890, padre Cícero iniciou sua construção, cumprindo assim uma promessa feita por ele e por outros padres em 1888. O bispo d. Joaquim José Vieira condenou o projeto em 1893 e em 1896. As ruínas foram demolidas na década de 1940 pelos padres salesianos, herdeiros do Patriarca, que utilizaram o material da demolição para outros fins. Atrás das ruínas, pode-se ver a residência de verão de padre Cícero. Ainda se encontra lá, mas em mau estado de conservação. Ignora-se a data da foto.

5. Vista dos romeiros e peregrinos trabalhando em mutirão na reconstrução da igreja de Nossa Senhora das Dores.

6. D. Luís Antônio dos Santos — primeiro bispo do Ceará, de 1861 a 1881: fundou o Seminário Diocesano de Fortaleza e o Seminário Menor do Crato, além do Colégio da Imaculada Conceição. Para dirigir o Seminário de Fortaleza trouxe da França os padres lazaristas, com larga experiência na formação eclesiástica de clérigos na Europa. D. Luís Antônio dos Santos foi o responsável pela ordenação sacerdotal de padre Cícero.

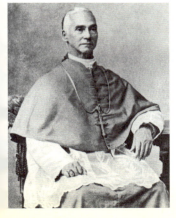

7. D. Joaquim José Vieira — segundo bispo do Ceará: assumiu a diocese do Ceará em 1884. Sua primeira ação administrativa foi a visita pastoral a todas as paróquias. Preocupado com a situação do clero, convocou pela primeira vez o "sínodo diocesano", que resultou na promulgação das "disposições sinodais do Ceará". Durante o seu episcopado ocorreu o propalado "milagre de Joaseiro". D. Joaquim adotou as conclusões da segunda comissão de inquérito, que concluiu não haver "milagre" nos fatos de Joaseiro, e suspendeu as ordens sacerdotais de padre Cícero.

AO POVO.

Alerta Joaseirenses! Apresenta-se, tirando de todo a mascara, como inimigo do Rev.mo Padre Cicero e dos romeiros—o ZÉ ANDRÉ—do sobrado

Diz elle querer espulsar, desta terra, o vosso venerando chefe, amigo e pae espiritual, com toda a canalha dos romeiros.

Vós, briosos romeiros e mais amigos do Padre Cicero, não consintaes em tamanha monstruosidade!

Expulsar o Padre Cicero do Joaseiro, é tirar-lhe a vida! deportar os seus romeiros, é desolação!

Não! Não mais façaes compra de especie alguma em sua loja; fujaes delle como de um contagio!

Está em vossa dignidade não mais fazer negocio algum com—o ZÉ ANDRÉ—que é inimigo, inimigo do Padre Cicero e de vós!

Joaseiro—Janeiro de 912

8. Fotocópia do original de um volante que circulou em 1912, durante a crise política de Joaseiro, ao qual é feita referência no capítulo 6.

9. Dr. Floro Bartholomeu da Costa (em pé) e o padre Alencar Peixoto: fundadores e editorialistas do jornal *O Rebate*, órgão destinado a defender a emancipação política de Joaseiro.

10. Fotografia da famosa beata Maria de Araújo, feita no auge da "questão religiosa" de Joaseiro, 1889-1891.

11. Joanna Tertuliana de Jesus — beata Mocinha: veio ainda criança para Joaseiro, trazida pelo casal João Mota, da cidade de Quixadá (CE). Órfã de pai e mãe, foi entregue, aos onze anos, aos cuidados de padre Cícero. Assumiu o hábito de beata em companhia de Maria de Araújo e outras jovens. Testemunhou no processo canônico para apurar a veracidade dos propalados "milagres de Joaseiro" e foi a administradora enérgica, zelosa e competente da casa do Patriarca. Faleceu em 20 de abril de 1944.

12. Túmulo da beata Maria de Araújo, falecida em 1914. Situado na capela de Nossa Senhora do Perpétuo Socorro. Por ordem das autoridades, foi violado e demolido em 1930, como forma de destruir uma fonte de peregrinações e de outras devoções "fanáticas".

13. Fotografia extremamente rara de padre Cícero feita nos tempos áureos da "questão religiosa" do Joaseiro, no período de 1889 a 1898. Tinha então entre 45 e 54 anos de idade. A pessoa ao seu lado é presumivelmente sua irmã mais moça, d. Angélica.

14. Guerra de 1914: grupo de voluntários, comandados por dr. Floro Bartholomeu da Costa (o terceiro da esq. para a dir.), sentado na trincheira de pedra construída na serra do Horto, observando a movimentação das tropas oficiais que avançavam para invadir Joaseiro.

15. Marcos Franco Rabelo: graças à política salvacionista do presidente Hermes da Fonseca, o coronel Franco Rabelo foi eleito presidente do estado do Ceará, em 14 de julho de 1912, pondo fim à oligarquia de Antonio Pinto Nogueira Accioly. Buscou enfraquecer as lideranças regionais depondo padre Cícero do cargo de prefeito de Joaseiro e determinou a invasão da cidade pelas forças do estado, que culminou com a guerra de 1914. Franco Rabelo foi deposto em 14 de março de 1914.

16. Antonio Pinto Nogueira Accioly foi por dois mandatos presidente do Ceará e um dos mais importantes líderes políticos do estado durante a República Velha. No seu segundo governo (1908-1912), assinou a lei da emancipação política de Joaseiro.

17. Uma típica fotografia de recordação feita em agosto de 1964 por um dos inúmeros lambe-lambes da cidade, tendo ao fundo a igreja de Nossa Senhora das Dores cujos campanários originais já haviam desaparecido desde muito tempo. A composição inclui: o autor e membros de sua família (na parte inferior, à esq. e à dir.); a imagem milagrosa de Nossa Senhora das Dores que se venera na Capela do Joaseiro, Ceará (acima, à esq.); uma imagem popular de padre Cícero envolto nas nuvens sobre as quais ele parece retornar à terra (acima, à dir.); o missionário capuchinho italiano frei Damião (em primeiro plano, ao centro), que foi proibido de pregar em vários lugares do Nordeste por causa da difundida crença das classes baixas de ser frade estrangeiro a reencarnação de padre Cícero.

9. Joaseiro no plano nacional

BALANÇO DO PODER: O CATETE E FORTALEZA

Se o objetivo da "sedição" do Catete era restaurar os interesses tradicionais da oligarquia cearense, então a revolução de Joaseiro deve ser vista como uma derrota. Assim que os conspiradores do Rio de Janeiro chegaram a um acordo quanto ao sucessor governamental, voltou a deflagrar-se no sistema político cearense a cisão da era rabelista. Sem levar em conta os reagrupamentos temporários e as mudanças sucessivas de organização e nomenclatura partidária, as forças políticas do Ceará dividiram-se naqueles mesmos campos que haviam surgido por ocasião da derrubada de Accioly em 1912, a saber: de um lado, a classe média e os interesses mercantis do Ceará, apoiados por uma facção de fazendeiros anti-Accioly; de outro, os interesses tradicionais de bases essencialmente agrárias. Na realidade, os dois lados estavam tão equilibrados entre si que, até 1930, cada um era obrigado a governar o estado em coligação alternada, e nem sempre fácil, com o outro. No quadro geral dessa coligação, os interesses de Joaseiro e

255

do Crato beneficiaram-se, paradoxalmente e por algum tempo, como se a revolução tivesse de todo triunfado. Antes, porém, de tratar de Joaseiro e do Cariri após 1914, necessário se torna examinar a falência política do Catete em reaver o controle da política cearense.

Terminada a revolução, o interventor militar do Rio de Janeiro em Fortaleza entregou, com a aprovação do Catete, as rédeas do governo estadual ao coronel Benjamim Liberato Barroso, em 24 de junho de 1914.[1] Da mesma forma que Franco Rabelo, tratava-se de um oficial do Exército cuja carreira fora feita, em grande parte, na capital da República, indiferente à política cearense e imerso nas questões militares nacionais. Na realidade, o marechal Hermes havia pedido sua nomeação a fim de acalmar os ânimos e garantir aos outros oficiais do Exército que a deposição do tenente-coronel Rabelo não teve o intuito de ferir o amor-próprio da corporação militar nacional, que crescia dia a dia.[2] Havia uma terceira semelhança entre Barroso e seu antecessor; ele foi como que "concebido" no "antiacciolysmo". Barroso, como já se viu, governara o Ceará por um breve período, em 1892. Coubera-lhe suceder, no mais alto cargo do estado, o sogro de Franco Rabelo, o deposto general Clarindo de Queiroz, seu amigo e companheiro de armas. A deposição de Clarindo e a interinidade de Barroso no governo foram provocadas pela atuação dos grupos de Accioly que, em 1893, conquistaram o poder oligárquico no Ceará e o retiveram até 1912.[3]

Na qualidade de chefe do Executivo estadual, Barroso evitou lidar com os rabelistas que haviam sido depostos. Diferentemente de Franco Rabelo, ele pertencia à geração militar "pré-salvacionista" e, ao contrário dos "salvadores", tinha pouca simpatia pela classe média nouveau riche. Com mais razão, seu governo — arruinado pela "queda" da borracha de 1913, pela guerra europeia de 1914 e pela seca que atingiu o Ceará em 1915 (tão terrível quanto a de 1877) — deveria repousar todo o seu peso, embora por algum tempo, na aliança conservadora vitoriosa, formada pelos marretas e acciolystas.

Tal aliança era, claro, frágil e instável. Pinheiro Machado, por exemplo, não tinha qualquer intenção de favorecer a volta de Accioly ao poder, apesar do papel que este desempenhara na revolução; querendo, porém, manter a máquina política do conservantismo, o homem forte gaúcho decidiu colocar todo o poder do governo federal por trás de seu principal confidente cearense, Thomás Cavalcante, fundador do Partido Marreta do Ceará. No que lhe concernia, Cavalcante não tinha mais necessidade de Accioly. Assim, divulgou que os Accioly haviam feito um pacto com Franco Rabelo em 1912; o objetivo dessa propaganda traiçoeira era despojar Accioly da parte que lhe cabia no governo do coronel Barroso. Mais importante foi o fato de que Cavalcante, com vistas futuras à presidência do estado, não permitiu a dispersão das seções locais de seu Partido Marreta existentes no interior do Ceará, nem sua fusão com as unidades restantes do PRC-C que fora, outrora, a espinha dorsal do poderio dos Accioly. Barroso, por seu lado, pouco precisava dos acciolystas que haviam derrubado do poder a ele e ao general Clarindo de Queiroz, em 1892. Assim, devedor do Catete e cercado de marretas, ele abandonou a política de neutralidade e deu todo apoio a Cavalcante, nomeando apenas marretas fiéis para os altos cargos do novo governo.[4]

A manobra de Cavalcante para manter as estruturas de seu próprio partido (agora apoiado por Barroso) e o trabalho que teve para obter com exclusividade o poder, às expensas tanto de marretas "recentes", como Floro e João Brígido, como dos acciolystas, redundaram na ruptura imediata da instável aliança marreta-acciolysta. Os efeitos desse rompimento logo foram visíveis na Assembleia Legislativa. Eleitos em maio de 1914, com a proteção do Catete, os trinta deputados "revolucionários" cindiram-se, em setembro, em dois campos: quinze apoiaram o Partido Unionista, uma estranha mistura de acciolystas, comandados por Floro, com os simpatizantes de João Brígido; os outros quinze cerraram fileiras em torno do Partido Conservador Cearense, constituído, na realidade, por aqueles marretas que, financiados por Pinheiro Machado, continuaram a seguir Thomás Cavalcante.[5] Dessa forma, divididos em partes iguais, nenhum dos partidos dispunha de maioria (dezesseis votos). O impasse complicou-se mais ainda quando ficaram vagas duas cadeiras marretas com a morte de um deputado e a nomeação de outro para um cargo superior no governo estadual. Barroso propôs, então, mais dois marretas para preencher as vagas. Mas Floro Bartholomeu, que na qualidade de presidente da Assembleia Independente de Joaseiro fora escolhido como legítimo presidente da nova Assembleia, não quis reconhecer os suplentes. Três razões instigaram sua desobediência. Primeiro, ele achou que a aliança Barroso--marreta, sancionada por Pinheiro Machado, afastaria de fato os acciolystas do poder e, em consequência, cortaria seu projeto pessoal de carreira política. Em segundo lugar, ele estava convencido de que Barroso o tinha traído. Anteriormente, o presidente do estado havia vetado um projeto de lei que daria uma compensação a Floro pelos quatrocentos contos que ele gastara para o sucesso da revolução.[6] Em terceiro lugar, se conseguisse designar um correligionário acciolysta para uma das duas vagas do Legislativo, Floro teria então uma maioria leal ao acciolysmo, capaz de fazer funcionar a Assembleia. Com efeito, ele não apenas obteria seus quatrocentos contos como, talvez, até a inclusão de seu nome na chapa federal do velho PRC-C (agora, Unionista).

No ponto em que estava, o rompimento de Floro com Barroso confirmou a ruptura marreta-acciolysta; com os deputados da Assembleia divididos ao meio, o governo do estado tornava--se inoperante e permanecia imobilizado. A despeito da ascendente crise econômica, agravada no momento pela paralisação do comércio com a Europa em guerra, Floro não recuou um passo. Arquétipo de uma geração da República Velha, o ambicioso bacharel resistia, visando a prêmios mais altos: não apenas uma cadeira na Câmara Federal, mas também, como líder da revolução, uma voz decisiva nas questões nacionais. Foi a essa altura que ele e padre Cícero quase se separaram — a primeira e única crise ocorrida nos dezoito anos de amizade. O Patriarca estava, então, em Joaseiro, muito longe do campo de batalha que se travava em Fortaleza e no qual Floro e seus adversários se defrontavam numa guerra de sobrevivência política. Assim mesmo, os grupos interessados, do Rio de Janeiro e de Fortaleza, bombardearam o padre com telegramas urgentes pedindo sua intervenção para pôr fim à divisão criada por Floro.[7] Quando tais apelos ao seu patriotismo, aliados à sua ingenuidade política e às suas inclinações de fundo pacifista, levaram-no a pressionar Floro para que cicatrizasse as feridas do partido, o doutor lançou mão de uma arma mortal: a ameaça de terminar sua amizade com o clérigo. Temendo que um só gesto impolítico por parte de padre Cícero pusesse fim à sua carreira, ele telegrafou para o Patriarca. Nesse despacho, de 20 de setembro de 1914, Floro pedia o voto de confiança do padre e garantia-lhe que estava agindo no interesse de Joaseiro e da nação; concluía, entretanto, com exigências e advertências: [8]

Convença-se que daí de Joaseiro vossa reverendíssima nada poderá conseguir além do risco de mais agravar a situação [...]. Peço não apartar-se minha orientação e caso queira ou entenda apartar-se dela por motivo de qualquer outra ordem, seja-me franco para que eu me desprenda desta questão, tomando atitude que me convier, não mais me preocupando que eles nossos adversários façam o que desejam fazer, especialmente aí no Joaseiro.

O septuagenário Patriarca ficou sem alternativa. Sua esperança de voltar ao sacerdócio dependia de Floro. Como, também, a segurança de Joaseiro. Com o regresso ao Cariri dos regimentos cangaceiros revolucionários de Floro, procedentes de Fortaleza, os inimigos políticos de Joaseiro voltaram à carga contra o Patriarca, acusando-o de "acoitar criminosos". Em represália, Barroso, como fizera seu predecessor, deu início a uma campanha policial contra o banditismo no Cariri;[9] somente a presença política de Floro nos mais altos círculos do estado e da nação poderia impedir o presidente inamistoso de transformar essa campanha, tal qual tinha feito Franco Rabelo, numa arma política contra os dedicados chefes acciolystas do vale. Essas foram as considerações superiores que fizeram o Patriarca submeter-se à liderança de Floro. Decorridos dois meses, essa submissão foi e continuaria a ser completa até a morte de Floro, em 1926. A pedido dele, padre Cícero concordou em jamais agir politicamente sem a prévia aprovação de Floro.[10]

Apesar da total ascendência política de Floro sobre o Patriarca, o impasse marreta-acciolysta continuou sem alterações no decorrer de 1915. Nesse ano, o flagelo de uma das piores secas da história do Ceará arruinou mais ainda a economia e quase despovoou o Cariri e a "Nova Jerusalém", cujos trabalhadores das plantações de maniçoba ficaram desempregados e começaram a fugir, em grande parte, para as fileiras da força policial do estado de São Paulo, um dos raros empregos disponíveis naquele momento. O agravamento da crise econômica, entretanto, deu o impulso para solucionar o impasse político. Os rabelistas depostos (que não dispunham de um só cargo no governo de Barroso) reuniram-se, no Rio de Janeiro, com os aliados acciolystas de outrora. Rabelistas e acciolystas assumiram o compromisso de renovar o pacto de junho de 1912 e acertaram entre si uma tática jurídica para depor Barroso e seus correligionários. Os novos aliados argumentavam que a revolução de Joaseiro havia dissolvido ilegalmente a Assembleia de 1913, que era toda composta de rabelistas. Se o Supremo Tribunal Federal pudesse ser levado a declarar que a Assembleia rabelista ainda era constitucional, então, de acordo com o pacto renovado, tanto os acciolystas quanto os rabelistas poderiam voltar, juntos, ao poder. Mas o Supremo Tribunal não aceitou fazê-lo e, em consequência, o novo pacto morria antes de nascer, continuando o governo de Benjamim Barroso paralisado até o fim de seu mandato, em 1916.[11] Só então, com a seca terminada e a economia em vias de recuperação, pôde o Ceará encontrar seu equilíbrio político. Em suma, os rabelistas uniram-se aos interesses agrários dos marretas de outrora num partido democrático "popular". Com a volta de José Accioly a Fortaleza, os antigos adeptos do PRC-C, representantes dos interesses agrários tradicionais, mais alguns profissionais liberais, recompuseram o novo Partido Conservador. A igualdade de forças conduziu a política de coalizão na maioria dos governos que se seguiram, até 1930.[12] Os chefes do Vale do Cariri, por seu lado, com frequência alinhavam-se com o jovem Partido Conservador de Accioly. Mas o Cariri, por dez anos unido em torno de padre Cícero, usou habilmente seu poder político decisivo, na maioria das vezes, no interesse de sua própria região, e não dos Accioly. O advento do Cariri como uma "terceira força" na política cearense foi resultado direto da revolução de 1914.

BALANÇO DO PODER: JOASEIRO E O CARIRI

É inegável que Joaseiro lucrou, a curto prazo, com a "revolução". No final de 1914, a Assembleia do Ceará deu ao município o estatuto de distrito judicial autônomo (comarca). Concedeu-lhe, também, seu próprio juiz de paz e um tabelião público (ou cartório de notas), talvez a instituição jurídica mais importante da República Velha.[13] Em síntese, a revolução de 1914 completara, no mínimo, o processo de libertação de Joaseiro com relação ao Crato: a autonomia notarial e judiciária alcançada em 1914 confirmou a vitória política de 1911. Agora, em pé de igualdade, Joaseiro e Crato, apesar das repetidas tensões, assumiram a liderança conjunta do vale. Barbalha, que tinha aspirado a essa participação com o Crato, entrou numa fase de longa decadência, da qual só começou a sair em 1960. No Crato, o coronel Antônio Luís também retomou o poder, na qualidade de prefeito e deputado estadual.[14] A partir daí, sua amizade pessoal e a aliança política tácita com o Patriarca e com Floro foram muito importantes para evitar que se extravasasse o ressentimento do Crato, em especial quando Joaseiro assumiu, pouco a pouco, a posição dominante que hoje ocupa na história contínua dessas duas cidades.

Entre 1916 e 1926, o eixo Joaseiro-Crato dominou o Vale do Cariri. Suas unidades do Partido Conservador deviam menos aos Accioly (como havia sido nos primeiros anos do século) do que ao prestígio político de padre Cícero. Como vice-presidente do Ceará (nas eleições de 1914, passou de terceiro a primeiro vice-presidente), como líder real ou fictício da revolução e como distribuidor de favores políticos e de mão de obra barata em todo o sertão, o Patriarca era coberto de deferência pelos coronéis do Cariri. Apenas com seu conselho eles nomeavam as autoridades locais, apoiavam os candidatos a deputado estadual e federal; e apenas com seu endosso eles solicitavam subsídios governamentais para obras públicas e desenvolvimento econômico. De fato, até 1926, foi concedido ao Patriarca, pelas instáveis coligações governamentais do Ceará, considerável mandonismo local em troca de seu apoio e patrocínio eleitoral. Em contrapartida, o padre — ladeado por Antônio Luís e Floro Bartholomeu — usou sua influência em prol de Joaseiro e do Vale do Cariri.

Não resta dúvida de que o Cariri tinha, afinal, alcançado um considerável poder de barganha dentro da política cearense. Durante as quase quatro décadas anteriores recebeu poucos benefícios de Fortaleza. Seus impostos, entretanto, destinavam-se a proceder ao calçamento das ruas da capital e a iluminá-las, assim como fornecer à classe média de comerciantes do litoral esgoto, água potável, bondes, teatros, novas igrejas, luxuosos clubes particulares, hospitais, clínicas e cinemas.[15] O Cariri, durante muito tempo, clamou contra essa desigualdade, o que explica, em parte, por que seus comerciantes sempre preferiram negociar com a praça de Recife. O porto dessa cidade, por estar mais perto da Europa e do Sul industrial do que Fortaleza, oferecia mercadorias a preço mais baixo, e maiores facilidades de transporte dentro de Pernambuco reduziam os custos do comércio de varejo no interior. Apesar do comércio natural que existia entre o vale e o litoral pernambucano, era o poder político e fiscal da equidistante Fortaleza que muito tirava do Cariri e pouco retribuía.[16]

Tal disparidade parece ter sido um fator importante para a participação do Cariri na revolução de 1913-1914, que deve ser compreendida hoje, com o recuo do tempo, não como um conflito entre "uma cultura sertaneja atrasada" e "o litoral civilizado", mas como uma tentativa do vale no sentido de aumentar sua cota de "civilização", poder e resultantes benefícios materiais. A chamada "sedição" não foi, pois, uma revolta para destruir a estrutura de poder do estado, mas, antes, o meio violento utilizado com o único objetivo de obter maior participação naquele sistema, compatível com a contribuição do vale ao progresso do Ceará. Que essa ambição tenha sido em parte frustrada explica o fato de persistir até hoje um sentimento regionalista.[17] A origem e a sobrevivência desse sentimento coincidiram com uma noção significativamente mais ampla de "regionalismo nordestino" o qual, começando na década de 1920, traduziu as reivindicações dos habitantes do Nordeste árido por uma participação maior na crescente prosperidade do país. Tanto no Cariri como no Nordeste, esse movimento acompanhou, paralelamente, o surgimento do nacionalismo através do Brasil, no qual padre Cícero também teve um papel a desempenhar.

Por enquanto, importa saber que, logo após a revolução, a influência do Patriarca, política ou qualquer que ela tenha sido, estendeu-se com rapidez dentro do Cariri e em outros estados do Nordeste, justificando assim a assertiva, já tantas vezes repetida, de que Joaseiro era o maior reduto político do Nordeste. Nos estados vizinhos de Pernambuco e Paraíba, por exemplo, e até mesmo nos distantes, como Alagoas (de onde vieram tantos romeiros de Joaseiro), poucos eram os candidatos para os cargos políticos que não pedissem o aval do clérigo.[18] Coube aos próprios presidentes do Ceará pagar à sua influência o tributo mais elevado. A partir de 1917, três dos quatro presidentes do estado eleitos antes de 1930 fizeram uma "peregrinação" pessoal a Joaseiro, depois das quais as fotografias tiradas em companhia do Patriarca constituíram um dado importante na literatura da campanha eleitoral. Mesmo após a morte de padre Cícero, em 1934, candidatos e políticos mantiveram essa peregrinação, visitando seu túmulo; muitos chamaram a si mesmos de "romeiros do meu Padim", com olhos voltados para os votos dos fiéis do "santo do Joaseiro".[19]

A base da influência política do Patriarca residia, em parte, em seu prestígio religioso entre as classes baixas. Em grande medida, provinha da atividade constante e da ambição de Floro Bartholomeu, e era por elas alimentada. Após sua breve atuação como presidente da Assembleia Legislativa do Ceará (1914-1915), Floro foi reeleito deputado estadual na legislatura de 1916-1920. Em 1921, obtive a cadeira de deputado, como "independente" (pelo Cariri), na Câmara Federal, para a qual fora derrotado nas eleições de 1916. Floro exerceu o mandato federal até sua morte prematura, em março de 1926.[20] É forçoso acrescentar que seu falecimento marcou o começo do fim político do Patriarca, prova evidente de que, sem Floro, o título honorífico de "maior coronel do Nordeste brasileiro" jamais teria sido conferido a padre Cícero.

Com o desaparecimento de Floro, padre Cícero, em desespero, tentou nomear um sucessor, Juvêncio Santanna, o primeiro juiz de Joaseiro, seu afilhado e filho do conhecido chefe político de Missão Velha. Mas o insucesso do Patriarca deveu-se à decisão dos dois partidos de acabar com a posição de "terceira força" que o Cariri desfrutava nos assuntos do estado e, desse modo, negaram apoio a Santanna. Como consequência, os interesses do vale, decidido a manter sua posição vantajosa, obrigaram o padre a ser o próprio sucessor de Floro, o verdadeiro construtor do reino político da região. Em maio de 1926 ele venceu com facilidade a eleição para a Câmara Federal. Mas, devido à sua saúde precária, à pouca inclinação e às severas críticas que se amontoaram sobre sua candidatura, por parte dos políticos litorâneos desgostosos, o Patriarca jamais tomou posse de sua cadeira. Apesar disso, sua decisão de ceder momentaneamente aos desejos dos chefes do vale salvou o Cariri da decadência que lhe havia sido reservada pelos ambiciosos políticos profissionais do litoral. Dois anos mais tarde, padre Cícero, apesar das suas más condições de saúde, da ameaça de cegueira e da idade avançada (tinha 84 anos), tentou mais uma vez reunir o eleitorado em torno de Juvêncio, sua própria escolha para a Câmara, bem como a do Cariri. Nisso também falhou, e a nomeação de Juvêncio para secretário do Interior e Justiça, em 1928, foi arquitetada em Fortaleza para recompensar o Cariri pela perda de um lugar no Legislativo federal.[21] A revolução de Getúlio Vargas em 1930, no entanto, completou de maneira simbólica, a rápida destruição (a partir da morte de Floro) do religioso e da influência política direta do Cariri: o novo prefeito de Joaseiro, nomeado pelo governo revolucionário, mandou retirar da prefeitura o retrato do Patriarca. Tal fato, que feriu profundamente o octogenário, representou o fim simbólico de uma era na história política do Nordeste brasileiro. A morte de padre Cícero, em 1934, embora desse motivo à apoteose do "santo do Joaseiro" por parte dos pobres, dos humildes e dos fiéis, foi, em termos políticos, um anticlímax.[22]

CARIRI: O CONTEXTO DO DESENVOLVIMENTO REGIONAL

É importante reexaminar as realizações e as transformações do Cariri durante os quinze anos que antecederam a revolução de Getúlio Vargas. Não há, aqui, nenhuma intenção de defender a memória de Floro e do Patriarca, se bem que, sem eles, tais mudanças e avanços teriam sido menos bem-sucedidos e pronunciados. Ao contrário, uma discussão sobre o assunto pode concorrer para ilustrar as dimensões dentro das quais ocorreu, numa região do sertão nordestino, certa forma de desenvolvimento e modernização, assim como situar esses quinze anos de progresso no contexto de importantes acontecimentos nacionais.

Já aludimos às dimensões políticas da mudança, a saber, o sistema hierárquico do coronelismo político, no qual a troca pelo apoio eleitoral constituía a chave da oportunidade de crescimento para qualquer região. Durante o período oligárquico da história nordestina (1896-1910), os estados tornaram-se as unidades organizadoras do "favoritismo". No período seguinte, o período "salvacionista" ou burguês da história nordestina (1910-1930), o governo federal, por meio da burocracia federal em expansão e da legião de dignitários militares e civis, começou a competir com os estados como fonte de "favores" e, por definição, a manipular o sistema político. Em certo sentido, a revolução de Getúlio Vargas

266

em 1930 completou aquele processo pelo qual um governo federal centralizado retirou dos governos estaduais o papel que exerciam como principais despenseiros da riqueza nacional e árbitros das condições pelas quais uma região podia obter sua cota de participação. No Cariri, o período oligárquico correspondeu às administrações cratenses dos coronéis Belém (1896-1904) e Antônio Luís (1904-1912), cada um deles tendo exercido altos cargos no governo do estado. O período "burguês" coincidiu com o poder estadual e federal exercido por Floro Bartholomeu (1913--1926). Em cada fase, o desenvolvimento do Vale do Cariri dependeu diretamente das ligações políticas da região, ora com o estado, ora com o governo federal.

Uma vez que essas ligações nos anos anteriores a 1913 já foram examinadas em seus pormenores, cabe-nos agora analisar, de forma sucinta, como elas evoluíram no período posterior, caracterizado por uma centralização federal crescente. O papel que Floro desempenhou na revolução de Joaseiro, cuja execução originou-se diretamente no Catete, bem ilustra a extensão dos laços que o uniam ao governo federal. Em 1919, quando o presidente da República, Epitácio Pessoa, nordestino de nascimento, concedeu grandes auxílios federais às regiões áridas do Nordeste para a execução de obras públicas contra as secas (açudes, estradas, cacimbas e estradas de ferro),[23] a parte que coube ao Cariri revelou-se proporcional à sua influência política (embora a região fértil propriamente dita não fosse, a bem dizer, uma área de seca). Foi naquele ano (1919) que Floro Bartholomeu recebeu subsídio federal para a pavimentação do centro urbano de Joaseiro. Milhares de homens e mulheres, desempregados em parte pela seca de 1919, passaram a trabalhar sob a direção de Floro. Embora se tratasse de um projeto limitado, foram fundos federais — e não estaduais — que tornaram possível sua execução.[24]

Em 1926, os laços do Cariri com o governo federal revelaram-se ainda mais recíprocos. Havia apenas quatro anos que os "tenentes", jovens oficiais de mentalidade reformadora, tinham se revoltado.[25] Sob a liderança do tenente Luís Carlos Prestes, ganharam o interior do país numa marcha forçada, fugindo às perseguições do governo. Durante a perseguição dessa coluna através dos sertões, tornaram-se esses homens, para as populações urbanas do litoral, os porta-estandartes da maior democratização do processo político brasileiro; simbolizavam, também, a expansão dos sentimentos nacionalistas no Brasil. Quando a famosa Coluna Prestes atingiu o Ceará, em princípio de 1926, coube ao deputado Floro Bartholomeu, com a aprovação do então presidente Arthur Bernardes, organizar o Batalhão Patriótico de Joaseiro para derrotar os "rebeldes" antigovernistas. Foi então que padre Cícero, influenciado por Floro, enviou sua célebre carta aos "revoltosos". Se bem que lhes pedisse para se renderem, reconhecia que suas aspirações eram justas. Não há dúvida de que, a longo prazo, a defesa que Floro fez do governo Bernardes colocou o Patriarca e o Cariri em oposição franca e irreversível aos tenentes e aos simpatizantes liberais espalhados por toda parte no país, os quais, uma vez rebelados em 1922, marcharam para a vitória nacional de 1930.[26] Mas a atuação de Floro contra a Coluna Prestes marcou um ponto de vantagem para o Cariri, como uma "terceira força" política dentro do Ceará, garantindo-lhe os favores federais e as compensações no âmbito regional. O vale, infelizmente, jamais colheu essas vantagens, em virtude da morte súbita de Floro, ocorrida no mês de março de 1926. Em contrapartida, devido à posição assumida pelo Cariri em "defesa da República", Floro foi agraciado, após seu falecimento, com o título honorífico de general do Exército. A salva de 21 tiros de canhão ao baixar seu ataúde à sepultura foi o dobre dos sinos para a morte política do Cariri.[27]

A distribuição de favores políticos federais não constituía a única chave do desenvolvimento. As transformações da economia mundial levaram também consideráveis lucros para o Cariri a partir de 1918, os quais, por sua vez, alargaram o poder de barganha da região nos círculos federais e estaduais.[28] A seca de 1915, em que a atuação de padre Cícero muito contribuiu para evitar o colapso total de Joaseiro, terminou no ano seguinte; a reconstrução do pós-guerra na Europa viria a aumentar, mais tarde, a demanda de produtos minerais e agrícolas do Ceará. Já despontavam, em 1917, os primeiros sinais de prosperidade. Naquele ano, por exemplo, um oficial do Exército brasileiro associou-se a um engenheiro residente em Joaseiro, o francês conde Adolpho van den Brule, na exploração de minério de ferro prospectado havia pouco no vale. Ao mesmo tempo, o Patriarca não deixou de usar sua influência no Rio de Janeiro no sentido de obter a disputada concessão dos depósitos de cobre de Coxá. Dificuldades legais e pretensões contrárias do governo federal adiaram a decisão final dessa famosa questão até vinte anos depois da morte do padre. Além do mais, na década de 1920, a Europa voltou a exportar capitais para serem investidos no setor da nascente indústria privada do Brasil, fato esse que levou padre Cícero a patrocinar um projeto de desenvolvimento de minas de carvão que acabavam de ser descobertas no Cariri. Mas a razão do insucesso dessas tentativas iniciais de industrializar o sertão foi a maior abundância e a mais elevada rentabilidade dos recursos agrícolas da região.[29]

O principal interesse da Europa residia, de fato, na aquisição de matérias-primas agrícolas produzidas a baixo preço no Brasil. O algodão, que fora a exportação-chave do Ceará durante a Guerra de Secessão americana, voltou a ser "rei".[30] Entre 1916 e 1918, o algodão apresentou metade do valor das exportações anuais do Ceará. Ao longo dos anos 1920, foi responsável por cerca de 75% da renda total do estado, enquanto os impostos provenientes dos vários ramos da produção e da exportação algodoeiras correspondiam a 55% do orçamento anual real do governo estadual. Um indicador da importância do algodão pode ser visto no relatório publicado em 1923 por uma delegação de representantes das indústrias têxteis britânicas, que visitou Joaseiro e outros centros produtores do Nordeste com o objetivo de promover o incremento, em volume e em qualidade, das exportações do produto para a Inglaterra.[31] A expansão do algodão, no entanto, não se limitava ao Ceará; ela ocorria em outros estados nordestinos, em especial na Paraíba. A cidade de Campina Grande, situada no agreste paraibano, começou a despontar nesse momento como principal centro classificador e exportador de algodão para a Europa e, cada vez mais (até 1930), para as fábricas de tecidos em Recife e São Paulo, que se achavam em processo de crescimento.[32]

A reintegração da produção nordestina na economia mundial após 1918 e o vasto programa de obras públicas executado no sertão árido pelo governo federal graças aos lucros auferidos com os excedentes da exportação de café, entre 1919 e 1922, contribuíram imensamente para aumentar a influência do padre como um magnata da mão de obra. Se, por um lado, durante o "surto" da maniçoba, o Patriarca surgira como o "tzar" dos trabalhadores do Cariri, por outro, durante o ressurgimento do algodão nos anos 1920, tornou-se ele o "tzar dos trabalhadores de todo o Nordeste". Firmas de engenharia inglesas e americanas, contratadas para a construção de açudes financiados pelo governo federal, solicitavam incessantemente ao padre o envio de brigadas de trabalho na Paraíba, em Pernambuco e no Rio Grande do Norte. Assim também agiram os engenheiros encarregados do prolongamento da Estrada de Ferro de Baturité a partir de Iguatu até o Cariri. Sem as brigadas de trabalhadores de padre Cícero, a indústria de algodão do sertão paraibano "teria desaparecido". De acordo com Floro, "anualmente, na época da colheita, [...] cerca de 5 mil pessoas, na maioria mulheres", partiam de Joaseiro e iam colher a safra dos principais municípios algodoeiros da Paraíba.[33]

Mas o Patriarca não se limitava a arrebanhar e mobilizar os trabalhadores. Ele inculcava, também, no espírito desses camponeses os padrões de valores de uma economia baseada na mão de obra assalariada. Ao cair da noite, pregava à multidão de trabalhadores que se reunia diante de sua residência. Tais consagrações (já que, no âmbito canônico, o bispo o havia proibido de pregar e chamar suas falas de "sermões") sempre versavam sobre a honestidade, o trabalho árduo e o respeito às autoridades eclesiásticas e civis, terminando com a injunção: "Quem tiver roubado, não roube mais; quem tiver matado, não mate mais; quem tiver sido desonesto, largue o mau caminho [...]. Volte ao trabalho e reze o terço de Nossa Senhora todos os dias de madrugada e no pôr do sol".[34] De forma quase inconsciente, o padre tornara-se um agente-chave no processo de "modernização" do esquecido Nordeste, embora de inspiração conservadora, capitalista e paternalista.

Na medida em que a economia moderna estendia seus sistemas de produção, salário, crédito e bancos em áreas até então adormecidas, coube ao Patriarca procurar impedir que algumas das consequências "negativas" desse processo destruíssem a ordem social. No Nordeste, uma nova onda de banditismo profissional era apenas um dos sintomas da adaptação fortuita da região à economia capitalista moderna. Diferentemente do banditismo político e remunerado que fora criado e protegido pelos coronéis antes de 1914, o banditismo profissional dos anos 1920 se caracterizou pelo surgimento de pequenos bandos de homens desgarrados, cuja liderança era entregue a um de seus próprios membros. O arquétipo do cangaceiro moderno foi o Robin Hood brasileiro Antônio Virgulino Ferreira, o célebre Lampião. Respeitando, por vezes, as classes mais pobres, sua carreira de revolta e de destruição em grande escala da propriedade provocou o terror em todas as classes — chefes do sertão e autoridades governamentais. Antes de Lampião e de outros do mesmo gênero (cuja importância na história social moderna do Brasil ultrapassa os limites do presente livro), o Patriarca pregava contra o emprego da violência e recomendava o arrependimento. Quando Lampião e seu bando entraram em Joaseiro, em 1926, presumivelmente a convite do dr. Floro para auxiliar a combater a Coluna Prestes, a imprensa das cidades do Nordeste aproveitou-se da ocasião para castigar padre Cícero com a acusação de "protetor de bandidos". O religioso, porém, replicou que seu único interesse era convencer Lampião e seu bando a abandonar o caminho errado e retirar-se para o interior de Mato Grosso, onde poderiam ser agricultores e recomeçar uma vida honesta.[35]

Os conselhos pacifistas do Patriarca só eram levados em consideração em tais casos extremos de desordem social. Por esse motivo, o clérigo instou pessoalmente pela criação, no final da década de 1920, de um batalhão do Exército em Joaseiro.[36] Objetivava com isso manter a paz e alistar no serviço militar os elementos mais recalcitrantes da sociedade sertaneja. Floro, que em 1914 e ainda alguns anos mais tarde pediu ele próprio a prisão de vários bandidos profissionais que tinham se infiltrado em Joaseiro,[37] foi quem melhor sintetizou a ação eficaz de padre Cícero em prol da sociedade conservadora em transição. Na defesa que fez do Patriarca perante a Câmara Federal, em 1923, foi o discurso de Floro interrompido várias vezes pelos deputados, que reforçavam a impressão que ele procurava transmitir: "Padre Cícero é um elemento de ordem naquele sertão [...]. Sem ele, o governo não poderia manter a ordem ali; esta é a verdade".[38]

CARIRI: O IMPACTO DO DESENVOLVIMENTO REGIONAL

Durante a década de 1920, o Cariri foi cenário de inúmeras mudanças econômicas e melhorias.[39] Ao espalhar-se o sistema de trabalho assalariado em todo o Nordeste, o preço da mão de obra no vale (e em todo o Ceará) subiu. Da mesma forma, aumentou o preço das terras menos férteis situadas na Chapada do Araripe. Foi essa região retalhada e vendida em pequenos lotes, passíveis de utilização por pequenos agricultores para a produção de alimentos, sobretudo mandioca, feijão, arroz e milho. Maiores mercados consumidores para esses produtos haviam sido criados em outras partes do Nordeste pela grande força de trabalho engajada na construção de ferrovias e açudes. A rapadura e a mandioca, alimentos básicos das classes mais pobres, continuavam a ser os produtos de exportação de primeira grandeza do Crato e de Barbalha, que eram os centros tradicionais da cana-de-açúcar do vale.

O algodão ou "ouro branco" passou a dominar, com rapidez, a economia local. Os campos outrora cobertos de maniçoba já não mais ficavam em pousio nem serviam de pasto ao gado; na época da colheita, o algodão transformava a terra vermelha num manto de neve. A ascensão do algodão no vale foi de tal forma espetacular que nos anos 1930 chegou a atrair grande investimento de capitais por parte da firma americana Anderson Clayton Company, e permanece ainda hoje, sob controle brasileiro, o principal produto do Cariri.[40]

Contudo, o progresso do vale pode ser comprovado uma vez mais pela criação do primeiro banco no sertão nordestino (no Crato, em 1921) e da primeira associação regional de produtores agrícolas voltados para a exportação (a Associação Agrícola do Cariri, também no Crato, em 1921)[41] e, em 1926, pela chegada a Joaseiro e ao Crato da linha da estrada de ferro pela qual padre Cícero batalhara desde 1910 e para cuja construção forneceu o maior contingente de mão de obra.[42]

Começava a dar resultados, também do ponto de vista social, a integração do sertão num sistema político nacional e na rede econômica internacional. Em Joaseiro, por exemplo, tentava-se pôr fim não apenas ao banditismo, ao jogo e a outros vícios, mas, ainda, às manifestações excessivas de fanatismo religioso. Como em muitas outras questões, Floro foi o principal responsável por essa mudança, embora nem seus métodos nem a repressão que se seguiu, dirigida contra os mais pobres, estejam aqui em discussão, no momento. Como bacharel e profissional de orientação urbana, era-lhe, compreensivelmente, desagradável ser alvo de zombarias na Câmara Federal como "deputado dos fanáticos". Durante a seca menor de 1919, suprimiu, pela violência, a recrudescência de uma sociedade de flagelantes penitentes, instituição religiosa que existira no Cariri mesmo antes da chegada de padre Cícero em 1872. Por ordem de Floro, os penitentes foram dispersados.[43] O mesmo ocorreu com uma seita milenarista conhecida como "hostes celestiais", cujos membros adotavam nomes de santos e residiam, em abstinência sexual, no Horto. As vestes religiosas e os paramentos dos cerimoniais, tanto dos flagelantes quanto das "hostes celestiais", foram queimados em praça pública por ordem de Floro, enquanto os renitentes eram mandados para trabalhos forçados nos reparos das ruas e das calçadas de Joaseiro.[44] Mais uma vez, em 1921, Floro agiu de forma decisiva: tratava-se, agora, do beato de maior reputação de todo o vale, José Lourenço, encarregado de tomar conta de um dos estimados touros reprodutores pertencentes a padre Cícero. Os admiradores do beato tinham atribuído poderes curativos à urina do animal. Floro deu ordem para que o touro fosse morto em praça pública e sua carne, vendida ao povo. (Infelizmente, a história de José Lourenço tem sido contada e recontada de forma anedótica e sectária. Só recentemente foi revelado o papel que o beato desempenhou como iniciador de uma experiência de reforma agrária de tendência popular.)[45]

A vida social de Joaseiro mudou de outras maneiras. Graças ao deputado médico, homem cosmopolita e refinado, as festas religiosas tradicionais da cidade começaram lentamente a ceder lugar a festividades seculares. O Carnaval — que antecede a Quaresma —, o dia da Independência e até a data do aniversário da autonomia municipal de Joaseiro tornavam-se, agora, ocasiões festivas na vida social do lugar, cujos filhos e filhas passavam a receber uma educação melhor e mais completa.[46] Instituições educacionais, até então, em sua maioria, particulares e mantidas pelo Patriarca, começaram a expandir-se. Em 1917, por exemplo, a primeira professora joaseirense de Escola Normal, formada em Fortaleza, organizou o sistema escolar primário da cidade. Vários anos depois, um paraibano excêntrico (a quem Joaseiro deve uma de suas primeiras histórias escritas) fundou a primeira escola secundária da cidade. Foi curta, porém, a vida desse colégio.[47] Em 1923, no entanto, Joaseiro já podia orgulhar-se de suas quatro escolas primárias, financiadas pelo estado e pelo município, e de um grande número de escolas particulares. Meios educacionais mais amplos deixaram de ser criados não em virtude da hostilidade do Patriarca à instrução, como afirmou um autor.[48] Pelo contrário, o religioso ajudou a fundar doze escolas primárias particulares. Ainda em 1916, fundou, pessoalmente, um dos primeiros orfanatos do interior, o Orfanato Jesus, Maria e José.[49] Em 1932, coube ao sacerdote doar terras que lhe pertenciam para que o governo criasse o primeiro colégio de formação de professores rurais, instalado, afinal, em 1934 com o nome de Escola Normal Rural, a primeira no gênero a funcionar no Nordeste brasileiro.[50]

A educação secundária ficou atrasada em Joaseiro, como de fato se verificou, em virtude de existirem no Crato, a apenas dezoito quilômetros de distância, instituições de nível mais elevado. Boa parte do clero, não tendo gosto pelos deveres pastorais, preferia ganhar sua subsistência dirigindo e lecionando em suas próprias escolas primárias e secundárias, que eram, muitas vezes, internatos. Até 1941, quando foi construído o colégio secundário definitivo de Joaseiro, parte da população do município, em idade de cursar o ginásio, estava matriculada nos internatos do Crato. Joaseiro não apenas fornecia os estudantes que ajudariam a manter as instituições de ensino de segundo grau do Crato como também respeitava devidamente o monopólio do clero cratense sobre a instrução. A rivalidade em assuntos educacionais só ocorreu, por essa razão, a partir de 1941.

O mesmo não se deu em outros campos de atividade, em que predominou desde muito cedo uma imensa rivalidade entre Joaseiro e o Crato, servindo de estímulo ao recíproco desenvolvimento econômico e social. A rivalidade entre cidades vizinhas, fato esse bastante comum no Brasil, como comprova a história de Olinda e Recife, foi fundamental, embora imprevisível, na evolução econômica moderna. Originou-se aquela rivalidade, como se recorda, com a "questão religiosa" dos anos 1890 e intensificou-se com a luta pela autonomia de Joaseiro (1908-1911). Após quase um decênio de cooperação (1912-1921), ressurgiu em seguida (se bem que não no nível político), quando Joaseiro passou a combater, no período de algumas décadas, a posição de liderança do Crato no Cariri, que datava do final do século XVIII. Em 1921, por exemplo, tornou-se o Crato a primeira cidade do vale a abrir um posto de profilaxia rural; em 1924, Joaseiro fez o mesmo.[51] Em 1921, o coronel Antônio Luís inaugurou uma nova praça pública no Crato; em 1925, a praça da Liberdade de Joaseiro foi remodelada e adornada com uma estátua de padre Cícero em tamanho natural, erigida por Floro.[52] O sistema bancário cratense, estabelecido em 1921, só foi igualado por Joaseiro em 1932, em parte porque os "capitalistas" joaseirenses resistiam à mudança para um sistema de crédito legal e em parte porque o sistema bancário do Crato parece ter conseguido impedir que os investidores de Joaseiro fundassem suas próprias instituições de crédito. Essa rivalidade intensa, infelizmente, redundou, em certos casos, na duplicação de serviços públicos, que foi prejudicial às necessidades crescentes do Crato como um todo. Por exemplo, logo após 1928, quando os aeroplanos começaram a cruzar os céus nordestinos do Cruzeiro do Sul, construíram-se campos de aviação — primeiro em Joaseiro, em terreno doado por padre Cícero, e mais tarde no Crato.[53] Mas o orgulho impedia que cada cidade desse o primeiro passo no sentido de propor um aeroporto único e mais bem localizado, capaz de atender a ambas de maneira mais eficiente do que qualquer um dos já existentes. O orgulho continua, também, a impedir a colaboração mais proveitosa nos dias de hoje no programa-piloto de industrialização que teve início em 1963, sob o patrocínio do governo estadual, em cooperação com técnicos de fora. Por fim, é esse mesmo orgulho que impede o Crato, desde há muito a "Pérola do Cariri", de reconhecer que Joaseiro talvez já se tenha tornado, de algum tempo para cá, a cidade mais importante do vale. Tal superioridade, pelo menos em um sentido, talvez tenha se confirmado recentemente: em 1966, quatro decênios após a morte de Floro, um ex-prefeito de Joaseiro voltou para a Câmara Federal como deputado eleito pelo Vale do Cariri.

REGIONALISMO NORDESTINO E NACIONALISMO "FOLCLÓRICO"

Vista segundo a perspectiva do Vale do Cariri como uma região política homogênea no conjunto cearense, não devia a rivalidade econômica e social entre Joaseiro e o Crato nos anos 1920 ignorar a unidade política que os ligava no essencial. Essa unidade prevaleceu desde a revolução de 1913-1914 até a vitória de Getúlio Vargas em 1930. Essa unidade estava simbolizada na amizade íntima entre o Patriarca, Floro e o coronel Antônio Luís.[54] Por fim, essa unidade manteve a liderança do Cariri, que, com o apoio federal, fez da região, de forma inteligente e bem-sucedida, uma "terceira força" na política cearense.

Por que foi o regionalismo do Cariri tão bem-sucedido nos anos 1920? Alguns autores ressaltam os esforços do vale, em meados do século XIX, em prol da autonomia provincial. Outros observam que, decorrido um século (1955), uma proposta semelhante para a criação de um novo "estado dos Cariris Novos" reafirmava a força dos sentimentos da região. Ambos os movimentos, assim como a revolução de 1913-1914, foram, de fato, importantes para a aglutinação — sem serem propriamente revolucionários ou separatistas — que visava, antes de tudo, aumentar a força relativa do Cariri dentro da estrutura política conservadora do Ceará. Entretanto, nem o precedente do século XIX nem a continuidade do "localismo" do Cariri no século XX foram suficientes para explicar o sucesso da política de "terceira força" nos anos 1920. Dois fatores adicionais parecem ter sido mais férteis. Um, de ordem política, já foi ressaltado: o papel crescente da distribuição direta de favores federais na região do vale e o impasse do sistema bipartidário do Ceará, a partir de 1916. O outro relaciona-se com o impulso que a coletividade do vale recebeu em consequência do despertar político concomitante de todo o Nordeste.

Com efeito, o "localismo do Cariri" coincidiu cronologicamente com a ascensão do "regionalismo nordestino". Tem-se afirmado que esse movimento se originou, de forma inconsciente, no último quartel do século XIX. As grandes secas de 1877-1879 e de 1888-1889 chamaram a atenção da nação brasileira para a dramática adversidade que atingia seus concidadãos do abandonado Nordeste.[55] Quando a caridade pública e privada mostrou-se inadequada para minorar o sofrimento dessa terça parte da população do Brasil, surgiu, por fim, o auxílio sistemático. Em 1911, o governo federal criou a Inspetoria Federal de Obras contra as Secas (IFOCS). Sua jurisdição, que cobria vários estados cronicamente flagelados pelas secas, forneceu o quadro institucional comum onde a política regional podia desenrolar-se, mas que podia, também, salientar um importante problema geral a toda a região com o qual seus habitantes viriam a se identificar. Dessa maneira, a IFOCS e as secas forneceram, inadvertida e parcialmente, as coordenadas dentro das quais tomou forma a "consciência nordestina". Em resumo, uma condição climática e uma repartição de serviço público federal deram uma enorme contribuição ao desenvolvimento tanto da unidade regional nordestina como de um despertar de âmbito regional para o direito a uma participação mais completa nos frutos produzidos pela nação.

Embora o constante atraso do Nordeste, quando comparado com o Sul industrial, tenha fornecido as bases para as reivindicações da região, coube aos estudiosos do folclore fazer brotar uma ideologia comum de "regionalismo nordestino". Em 1912, o historiador cearense Gustavo Barroso (sob a alcunha simbólica de João do Norte) escreveu a primeira grande obra sobre o folclore nordestino, intitulado *Terra de sol*.[56] Esse estudo do Ceará divergiu, de maneira considerável, dos pontos de vista de muitos intelectuais contemporâneos, entre os quais Rodolpho Theophilo. Theophilo argumentava que a estagnação social do Nordeste era consequência da inferioridade humana do sertanejo ou caboclo do sertão, resultante da mistura racial. Por seu lado, João do Norte, se bem que não de todo livre de sentimentos racistas, pintava o homem do interior como a fonte autêntica de um povo enobrecido, cuja língua e cujos valores constituíam a própria essência da civilização nordestina. Sua capacidade para sofrer, para suportar privações, para labutar sem descanso, e seu amor pelo sertão, pela família e pela religião — tudo isso foi enaltecido como qualidades positivas que os brasileiros de qualquer região deviam aprender, amar e imitar em sua marcha para a modernidade.

Se João do Norte foi o mais notável entre os pioneiros do regionalismo nordestino com base folclórica, coube a outro cearense, entre aqueles primeiros autores, fazer a ligação do folclore regional com o nascente nacionalismo brasileiro. Na qualidade de jornalista e historiador, Leonardo Motta dedicou a vida a interpretar e transmitir os valores do sertão às classes médias letradas e nacionalistas do litoral urbano. Motta estreou em 1921, com o clássico *Cantadores*.[57] Seu assunto eram os oito trovadores do sertão que, ao acompanhamento da viola, cantavam e recitavam seus poemas populares nas feiras do interior. *Cantadores* transcrevia suas histórias de gesta, seu heroísmo, sua santidade e seu humor, assim como o cinismo inato do sertão reservado aos eclesiásticos, delinquentes e políticos de mau caráter; com o tempo, as elites urbanas sofisticadas apropriaram-se, sem hesitar, dessas perspectivas como a característica especial de sua própria região "abandonada". De modo consciente, Leonardo Motta, como embaixador do sertão, procurou ser o defensor intransigente do "sertão caluniado, ridicularizado e esquecido" e, ainda, o propagandista nacionalista da "acuidade, destreza de espírito e vivacidade do sertanejo abandonado".[58]

Contemporâneos de Leonardo Motta e João do Norte, entre jornalistas, escritores e políticos nordestinos, também se deixaram inflamar pelo desejo de redimir o Nordeste. Até 1930, lançaram novos ataques às velhas distorções e fizeram mais reivindicações de melhoria econômica dessa região, em oposição à antiga relutância do Brasil sulista em dividir a riqueza da nação com o empobrecido Nordeste. Na literatura, a prosa de Rachel de Queiroz foi, mais tarde, um exemplo do despertar da consciência nordestina, enquanto, no tocante aos estudos políticos, o monumental trabalho de José Américo de Almeida, *A Parahyba e seus problemas*, desenvolvido anteriormente, constituiu a exposição mais bem articulada da insatisfação do "Nordeste em face da posição secular de inferioridade a que estava relegado no conjunto do país".[59] Mesmo Floro Bartholomeu, baiano de nascimento, teve sua pequena participação. Na apaixonada defesa que fez do Nordeste perante a Câmara Federal, Floro denunciou os ataques dos diletantes urbanos à região, concluindo: "O que há de certo é que no sertão é onde está o patrimônio moral do país".[60] Nesse angustiado processo de despertar regional (ele continuou pelos anos 1950 e 1960 sob a liderança nordestina de Francisco Julião, advogado radical e fundador das Ligas Camponesas, e Celso Furtado, economista e primeiro diretor da Superintendência do Desenvolvimento do Nordeste), não surpreende que em alguns setores da região, até 1934, padre Cícero tenha chegado a ser um símbolo da causa do Nordeste. Três jornalistas escreveram que o Patriarca e sua "Nova Jerusalém" eram provas de que o Nordeste se mostrava capaz de progredir e prosperar, caso lhe dessem oportunidade.[61] Compararam, prazerosamente, a capacidade do sertanejo para o trabalho pesado com a dos imigrantes europeus que tinham inundado o Sul do Brasil; condenaram de modo áspero o governo federal por abandonar os sertanejos, oferecendo, em contrapartida, tratamento preferencial, terras e melhores salários aos imigrantes. Louvaram a orientação paternalista do Patriarca para com os pobres, mas denunciaram os "maiorais" da política por seu egoísmo e sua hipocrisia. Um escritor, em consonância com o fervor nacionalista do final da década de 1920 e princípio da de 1930, chegou mesmo a enaltecer o religioso como um eminente nacionalista brasileiro: a oposição de padre Cícero à "entrega", pelo governo, de vastas porções das florestas de seringueiras da Amazônia a Henry Ford, em 1928, contrastava com a mentalidade entreguista das autoridades federais.[62]

Em face dessas considerações, não surpreende que o sucesso político do Cariri como "terceira força" tenha residido, em parte, no advento sincronizado de seu espírito localista com o do regionalismo nordestino. Tal sentimento, compartilhado por sertanejos conservadores e pelas classes médias liberais do litoral, ultrapassou, por algum tempo, diferenças ideológicas. De forma semelhante, os sentimentos regionalistas do Nordeste, embora antagônicos aos do Sul mais rico, coincidiram, com mais frequência do que se pensa, com as aspirações mais radicais dos nacionalistas com base no Sul, que também procuravam uma integração mais justa das forças vitais de toda a nação e uma distribuição mais equitativa da riqueza material e espiritual do Brasil, aspirações essas que ainda estão por se realizar.

10. O Patriarca e a Igreja

A ABDICAÇÃO DO PATRIARCA

Não há dúvida de que padre Cícero figurou com realce, na década de 1920, tanto no progresso material do Cariri quanto no advento do regionalismo nordestino e do nacionalismo brasileiro. Mas também está fora de questão que em muitas dessas transformações ele foi apenas um participante passivo. Enquanto a revolução de 1913-1914 lhe conferia extraordinário poder político, de modo paradoxal ele próprio abdicou do exercício desse poder. Sua abdicação foi uma das principais consequências da revolução. Embora o Patriarca tenha se tornado uma figura política nacional e, em Joaseiro, passasse a ser o "eterno" prefeito, cargo este que exerceu sem interrupção de 1914 a 1927, foi Floro quem, de fato, deteve o poder.[1] Em 1914, como já se viu, Floro lhe apresentou um ultimato para que não assumisse qualquer posição pública sem o consentimento prévio de seu alter ego. Depois de 1921, quando o doutor venceu com facilidade a eleição para a Câmara Federal, a influência de padre Cícero, lembrando os rios sazonais do sertão, desapareceu de todo. O domínio de Floro, entretanto, não explica por si só a abdicação do Patriarca. Pode-se argumentar, com justeza, que o religioso jamais foi "político"; esse papel foi-lhe imposto claramente, em 1908, no momento em que Joaseiro dava início à sua luta pela autonomia. Assim, sua retirada política, a partir de 1914, talvez possa ser vista como um retorno a um estilo de vida que estava mais de acordo com seu gosto e sua preferência. Todavia, estavam em jogo dois outros fatores, os quais explicam melhor a posição assumida pelo padre. Em primeiro lugar, havia sua constante esperança de voltar, integralmente, ao sacerdócio. Uma vez terminada a batalha política de 1913-1914, padre Cícero passou a concentrar suas energias restantes no único e fixo objetivo de reaver o exercício das ordens eclesiásticas. Essa tarefa obsedante (como veremos mais à frente) continuou, de fato, a ocupar-lhe o espírito até sua morte, em 1934. Em segundo lugar, é impossível não levar em conta o fato de que sua saúde precária e sua avançada idade foram razões fortes o suficiente para seu afastamento político e social. A partir de 1924, quando o Patriarca completou oitenta anos, enfermidades frequentes e o peso da longevidade somaram-se, obrigando-o a viver em virtual isolamento dentro dos muros daquela mesma cidade que foi por ele vivificada.[2]

Não há indicador melhor da abdicação e do afastamento do Patriarca do que as mudanças profundas ocorridas em sua própria casa.[3] Dezenas de anos antes, era a modesta residência de padre Cícero, ao lado da capela de Nossa Senhora das Dores, o oásis espiritual de um padre jovem, zeloso e sem ambição. Suas portas jamais se fechavam aos pobres e a todos aqueles que necessitavam de conforto material e espiritual. Era, também, o lar e o aconchego da mãe e das irmãs do clérigo, das beatas e meninas órfãs que lá residiam, em caráter permanente, sob a proteção dele e de seus familiares. No auge da "questão religiosa", tornou-se um centro de peregrinação, da mesma forma que a capela de Nossa Senhora das Dores era a fortaleza daquela amizade perseverante de José Marrocos e José Lobo, que defenderam, com o padre, seu "milagre" em oposição à Igreja. Chegou mesmo a tornar-se o refúgio de colegas eclesiásticos, como os padres Alencar Peixoto e Quintino Rodrigues, os quais, por motivos políticos e outros, buscavam e obtinham asilo temporário na residência do Patriarca. Anos mais tarde, quando se intensificou a campanha de Joaseiro contra o Crato, tornou-se o núcleo político de onde irradiavam o entusiasmo e o apoio moral; chegou a ser até, por algum tempo, a casa de Floro Bartholomeu, de início acolhido por todos como o primeiro médico de Joaseiro e, mais tarde, enaltecido como o arquiteto da vitória conseguida sobre o Crato.

Foi então que, em 1914, a revolução vitoriosa alterou o passado de maneira abrupta. Sob a influência de Floro, o Patriarca mudou-se para aposentos mais espaçosos. A irmã e algumas beatas acompanharam-no; mas sua mãe, sua irmã mais velha e a famosa Maria de Araújo já haviam falecido, assim como seus amigos íntimos de infância de outros tempos.[4] A mudança para uma residência socialmente mais distinta coincidiu com uma alteração radical no tipo de homens que, agora, compartilhavam da mesa do clérigo. Sob o comando de Floro, os parentes e aderentes do Patriarca foram substituídos por governadores e políticos de reputação nacional, por oficiais militares e autoridades federais. Atrás deles vinha uma infindável fila de personalidades estrangeiras que eram recebidas com mais presteza do que a interminável fila de peregrinos: engenheiros britânicos e americanos, ingleses compradores de algodão, botânicos europeus e diretores de museus e até um emissário da Comissão de Febre Amarela da Fundação Rockefeller.[5] Nessa nova era, padre Cícero reinava na aparência, enquanto Floro mandava de fato. Depois da morte deste, em 1926, aqueles que almejavam substituí-lo obrigaram o Patriarca a fazer uma nova mudança para acomodações ainda mais suntuosas. Mas a era de esplendor começava a apagar-se, assim como a própria vida do religioso.

O fato é que o anjo da morte não tolerava provocações; aí estava como prova a saúde declinante do Patriarca. No começo da década de 1920, os médicos de padre Cícero prescreveram-lhe uma dieta rigorosa e repouso contínuo. Em consequência, rareou de súbito o comparecimento do clérigo aos banquetes de Floro; suas outras atividades passaram a ser também restritas. Em 1924, a casa do Patriarca foi transformada em enfermaria e, de maneira implícita, em prisão; ele próprio passou a ter pouco contato com o mundo além de suas quatro paredes. Essa mudança foi evidenciada pela autoridade crescente que passou a exercer sobre ele e sobre seus negócios outra beata famosa em sua vida, d. Joanna Tertuliana de Jesus.[6] Conhecida pelo cognome de Beata Mocinha, Joanna chegou a Joaseiro na década de 1890, sem dúvida atraída pelos milagres. Naquele momento, situava-se entre as mais ardorosas defensoras do Patriarca, embora seu depoimento perante a comissão de inquérito promovida pelo bispo tenha demonstrado que ela não estava entre as mulheres que se arrogavam poderes sobrenaturais. Ao contrário da maioria das testemunhas que depuseram, Mocinha sabia ler, era inteligente e dedicada ao sacerdote. Tais qualidades tornaram-se evidentes depois da morte da mãe de padre Cícero, d. Quinou, em 1914. Mocinha assumiu, a partir daí, o papel de governanta da residência dele. Com a enfermidade e o falecimento (em 1923) de d. Angélica, irmã de padre Cícero, ela tornou-se o alter ego do clérigo em vários assuntos fora da política.[7] Foi ela quem cuidou de sua saúde e de suas questões pessoais. Em todos os assuntos de negócios agia com energia em nome do Patriarca: comprou e vendeu terras, casas e outras propriedades; investiu em ações da primeira companhia brasileira de petróleo; abriu o primeiro matadouro-modelo de Joaseiro e, em questões financeiras, pedia dinheiro emprestado aos "tubarões" locais a fim de que o padre pudesse pagar suas contas médicas.[8] Era ela a principal secretária do Patriarca: a esse título, distribuía o estipêndio das missas aos padres e supervisionava o recebimento e o envio de quase toda a correspondência do sacerdote, a qual, por seu considerável volume, chegou a exigir a contratação de dois secretários em tempo integral. Mais do que tudo isso, importava o fato de que Mocinha era guardiã do Patriarca. Organizava nos mínimos detalhes a vida de padre Cícero, em especial nos seus últimos dez anos de vida. Poucos podiam atravessar, sem seu consentimento, as soleiras das portas, agora trancadas, da residência do padre; nem o romeiro nem a figura mais respeitada da sociedade obtinham licença para penetrar na cidadela sem a aprovação de Mocinha.

Nessas condições, Mocinha detinha uma influência de cuja vastidão nem ela própria talvez se apercebesse. Mas os outros sabiam e tudo fizeram no sentido de convencer a beata de origem modestíssima de que as intenções que tinham ao procurar o Patriarca eram as melhores possíveis. Dois grupos sucessivos de postulantes emergiram por volta da última década da vida do religioso. Um compreendia os "pedintes de emprego" e os bacharéis de classe média do Brasil que objetivavam obter o patrocínio eleitoral de padre Cícero. Havia, ainda, fazendeiros e comerciantes, homens de negócios do litoral, agentes de seguros e industriais; todos estavam interessados em pequenos favores, fosse na obtenção de trabalhadores e empregadas domésticas, fosse na autorização para usar o nome ou a fotografia do padre na publicidade e venda de produtos.[9]

O outro grupo abrangia os comerciantes joaseirenses que buscavam alguma vantagem financeira imediata. Entre estes estavam, em primeiro lugar, os santeiros, artesãos e vendedores de mercadorias religiosas, que se tornaram produtos importantes do artesanato local.[10] Graças ao empenho dos santeiros, os peregrinos eram incentivados a ir a Joaseiro; a entrada maciça de romeiros, que hoje ocorre duas vezes por ano, data dos anos 1920, quando os comerciantes de objetos religiosos começaram a fazer publicidade das peregrinações através dos sertões, transformando-as numa variação de turismo comercial para a classe baixa do interior. Foi no decorrer daqueles anos que o grande influxo de turistas-romeiros não mais permitiu que o enfermo Patriarca pudesse ver, pessoalmente, todos os seus "amiguinhos", como ele costumava chamá-los; era preciso organização, e os santeiros preencheram essa necessidade. A cada venda de um terço, uma imagem de santo ou medalha religiosa, oferecia-se ao romeiro também uma visita a padre Cícero. Todos os dias, os santeiros, que gozavam das graças especiais de Beata Mocinha, podiam ser vistos à frente de um regimento de clientes sertanejos, saindo de uma das oito lojas, rumo à casa do religioso. Do lado de dentro, uma camarilha interesseira apoderava-se dos donativos que os romeiros faziam ao Patriarca, apesar do olhar vigilante de Mocinha, que já começava a envelhecer; pelo menos, era isso que se dizia.[11]

Um grupo adicional de comerciantes, menos numeroso e muito mais rico do que os santeiros, também tirava proveito da nova era. Eles contavam com o beneplácito do Patriarca, com a munificência política de Floro e a confiança de Mocinha; assim, exerciam na cidade o controle oligopolista sobre o comércio de tecidos e armarinhos, alimentos, ferragens e outras manufaturas locais e importadas. Era esse o grupo que mais temia a morte do padre, acreditando que adventícios e romeiros abandonariam a cidade quando isso ocorresse. Foi provavelmente por essa razão que os comerciantes importantes erigiram no centro da cidade e por iniciativa de Floro a estátua de bronze de padre Cícero em tamanho natural.[12]

A abdicação do Patriarca e seu decorrente envolvimento pela bem-intencionada Mocinha e por uma camarilha de interesseiros originaram ressentimentos profundos entre os filhos da terra. Em 1925, retrucaram, fazendo uma campanha pelo poder político. Essa tomada de posição, entretanto, talvez jamais tivesse sido possível caso não se verificasse, após 1914, uma modificação transitória na atitude de padre Cícero diante da hierarquia eclesiástica.

A "QUESTÃO RELIGIOSA", 1914-1916

Nada moveu mais o Patriarca, a partir de sua suspensão em 1896, do que o desejo de reaver o exercício de suas ordens. Nem a revolução vitoriosa de 1914, nem a decorrente politização de sua residência sob a influência de Floro, nem seu crescente isolamento nos anos 1920 diminuíram essa obsessão. Era, na verdade, uma ideia fixa. Não há melhor prova do que ele era capaz de fazer e até onde se dispunha a ir do que seus esforços desesperados para localizar em Joaseiro a nova diocese do Cariri, apesar de Roma já haver decretado que a sede episcopal seria no Crato! A vitória do Crato deu-se em outubro de 1914, quando o papa Bento XV proclamou a bula *Catholicae Ecclesiae*.[13] De acordo com esse decreto, tornou-se o Crato a sé episcopal da nova diocese, que deveria ter seu nome (em vez de Cariri, como padre Cícero havia proposto) e abrangeria vinte paróquias espalhadas por todo o vale. Em dezembro, no meio do rompimento político de Floro com o presidente Barroso, do Ceará, chegaram ao padre as notícias sobre a bula. Apesar da gravidade do assunto, o Patriarca não acatou a decisão. Tratou, rápida e desesperadamente, de derrubar a bula papal! Por seu arquivo de telegramas, vê-se que pressionou os amigos de Fortaleza para que cercassem, com seus recursos, o então recente arcebispo da capital e o núncio apostólico em Petrópolis. Enviou para o Rio de Janeiro um apelo urgente ao velho amigo comendador Accioly e a Floro, então na capital, para que se fizesse uma segunda aliança de acciolystas e rabelistas dirigida contra o presidente Barroso. O texto do telegrama traduz, com clareza, a impetuosidade do Patriarca:[14]

> Dr. Nogueira Accioly [...] Com Floro, [Francisco] Sá, mais amigos, peço irem em comissão ao núncio. Apresentem em meu nome transferência sede bispado Cariri para aqui, mostrando direito meu por ser empreendedor desde Roma, 1898, continuando esforços auxiliado dr. Leandro Bezerra perante núncios apostólicos [...], ficando aceito pela Santa Sé e combinação senhor bispo d. Joaquim [...]. Faça ver direito sede aqui onde ofereço duas propriedades (uma em Coxá) valor suficiente para patrimônio, casa própria para palácio, terreno seminário facilitando construção. Cidade maior população. Floro diga como bem conhece se esforçando núncio obter Santa Sé. Sinceras saudações.

Escusado dizer que foram baldados todos os seus esforços. O oferecimento de um patrimônio generoso talvez tenha sido mesmo contraproducente, em virtude de sua aparente grosseria. De fato, *Roma locuta est, causa finita est*: a diocese do Crato estava decretada.

Nem a tentativa menos ousada de atrair a Ordem dos Franciscanos para Joaseiro a fim de abrir um colégio teve boa acolhida. A correspondência entre padre Cícero e o superior dos franciscanos no Brasil foi trocada no decorrer de 1915.[15] Mas a intenção do Patriarca de "salvar almas e ensinar a Santa Doutrina no meio de uma grande população" favoravelmente inclinada "para as coisas de Deus"[16] estava sujeita, antes de mais nada, à aprovação do bispo. Nenhuma ordem religiosa poderia vir ou viria para Joaseiro enquanto o Patriarca fosse um *défroqué*, um padre "egresso" e desobediente ao bispo. Todas as vezes que o clérigo tentava comprovar sua ortodoxia e provar que não era um "fanatizador", seu esforço, como que por uma ironia, despertava suspeitas.[17] Em contrapartida, a persistência da recusa convenceu-o da existência de uma "perseguição" inspirada pela hierarquia e dirigida contra ele e contra Joaseiro.

Em 1916, a tensão contínua entre Joaseiro e a Igreja cessou de súbito. Em dezembro, d. Quintino, primeiro bispo do Crato e outrora vigário, pôs fim às hostilidades. Na sua primeira visita pastoral a Joaseiro, por ocasião do Natal, outorgou ao Patriarca o privilégio (que havia sido rescindido em 1899) de celebrar a missa, embora continuassem suspensas as ordens de confessar e pregar.[18] Um mês depois, d. Quintino elevou a capela de Nossa Senhora das Dores (até então sob a jurisdição eclesiástica do Crato) à condição plena de paróquia no âmbito da nova diocese.[19] Joaseiro ficou duplamente feliz, pelo menos naquele momento. Mas sua alegria durou pouco, pois continuou acesa a guerra entre dissidência e ortodoxia e, em 1921, padre Cícero foi suspenso mais uma vez. O recrudescimento das hostilidades dificilmente poderia ter sido evitado; suas raízes eram profundas e tinham-se aprofundado mais ainda em consequência dos termos da trégua provisória que d. Quintino impusera, num ato unilateral, em dezembro de 1916 e janeiro de 1917.

É importante, pois, examinar as razões e os motivos que talvez tenham inspirado as diretrizes do novo bispo. Essa tarefa é dificultada pelo fato de que os registros existentes são bastante escassos e, muitas vezes, silenciosos.[20] É quase certo, entretanto, que as diretrizes de d. Quintino não foram de maneira alguma determinadas pelos repetidos esforços do Patriarca em reaver o exercício de suas ordens; tudo indica que a nova e rápida mudança de orientação correspondia às necessidades e às circunstâncias criadas com a instalação da diocese do Crato. Pela mesma razão, é importante que as mudanças de 1916 e 1917 não sejam interpretadas apenas como um ato de caridade e amizade por parte de d. Quintino.[21] Com efeito, Quintino talvez tenha sido levado por essas considerações. Afinal de contas, como jovem padre do Crato, acreditou ardentemente nos milagres de 1889. Foi em 1891 que ele renunciou a essa crença para se tornar um baluarte da ortodoxia. Talvez sua crise pessoal lhe tenha possibilitado — em contraste com d. Joaquim — suportar padre Cícero com caridade. Talvez, também, a amizade pessoal entre ambos tenha sido um fator favorável. Em 1904, Quintino refugiou-se na casa do Patriarca, após uma briga política com o coronel Antônio Luís, do Crato.[22] Dez anos depois, quando os "revolucionários" de Joaseiro invadiram o Crato, o Patriarca deu ordens severas para que nenhum dano fosse causado a Quintino ou a qualquer outro membro do clero.[23] Tais fatores pessoais, no entanto, não devem ser superestimados na restauração eclesiástica parcial de padre Cícero, em 1916, mesmo porque eles foram incapazes de evitar que d. Quintino voltasse a suspender, de todo, o padre.

Não é, do mesmo modo, possível atribuir a reintegração parcial de padre Cícero e a elevação de Joaseiro a freguesia ao ingresso dele na política — como pretendeu um autor.[24] Seria absurdo continuar Joaseiro a ser *capella* subordinada ao Crato, quando a própria cidade já era sede de município e, a partir de 1914, sede da comarca. Embora d. Quintino tenha sido empossado primeiro bispo do Crato em janeiro de 1916, foi só em dezembro que ele deu a padre Cícero autorização para celebrar missa; apenas em janeiro de 1917 concedeu a Joaseiro estatuto pleno de paróquia. O novo bispo não tinha, é óbvio, obrigação nenhuma para com o padre político. Isso não quer dizer, entretanto, que o ingresso de padre Cícero na política e, sobretudo, sua apregoada liderança na revolução de 1913-1914 não tenham desempenhado um papel na restauração parcial de suas ordens. A revolução teve, de forma indireta, um papel da maior importância, mas não da maneira como tem sido apontada.

Em vez de aumentar seu prestígio aos olhos da Igreja, a participação de padre Cícero na revolução criou-lhe novos inimigos. Em primeiro lugar, a destruição e a morte causadas pela revolução — apesar de relativamente insignificantes, segundo o testemunho de um observador estrangeiro, um missionário capuchinho italiano[25] — fizeram desabar sobre ele uma tempestade de indignação. No interior do clero, deu margem a uma condenação imediata e sumária por parte de seus colegas padres. Um telegrama enviado por um clérigo anônimo, durante a revolução, resumiu a opinião da maioria: "É tempo de salvar sua alma e do povo que o cerca [...]. Aviso do céu [assinado] Irmão em Cristo".[26] Além do mais, o Patriarca não ficou nas boas graças de seus colegas padres quando, durante a revolução, resolveu enterrar a famosa beata Maria de Araújo, falecida de repente, num belo túmulo dentro da capela não consagrada de Nossa Senhora do Perpétuo Socorro.[27] Tal fato representava, na opinião do clero, mais uma prova da intenção do clérigo de incentivar o fanatismo em Joaseiro. Daí por diante o Patriarca e sua cidade voltaram a ser renegados e dissidentes. Durante mais de um ano após a revolução não houve mudança visível na atitude da hierarquia a não ser, talvez, um crescendo de amargor e ressentimento.[28]

Foi então que, nos últimos meses de 1915, ocorreu um incidente que veio reanimar a animosidade dentro do clero. D. Lucas Heuzer, beneditino alemão e abade do mosteiro de Santa Cruz em Quixadá (Ceará), fez uma visita a Joaseiro. Depois de conversar com o Patriarca, prosseguiu viagem até o Crato. Aí chegando, teria informado a Quintino que padre Cícero planejava destruir o povo do Crato! De acordo com uma carta inédita, escrita por d. Maroca, esposa de Pelúsio Macedo, homem de confiança, o

Patriarca desmentiu com veemência tal acusação. Os Macedo corresponderam-se, então, com d. Lucas, que tentou negar que houvesse transmitido a denúncia de Quintino.[29] O incidente, entretanto, não morreu facilmente. Pelo contrário, espalharam-se boatos em todo o vale, durante o ano de 1916, de que d. Quintino e o novo arcebispo de Fortaleza tinham — segundo Floro — feito uma comunicação a Roma de "que o padre Cícero fizera uma revolução que produziu a morte de muitos cristãos".[30] Espalhava-se, também, que eles reforçaram a opinião de d. Lucas de que o Patriarca tencionava agir assim de novo! Meses depois, acreditava-se por toda parte que Roma havia respondido com uma ordem de excomungar padre Cícero. Vários anos mais tarde, Floro duvidou, em público, que "os prelados fossem capazes de um ato tão iníquo".[31] Mas Floro, ao que parece, suspeitava de que eles o fossem; em um aspecto, a história provou que o doutor tinha razão, pois em junho de 1916 Roma havia, de fato, decretado a excomunhão de padre Cícero![32]

De acordo com d. Quintino, a ordem de Roma alcançou-o em dezembro de 1916, um mês antes do primeiro aniversário de seu bispado do Crato.[33] Ela chegou, dizia Quintino, no meio de uma santa missa que estava naquele momento sendo rezada em Joaseiro por ordem sua e seguindo uma das exigências do decreto romano de 1898, que jamais fora executado em sua plenitude por d. Joaquim, seu predecessor. Há ainda o fato de que, segundo o bispo informou a Roma mais tarde, a ordem de excomunhão chegou *apenas depois* de ter ele mesmo reinvestido padre Cícero do privilégio canônico de celebrar missa. Considerando-se que Roma concedera ao bispo o poder discricionário de implementar e divulgar a ordem, d. Quintino também alegou que julgara mais conveniente não executar a ordem naquele momento.

A versão do bispo, entretanto, é em parte suspeita. A ausência da ordem de excomunhão em seus arquivos e o tom vago e deliberado da referência que faz, em correspondência posterior à data de chegada da ordem, levam-nos a crer que Quintino deve ter estado todo o tempo ciente das intenções de Roma. Já em novembro de 1915 correspondeu-se, de fato, com o núncio apostólico em Petrópolis sobre a situação do Patriarca.[34] Além disso, os rumores de uma possível excomunhão, que datava de 1916, não poderiam ter sido desconhecidos de Quintino. Apesar de não dispormos de provas documentais completas, parece plausível dizer que o bispo decidiu reintegrar padre Cícero antes que o decreto pudesse chegar-lhe às mãos. Dessa forma, seria mais fácil ignorar o decreto e, daí, contrabalançar a animosidade crescente que existia em Joaseiro contra a Igreja e a nova sé. Pela mesma razão, Quintino jamais tornou pública a ordem de excomunhão, revelando-a a padre Cícero só em 1920. Ao rever os fatos, tudo indica que a reação maleável de d. Quintino ao decreto de Roma e a execução de suas diretrizes pessoais foram eminentemente pragmáticas. Tivesse ele permitido que Roma pressionasse pela excomunhão de padre Cícero, ter-se-ia reaberto a querela sem tréguas entre ortodoxos e dissidentes. Caso isso ocorresse, a recente diocese do Crato teria sido esfacelada à medida que sua maior paróquia, Joaseiro, retornasse aos tempos passados de rebelião religiosa.[35]

OS OBJETIVOS DA REINTEGRAÇÃO, 1916-1917

As metas de d. Quintino não foram traçadas apenas para impedir que Joaseiro revertesse à sua militância antiortodoxa. Mesmo não tendo havido, em 1916, ameaça de excomunhão, o novo bispo chegaria de alguma forma a bons termos eclesiásticos com Joaseiro. Foi o que ele fez em janeiro de 1917, ao elevar a cidade à categoria plena de paróquia. Tratava-se, afinal de contas, da paróquia mais populosa do Cariri, sobretudo se ao número de romeiros-turistas se somassem os moradores permanentes.[36] Dessa forma, situava-se entre as paróquias mais ricas da nova diocese, cuja sede, localizada no Crato, ainda estava por levantar um patrimônio adequado.[37] Por conseguinte, ao restaurar, em parte, as ordens de padre Cícero, o bispo foi além de apenas neutralizar a hostilidade potencial da cidade: ele apareceu como o paladino do Patriarca e, como tal, podia contar com a reintegração de Joaseiro no redil. Além disso, a criação da paróquia de Joaseiro possibilitaria a d. Quintino, do ponto de vista político da hierarquia, um controle administrativo e financeiro mais eficiente de Joaseiro, como a Igreja jamais tivera até então!

O controle administrativo impusera-se em janeiro de 1917. Naquele mês, o bispo nomeou o padre Pedro Esmeraldo da Silva para o posto de primeiro vigário de Joaseiro.[38] O jovem padre era um orador de talento e um protegido escolhido a dedo. O bispo pretendia, por seu intermédio, domar o fervor desenfreado da cidade em estrita conformidade ao dogma e aos costumes do catolicismo "romanizado" do Brasil. Além disso, em Esmeraldo, o bispo encontrou o agente de confiança com o qual podia contar dentro de Joaseiro — o primeiro em caráter permanente desde a suspensão de padre Cícero em 1896.

O controle financeiro da nova paróquia tornou-se, também, mais firme a partir de 1917, embora persista a impossibilidade de se obter os pormenores específicos das finanças da Igreja. No caso de Joaseiro, entretanto, alguns aspectos ou foram tornados públicos ou supõe-se que tenham produzido o efeito necessário. Sabe-se, por exemplo, que com relação à capela local, apesar de interditada até 1917, todos os óbolos e todos os donativos oferecidos à santa padroeira tornaram-se propriedade da paróquia do Crato. Floro, que sempre tivera uma atitude crítica com referência ao clero, censura a hierarquia a esse respeito: "Só para a arrecadação das importâncias depositadas nos cofres de Nossa Senhora das Dores pelos romeiros, e que eram transportadas para o Crato em sacos de tamanho regular, não havia interdição".[39] Essa opinião foi mais tarde confirmada pelo padre Azarias Sobreira, filho de Joaseiro. O religioso, cuja carreira sacerdotal foi sempre isenta de qualquer censura, observou, com mais objetividade, que, embora os joaseirenses não se queixassem da saída de fundos da igreja para o Crato, eles protestavam, pois, "de lá, nada recebem de volta".[40]

Agora que Joaseiro se tornara paróquia — e enquanto mantivesse boa reputação perante a diocese —, podia, em teoria, reter todos os donativos como parte de seu próprio patrimônio. Em 1921, entretanto, d. Quintino fundou, no Crato, o Banco do Cariri.[41] Joaseiro e todas as paróquias da diocese foram, por determinação episcopal, obrigadas a utilizar o banco como depositário principal de seus bens e de suas coletas.[42] Pode-se alvitrar que boa parte do desenvolvimento do Crato foi o resultado provável do crédito imediato que se oferecia através do banco do Crato, patrocinado pela Igreja, com as economias forçadas das vinte paróquias do Cariri.

A área em que o controle financeiro diocesano talvez tenha sido mais difícil não pôde, infelizmente, ser documentada. Refere-se à renda que a diocese auferia dos milhares de contribuições das incontáveis missas mandadas rezar pelos romeiros-turistas e que eram recebidas pelo Patriarca. De acordo com o direito canônico, a cada padre é permitido celebrar uma missa por dia, da qual ele retira o provento para sua manutenção. Ainda de acordo com o direito canônico, todas as encomendas de missas e as respectivas espórtulas que ultrapassassem o número de missas que um padre tem permissão de celebrar deviam ser rezadas por outro padre ou, então, submetidas à aprovação do bispo ao qual se subordinava. Conforme já visto, naqueles anos dos milagres, padre Cícero canalizava as missas e os estipêndios excedentes para vários padres e diferentes ordens religiosas no Brasil e em Roma. Mesmo depois da criação do bispado do Crato e da concessão do estatuto de paróquia a Joaseiro, seu arquivo revela que ele continuou a distribuir tanto as "intenções" das missas quanto as espórtulas delas provenientes a vários padres do Brasil e do exterior.[43] Os missionários estrangeiros no Brasil, como os franciscanos, os beneditinos e os salesianos, continuaram a receber ofertas de missas por parte do Patriarca. Instituições de caridade da Igreja Católica na Itália, no Líbano e na Terra Santa também recebiam. Depois da Primeira Guerra Mundial, alguns padres da Alemanha e da França puderam manter-se e reconstruir suas paróquias graças ao excedente de ofertas de missas que lhes era enviado pelo religioso.

Seria lícito supor que a reintegração parcial do Patriarca redundou numa supervisão episcopal mais cerrada no tocante a essa questão. Nesse caso, é provável que o excedente de missas mandadas celebrar "em intenção" não mais tenha sido enviado para o exterior. O arquivo existente de padre Cícero confirma tal suposição, embora não indique, de forma específica, que aqueles recursos passaram para a guarda do bispado. Há, entretanto, uma possibilidade de que isso de fato tenha ocorrido. Se assim foi, o direito canônico talvez tenha permitido que d. Quintino "reduzisse" as encomendas de missas vindas de Joaseiro. "Redução" é o direito canônico que tem o bispo de celebrar um número menor de missas que valem, não obstante, por um número maior de pedidos.[44] Em tal caso, as espórtulas excedentes revertem para a diocese e, a critério do bispo, podem ser usadas no financiamento de obras pias da diocese. Esse método de financiamento é, hoje em dia, amplamente adotado nas dioceses cujos recursos são inadequados para manter os trabalhos da igreja local. Está, no momento, em pleno vigor na diocese do Crato, que recebeu mais de 1 milhão de cruzeiros, provenientes de missas encomendadas em 1965, em Joaseiro, em um só dia.[45]

Se esse sistema tiver funcionado no Crato durante o bispado de d. Quintino, dir-se-ia que os pedidos de missas recebidos pelo Patriarca então (como agora) contribuíram de forma indireta para o desenvolvimento da cidade. Era aí que a diocese mantinha as melhores instituições educacionais do vale, seu seminário único, um jornal semanal e, claro, o Banco do Cariri. Em suma, se a Igreja foi um fator de desenvolvimento do vale da maneira acima descrita, não deixa de ser uma ironia o fato de que ele só foi possível em virtude dos óbolos e estipêndios das missas assistidas e encomendadas pelos "fanáticos" dedicados de padre Cícero, mas encarados com antipatia pela hierarquia.

A RENOVAÇÃO DO CONFLITO RELIGIOSO, 1917-1923

Parece indubitável que objetivos práticos permearam a decisão de d. Quintino de outorgar a reintegração parcial de padre Cícero. Mas o bispo foi obrigado a pedir a rendição incondicional do Patriarca, em virtude de ter necessidades adicionais de firmar sua própria autoridade eclesiástica no conjunto do vale e de dar prova de fidelidade pessoal a Roma, com relação a Joaseiro. Tal exigência não lhe deixou margem para ser compassivo, compreensivo e contemporizador. Assim, os próprios termos em que o Patriarca foi em parte reintegrado nas ordens sacerdotais propiciaram uma atmosfera de suspeita recíproca que perdurou de 1916 até 1921, quando ele voltou a ser suspenso.

Ao reconstituir os passos que motivaram a renovação da suspensão de padre Cícero e levaram à reabertura do conflito eclesiástico, torna-se necessário voltar a dezembro de 1916. Naquele mês, Quintino devolveu ao padre parte de suas ordens em troca de uma declaração escrita sobre as relações passadas e futuras. Entre as garantias mais importantes exigidas do Patriarca situam-se as seguintes: 1) a "aceitação incondicional" dos decretos de Roma de 1894, 1897 e 1898; 2) o repúdio de qualquer participação pessoal na revolução de 1913-1914, assim como a negação irrestrita de qualquer intenção de dirigir "um segundo movimento político [armado]"; 3) a promessa do religioso "de não interferir na administração e nas atividades da [recém-criada] diocese [do Crato]".[46]

De igual importância para o fortalecimento da autoridade episcopal foi a tentativa de d. Quintino de acabar com as romarias a Joaseiro e, por extensão, com a principal fonte de renda pessoal do Patriarca.[47] Foram esses os dois objetivos que Roma teve em mente a partir de 1894. Com efeito, a propalada recusa por parte do padre, naquela época, quer de devolver os inúmeros "presentes pessoais", recebidos por ele em natureza e em espécie, aos seus respectivos donos, quer de confiar a soma total a instituições de caridade da Igreja (obras pias), como Roma exigia, constituiu uma fonte permanente de irritação e má vontade. Somente em 1923 foi preenchida a última exigência, quando padre Cícero legou suas vastas propriedades de terras, casas e outros bens à Ordem dos Salesianos em troca da garantia de serem construídas em Joaseiro uma escola vocacional e uma igreja. Mas, em 1916, no momento em que Quintino assumiu a mitra, ainda era importante a questão dos "presentes pessoais", da mesma forma que a recepção contínua de romeiros pelo Patriarca e dos "presentes" que lhe ofereciam. Num esforço para implementar a ordem de Roma, d. Quintino proibiu as peregrinações a Joaseiro. Quando o bispo resolveu dar execução a essa medida, proibindo padre Cícero de receber romeiros em sua residência, este protestou. Argumentava que muitos peregrinos para lá iam na qualidade de amigos pessoais. Assim, dizia, era-lhe impossível tratar seus amigos com descortesia. Tal argumento, entretanto, fez d. Quintino olhá--lo com desconfiança. Por essa razão, suas ações passaram a ser

300

examinadas pelos companheiros de batina, os quais, a exemplo do bispo, pareciam pôr em dúvida a integridade do Patriarca.

Foi o que se deu em fevereiro de 1917. O padre Esmeraldo ainda não havia completado seu mês como vigário de Joaseiro. Apesar disso, respondeu a uma das indagações de d. Quintino sobre a conduta de padre Cícero e a atitude dos moradores de Joaseiro com relação à Igreja.[48] O jovem vigário, talvez de modo inconsciente, retratou o Patriarca como duplamente culpado; segundo Esmeraldo, ele não "benzia" os artigos religiosos, como mandava o bispo, mas, na realidade, o vigário tinha visto o clérigo fazendo um "sinal" qualquer sobre os mesmos. Sim, observou Esmeraldo, a venda de medalhas sacrílegas com a efígie do Patriarca havia cessado; entretanto — como que para encontrar algo de errado em padre Cícero —, acrescentou o vigário, o uso dessas medalhas ainda era muito difundido. Por fim, observou o jovem cura que se poderia dizer que os moradores de Joaseiro o haviam tratado com respeito apenas "se tivermos em conta a lamentável ignorância da grande maioria de[stes] pobres fanáticos".[49]

Não há dúvida de que a atitude hostil de Esmeraldo era típica do "clero mais respeitável" do vale e, vista hoje, sua escolha para primeiro vigário de Joaseiro foi infeliz para todos os lados interessados. Nascido no Crato e descendente de uma de suas famílias mais conhecidas, ligadas à ortodoxia católica, o jovem vigário sempre demonstrou estar possuído da mesma aversão com que a maioria dos padres recém-ordenados olhavam as massas "fanáticas" de Joaseiro. O desprezo de Esmeraldo não o tornava simpático aos habitantes da cidade, da mesma forma que seus ambíguos relatórios a d. Quintino sobre o Patriarca haviam contribuído para aumentar as tensões entre o padre, que acabava de ser reintegrado, e a hierarquia da Igreja.

Em abril de 1917, saiu um novo decreto romano; no Crato, ao ser conhecido, aumentou a tensão.[50] Por motivos ainda não identificados, houve apreensão em Roma pelo fato de o decreto de 1897, mandando o Patriarca afastar-se de Joaseiro para sempre, não ter sido cumprido. Assim, em 1917, reiterou-se a decisão primitiva, acrescentando que, enquanto o Patriarca não a obedecesse, a "Santa Sé declarava [padre Cícero] excomungado". Razões que só d. Quintino conhecia levaram-no a não executar a nova ordem de Roma; talvez o bispo temesse a explosão de uma revolta popular, caso padre Cícero fosse obrigado a deixar Joaseiro.

Depreende-se, através das numerosas declarações e garantias assinadas pelo padre entre junho de 1917 e dezembro de 1918, que a política mais indulgente de d. Quintino equivalia a exilá-lo no interior mesmo de Joaseiro.[51] O bispo foi inflexível, insistindo com o Patriarca para não receber romeiros em sua residência, para não lhes dar a bênção nem qualquer artigo religioso sem prévia autorização, para não batizar crianças mesmo que estivessem em perigo de morte. Padre Cícero concordou com todas essas exigências e, também, com uma interminável sucessão de conferências secretas que se realizaram no Crato em dezembro de 1918, impondo a humilhação de serem outra vez denunciados do púlpito os milagres dos anos 1890.

Tais fatos deixaram o dr. Floro indignado.[52] Argumentou o médico que a saúde do Patriarca foi abalada por essas provocações, que se prolongaram por dezoito meses. Além do mais, segundo o "baiano", a perseguição do bispo tinha em vista tornar a vida de padre Cícero em Joaseiro de tal forma insuportável que ele seria obrigado a ir embora "voluntariamente" de sua "Nova Jerusalém". Talvez por temer a vitória de d. Quintino e, com isso, perder suas próprias bases políticas, Floro decidiu-se a conferenciar com o bispo, lá pelos fins de 1918. Nessa ocasião, ele atacou com veemência a posição assumida pelo bispo. Acrescentou que, no caso de o Patriarca ser forçado a retirar-se de Joaseiro, ele, Floro, "o reabilitaria moralmente perante o mundo católico e o profano".[53]

O encontro decisivo entre o dr. Floro e d. Quintino prenunciava a denúncia que o doutor faria contra o clero em 1923; em 1918, entretanto, teve como consequência imediata forçar d. Quintino a agir com mais moderação. Pelo menos, tal conclusão assim se justifica em virtude da aparência de calma relativa que caracterizou, em 1919 e 1920, as relações entre a Igreja e padre Cícero. Em 1920, porém, Roma tentou de novo forçar a mão de d. Quintino. Em novembro, o bispo fez uma viagem ao Rio de Janeiro. Encontrou-se aí em Petrópolis com o núncio apostólico, numa tentativa de obter atitude mais conciliatória por parte de Roma. Os fatos ocorridos nesse período bem como seus motivos permanecem, infelizmente, obscuros. Existem rascunhos de uma carta de d. Quintino à Santa Sé, redigidos por essa época, que indicam que o problema fundamental residia no conflito entre a vontade por parte do bispo de renovar a reintegração parcial de padre Cícero e a insistência de Roma para que os precedentes decretos de excomunhão fossem publicados e executados.[54] Em dezembro de 1920, d. Quintino retornou ao Crato. Talvez com o intuito de apaziguar padre Cícero, ordenou que este subisse ao púlpito e reiterasse sua concordância com a condenação dos milagres.[55] Em março de 1921, Roma reforçou sua exigência anterior: excomungar o padre, a menos que ele abandonasse Joaseiro para sempre.[56] Em junho, chegou ao Crato o decreto de Roma. D. Quintino suspendeu integralmente o Patriarca, embora, para evitar a rebelião, a ordem de publicar o decreto romano tenha sido, por conveniência, ignorada.[57]

Apesar da precaução de d. Quintino, notícias da suspensão do Patriarca provocaram em Joaseiro imediatas demonstrações de indignação. Compreende-se que tenha sido o padre Esmeraldo destacado como alvo do ressentimento popular. No exercício de suas funções de vigário, era visto como agente do bispo; nos últimos meses, fortalecera essa imagem malfadada ao condenar, com fervor, a maioria dos joaseirenses como "fanáticos". Um padre colega seu chegou mesmo a observar que os ataques de Esmeraldo tinham ferido profundamente os romeiros no que eles tinham "de mais sagrado — seu amor pelo Joaseiro e pelo padre Cícero".[58] Em represália, os romeiros atingiram Esmeraldo naquilo que ele considerava ser o marco de seus cinco anos de trabalho como vigário — a reconstrução do sino e da torre leste da igreja de Nossa Senhora das Dores. Convencidos pelos negociantes, que temiam que a nova suspensão causasse o fim das romarias, os romeiros cercaram a igreja; montaram guarda junto à imagem da Virgem, a qual eles acreditavam que o padre Esmeraldo tinha planos de remover para o Crato. A reconstrução do campanário foi interrompida, enquanto as tensões aumentavam em intensidade.[59] Por fim, Esmeraldo demitiu-se de suas funções e retornou ao Crato. Na mente de d. Quintino, esse incidente selou o destino do Patriarca. De fato, enquanto viveu d. Quintino, pareciam apagadas para sempre as esperanças de recuperar as ordens.

11. Os últimos dias

RELIGIÃO E POLÍTICA: OS DOIS JOASEIROS

Durante cerca de um ano e meio, Joaseiro foi uma paróquia sem pároco. Então, em janeiro de 1923, d. Quintino resolveu nomear o sucessor de Esmeraldo. Tratava-se do padre Manuel Macedo, filho do inventivo telegrafista da cidade, Pelúsio Macedo, um dos mais ardorosos defensores do Patriarca e um de seus amigos mais antigos.[1] A escolha do padre "Macedinho", como era carinhosamente chamado, muito satisfez a todas as partes interessadas.

Para padre Cícero, Macedinho, que visitara Joaseiro em 1920 ou 1921, foi um achado. Ao contrário de Esmeraldo, padre Macedo queria ser nomeado para Joaseiro, sua cidade natal. Além disso, ele levava consigo a formação rigorosa do Seminário de São Paulo, onde estudou para ser ordenado; era detentor, também, de um doutorado em teologia, conquistado em Roma, em 1920, cidade para a qual tinha sido enviado com uma bolsa de estudos pelo futuro príncipe da Igreja do Brasil, o arcebispo do Rio de Janeiro, cardeal Sebastião Leme. Tais qualidades, pensava o Pa-

305

triarca, poderiam alterar a atmosfera religiosa de Joaseiro. As relações pessoais de amizade do padre Macedo, em Roma, com d. Quintino e com vários membros da hierarquia brasileira, talvez viessem a ajudá-lo na busca incessante por sua reintegração. Um indício da grande confiança que o Patriarca depositava no jovem vigário encontra-se no primeiro testamento inédito (1922) feito pelo padre suspenso.[2] Embora alterado em 1923, o testamento primitivo legava a maior parte dos bens de padre Cícero à Ordem dos Premonstratenses, cujos padres do Seminário de Pirapora, em São Paulo, tinham educado Macedinho para o sacerdócio.[3]

Também para d. Quintino, o novo vigário de Joaseiro era um padre modelar: o doutorado em teologia feito em Roma constituía, de fato, uma credencial de inestimável valor. Além do mais, Quintino bem sabia que a família Macedo usufruía da estima e da amizade de padre Cícero. Talvez pensasse ele que esses velhos laços facilitariam ao honesto cura exercer uma influência salutar sobre o idoso Patriarca e, no futuro, levar Joaseiro de volta à ortodoxia.

Talvez tenha havido outra razão para a escolha feita por d. Quintino, razão essa que diz respeito à crescente atitude nacionalista do clero brasileiro durante os anos 1920. Apesar de fazer sobressair, acima de tudo, a autoridade episcopal e de exigir de seus padres obediência rigorosa às normas litúrgicas "romanizadas", apresenta-se o bispo do Crato no âmbito da hierarquia da Igreja como um ardente nacionalista brasileiro. Quando ainda jovem sacerdote residente no vale, ele fora testemunha da deserção dos missionários estrangeiros durante as secas, no momento exato em que a presença da Igreja mais se fazia necessária no meio de seu rebanho sofredor. Da mesma forma, como crente dos primeiros dias dos milagres de Joaseiro, ele talvez tenha aceitado, naquele momento, a justificação nacionalista dos acontecimentos que era apresentada por seus colegas de Igreja. Tempos depois, em 1919, Quintino escreveu a um padre seu colega, exprimindo com clareza seus sentimentos nacionalistas: "Não estamos bem de acordo quanto à preferência de religiosas francesas, belgas ou espanholas, sobre as alemãs. *Melhor seria que as tivéssemos brasileiras competentes* [...]".[4] O grande desejo de Quintino de contar com um clero "brasileiro" levou-o a propor, nos anos 1920, a criação de "uma congregação de padres nacionais".[5] Esses "josefinas", como ele pretendia chamá-los, seriam recrutados apenas no sertão, sobretudo no Cariri. Depois de receberem uma formação adequada, eles iriam "dirigir os seminários do interior do Brasil". Desde que começassem a crescer em número, os josefinas nacionais substituiriam os estrangeiros até que pudessem assumir sozinhos as missões nas zonas rurais, "no sertão ainda tão falto de instrução religiosa". Por várias razões, o sonho de Quintino jamais se materializou de todo. Logo antes, porém, de sua morte inesperada, ocorrida em 1929, Roma deu-lhe permissão para fundar uma organização para os seminaristas do Crato, conhecida pelo nome de Pia União Josefina, na qual ele tencionava erguer uma congregação sertaneja.[6] Não foi coincidência o fato de que os planos de d. Quintino, em prol de um clero nacionalista, tivessem começado em 1924, menos de um ano após a nomeação de padre Macedo para vigário de Joaseiro.

Mesmo um exame apressado das atividades pastorais de padre Macedo em Joaseiro revela o quanto o jovem sacerdote cabia nos moldes nacionalistas de d. Quintino.[7] Macedo era mais esclarecido com relação aos romeiros. Diferente de Esmeraldo e de quase todos os outros membros da hierarquia desde 1891, Macedinho não reprovava, não condenava nem lamentava o "fanatismo" dos peregrinos. Tampouco cumulou de desrespeito o Patriarca de Joaseiro, assim como fizera seu predecessor. Pelo contrário, o novo pároco tudo fez para ganhar a amizade e a lealdade da classe baixa dos romeiros-moradores da "Nova Jerusalém". Procurou, ao mesmo tempo, canalizar de volta para as celebrações litúrgicas ortodoxas da Igreja as contestáveis crenças religiosas do povo. Vários são os exemplos que ilustram essa nova orientação executada por padre Macedo com a aprovação tanto de d. Quintino quanto de padre Cícero. Durante a Semana Santa de 1923, Macedinho reviveu as antigas celebrações dos últimos dias do Nazareno. Naquele ano, a cidade inteira participou da procissão, que envolvia a representação teatral da paixão, morte e ressurreição do Senhor. Mas Macedinho não se limitou aos deveres litúrgicos. Quando procurou reconstruir a torre leste da igreja, já iniciada pelo padre Esmeraldo, foi o novo pároco em pessoa, acompanhado de seus paroquianos, esmolar o dinheiro necessário para fazer os consertos. Quando a obra estava para começar, padre Macedo foi à frente dos trabalhadores voluntários, na maioria romeiros, até a porta do Patriarca, pedir e receber sua bênção para o empreendimento que encetavam. Ao contrário de Esmeraldo, Macedinho compreendeu e utilizou a admiração do povo por padre Cícero. Para convencer a população de que ele próprio agia com seu consentimento, Macedo apropriou-se, talvez de maneira demagógica, do uso do bastão do Patriarca. O jovem pároco sempre levava consigo esse símbolo de autoridade ao marchar à frente de um grupo de paroquianos. De fato, como Floro tinha relutância em afirmar: com a chegada de Macedo a Joaseiro, "o contentamento" do povo foi "indescritível".[8]

O "contentamento" não se limitou aos romeiros. Estendia-se, com poucas exceções, a quase todos os mais importantes filhos da terra. Eles, é claro, contribuíram para convencer d. Quintino a nomear padre Macedo, em janeiro de 1923, depois de Joaseiro ter estado sem pároco havia mais de dezesseis meses. Esses mesmos filhos da terra tornaram-se "os novos baluartes da Igreja". As irmandades, havia muito tempo abandonadas, renasceram, outras se fundaram e sobre todas elas presidiam os filhos da terra.[9] Duas dessas associações adquiriram especial importância. Uma foi a Sociedade de São Vicente de Paulo (Conferências Vicentinas), sob a presidência do sr. José Geraldo da Cruz, que era proprietário desde 1917 da Farmácia dos Pobres (e descobridor de um medicamento, Bálsamo da Vida, muito louvado e amplamente comprado pelos romeiros-turistas do Nordeste). Outra era a Associação das Senhoras de Caridade, das quais participavam as esposas e filhas das famílias mais conhecidas de Joaseiro. Com o apoio moral e financeiro dessas duas organizações, padre Macedo prosseguiu com seus esforços para fazer chegar a influência da ortodoxia até as classes mais baixas de Joaseiro. A construção de capelas em "Brejo Seco" e "Padre Cícero", dois remotos distritos rurais do município, era característica da vontade do novo pároco de reconquistar os romeiros residentes para a ortodoxia.[10]

As atividades religiosas de Macedinho não eram, entretanto, destituídas de significação política. Basta apenas que seja lembrada a divisão interna de Joaseiro em "duas cidades": a dos adventícios e a dos filhos da terra. Sob esse prisma, padre Macedo se tornara o primeiro filho da terra a pleitear de fato a liderança dos romeiros-residentes, o maior segmento da população adventícia de Joaseiro. Como padre Cícero prestigiava cada vez mais o vigário junto às massas, a liderança de Floro viu-se seriamente contestada, pela primeira vez desde 1913, quando o coronel João Bezerra de Menezes havia assumido a prefeitura com a ajuda de Franco Rabelo.

O renascimento, graças ao padre Macedo, das organizações paroquiais do laicato foi, assim, de profunda significação política. No município, onde Floro havia monopolizado efetivamente o poder político em nome de padre Cícero, as irmandades ressurgiram como no tempo de José Lobo, equivalendo, do ponto de vista funcional, a uma oposição político-partidária.[11] Em suma, Macedo, ele mesmo filho da terra, tentara não apenas fazer reviver a vida religiosa de Joaseiro como, ao revigorar as organizações tradicionais de leigos, fornecer a estrutura pela qual os pacientes e ressentidos filhos da terra pudessem enfim refutar a liderança de Floro. O fato de que as irmandades paroquiais de Joaseiro equivaliam a um partido de oposição é confirmado claramente pela presença em todas elas do coronel João Bezerra, o outrora prefeito deposto pela revolução de 1913-1914, e de José Xavier de Oliveira, o administrador das propriedades do Patriarca, cujo filho, de nome Antônio, era o primeiro a contestar a autoridade de Floro.[12]

OS FILHOS DA TERRA EM BUSCA DO PODER

A rápida ascensão de Floro ao poder, em 1908, e sua influência dominante sobre o Patriarca foram ressentidas pelos filhos da terra e, em decorrência, por algumas das famílias tradicionais do Cariri. Em 1913, foi o caririense padre Joaquim de Alencar Peixoto, ex-redator chefe de O Rebate, quem desfechou o primeiro ataque público ao Patriarca e a seu alter ego. Era evidente que o panfleto difamatório O Joazeiro do Cariry tinha sido provocado pela manobra de Floro, que privou Peixoto de sua candidatura a prefeito joaseirense. Depois, em 1920, o Patriarca e Floro foram alvo de um ataque tão terrível quanto esse, movido por um dos mais eminentes filhos da terra. Naquele ano, o dr. Antônio Xavier de Oliveira, jovem médico formado no Rio de Janeiro, cujo pai, José, destacara-se por sua atividade na Sociedade de São Vicente de Paulo, publicou seu famoso livro Beatos e cangaceiros.[13] Embora se possa considerar essa obra como mais uma defesa do Nordeste, "a própria alma do Brasil",[14] foi ela também uma plataforma política através da qual o dr. Antônio se dispunha de forma velada a derrotar Floro nas eleições para a Câmara Federal programadas para 1921. O argumento-chave do dr. Antônio sugeria que Floro, entre outros chefes do vale, era o responsável direto pelo surgimento do cangaceirismo no Cariri. Esse câncer social só seria eliminado no dia em que novos líderes aparecessem na região dispostos a trazer o progresso. O autor se considerava o novo líder esperado e, na introdução à sua obra, pedia, discretamente, apoio eleitoral: "O governo do Ceará e os homens do Cariri estarão de acordo [com minhas propostas de melhorar o vale]? Não tenho bem certeza. Mas é possível que já, sim".[15]

Floro, entretanto, não concordou com seu colega médico nem se esqueceu do pedido de apoio eleitoral feito pelo dr. Xavier de Oliveira. Em 1921, Floro venceu com facilidade a eleição para deputado federal, enquanto o derrotado Xavier de Oliveira foi obrigado a aguardar uma oportunidade até 1934, sendo mais uma vez malsucedido na tentativa de tornar-se representante do vale na Câmara Federal.[16] Em 1923, Floro conseguiu ainda vingar-se de seu desafiante. Na famosa defesa que o deputado fez do Patriarca perante a Câmara, o dr. Floro condenou com retumbância Xavier de Oliveira e chamou *Beatos e cangaceiros* de "uma mentira colossal". Com esse ataque, Floro iniciara um novo round de uma velha luta.[17]

Provocados pelo discurso feito por Floro em 1923, os filhos da terra reuniram-se em torno de padre Macedo.[18] Além do mais, a campanha local para depor Floro podia agora abastecer-se em duas novas fontes. Por um lado, o clero católico romano era tacitamente favorável à derrota de Floro. Seu discurso na Câmara também chamara os padres de "hipócritas e perseguidores parecidos com Nero", o que foi mais do que suficiente para suscitar a inimizade do clero. Por outro lado, as fissuras políticas na estrutura partidária do Ceará originaram, em Fortaleza, uma facção simpática aos elementos anti-Floro de Joaseiro. Essa facção foi conduzida por Manoel do Nascimento Fernandes Távora, antigo rabelista. Em 1920, Távora rompera com o Partido Democrata depois que seu chefe, o presidente do estado, Manuel Moreira da

Rocha, formou uma coalizão governamental com os remanescentes dos conservadores de José Accioly. Távora criou logo depois seu próprio partido, o Partido Republicano, cuja seção era, em Joaseiro, liderada por José Geraldo da Cruz, o renomado farmacêutico e presidente da Sociedade de São Vicente de Paulo de Joaseiro.[19] Assim, a tentativa seguinte para reunir os filhos da terra contra Floro não foi apenas uma questão local, estando, pois, ligada intimamente à Igreja politizada e à oposição político-partidária em âmbito estadual, com suas contrapartidas em todo o Brasil.

No tocante a Joaseiro, a mise-en-scène política marchava para o encontro decisivo de forças. As partes envolvidas na disputa e seu lugar na estrutura política geral do Brasil eram as seguintes: no primeiro plano, encontravam-se Macedinho e as preeminentes famílias dos filhos da terra, mobilizadas "politicamente" dentro das organizações paroquiais de Joaseiro. Era uma curiosa mistura de política, religião e família tradicional! Aqui estava, contudo, um prenúncio da política nacional da não muito distante década de 1930. Esse período presenciou não apenas o lance do catolicismo brasileiro pelo poder dentro de um Estado corporativo (quando a Igreja apoiou, no plano nacional, seus próprios candidatos da Liga Eleitoral Católica — LEC). Presenciou também o subsequente surgimento do fascismo brasileiro, quando o slogan "Deus, Pátria e Família" tornou-se o lema do Partido Integralista, uma variante brasileira do fascismo italiano.[20]

No outro grupo, em oposição a padre Macedo, situava-se Floro. Seu trunfo era, claro, o controle total que ele exercia sobre um isolado e velho Patriarca; embora fossem poucos os seus aliados de Joaseiro, eles eram, no entanto, poderosos. Havia quinze conhecidos comerciantes adventícios e um punhado de importantes funcionários estaduais e federais, cuja nomeação para Joaseiro se devia à munificência de Floro e à influência de que este desfrutava no Rio de Janeiro.[21] O doutor e seus correligionários constituíam, como os outros, uma curiosa mistura: antiquados bacharéis da República Velha e vorazes comerciantes burgueses. Ambos sabiam que, a curto prazo, o poder e a riqueza dependiam da manutenção de seus laços com as fontes federais distribuidoras de favores, bem como do incremento de romeiros-turistas na "Nova Jerusalém" do Patriarca. Neles, também, prefigurava-se uma tendência significativa que surgiu no Brasil depois de 1930, quando, embora os bacharéis civis tenham sido passados para trás por algum tempo pelos interventores militares representantes da classe média, o poder e a mobilidade ascendente tornaram-se cada vez mais dependentes das graças conferidas pelo governo federal centralizado.

O encontro decisivo entre os filhos da terra de Macedinho e os adventícios de Floro ocorreu em 1924. Durante todo esse ano, cada lado congregou adeptos. Em meados do ano, verificaram-se duas provas de força bem escolhidas. Por exemplo, a tentativa de Macedo de transferir a tradicional feira de Joaseiro do domingo para um dia da semana deu a vitória a Floro, que, com os comerciantes de Joaseiro, Crato e Barbalha, conseguira manter a feira no domingo.[22] Em junho de 1924 chegou a vez de Macedo. Ele havia conduzido 8 mil peregrinos de Joaseiro para Barbalha, sob o pretexto de pagar uma promessa ao padroeiro daquela cidade por ter dado ao Cariri um inverno com muita chuva. O acontecimento foi, na realidade, um ajuntamento político de apoio ao prefeito de Barbalha. O objetivo de Macedo era aliar os filhos da terra joaseirenses aos interesses agrários de Barbalha, numa tentativa de opor-se às forças mercantis de Joaseiro e do Crato comandadas por Floro e, tacitamente, apoiadas pelo coronel Antônio Luís.[23]

Se bem que cada um tenha obtido uma vitória, no final de 1924 estava "Macedinho" nitidamente na dianteira. Isso se explica pelo lançamento vitorioso de um semanário "independente" em Joaseiro. Como é compreensível, *O Ideal* era tão partidário quanto seu redator-chefe, José Geraldo da Cruz, líder do partido "tavorista" de Joaseiro e presidente da Sociedade de São Vicente de Paulo.[24] À medida que um fluxo constante de despachos pró-Macedo tinha acolhida em *O Nordeste*, de Fortaleza, jornal diário recém-fundado pela hierarquia católica romana do Ceará, padre Macedo sentia que sua posição se tornava mais forte, graças aos adeptos clericais da capital. Então, no Natal de 1924, Macedo defrontou-se publicamente com a autoridade de Floro.[25]

JOASEIRO EM FOCO

A questão em pauta era o jogo.[26] As cidades do sertão tinham o costume de organizar uma quermesse dominada pela jogatina, por ocasião do Natal, quando, seguindo a tradição, a população do campo vinha à cidade para apreciar as festas religiosas e as diversões sociais seculares. Via de regra, era o Conselho Municipal que se encarregava de contratar um concessionário dos jogos de azar e outros passatempos; a taxa paga representava uma renda anual importante para o Tesouro da municipalidade. Em 1924, coube a Floro, e não ao Conselho Municipal de Joaseiro, dar a concessão do jogo pela considerável importância de oito contos de réis. Quando se alegou que ele havia consignado parte dessa renda para se ressarcir das despesas pessoais que tivera no correr do ano com o embelezamento da praça da Liberdade e com a construção da estátua em honra de padre Cícero, seus inimigos políticos aproveitaram-se da questão como mais uma prova de sua tirania política.

Padre Macedo, entretanto, não atacou Floro de maneira direta com a alegação de peculato.[27] Alguns dias antes do Natal, preferiu Macedinho subir ao púlpito e desfechar uma violenta e inesperada campanha contra a jogatina de fim de ano. O jogo, dizia, era uma grande "imoralidade" e seus patrocinadores eram, por extensão, profanadores das festas religiosas natalinas. A relação entre jogo e profanação estava implícita no debate suscitado por padre Macedo, assim como sua posição puritana pessoal sobre a supremacia moral e sacrossanta da Igreja. Assim, o sacerdote transformara uma mera disputa pelo poder local numa questão muito mais ampla, ou seja, um conflito entre a hierarquia religiosa do Ceará e a autoridade política secular.[28]

O sermão de Macedinho foi considerado por Joaseiro como um ataque a Floro. O sacerdote apresentara, na realidade, um ultimato: ou a jogatina era suprimida ou, então, ele se recusaria a celebrar a missa de Natal. Quando Floro, com calma, recuou ao persuadir os concessionários de jogo que se transferissem dos quiosques para o interior das residências particulares, padre Macedo retrucou, dando um passo avante: ameaçou pedir demissão de Joaseiro, a menos que os concessionários fossem logo cassados e presos.[29]

Macedo tinha ido longe demais. Floro recusou-se a ceder mais uma vez e acusou o padre de estar blefando; sem fanfarronice, enfrentou o desafio e aguardou que Macedinho saísse de Joaseiro como prometera. Da mesma forma que Floro, Macedo acreditava ter em padre Cícero seu trunfo; estava convencido de que o Patriarca, desejoso de reaver o exercício do sacerdócio, preferiria um clérigo militante a um deputado enfurecido. Ao fim, porém, de uma reunião secreta e urgente havida na residência do padre, logo após Macedinho ter feito a ameaça de renunciar ao cargo de vigário, o Patriarca decidiu-se por Floro, não sem antes tentar convencer o jovem pároco a deixar de lado uma campanha que terminava em derrota.[30] Macedinho havia, de fato, calculado mal. Pelo visto, o Patriarca colocava, acima de seu próprio desejo apaixonado de retornar às ordens sacerdotais, a continuação da sobrevivência e do progresso de Joaseiro, que era garantida, como se achava, pela ligação do município com o governo federal através de Floro. Essa decisão não apenas obrigou Macedo, uma vez derrotado, a deixar a cidade como também contribuiu para precipitar uma das campanhas políticas mais infames jamais movidas contra padre Cícero e Joaseiro.

Essa campanha, que Floro chamou de "diabólica", iniciou-se no começo de 1925. Seu autor foi o desesperado padre Macedo, que partira para Fortaleza no final de 1924 a fim de angariar adeptos políticos na capital. Quando o presidente Moreira da Rocha relutou em apoiar o antigo pároco, Macedinho recorreu a d. Manuel Gomes, arcebispo de Fortaleza. Este parece ter se sentido desobrigado a partir do momento em que permitiu que o jovem sacerdote lançasse sua campanha nas colunas do cotidiano da arquidiocese, *O Nordeste*. Em maio de 1925, saiu o primeiro dos artigos polêmicos de Macedinho (depois coletados e publicados em livro sob o título *Joazeiro em fóco*), destinados ostensivamente a libertar sua "terra martirizada" do jugo de Floro.[31] A cruzada de Macedo não se limitou a uma mera vingança por parte dos filhos da terra de Joaseiro. Foi também o instrumento de que se utilizou todo o clero do Ceará com o objetivo de acertar velhas contas com Floro, que havia condenado a Igreja publicamente naquele discurso de 1923 perante a Câmara Federal. Esse discurso foi relembrado por Macedo como "o calvário deste clero [...] este clero cearense, o primeiro fator cívico incontestavelmente, da gloriosa Terra da Luz". Ao defender a hierarquia eclesiástica, *Joazeiro em fóco* assinalou a entrada do clero do Ceará na vida política do estado como uma entidade política organizada.[32]

Exatamente porque surgira Macedo como o advogado da hierarquia da Igreja Católica e dos filhos da terra, a campanha movida contra Floro foi de uma violência redobrada. Este não foi poupado; Macedo denunciou-o como o "tirano de Joaseiro" e o difamador sem princípios do "imaculado clero do Ceará". As con-

316

tribuições de Floro para Joaseiro foram menosprezadas, ao passo que se levantavam contra ele acusações de peculato, negociatas e até de "assassínio" de criminosos comuns.[33] Nem mesmo padre Cícero foi poupado. Verdade é que padre Macedo restringiu o retrato que fez do Patriarca ao de vítima infeliz de seu alter ego. Mas outros eclesiásticos aderiram à cruzada e eram bem menos cautelosos na denúncia do colega suspenso. Um padre chegou a reviver a "questão religiosa" de Joaseiro, condenar de novo o Patriarca como sacerdote desobediente e até insinuar que os fiéis joaseirenses eram tão hereges quanto os protestantes, o que, naquela época, representava uma acusação horrenda.[34]

Joaseiro surgiu, assim, como o centro de uma controvérsia em âmbito nacional, que se prolongou durante alguns meses depois de padre Macedo ter publicado o último artigo em *O Nordeste*. Em julho, Floro respondeu pessoalmente ao lançar um novo jornal, a *Gazeta do Joaseiro*, que passou a ser o veículo de sua própria série de artigos mordazes contra Macedo, intitulada "Um padre ordinário".[35] Foi a nação, de súbito, brindada com um novo espetáculo quando Floro decidiu processar padre Macedo na Justiça. Logo depois, porém, retirou a queixa de difamação, a conselho de eminentes políticos acciolystas de Fortaleza.[36] Por fim, em setembro de 1925, o conflito foi levado à Assembleia Legislativa do Ceará, onde Floro, o Patriarca, o progresso material e o statu quo político de Joaseiro foram apaixonadamente defendidos pelo deputado Godofredo de Castro, do Partido Conservador.[37]

O debate na Assembleia refletiu, de maneira clara, as tentativas bem-sucedidas por parte dos acciolystas de defender Floro. Os correligionários de Floro haviam, dias antes, convencido o presidente do Ceará, Moreira da Rocha, a fazer uma visita ao Cariri.[38] O objetivo ostensivo era inaugurar a chegada dos trilhos da principal ferrovia a Missão Velha. Mas, quando o presidente do estado chegou a Joaseiro, tornou-se patente o real propósito da visita ao vale. O Patriarca, Floro e uma multidão de preeminentes cidadãos de Joaseiro foram acolhê-lo. Arcos de triunfo decoravam as ruas principais e um cortejo de automóveis transportava as personalidades públicas e políticas numa volta pela cidade. Após uma sucessão de banquetes e comícios, ficou comprovada a invencibilidade da união do partido do poder estadual; havia falhado a tentativa de Macedo de dar a vitória aos filhos da terra.

Em outubro seguinte, Floro foi elogiado pela revista semanal *Ceará Illustrado*, de Fortaleza, como "o político de maior prestígio eleitoral no sul do estado".[39] Ele manteria o poder até sua morte prematura, em março de 1926. Só então começou o Cariri a perder sua posição política superior em face da política de coligação do Ceará e da proteção do governo federal. Daí por diante, também o Patriarca perdeu o prestígio político de que antes desfrutava. Nem mesmo sua decisão (se, de fato, foi sua) de apoiar Júlio Prestes, o candidato presidencial conservador em 1929, serviu para restaurar seu próprio poder político ou, então, a posição privilegiada de "terceira força" que o vale ocupava na política sem ideologia do Ceará.[40]

Mas nem a morte de Floro, nem o declínio do Patriarca, nem a cruzada de Macedo foram inteiramente responsáveis pela subsequente vitória política obtida, por fim, pelos filhos da terra de Joaseiro, em 1930. A vitória veio em outubro, com a revolução de Getúlio Vargas, e viu Fernandes Távora, fundador (em 1920) do Partido Republicano, ser nomeado para o cargo de interventor do Ceará. Como governador virtual do estado, Fernandes Távora voltou-se, então, para seus antigos correligionários políticos de Joaseiro e nomeou prefeito o antigo líder do partido tavorista local, o sr. José Geraldo da Cruz. Na pessoa desse farmacêutico, diretor de *O Ideal* e ex-presidente da Sociedade de São Vicente de Paulo, os filhos da terra chegaram enfim ao poder, graças, em grande parte, às transformações políticas que se operaram muito além da "Nova Jerusalém".

Cabe, aqui, um comentário final. A cruzada de 1925 encetada por padre Macedo não foi apenas um insucesso político.[41] Do ponto de vista de Joaseiro, foi um desastre histórico. O debate nacional baseado na contenda Floro-Macedo e incentivado pelos escritos do clero católico contribuiu para distorcer a imagem do Patriarca a ponto de torná-la irreconhecível. Joaseiro estava, agora, transformado não apenas numa "meca de fanáticos", num "posto avançado de cangaceiros", mas também num reduto de criminalidade e despotismo político. Ainda hoje, essa imagem de Joaseiro pouco se alterou e, para a tristeza de seus próprios cidadãos, parte de sua história aparece aos de fora como mais lenda do que fato. Infelizmente, parte dessa lenda deve ser atribuída a *Joazeiro em fóco*, do padre Macedo, a *Beatos e cangaceiros*, de Antônio Xavier de Oliveira, e a *Joazeiro do Cariry*, do padre Alencar Peixoto. Chega-se, então, à conclusão inevitável de que parte da base historiográfica do passado desfigurado se deve, sobretudo, a dois de seus filhos da terra e a um conterrâneo caririense. É preciso lembrar que todos os três desejaram o poder político; nas suas esperanças de vitória ou nas consequências da derrota, tornaram-se eles os criadores não intencionais de um Patriarca mítico e de uma cidade mítica, ambos os quais sobreviveram até o presente nas mãos de escritores desprovidos de senso crítico: escritores que não desejavam ou que eram incapazes de revelar a verdade.

A ÚLTIMA JORNADA

Um dos mitos que perduram até hoje é que padre Cícero enfrentou a morte irreconciliado com sua Igreja. Ao longo da vida do Patriarca, dois fatores contribuíram para essa impressão. O primeiro dizia respeito à atitude do bispo. D. Quintino, como já visto, suspendera o clérigo em 1921. O pedido de demissão do primeiro vigário de Joaseiro, padre Esmeraldo, convenceu ainda mais d. Quintino de que nem o Patriarca nem sua cidade mereciam ser tratados com solicitude. Ao que tudo indica, o bispo não mudou de disposição: em abril de 1924, um dos amigos do Patriarca no Rio de Janeiro confidenciou-lhe que d. Quintino considerava o octogenário um incurável "réprobo". Segundo a fonte citada, o bispo dissera claramente a influentes elementos do clero do Rio de Janeiro que "o Joaseiro não merecia nada".[42]

O segundo fator foi a surpreendente afirmação de padre Macedo feita em 1925 de que "o dr. Floro impediu que o padre Cícero readquirisse suas ordens de celebrar [a missa]".[43] A acusação de Macedo, levantada em *Joazeiro em fóco*, era de fundo político e dirigia-se contra Floro. Mas, uma vez feita e não retificada, ajudou a confirmar o mito de que o Patriarca permaneceu fora do "único e verdadeiro aprisco". Um artigo recente, também de autoria de um padre do Cariri, reafirmou, infelizmente, esse mito.[44] Além disso, há uma impressão generalizada de que o fracasso do religioso em retornar, de modo pleno, à batina foi de sua exclusiva responsabilidade (ou irresponsabilidade, como argumentam os padres ortodoxos). Tais motivos levam-nos a rever a última década de vida de padre Cícero e seus renovados esforços no sentido de retomar o exercício de suas ordens.

O fundamento da polêmica de padre Macedo em *Joazeiro em fóco* foi algo que ocorreu em novembro de 1924. Naquele mês, o abade beneditino d. Bento Lopez chegou ao Cariri.[45] Como visitador apostólico e emissário pessoal do Santo Padre, d. Bento viera examinar as necessidades e o progresso de várias dioceses através de todo o Brasil. Quando alcançou o Crato, parecia ter-se tornado simpático ao longo caso defendido pelo Patriarca. Com o consentimento de d. Quintino, d. Bento e padre Cícero concordaram em debater os passos necessários à apresentação, pelo visitador apostólico, do apelo direto do Patriarca à Santa Sé. Foi marcado um encontro dos dois para o dia 7 de dezembro de 1924, mas ele nunca se realizou de acordo com os planos estabelecidos. Coube a Floro, e não a padre Cícero, encontrar-se com o emissário papal. Os resultados que se atribuíram a esse encontro tornaram-se um dos pontos críticos do conflito que houve, em seguida, entre Macedinho e Floro. Ainda não está acessível o relatório de d. Bento a Roma. Quanto à versão que se tornou pública, nada tem de imparcial. O relato do padre Macedo afirma que Floro impedira fisicamente o Patriarca de encontrar-se com d. Bento.[46] Quando apareceu no lugar de padre Cícero, ele traiu o velho Patriarca ao garantir ao emissário papal que a ausência do religioso, assim como sua desobediência aos superiores, era um sinal de "consciência pesada". O relato de Floro nega com veemência as acusações de Macedo.[47] Afirmou ele que não tinha interferido nas conversas havidas antes entre o Patriarca e d. Bento, nem que impedira o padre de encontrar-se depois com o visitador apostólico. A saúde precária do Patriarca, insistia Floro, foi a única razão que o fez ir em seu lugar ao encontro de d. Bento. Naquele encontro, segundo Floro, foi d. Bento quem renegou sua promessa anterior de dar a padre Cícero a assistência canônica necessária. Em vez disso, escreveu Floro, d. Bento sugeriu que o Patriarca apelasse direto ao Santo Padre; o compromisso anterior do visitador apostólico de levar, em pessoa, o caso a Roma tornava-se nulo e sem sentido. A correspondência inédita de padre Cícero não esclarece suficientemente o assunto.[48] Ele confirmou a afirmação de Floro de que d. Bento lhe sugerira apelar direto ao papa; em momento algum, entretanto, deixou implícita que essa sugestão representava a negação, por parte do emissário, da promessa, feita antes, de ajudá-lo de forma mais direta.

Em vez de nos determos, sem proveito, no affaire d. Bento, importa muito mais voltar aos esforços feitos, nessa época, pelo Patriarca para estabelecer ligações com os seus herdeiros definitivos, os padres salesianos. Os salesianos pertencem a uma congregação missionária italiana fundada no final do século XIX. Seu objetivo tinha sido dar educação vocacional a meninos desprivilegiados. O fundador dos salesianos foi d. João Bosco, que mais tarde foi canonizado pela Igreja e, ao longo de sua vida, manteve amizade com os papas de Roma. Por volta do fim do século, sua ordem abriu uma missão no Brasil; na década de 1920, havia centros vocacionais em Niterói, Recife e outras grandes cidades brasileiras.[49]

Não se sabe ao certo o exato momento em que padre Cícero resolveu estabelecer o primeiro contato com os salesianos.[50] Mas não há dúvida de que os estreitos laços que o uniram, mais tarde, aos missionários italianos constituíram o fato mais significativo de seus últimos dez anos de vida. Os primeiros vestígios da correspondência do Patriarca com os salesianos datam de setembro de 1924.[51] Cartas dessa época dirigidas aos padres Rota e Della Via indicam que Floro e os amigos de padre Cícero residentes no Rio de Janeiro haviam entrado, pouco antes, em contato com a ordem, provavelmente em Niterói. Nessas mesmas cartas, o Patriarca expressava profundo prazer quanto à admitida boa vontade dos salesianos em fundar uma escola vocacional em Joaseiro. Tal feito, exclamava ele em carta, constituiria "o maior benefício que posso fazer a este povo que eu formei nos mais austeros princípios de nossa divina religião".[52] Padre Cícero acrescentou, então, em tom confidencial, que tinha legado todos os seus haveres aos salesianos em prol dessa "grande obra".

O Patriarca fez a doação aos salesianos por testamento ainda em outubro de 1923, ou seja, quase um ano antes da primeira troca de cartas conservadas em seu arquivo. Recordemos que, antes desse testamento de outubro de 1923, padre Cícero havia legado a maioria de seus bens aos mentores do padre Macedo do Seminário da Ordem Premonstratense. Ignora-se por que ele modificou o documento. Uma hipótese reside no discurso de Floro perante a Câmara, em setembro de 1923, no qual chamou os padres brasileiros de "hipócritas". Talvez o Patriarca tenha interpretado esse ataque como fatal à sua própria esperança de virem seus colegas padres brasileiros a ajudá-lo a recuperar as ordens. Pode-se supor, em consequência, que um mês após o discurso de Floro o clérigo tenha designado como seus herdeiros uma congregação italiana, cujas ligações íntimas com o papado devem ter lhe aparecido como o último e único meio de voltar ao sacerdócio. Essa hipótese plausível ainda aguarda, infelizmente, confirmação, em contraste com o fundamento explícito do Patriarca de dar sua fortuna aos salesianos a fim de que abrissem um colégio de formação agronômica em Joaseiro.

Da mesma forma que os franciscanos, que haviam sido convidados pelo padre a fundar um colégio e um seminário em Joaseiro, os salesianos também se mostraram relutantes em empreender a obra "sem a autorização expressa do bispo".[53] Padre Rota, superior dos salesianos no Brasil, aconselhou-o francamente a fazer as pazes com d. Quintino. Padre Cícero demonstrou desejo nesse sentido, mas em carta confidencial ao padre Rota expressou também o receio de que o bispo respondesse de forma desfavorável.[54] Assim, o Patriarca suspenso pediu ao padre Rota que intercedesse junto a Roma em seu favor. O enfermo octogenário estava tão desejoso de reaver as ordens que chegou mesmo a informar seu amigo salesiano de sua disposição de ir a Roma, caso fosse necessário![55] Apesar de sua ânsia em retornar ao sacerdócio e do interesse do salesiano em abrir outra escola, o padre Rota deixou claro que tudo dependia do ato de submissão do religioso à autoridade episcopal. O assunto ficou sem solução. Nem o padre Rota nem o Patriarca desistiram. A correspondência que trocaram entre 1924 e 1929 comprova, pelo menos, o drama comovente de um padre idoso, demasiadamente altivo para submeter-se a seus pares e demasiadamente convicto da eficácia de sua própria maneira de agir.

Em 1929 faleceu o intratável d. Quintino. A consagração, três anos depois, de d. Francisco de Assis Pires como segundo bispo do Crato deu margem a que o Patriarca reabrisse seu caso.[56] D. Francisco mostrou-se mais cordato do que seu antecessor com o estado de padre Cícero, que se aproximava, então, dos noventa anos. Os documentos eclesiásticos da diocese do Crato, entretanto, revelam pouco dessas transações, salvo o fato de que a forma de dispor da fortuna pessoal do Patriarca tornara-se um obstáculo à sua reintegração. Surgiu uma questão importante: seus bens eram patrimônio legal da diocese a cujas obras pias devem ser legados, como Roma já havia antes pedido? Ou, se tinham sido na verdade adquiridos sob o pretexto de falsos milagres, podiam ser legados aos salesianos, como o padre determinara em seu testamento? O problema foi, no final, resolvido não pelos advogados canônicos de Roma, cujas decisões precedentes haviam resultado na suspensão de padre Cícero, mas pelo direito civil brasileiro. Parece que as autoridades fiscais brasileiras recusaram isentar do pagamento de imposto a vasta fortuna do Patriarca. As autoridades da Igreja, então, aparentemente aprovaram o legado do padre aos salesianos, contanto que os missionários estrangeiros assumissem o compromisso de pagar os impostos. Utilizando-se desse recurso, os salesianos, e não a diocese do Crato, tornaram-se os herdeiros legais do religioso.[57]

Essa resolução não acarretou a reintegração do padre. Sua esperança de reaver as ordens sagradas jamais se realizou. O Patriarca, entretanto, não faleceu fora do "único e verdadeiro aprisco", como alguns escritores deixaram subentendido. Embora jamais tenha reassumido os deveres sacerdotais, tudo indica que ele se resignou a viver seus últimos dias como um comungante fiel de sua Igreja.[58] Um dos sacerdotes mais jovens da diocese, monsenhor Joviniano Barreto, que foi pároco de Joaseiro nos anos 1930, fez mais tarde a seguinte descrição dos últimos dias de padre Cícero:

Ele nunca faltou à missa aos domingos. Era sempre paciente e, pois, jamais teve uma palavra de revolta, um gesto sequer, em relação ao que lhe ocorreu na vida religiosa. Isto não prova desdém à religião, que amava com todas as veras de sua alma de sacerdote, e, sim, espírito de fé católica, da qual nunca se afastou.[59]

Durante os últimos dias do Patriarca, a enfermidade, a cegueira e a idade conspiraram com a relutância de sua Igreja em impedi-lo de fazer a última e tão almejada viagem a Roma, sobre a qual escrevera ao padre Rota e da qual ele acreditava que resultaria sua reintegração. Em vez disso, nas primeiras horas do dia 20 de julho de 1934, o nonagenário embarcou naquela última jornada da qual nem patriarcas nem políticos podem escapar. Momentos antes de sua morte, ele levantou o braço e, em desobediência a todas as proibições do passado, traçou no ar três sinais da cruz, falecendo logo a seguir.[60]

Existe um emocionante relato do tumulto que, pouco depois, ocorreu em Joaseiro, na manhã de 20 de julho de 1934. Foi descrito por Lourival Marques, filho de um dos secretários particulares do Patriarca, e está reproduzido a seguir:[61]

Acordei pelo tropel de gente que corria pela rua. Fiquei sem saber a que atribuir aquelas carreiras insólitas. Quando cheguei à janela tive a impressão de que alguma coisa de monstruosa sucedia na cidade. Que espetáculo horroroso, esse de milhares de pessoas alucinadas, correndo pelas ruas afora, chorando, gritando, arrepelando-se [...]. Foi então que se soube [...]. O padre Cícero falecera [...]. Eu, sem ser fanático, senti uma vontade louca de chorar, de sair aos gritos, como toda aquela gente, em direção à casa desse homem, que não teve igual em bondade nem em ser caluniado. Um caudal de mais de 40 mil pessoas atropelava-se, esmagava-se na ânsia de chegar à casa do reverendo. O telégrafo transbordava de pessoas com telegramas para expedição, destinados a todas as cidades do Brasil. Para fazer ideia, é bastante dizer que só em telegramas, calcula-se ter-se gasto alguns contos de réis. Logo que os telegramas mais próximos chegaram ao destino, uma verdadeira romaria de dezenas de caminhões superlotados, milhares e milhares de pessoas a pé, marcharam para aqui. Joaseiro viveu e está vivendo horas que nem Londres, nem Nova York viverão jamais [...]. O povo, uma onda enorme, invadiu tudo, derrubando quem se interpôs de permeio, quebrando portas, passando por cima de tudo. Pediu-se reforço à polícia, mas o delegado recusou, alegando que o padre era do povo e continuava a ser do povo.

Arranjaram, no entanto, um meio de colocar o cadáver exposto na janela, a uma altura que ninguém pudesse alcançar e, durante todo o dia, várias pessoas encarregaram-se de tocar com galhos de mato, rosários, medalhas e outros objetos religiosos, no corpo, a fim de serem guardados como relíquias. Milhares de pessoas continuavam a chegar de todos os pontos, a pé, a cavalo, de automóvel, caminhão, de todas as formas possíveis.

Quatro horas da tarde [...]. Surge no céu o primeiro avião do Exército. Depois outro. Lançam-se de ponta para baixo, em voos arriscadíssimos, passando a dois metros do telhado da casa do velho padre. Duram muito tempo os voos. É a homenagem sentida que os aviadores prestam ao grande brasileiro que morrera [...]. Desceram depois no nosso campo, vindo pessoalmente trazer uma riquíssima coroa, em nome da aviação militar.

A cidade é uma colmeia imensa; colmeia de 60 mil almas, aumentada por mais de 20 mil, que chegaram de fora. Nenhuma casa de comércio, de gênero algum, barbearias, cafés, bares, nada abriu. A prefeitura decretou luto oficial por três dias. O mesmo imitaram as cidades do Crato, Barbalha e outras. Todas as sociedades e sindicatos têm o pavilhão nacional hasteado a meio pau com uma faixa negra, em funeral.

Durante toda a noite de 20 de julho e na manhã do dia seguinte, milhares de fiéis desfilaram diante do corpo, mantido de pé atrás da janela da residência daquele que fizera milagres. A certa altura, o braço do cadáver balançou, desprendendo-se da atadura, e um grito se ouviu: "Padre Cícero está vivo; ele ressuscitou dos mortos". Os padres da cidade marcharam com rapidez para desfazer o engano dos crentes; temendo o pânico, garantiram aos que pranteavam o morto que o Patriarca não estava vivo. Antes dessa ocorrência, os médicos assistentes tinham deixado a cena pelo quintal e pelo beco dos fundos, como uma medida de precaução contra o esperado revide das classes baixas.[62]

Então, nas primeiras horas do dia 21, o caixão do Patriarca estava pronto para levá-lo na última viagem à capela de Nossa Senhora do Perpétuo Socorro, onde sua mãe, uma irmã e Maria de Araújo já descansavam. Sessenta mil pessoas e quase uma dúzia de padres provenientes das cidades do vale acompanharam o cortejo; decorreram quatro horas até que os fiéis enlutados e os sacerdotes chegassem a seu destino, a apenas alguns quarteirões da casa do clérigo, hoje Museu do Padre Cícero. Ao meio-dia, a missa solene foi entoada e a lousa de mármore baixou sobre a sepultura que havia sido cavada no santuário da capela, próximo ao altar.[63]

O Patriarca morrera. Na mente de alguns dos mais importantes moradores e comerciantes da cidade, também Joaseiro morrera. Os pessimistas começaram a cerrar as portas de suas lojas e a abandonar a cidade, cujos verdes campos eles pensavam que iriam fenecer. Não há dúvida de que a estátua do clérigo em tamanho natural, erguida na praça da Liberdade em 1925, era um pobre substituto do Patriarca. Mas, não obstante os pessimistas, os romeiros continuaram a chegar. Em sua perene miséria, muitos acreditavam, e ainda acreditam, que padre Cícero voltará em breve! Enquanto aguardavam e graças ao seu labor, a outrora insignificante aldeia continuou a crescer. Sua população engloba, na data em que escrevemos, cerca de 80 mil almas. Floresce sua indústria algodoeira, suas escolas aumentam, novas fábricas são instaladas e até a hierarquia eclesiástica reconciliou-se com os "fanáticos" miseráveis, sobre os quais a justiça ainda está por luzir.[64] Com efeito, até que os pobres herdem a terra ou, melhor, até que os pobres exijam e obtenham o que de direito lhes pertence, Joaseiro — com a promissão passada e presente de um milagre — parece fadado a continuar sendo o pouso mais procurado do Nordeste brasileiro.

Apêndice

Em busca de um "milagre":
A realização de *Milagre em Joaseiro*

O livro que quase não foi escrito:
*Mensagem aos jovens pesquisadores**

> — *Mas, dirás tu, como é que podes assim discernir a verdade daquele tempo, e exprimi-la depois de tantos anos?*
> *Ah! Indiscreta! Ah! Ignorantona! Mas é isso mesmo que nos faz senhores da terra, é esse poder de restaurar o passado, para tocar a instabilidade das nossas impressões e a vaidade dos nossos afetos. Deixa lá dizer Pascal que o homem é um caniço pensante. Não; é uma errata pensante, isso sim. Cada estação da vida é uma edição, que corrige a anterior, e que será corrigida também, até a edição definitiva, que o editor dá de graça aos vermes.*
>
> Machado de Assis, *Memórias póstumas de Brás Cubas.*
> Rio de Janeiro: W. M. Jackson, 1955.
> cap. XXVII, "Virgília?", p. 112.

---

* Conferência proferida no III Simpósio Internacional sobre o Padre Cícero: "E quem é ele?", Juazeiro do Norte, Ceará, 18 a 22 de julho de 2004. Tradução de Geová Sobreira; revisão de Abelardo Bezerra. Revisão final de dr. Eduardo Diatahy B. de Menezes. *Trajetos — Revista de História da UFC*, v. 4, n. 8, 2006.

Assim como a maioria dos romeiros que vão a Joaseiro, também parti, há 41 anos, de Nova York, em busca de um "milagre". Sete anos depois, em 1970, este surgiu, de modo absolutamente maravilhoso — e na forma impressa —, sob o título de *Milagre em Joaseiro*.[1] Obra inaugural daquele então candidato ao grau de doutor, que se apresenta hoje diante dos ouvintes, trata-se do livro que por pouco não foi escrito. A história que narro a seguir é exatamente sobre como isso se deu.

Será que todos os santos dos céus chamaram para si a tarefa de intervir em meu favor nos momentos certos? Não sei dizer. Que eu labutei como se tudo dependesse somente de mim, isso não nego. O fato de saber muito bem que, a não ser por um golpe de sorte, todos os meus esforços seriam em vão é, em termos simples, um axioma antigo da família — tão antigo quanto o mundo mediterrâneo de onde viemos. Independentemente, porém, do quanto me resignei, ou pareci resignar-me, perante o destino, sou o primeiro a admitir que *Milagre em Joaseiro* foi, na mesma medida, uma aventura e um desafio. Para ser franco, foi a mais fantástica aventura pessoal em termos de esperança e determinação, o mais exigente dos desafios ao intelecto e à disciplina com que me havia deparado até então.

Em parte por esse motivo, gostaria, com a permissão dos ouvintes, de compartilhar algumas das lembranças proporcionadas por aquela experiência. Faço-o em tributo a outros acadêmicos, muitos dos quais estão presentes neste simpósio. Graças às suas próprias "aventuras e desafios", ao longo das últimas quatro décadas, eles contribuíram, e muito, para o que há de novo e útil acerca de padre Cícero e de seu maior legado, ou seja, esta cidade de trabalhadores e artesãos, de poetas e artistas, de acadêmicos, professores, médicos e religiosos, assim como de advogados e políti-

330

cos. Faço-o, também, justamente porque eu mesmo parei de contribuir: muitos, muitos meses antes de *Milagre em Joaseiro* ser publicado, outras vias de pesquisa e estudo já estavam redefinindo meu futuro.[2]

Contudo, se há alguma justificativa para a apresentação destas reminiscências, será pelo dever e prazer de render homenagem a meu orientador, o saudoso dr. Lewis Hanke, a grande autoridade em Bartolomeu de Las Casas, e ex-presidente da Associação Americana de História. Como ele tantas vezes o fez, também eu, agora, gostaria de oferecer uma palavra de incentivo e conselho aos jovens pesquisadores principiantes que hoje estão sentados à minha frente. Pois estou certo de que amanhã muitos de vocês estarão sentados às suas mesas — e pela noite adentro, diga-se de passagem, meditando e sofrendo para escolher um tema para a dissertação de mestrado ou a tese de doutorado. Eu mesmo, passando por esse calvário vários anos atrás, ouvi o conselho de muitos, mas certamente o de Lewis Hanke, sempre marcado em igual medida pelo incentivo de sonhar e a necessidade de realizar. Porém, ao fim, acho que eu mesmo absorvi para mim a sabedoria do provérbio "O homem propõe e Deus dispõe".

Entretanto, permitam-me começar fazendo a devida inconfidência de um segredo de família: eu poderia nunca ter posto os pés no Brasil. Na verdade, quando meus estudos de doutorado em história na Universidade Columbia estavam chegando ao fim, eu tinha a intenção de ir à Argentina pesquisar o movimento operário socialista. Se as coisas tivessem saído como Lewis Hanke queria, em vez disso, eu teria alternado entre Potosí e os Arquivos das Índias, em Sevilha, para escrever uma monografia que, pelo que ele esperava, seria uma contribuição a seu outro grande interesse histórico, depois de Las Casas e da "luta por justiça" dos espanhóis, isto é, a indústria de mineração colonial no Novo Mundo e as "lutas pelas riquezas", também empreendidas pelos espanhóis.[3]

Mas, ao longo do caminho, a minha curiosidade foi instigada pelo dr. Charles Wagley, o famoso antropólogo cultural de Columbia e decano de fato dos chamados "brasilianistas" — estudantes norte-americanos de pós-graduação que, assim como eu, formaram-se logo após o desfecho da Revolução Cubana e, indiretamente, obtiveram bolsas de estudo "graças a Fidel Castro". Wagley, primeiro, me encantou com seu amor contagiante pelo Brasil e, na época, com o "episódio de Joaseiro". Um épico nacional brasileiro, Joaseiro vinha atrás apenas de Canudos, insistia ele, ordenando-me que escrevesse um trabalho sobre o tema para sua disciplina no outono de 1962. O esforço me fez mergulhar em uma controvérsia histórica de tantas dimensões, complexidades inesperadas e antagonismos persistentes que me levou a duvidar de que alguém fosse capaz de chegar à essência dessa controvérsia.

Todavia, meu trabalho final, a despeito de suas falhas, selou meu destino: no entender de Wagley, eu já estava vindo ao Ceará para "começar a garimpagem". De forma resoluta e com a mesma presteza, Lewis Hanke após seu próprio selo de aprovação, assegurando-me — a despeito de minha forte resistência às suas previsões alvissareiras — o seguinte: o tópico se adequava às minhas "combinações especiais de interesses (Brasil, religião, sociologia, política atual e futura)". Ele cogitou que eu poderia também fazer "um trabalho básico sobre o Brasil moderno e, quem sabe, até um roteiro para cinema!". "Feliz do historiador", concluiu, "que encontra um tema adequado à sua natureza!"[4]

O objetivo desta narrativa não é sugerir que a pesquisa se resume a um jogo de acasos (muito embora possa sê-lo), ou que o jovem pesquisador está, sobretudo, à mercê de seu orientador (apesar de que isso, às vezes, pode acontecer). Em vez disso, a ideia é apresentar aos ouvintes alguns dos princípios que, na opinião de meu orientador, seriam úteis a seus alunos ao embarcar em uma linha de pesquisa e asseguravam a ele mesmo que os estudantes acabariam conseguindo realizar a pesquisa por seus próprios méritos.

Hanke anunciou os princípios — com exemplos de seus próprios projetos (assim como também o farei em relação aos meus) — em uma palestra para a Sociedade de História de Pós--Graduandos da Universidade Columbia no início dos anos 1960. Não assisti à palestra, mas posso assegurar-lhes que sem dúvida fui influenciado por seus conselhos. O mais importante deles é o seguinte: "A escolha de um tema histórico para estudo é quase tão pessoal quanto a escolha de uma esposa ou de um marido, e pode ter quase as mesmas consequências a longo prazo para o futuro do jovem acadêmico. Certamente, ele precisa fazer essas duas escolhas por si só".[5] Em outras palavras, em se tratando de escolher um tema — e desenvolvê-lo bem —, você está sozinho!

E, de fato, eu estava só. Era assim que me sentia durante aquelas primeiras semanas após nossa chegada a Fortaleza, em setembro de 1963, onde não conhecíamos absolutamente ninguém. Alguns dias depois de acomodar Olga, minha esposa, e Marco, nosso filho de treze meses, no Hotel São Pedro, recém--inaugurado pelo sr. Pedro Lazar, parti para Joaseiro, ávido por começar minha pesquisa e assistir à festa anual dos romeiros em homenagem à padroeira da cidade, Nossa Senhora das Dores.

Aquela visita, curta e feita às pressas, revelou-se uma grande decepção. Uma coisa é certa: eu estava seguindo os passos, quase duas décadas depois, de um certo Edmar Morel, renomado jornalista brasileiro. Contudo, claro ficou que suas reportagens — de que resultou pouco mais de um ano depois o livro *Padre Cícero, o santo do Juazeiro*, publicado em 1946 —, ansiosamente aguardadas como uma celebração de padre Cícero, eram uma calúnia e uma traição. A partir daquele momento, muitos joaseirenses se tornaram relutantes em voltar a compartilhar suas lembranças e seus arquivos.[6] Além disso, era difícil esperar que o fizessem para um forasteiro, como eu, que não portava nenhuma carta de apresentação e cujo português incipiente parecia "grego" para eles. E mais, a reação na vizinha cidade do Crato, a outrora hegemônica "Pérola do Cariri", não foi diferente. Mas, talvez, pelo motivo oposto: este "gringo" poderia acabar sendo um defensor de Joaseiro, a próspera rival do Crato há mais de cinco décadas! Além disso, naquela época os arquivos eclesiásticos — como os da diocese do Crato, onde, presumia-se, se encontravam os documentos acerca da participação de padre Cícero nos alegados milagres do final dos anos 1880 — estavam fora do alcance de estudiosos de qualquer crença. Nem os leigos sonhariam em solicitar — e receber — mais do que uma cópia de uma certidão de batismo ou de casamento.

Além do mais, o historiador local, padre Antônio Gomes de Araújo, que, conforme fui descobrindo aos poucos, não tinha a menor simpatia por padre Cícero, havia me levado a acreditar, apesar das minhas mais profundas dúvidas, que os arquivos diocesanos continham pouco ou nada de importante acerca do tema. Mas, repito, dado o estado lastimável do meu português, posso apenas tê-lo compreendido mal.

De retorno a Fortaleza, eu seguia firme e forte no encalço da história, apesar das dificuldades que pudesse ter de enfrentar para escrever sem fontes primárias. Mas deu-me alento um estudo de Irineu Pinheiro, um dos quatro únicos textos sobre padre Cícero que eu havia descoberto na biblioteca da Universidade Columbia ao pesquisar o trabalho para Wagley.[7] Irineu Pinheiro, cratense e médico pessoal de padre Cícero por volta da última década da sua vida, havia feito alusão a documentos existentes. Em outro livro seu, publicado em Fortaleza no ano de minha chegada,[8] ele havia transcrito diversos documentos originais de arquivos não identificados; o que talvez outros autores também tivessem feito.

Assim, adotei então um hábito de Capistrano de Abreu, cuja obra havia lido e com quem compartilhei um de seus grandes prazeres: vasculhar as livrarias locais. Em Fortaleza, o Sebo do Gurgel, uma imensa mixórdia de livros usados, podia ter rivalizado em raridades com a Strand, de Nova York, não fosse a espessa camada de poeira e a quase total falta de iluminação. Ao Sebo do Gurgel, entretanto, devo minha rara coleção "cearensiana".[9]

Confesso que devo à Livraria Renascença, de Luiz Maia, o início de meu verdadeiro aprendizado sobre a história do Ceará por seus "homens e fatos", conforme a concebia João Brígido. O acervo e os serviços da loja só eram superados pela notória solicitude do proprietário; de fato, a Renascença havia se tornado o "salão" da época. Todo sábado antes do meio-dia, ali se reunia a intelligentsia da terra. Minha assiduidade ajudou-me bastante a conquistar amigos. Com o tempo, muitos dos habitués, a quem eu consultava de forma sequiosa (seguindo outra máxima de Hanke, que é bem sintetizada pelo ditado brasileiro "Quem tem boca vai a Roma"), vieram prontamente em meu socorro.[10] Aqui, uma pista sobre fontes; ali, apresentações a "pessoas certas"; e mais tarde, em minha estada, uma pessoa amiga se dispunha a me emprestar seu raro conjunto de telegramas enviados para e recebidos de Joaseiro no auge da sedição de 1914, enquanto outra transcrevia um opúsculo esgotado sobre o Caldeirão.*

---

* Algumas pessoas contribuíram de modo especial para minha pesquisa e por isso sou sinceramente grato por sua generosidade. O dr. Fernando S. do Nascimento, que possuía a coleção dos telegramas, permitiu-me tirar cópia deles. Além disso, Alba Frota, uma das personagens de *As três Marias* (1939), romance de Rachel de Queiroz, datilografou pessoalmente para mim o conteúdo inteiro de *A Ordem dos Penitentes* (Fortaleza, 1937), obra rara de José Góes de Campos Barros. Por sua vez, o professor Abelardo Montenegro, autor de inumeráveis estudos acerca do Ceará, inclusive trabalhos pioneiros sobre Canudos e Joaseiro, notáveis por se estribar em relatos de jornais da época, prestou sua ajuda incessante, enviando-me exemplares de seus livros que não estavam mais disponíveis no comércio. Hildebrando Espínola também compartilhou comigo

Paralelamente, minha "formação informal" sobre a vida na "terra de sol" prosseguia com rapidez. Com efeito, diversos contemporâneos compartilhavam comigo sua vida e suas ambições. Lívio Xavier narrava fatos sobre a vida no interior, emprestava-me sua coleção de discos de vinil de sambas antigos em gravações de 78 rpm e compartilhava sua paixão pela extraordinária arte e artesanato popular do Nordeste, nos quais já era especialista.[11] Raimundo "Raimi" Carvalho e sua família com frequência vinham nos visitar sem prévio aviso nos domingos de manhã para nos conduzir em seu jipe de guerra ao Clube Caça-e-Pesca, bem no final da praia do Futuro, onde não havia nada além de dunas.

Inesquecíveis, naquela época, eram aqueles cafezinhos de fim de tarde no Abrigo Central, com o hoje proeminente e erudito sociólogo, mas na época um aspirante, como eu, ao grau de doutor: Eduardo Diatahy Bezerra de Menezes. Enquanto aguardávamos juntos com um ou outro colega a chegada dos jornais do Sudeste, nossa conversa enveredava para a política, a arte, a piada do momento, nossa pesquisa e nossas esposas e filhos, que estavam para se tornar grandes amigos, à medida que nossas vidas e carreiras iam tomando rumos paralelos. Diatahy, além de ter sempre uma palavra de incentivo ao meu trabalho, também foi o primeiro a publicar no Brasil o meu estudo comparativo sobre Joaseiro e Canudos.[12] O Abrigo, eu descobri, não mais existe, mas nossa amizade continua com o mesmo ritmo e vigor daquela época.

Não obstante, nem todos em Fortaleza admitiam que eu devesse escrever sobre padre Cícero. O dr. Hugo Catunda, lamento dizer, menosprezou meus esforços. Em termos retóricos, ele exigia

---

seu conhecimento sobre o beato Lourenço e a trágica história do Caldeirão, assim como organizou nossa primeira visita a um terreiro. Por fim, o dr. Thomaz Pompeu Sobrinho, erudito pesquisador e presidente do Instituto Histórico do Ceará, permitiu-me livre acesso à sua rica biblioteca pessoal.

saber o porquê de não haver eu escolhido para minha tese uma página mais gloriosa da história do Ceará, como, por exemplo, a participação pioneira desse estado na abolição da escravidão, muito embora ele mesmo tivesse transcrito havia pouco documentos sobre Joaseiro a partir de originais que estavam em seu poder.[13] Oswaldo de Araújo, um de seus colegas, e um de nossos mais queridos amigos — literalmente desde o primeiro instante em que minha família e eu desembarcamos no aeroporto Pinto Martins, de Fortaleza —, foi, sem dúvida, a pessoa que sempre acreditou que o *Milagre* um dia seria escrito. Ele tentou inúmeras vezes, porém em vão, persuadir o dr. Hugo Catunda a me oferecer ajuda.[14]

Seja qual for o progresso que eu tenha feito durante meus primeiros cinco meses no Ceará, a falta de acesso a fontes primárias adequadas pairava, até então, como um empecilho intransponível. Esse obstáculo me forçou a mudar radicalmente minha estratégia. Sem abandonar por completo meu interesse por padre Cícero, desloquei o foco principal de minha pesquisa para a "política dos governadores": para ser mais específico, para a política de um governador, de um prolongado período, Antonio Pinto Nogueira Accioly, o eterno "mandachuva" do Ceará. Ora, até aquela época, nenhuma monografia sistemática havia sido escrita acerca de quaisquer das "oligarquias" políticas do Nordeste.[15] Parecia-me, pois, haver aí um rico filão a ser explorado e, conforme exigem as teses, um filão original. Ademais, na hipótese de que os arquivos de padre Cícero aparecessem, a história do governador Accioly, contemporâneo de padre Cícero (que uma vez havia sido eleito vice-presidente do Ceará, mas que nunca exerceu o cargo), não estaria, de forma alguma, fora de propósito. Com base nesse palpite, agarrei-me às minhas esperanças e busquei alento em minhas expectativas.

Assim, em fevereiro de 1964, eu e minha família pegamos um voo (àquela altura, Olga estava esperando o segundo de nossos três filhos) para o Rio de Janeiro, estando eu pronto para explorar o Arquivo e a Biblioteca Nacional. Hanke acreditava piamente na viagem em busca da pesquisa, e também no completo domínio dos idiomas necessários para tanto.[16] Nenhuma das duas metas, porém, mesmo que chegassem a ser atingidas, poderiam ter me preparado totalmente para os acontecimentos que se desenrolariam na Cidade Maravilhosa no decurso das semanas seguintes.

Não estou me referindo ao Carnaval de 1964, o primeiro a que assisti, deslumbrado. Refiro-me, obviamente, ao não menos inesquecível golpe militar de 31 de março. Ou será que foi, como a historiografia ainda indaga, no dia 1º de abril?[17]

Seja como for, o acontecimento ficou longe de ser uma "brincadeira de Primeiro de Abril": o regime que chegou ao poder aí permaneceu por um quinto de século. Mal havia assumido o comando por um dia, a nova junta militar exonerou sumariamente o diretor do Arquivo Nacional, o distinto historiador dr. José Honório Rodrigues. A carta de Hanke a esse velho amigo em meu nome não chegava nem aos pés dos decretos militares: José Honório Rodrigues nunca foi restituído ao cargo, nem o Arquivo fora reaberto de imediato.

Durante os dois meses seguintes, fiquei restrito ao acervo da Biblioteca Nacional e tive de me contentar com ir desbravando fontes impressas, pouco a pouco, sobretudo as falas dos governadores e os outros documentos oficiais afins. Mas, como minha "viagem de campo" ao Rio de Janeiro, originalmente planejada para durar duas semanas, se prolongou por três meses, e com meu tempo e dinheiro esgotando-se, decidi retornar a Fortaleza.[18]

Contudo, ao voltar a Fortaleza, minha sorte se inverteu. Hanke, assim como Nicolau Maquiavel, depositou grandes esperanças na sra. Sorte. No meu caso especificamente, ela me concedeu quatro trunfos. O primeiro apontava para a "descoberta" de notável coleção de jornais do estado do Ceará, que na época era mantida na Biblioteca Pública do Estado.[19] É provável que tenha escapado à minha atenção antes porque ela ficava quase totalmente abandonada no porão do velho prédio, uma caverna nada convidativa, iluminada por uma única lâmpada de quarenta watts (isso quando não estava queimada!), e também ocupada pelas galinhas do zelador e pelos muitos morcegos que ali residiam.

Entretanto, exatamente por esse motivo, o lugar ficava todo para mim. De fins de maio até o início de julho de 1964, trabalhei ali todos os dias, pesquisando ora sobre Accioly, ora sobre padre Cícero. Além de mim, Olga e uma amiga transcreviam freneticamente os artigos, usando uma antiga máquina de escrever Underwood com teclado alemão e uma Olivetti 22 portátil, mais nova, com teclado internacional. Máquinas copiadoras? Só pelo menos uns dez anos depois. Meu segundo trunfo foi conhecer, no momento certo, dois biógrafos apaixonados por padre Cícero. Em campos opostos havia décadas em suas avaliações a respeito do religioso outrora suspenso *a divinis*, eles convergiam no que dizia respeito à sua despretensiosa generosidade para comigo. Na aflição para concluir seus manuscritos diametralmente opostos para a publicação, tanto o padre Azarias Sobreira como o sr. Otacílio Anselmo compartilhavam comigo não apenas seus pontos de vista, mas também vários textos seus ainda inéditos.[20] Se isso não fosse extraordinário por si só, cada autor logo preparou o terreno para que eu obtivesse acesso aos cobiçados arquivos do Cariri.

Quase por puro acaso, o sr. Otacílio me havia emprestado um exemplar de *Itaytera*, uma revista cultural publicada no Crato. Nela, o padre Antônio Gomes de Araújo, que tinha se tornado amigo íntimo de Otacílio Anselmo, havia publicado mais um de seus diversos ataques imoderados a padre Cícero. Entretanto, o que de fato me espantou no artigo foi a citação ipsis litteris de documentos localizados nos mesmíssimos arquivos eclesiásticos do Crato, que, dez meses antes, ele me havia induzido a acreditar que "continham pouco ou nada de importância". Mal havia acabado de ler aquelas notas de rodapé, fiz as malas para retornar ao Cariri.

De sua parte, o padre Azarias me apresentou ao recém-empossado arcebispo do Ceará, d. José de Medeiros Delgado, nordestino e amigo íntimo de d. Hélder Câmara, o festejado "bispo dos pobres" da região. D. Delgado também se considerava um protetor dos oprimidos e defensor do Concílio Vaticano II, à época ainda em curso e anunciando a abertura da Igreja para o mundo moderno.

Não há dúvida de que a visão do arcebispo sobre si mesmo e o contexto mundial explicavam dois de seus mais extraordinários atos. Primeiro, ele aboliu a determinação, imposta por seu antecessor, que proibia o padre Azarias Sobreira de publicar sua obra a respeito de padre Cícero.[21] Em segundo lugar, alguns anos depois, tomou a iniciativa de reabilitar a imagem de padre Cícero perante o público e o Vaticano, que quase um século antes havia punido o jovem sacerdote pelos alegados milagres de Joaseiro.[22]

Ah, mas ainda havia uma terceira boa façanha!

Extraordinária, talvez apenas para mim, foi a carta de d. Delgado apresentando-me a seu confrade, o bispo do Crato na época, d. Vicente de Araújo Matos.[23]

Munido da carta do arcebispo e com a cópia da *Itaytera* em mãos, parti rumo ao Cariri pela segunda vez, em meados de julho de 1964, esperando uma estada mais bem-sucedida.

O terceiro trunfo foi a calorosa recepção que me foi prestada em todo o Cariri! No Crato, essas boas-vindas estenderam-se até tarde da noite de minha chegada, ocorrendo justamente na véspera da partida do bispo para a segunda sessão do Concílio Vaticano. Revelou-se esse encontro genuinamente histórico, que apenas a boa sorte ou a Providência havia tornado possível.[24] Em meio à correria dos preparativos, d. Vicente encontrou um momento para receber-me, instruir seu secretário a ceder-me a sala ampla do segundo andar com sua grande mesa oval, sugerindo que trabalhasse ali, e dar-me acesso irrestrito aos dois baús de couro nos quais uma cobiçada história jazia sob sete chaves havia bastante tempo.[25] Em Joaseiro, a recepção que me foi dada no dia seguinte mostrou-se igualmente auspiciosa. Para começar, o padre Gino Moratelli, então diretor do Colégio Salesiano, a quem havia conhecido e com quem mantive uma rápida conversa em minha primeira visita, e agora a par da autorização de d. Vicente, seguiu o mesmo caminho. Ele não só me permitiu vasculhar o armário cheio de caixas de papelão, repletas de fartos arquivos pessoais de padre Cícero, como também ofereceu uma sala onde pudesse instalar-me e trabalhar. Um dos professores do colégio, o padre Manuel Isaú, abriu mão das férias do meio de ano para ajudar-me a organizar os documentos. Embrulhados em jornais amarelados pelo tempo, eles davam a impressão de que, provavelmente, teriam sido alvo de olhares curiosos pela última vez na década de 1950.[26]

Em segundo lugar, esse retorno a Joaseiro acabou sendo não só a descoberta de "fósseis do passado" como também o encontro com a história viva e atual. Mais uma vez, devo agradecimentos ao padre Azarias Sobreira por isso. Nascido em Joaseiro, descendente de uma de suas tradicionais famílias, ele também me deu aquilo que me faltou em minha primeira visita: uma carta de apresentação — nesse caso, para dois de seus parentes. Uma sobrinha, madre Neli Sobreira, então e até hoje madre superiora de uma ordem de freiras brasileiras que era um tanto radical em 1964: bem antes do Concílio Vaticano II, a ordem já tinha um antigo histórico de dedicação — sem paternalismo — à assistência aos menos favorecidos. Madre Neli também veio a ser a minha "Chave da Cidade". Em questão de dias, eu havia conhecido as pessoas importantes e os despossuídos, bem como uma multidão

341

de pessoas posicionadas nos dois lados das disputas locais. Essa apresentação provou ser inestimável por razões que indicarei mais adiante.

Outro sobrinho do padre Azarias, Geová Sobreira, havia acabado de retornar a Joaseiro, tendo deixado o Seminário Salesiano no Recife. Somos contemporâneos, com uma diferença de poucos anos, e logo estávamos trocando histórias. Geová apresentou-me ao extraordinário mundo dos grandes xilógrafos, repentistas e poetas de cordel, a quem é atribuída, com razão, boa parte da fama de Joaseiro.[27] Nossos intercâmbios em assuntos de relevância e a reciprocidade afetiva, que hoje se estende a nossos filhos e netos, entram agora em seu 41º ano.

À exceção de uma semana em agosto de 1964, para dar assistência ao nascimento de nossa filha cearense, Miriam, em Fortaleza, permaneci em Joaseiro de meados de julho até o final de outubro.[28] Eu passava os dias fotografando os dois arquivos principais (e vários outros particulares menores),[29] página por página. Enviava os negativos para serem revelados em Fortaleza e, na ausência de serviços telefônicos com cobertura estadual na época, comunicava-me com minha esposa Olga, relatando os resultados, por meio de uma rede de radioamadores localizados de norte a sul do Brasil.[30] Contudo, mais tarde, depois que a quarta câmera de 35 mm se estragou (na época, não existiam máquinas de microfilme no Cariri e o serviço de reparo de câmeras mais próximo ficava em São Paulo), propus, por desespero e por causa do término de meus "subsídios", que se esgotavam com rapidez, levar a metade ainda incompleta do material para o Rio de Janeiro. Lá, em troca de rolos escassos de microfilme virgem que nunca cheguei a usar, um técnico da Biblioteca Nacional finalizou o serviço. (É claro que remeti tudo de volta de avião. Mas até hoje fico impressionado e agradecido pela confiança que depositaram em mim.)

Logo que Olga e nossos dois filhos se encontraram comigo em Joaseiro, no final de setembro, minha pesquisa assumiu um viés mais antropológico. Eu residia na colina dos salesianos, enquanto Olga e as crianças ficavam no convento de madre Neli, em quartos reservados a visitantes, no início da rua Padre Cícero. Lá, era comum almoçarmos na companhia do vigário de Joaseiro, padre Murilo de Sá Barreto, o primeiro sacerdote a assumir publicamente, como vigário, uma posição favorável em relação a padre Cícero e aos milhares de peregrinos que nunca pararam de vir, mas que com muita frequência eram tachados de "fanáticos" por parte da hierarquia da Igreja.[31]

Aqueles almoços com o padre Murilo, e vez ou outra com o vigário auxiliar da paróquia, padre José Alves, foram o início de uma história oral de fato de Joaseiro, da qual eu sem querer estava tomando conhecimento. À medida que os dias corriam, eu deliberadamente ia em busca de uma pessoa após outra que estivesse disponível para relatar seu ponto de vista sobre o passado, o que eu sempre gravava. Tudo isso, devo acrescentar, ter-se-ia mostrado impossível se eu tivesse chegado a Joaseiro depois de Paulo Afonso: a represa epônima, inaugurada apenas alguns anos mais tarde nas lonjuras do rio São Francisco, trouxe para Joaseiro pela primeira vez um fluxo permanente de energia elétrica — e diariamente à noite a novela das oito!

Chegou novembro: era o momento de retornarmos a Nova York, com a história viva de Joaseiro gravada em fitas de áudio e registrada em cadernos de anotações, os fósseis do passado fixados em microfilme, fotocópias e fotografias.

Eu tinha mais um trunfo, o último, que me ajudaria a expressar a mais difícil etapa da realização do *Milagre*. De fato, todos aqueles documentos — que exigiram de mim três anos de leitura e outros dois de anotações (mas, felizmente, vindo à luz com nosso terceiro filho, uma menina, Andrea) — eram diamantes ainda não lapidados. A tarefa que se apresentava era a de lapidá-los, permitindo que a história encerrada sob sua superfície liberasse seu brilho velado.

Todavia, os ouvintes devem estar se perguntando, assim como Machado de Assis — a quem devo a epígrafe deste trabalho — presumiu que Virgília havia indagado (em *Memórias póstumas de Brás Cubas*): "Como é que podes assim discernir a verdade daquele tempo, e exprimi-la depois de tantos anos?". É claro que não há golpe de caneta ao acaso que reescreva o passado (muito embora todo golpe de sorte, conforme acreditava Lewis Hanke, nunca devesse ser visto de mau grado nesse sentido). Com efeito, para a indagação de Virgília só existe, em verdade, uma resposta possível: é imperativo ao historiador apreender a história de forma precisa e relatá-la.

Ao dar forma a *Milagre em Joaseiro*, quatro ideias pareciam-me decisivas no sentido de ser, a um só tempo, crucial e original. Já tendo enunciado essas ideias no livro, aceitem minhas desculpas antecipadas caso tenham a impressão de estar vendo um re-play. Todavia, não as repito aqui como o "produto acabado" que afinal de contas se tornaram, mas, em vez disso, como ideias que estavam em jogo e de forma alguma evidentes quando comecei meu trabalho.

Gostaria de imaginar — embora saiba que o "processo" nunca seja de todo bem-ordenado e direto — que essas quatro ideias resultaram da constante interação entre dois exercícios críticos que, no melhor dos momentos, prevalecem, ou deveriam prevalecer, ao se tentar "explicar" o passado. Por um lado, os historiadores precisam aplicar deliberadamente o somatório de seus conhecimentos para lançar luz sobre os problemas em questão. Por outro, nunca devem se furtar a conciliar cada novo lance dos fatos com uma boa dose de palpites "inspirados".

Tomemos, por exemplo, a primeira das ideias: o contexto global das alegações de "milagres em Joaseiro". Ninguém que leia os diversos "Inquéritos do Processo", os relatos das comissões de inquérito estabelecidos por autoridades da Igreja para investigar os "milagres", deixará de reconhecer o quanto suas descrições se assemelhavam a relatos e alegações parecidas feitas em outros lugares e em épocas diferentes. Assim, a tese de que os "milagres" não passavam de aberrações de "fanáticos" podia ser simplesmente descartada de imediato. Também é irrefutável o papel determinante desempenhado pelo clero na elaboração, definição e contribuição para a aceitação generalizada da veracidade dos "milagres". Os contemporâneos dos eventos de início não discordaram de nenhuma das duas conclusões. O que eles podem não ter percebido era a implicação mais profunda daquelas assertivas. Para mim, essa implicação praticamente saltava de uma única frase. Estava contida em uma carta de um jovem e promissor teólogo brasileiro, de uma família preeminente, educado em Roma e nomeado secretário da primeira comissão de inquérito. Ele acusava o superior dos padres lazaristas franceses, que durante 45 anos haviam administrado com rigor o Seminário de Fortaleza, onde o clero regional foi formado, de ter se recusado a reconhecer a veracidade dos milagres — porque "Nosso Senhor não sai da França para obrar milagres no Brasil".

No momento em que me deparei com aquela denúncia reveladora, vários outros textos exigiam minha atenção, justamente por oferecerem estruturas mais amplas para a compreensão da óbvia tensão expressa entre um clero nacional emergente, ou mesmo "nacionalista", e seus tutores estrangeiros. Um deles trazia a argumentação de Roger Bastide acerca da "romanização".[32] Esse processo verificado no final do século XIX, em que Roma começou a impor uma disciplina uniforme e uma burocracia centralizada para a Igreja em nível mundial, iria efetivamente ofuscar centros locais de prestígio e poder eclesiástico e religioso. O problema para os defensores do "milagre" foi que eles se viram à frente de um dilema: ao rogar a Roma pela aprovação de um acontecimento local, estavam, ao mesmo tempo, fortalecendo justamente o poder de Roma de repudiar localismos em favor da romanização.*

Essa era uma forma de se encarar a contenda. Outra forma era que Joaseiro constituía o epicentro de uma luta contra o "neocolonialismo eclesiástico". Georges Balandier havia afirmado antes que em uma "situação colonial", como a da África, o poder colonizador havia efetivamente desbancado todos os outros centros de autoridade política. Com menos coerência, mas ainda assim persuasivos, Pablo Gonzalez Casanova e André Gunder Frank, entre outros, tomaram o neologismo de Kwame Nkrumah, "neocolonialismo", e passaram a usá-lo para denominar a falácia da independência nacional da América Latina. Defendendo a ideia de que ela foi algo meramente pro forma e que o verdadeiro poder político e econômico ficava além das fronteiras nacionais, eles "redefiniram a imagem" da região e, por conseguinte, "reimaginaram" a região como uma "neocolônia". Em trabalho meu anterior sobre os esforços do frei Servando de Teresa Mier às vésperas da independência mexicana para estabelecer a legitimidade de uma Igreja católica genuinamente "mexicana" e independente da autoridade da Igreja colonial espanhola, fiz uma tentativa de transferir a discussão sobre "neocolonialismo" do domínio da política e da economia para o domínio religioso e eclesiástico.[33]

---

* De acordo com um novo livro do professor Kenneth P. Serbin, as "insurgências nacionalistas" do clero brasileiro ocorreram ao longo do século xx em outros estados e, sobretudo, nos seminários — como o de Fortaleza —, que eram administrados pelos padres lazaristas. Serbin também ressalta pormenorizadamente o conceito e as práticas da romanização: cf. *Needs of the Heart: A Social and Cultural History of Brazil's Clergy and Seminaries*, especialmente pp. 51-3, 123-30, e passim.

É claro que a questão da correção desses dois contextos mais amplos, ou a questão da sustentabilidade dos dois, pode e deve ainda ser discutida. Porém, talvez seja lícito concluir que, juntos, esses contextos oportunamente ajudaram a resgatar os "milagres" de Joaseiro do tremedal histórico e historiográfico em que haviam ficado presos durante cinquenta anos.

Em seguida, veio o segundo problema: como e onde situar os antagonismos e animosidades pessoais decorrentes dos "milagres"? O conflito — entre os clérigos paladinos dos "milagres" e a hierarquia da Igreja —, é óbvio, girava sobretudo em torno da autoridade.

Mas não era essa a controvérsia que me deixava perplexo. Era, isso sim, a controvérsia entre os escritores seculares. A veemência dos escritos de Edmar Morel poderia ser atribuída à ambição de todo jornalista: conseguir um furo jornalístico, ver seu nome nos créditos da reportagem e conquistar a manchete principal do dia. Mas o que explicaria os indecorosos comentários de um educador do calibre de Manuel Bergström Lourenço Filho? Será que foi de maneira deliberada que ele fez Joaseiro se enquadrar na imagem contrária de seu próprio "nobre experimento" em educação secular que à época ele promovia em Fortaleza?

Contudo, só depois de ler a obra do padre Joaquim de Alencar Peixoto pude enfim ver a luz. Talvez tenha sido evidente para outros há tempos, mas só ali foi que *Joazeiro do Cariry*, obra de 1913 do renegado cratense, o padre que virou paladino do esforço de autonomia de Joaseiro, soou bem diferente de um melodioso canto do cisne de um político derrotado. Uma vez que seu desejo de se tornar o primeiro prefeito de Joaseiro lhe foi negado, por motivos que não cabe pormenorizar aqui, ele insultou e zombou de padre Cícero, seu colaborador e protetor de outrora.

Diante disso, a maioria das obras escritas subsequentemente durante a existência de padre Cícero — que se sucederam com rapidez —[34] resvalou para o sectarismo político, seja para demonizá-lo ou para beatificá-lo, transformando Joaseiro em um antro de fanatismo ou um baluarte de progresso. Em jogo estava uma luta pelo favoritismo político ou uma disputa pelo legado do religioso ou a defesa de uma classe contra a outra.

Essa constatação em particular é, naturalmente, parte integrante da metodologia que os historiadores chamam de historiografia; é uma pena que não tenha de início ficado registrada em mim. Simplesmente não fui capaz de reconhecer a pertinência dessa utilíssima ferramenta de análise para as obras em questão. Tivesse eu conseguido, e tivesse aplicado a ferramenta em tempo hábil, as ambições políticas que existiam por trás dos "antagonismos e animosidades pessoais" poderiam ter sido desmascarados com maior argúcia e de forma mais sistemática. Ainda assim, as distorções das pessoas e dos acontecimentos de quem infelizmente tínhamos sido herdeiros por tanto tempo, como eles haviam se originado e se desenvolvido, foram revelados de forma substancial pelo que de fato eram.

Para iluminar o ainda mais amplo contexto político em que as ambições pessoais se entrechocavam, invoquei uma terceira ideia: o regionalismo. Hoje, a bibliografia acerca desse tema é extensa e especializada. Na época, minha tarefa imediata era compreender os acontecimentos. O primeiro deles era a tentativa bem-sucedida de Joaseiro de obter a autonomia municipal em relação ao Crato em 1909 e 1910. O segundo era a chamada "sedição" de Joaseiro em 1914 ou, de forma mais adequada, sua participação ao lado das elites rurais do sertão na vitória sobre a insurgência da classe média liberal litorânea. Esta última foi tipificada pela efêmera administração do presidente do estado, coronel Marcos Franco Rabelo. Como um dos oficiais salvacionistas que, de dentro da hierarquia do Exército, procuraram depor "oligarquias" no Nordeste brasileiro juntamente com seus apoiadores no governo federal, Rabelo deu vazão a ambições políticas burguesas que surgiam em Fortaleza assim como em outras capitais naquela época. O que isso tinha a ver com regionalismo? É óbvio. No caso da reivindicação de emancipação municipal de Joaseiro, sua superação econômica e demográfica do Crato já estava seguindo o rumo da consolidação uma década depois dos primeiros "milagres". No caso da "sedição" do Cariri, não foi Joaseiro nem padre Cícero que "arquitetou" ou assumiu a ação militar. Foram, na verdade, as elites rurais do Crato, exatamente por medo da superação e inevitável perda de sua hegemonia histórica regional.* Embora tenham agido em parceria com as forças conservadoras da União e em conluio com um ambicioso aventureiro, chamado em tom de desdém pelos inimigos de "alter ego" de padre Cícero, o combativo médico baiano dr. Floro Bartholomeu.

Com efeito, Floro, ainda mais do que o cratense padre Alencar Peixoto, era o protótipo do adventício e forasteiro. Em circunstâncias normais, "o hábito fazia o monge". Mas, em Joaseiro, as circunstâncias realmente "normais" eram a justaposição do *adventício ao filho da terra*. Então, para um forasteiro como eu, essa polarização, tão evidente para os joaseirenses, e tão crucial para o drama político vivido pela cidade havia bem mais de meio século, vim aprendê-la da forma mais difícil. Graças, porém, àqueles "passeios" noturnos oriundos do convento de madre Neli, quando "d. Olga e o doutor" nunca iam além da roda na calçada mais próxima, essa realidade logo ficou evidente. Desse modo, um grande fator de dinamismo político de Joaseiro foi assimilado e enfim dominado; e, arrisco-me a dizer, bem mais rápido e com certeza de

---

* A hegemonia regional do Crato e do Cariri se mantinha graças à chamada "política dos governadores", que, no caso, significava a permissividade do recém-deposto presidente do estado, Antonio Pinto Nogueira Accioly, para com as elites locais da terra. A ascensão de Franco Rabelo ao poder desfez esse "entendimento" e pôs em risco a antiga hegemonia daquela região.

forma bem mais divertida do que qualquer estudo formal sobre partidos políticos ou ideologias poderia ter me proporcionado.

O quarto e último contexto para a compreensão do passado de Joaseiro era a mudança na situação internacional. No caso da Igreja católica, que não raro é considerada a "instituição transnacional por excelência", os elos entre Joaseiro, a hierarquia brasileira e a Cúria Romana eram razoavelmente evidentes.

Menos evidente era a relevância das mudanças que estavam ocorrendo nos vínculos econômicos do Nordeste com o resto do mundo. A economia de exportação do Ceará — couro e cera de carnaúba no início, seguidos do algodão mocó na década de 1920 — seguia o fluxo e refluxo da oferta e da demanda da economia mundial. Contudo, no Cariri, charque, açúcar e, sobretudo, a rapadura abasteciam sobretudo o mercado local e regional. No caso da economia de Joaseiro, eram os setores de artesanato e, acima de tudo, seu excedente de mão de obra migrante, muitos fugidos das agruras vividas como "romeiros do Padim Ciço", e sua presteza para labutar com afinco ganhando pouco nos campos e em obras públicas, que lançavam as bases da prosperidade. Mesmo a perspectiva de exploração de recursos minerais locais, como os depósitos de cobre das proximidades, em Coxá, desde cedo atraiu os congêneres adventícios de classe alta, como o dr. Floro e aquela figura pitoresca de um conde franco-belga, o engenheiro e empresário internacional Adolpho van den Brule.

Todos esses pormenores, claro, eram de domínio público. Mas apenas no início da década de 1960 é que as peças começaram a se encaixar de forma inteligível. E também não se tratava de uma tarefa fácil, pois as construções teóricas mais amplas sob as quais Joaseiro estava sendo simultaneamente examinado recebiam os nomes de "milenarismo", "messianismo" e "marxismo". Cada um, por sua vez, gerava uma caricatura "moderna" própria. A primeira transformava Joaseiro em uma "Nova Jerusalém", a segunda fazia de padre Cícero o Messias da "segunda vinda", e a terceira configurava o município como um campo de batalha para a luta de classes pela terra.

Talvez a obra *Cangaceiros e fanáticos*, de Rui Facó, de 1963, tenha sido a maior contribuição no sentido de apagar essas imagens. A despeito de seu próprio ponto de vista problemático de que Joaseiro era "uma revolução traída", foi o primeiro esforço sério para projetar a dinâmica entre a economia como um todo e a sociedade local. Essa percepção e minha adesão crescente, porém imperfeita, à teoria do sistema-mundo[35] permitiram-me, em última análise, retirar Joaseiro da marginalidade da história nacional onde ficou estagnado como uma aberração, um acidente, uma anomalia, e restituí-lo de forma justa à corrente majoritária da história brasileira da virada do século em diante, devolvendo-o ao turbilhão de uma economia mundial em constante fluxo.

Pela mesma simbologia, senti-me obrigado a ressaltar, ao longo de meu relato, tanto a racionalidade essencial de que os atores dessa história eram dotados como o raciocínio em que se baseavam para fazer suas escolhas, independentemente de quão ilógicas, errôneas ou repulsivas possam ter sido aos olhos de seus contemporâneos e aos nossos. Não fosse por nossa racionalidade comum — que em hipótese alguma deve ser entendida como "razoabilidade" —, ponto de partida básico, qualquer esforço no sentido de "discernir a verdade daquele tempo" e de "exprimi-la depois de tantos anos" deixaria de ser história e passaria a ser criação de mitos.

Ao concluir, devo confessar que a princípio hesitei em participar deste simpósio, pois sabia, conforme cogitava de início, que não teria pesquisas novas a apresentar. No entanto, ao refletir um pouco mais, dois motivos me levaram a mudar de ideia. Talvez, pensei, aquilo que pode ser "coisa batida" para nós, da "velha guarda", pode, não obstante, ser novidade para os principiantes.

Além do mais, se essas novidades puderem se revelar úteis para eles e para os jovens acadêmicos aspirantes aqui presentes hoje para que partam em suas próprias "aventuras" e "desafios," então devo fazer de tudo para comparecer e transmiti-las. Os conselhos lúcidos e realistas de Lewis Hanke, que muitas vezes evoquei nesta apresentação, teriam tido a mesmíssima serventia, estimulando-os a abraçar sua pesquisa com entusiasmo, determinação e inteligência. Preciso apenas dar meu aval a isso.

Há ainda outra razão, pessoal, para eu ter concordado em vir. Esta conferência, que marca o 160º aniversário de nascimento de padre Cícero e o septuagésimo de sua morte, coincide justamente, como vocês já podem ter notado, com o quadragésimo ano de nossa chegada a Joaseiro. Com efeito, aqueles poucos meses aqui vividos, vários outros em Fortaleza, umas semanas que passamos no Rio de Janeiro e alguns dias em outros lugares do país acabaram compondo nosso "ano de catorze meses no Brasil".

Aquele "ano" foi e permanece como o *anno mirabilis* de uma vida inteira.

Mirabilis pelo *Milagre em Joaseiro* — o livro que por fim foi escrito. *Mirabilis* pelo milagre da amizade — de fato, pelas muitas amizades que permanecem até hoje.

Sou muitíssimo agradecido pelos dois "milagres". Hoje, celebro feliz com vocês, com Olga e com a nossa filha cearense, Miriam.

Muito obrigado pelo convite.

É realmente maravilhoso estar de volta.

Ralph Della Cava
Universidade de Nova York

Abreviações

ARQUIVOS

ABC   Arquivo do Bispado do Crato — Crato (CE)

ABS   Arquivo pessoal de d. Beatriz Santanna — Juazeiro do Norte (CE)

ACS   Arquivo do Colégio Salesiano São João Bosco — Juazeiro do Norte (CE)

AXO   Arquivo pessoal de d. Amália Xavier de Oliveira — Juazeiro do Norte (CE)

CN   *Cópias dos telegrammas do Padre Cícero recibidos nesta estação do Joaseiro de 29 de setembro de 1912 em diante*, 3 v. — Pertencente agora a dr. F. S. Nascimento, Fortaleza (CE); referido como Coleção Nascimento

GBM   Arquivo pessoal de dr. Geraldo Bezerra de Menezes — Niterói (RJ)

LTJ   *Livro do tombo da freguesia de Nossa Senhora das Dores* — Juazeiro do Norte (CE)

PCC   Arquivo pessoal de padre Cícero Coutinho — Juazeiro do Norte (CE)

RGM   Arquivo pessoal de dr. Raimundo Gomes de Mattos — Fortaleza (CE)

PERIÓDICOS

Itaytera	*Itaytera*, órgão do Instituto Cultural do Cariri — Crato (CE)
RIAHGP	*Revista do Instituto Arqueológico, Histórico e Geográfico de Pernambuco* — Recife (PE)
RIC	*Revista do Instituto do Ceará* — Fortaleza (CE)

Notas

1. AS ORIGENS SOCIAIS DO MILAGRE [pp. 55-85]

1. A data da chegada de padre Cícero a Joaseiro é citada em Irineu Pinheiro, *Efemérides do Cariri* (Fortaleza, 1963), p. 156. Trata-se da obra póstuma de um dos médicos assistentes do religioso, que teve importância também na vida política, intelectual e financeira do Crato. O volume contém muitos documentos até então inéditos do arquivo pessoal de padre Cícero, ao qual teve acesso o sr. Pinheiro.

2. Nosso relato da chegada de padre Cícero e das razões que o moveram, por fim, a residir em caráter permanente na vila é baseado nas memórias detalhadas e inéditas de seu amigo íntimo Pelúsio Correia Macedo, cujo pai era um dos proeminentes moradores do local que instaram o padre a ir a Joaseiro, em abril de 1872. O documento intitula-se "A pedido do am[ig]o José Bernardino lhe oferece o pequeno am[ig]o Pelúsio C[orreia] Macedo, Juàzeiro, 19 de março de 1955". Encontra-se no arquivo pessoal do falecido advogado cearense dr. Raimundo Gomes de Mattos, de Fortaleza, Ceará (doravante citado como RGM).

3. Os dois cidadãos em pauta eram Pedro Correia Macedo, então professor régio em Joaseiro, e seu sogro, capitão Domingos Gonçalves Martins, o maior fazendeiro residente em Joaseiro na época, que foram, respectivamente, pai e avô materno de Pelúsio Correia Macedo. Presume-se que seja o depoimento deles que conste na obra de Macedo "A pedido [...] 1955", RGM.

4. Nosso relato pormenorizado desse sonho é uma paráfrase do que se encontra em Macedo, "A pedido [...] 1955", RGM. Uma versão publicada anterior-

mente encontra-se num dos relatos mais curiosos, embora fundamental, existentes sobre Joaseiro, M[anuel] Dinis, *Mistérios do Joazeiro* (Juazeiro do Norte, 1935), p. 10.

5. De acordo com *The Catholic Encyclopedia* (Nova York, 1913), v. VII, pp. 163-7, já desde os séculos XI e XII estavam em evidência, entre místicos e ascetas, devoções particulares ao Sagrado Coração de Jesus. Então, no século XVII, Margarida Maria Alacoque (1647-1690), freira francesa da Ordem da Visitação, em Paray-le-Monial, França, teve uma aparição de Cristo (1673), na qual Ele ordenou-lhe que propagasse uma devoção pública "de amor expiatório" a Ele "sob a forma de Seu Coração de carne". As linhas doutrinárias dessa devoção foram ressaltadas em 1675, ano da "grande visão", quando Cristo apareceu de novo à freira e explicou: "Veja o Coração que tanto amou os homens [...] em vez de gratidão, recebo da maior parte [da humanidade] só ingratidão [...]".

Por todo o século XVIII, a devoção espalhou-se com rapidez na França e em outros lugares da Europa Ocidental, embora Roma rejeitasse com insistência os inúmeros apelos que lhe eram dirigidos para endossar, oficialmente, as práticas populares difundidas. Então, em 1856, "sob os insistentes e urgentes rogos dos bispos franceses", o papa Pio IX formalmente "estendeu a festa à Igreja universal" (Ibid., p. 166). Em 1889, o papa Leão XIII decretou que a devoção fosse celebrada com os mais solenes rituais da Igreja.

A significação, para nosso estudo, dessa devoção torna-se mais clara nos seguintes trechos da *Catholic Encyclopedia*: "Os atos [públicos] de consagração e de reparação foram introduzidos por toda parte, junto com a devoção. Por vezes, especialmente depois de 1850, grupos, congregações e países consagraram-se ao Sagrado Coração e, em 1875, fez-se essa consagração através de todo o mundo católico". Em 1899, por decreto do papa Leão XIII, "toda a humanidade foi solenemente consagrada ao Sagrado Coração" (Ibid., p. 166).

Também importante para este estudo é o fato de que "sobretudo os católicos da França agarram-se a ela [a devoção] como uma de suas esperanças mais fortes de enobrecimento e salvação" (p. 167). Em 1864, os padres da Congregação das Missões — mais conhecidos, na América do Sul, como padres lazaristas e, na América do Norte, como padres vicentinos — foram ao Ceará para dirigir o Seminário de Fortaleza, onde propagaram a nova devoção entre os padres brasileiros recém-ordenados.

Sobre a difusão da devoção ao Sagrado Coração no interior do Nordeste no final do século, veja-se Dinis (1935), p. 8, e d. Joaquim G. de Luna, "Os monges beneditinos no Ceará", *Revista do Instituto do Ceará* (Fortaleza), v. LXV (1951), pp. 192-228, especialmente p. 210, doravante citado como *RIC*.

6. Macedo, "A pedido [...] 1955", RGM.

356

7. Ibid.; também em Dinis (1935), pp. 1-2.

8. Um excelente estudo do Vale do Cariri é o de Joaquim Alves, "O Vale do Cariri", *RIC*, v. LIX (1945), pp. 94-133.

9. Ibid., p. 110.

10. Para uma breve visão do papel desempenhado pelo Crato na independência do Ceará, veja-se o esboço histórico de Raimundo Girão, *Pequena história do Ceará* (2. ed., Fortaleza, 1962), passim. O livro contém referências bibliográficas de todas as fontes secundárias clássicas, importantes para a história do Ceará.

11. Os fatores do declínio do Cariri depois da independência são delineados no estudo pioneiro — o primeiro a esboçar a história política do Ceará, da independência ao presente — de autoria de Abelardo Montenegro. *História dos partidos políticos cearenses* (Fortaleza, 1965), pp. 6-18.

12. Sobre o estado imoral do clero na época, veja-se a publicação especial de comemoração da fundação do seminário diocesano de Fortaleza, *Álbum histórico do Seminário Episcopal do Ceará* (Fortaleza, 1914), pp. 1-3, doravante citado como *Álbum histórico*.

Observações sobre o clero do Crato são encontradas em George Gardner, *Viagens no Brasil, principalmente nas províncias do norte e nos distritos do ouro e do diamante durante os anos de 1836-1841* (São Paulo, 1942), pp. 153-4. A edição original inglesa foi publicada em Londres, em 1846.

Sobre o estado de desleixo das propriedades da Igreja no Crato e em outros lugares do Vale do Cariri, veja-se uma das fontes mais valiosas para o estudo da região: Irineu Pinheiro, *O Cariri: Seu descobrimento, povoamento, costumes* (Fortaleza, 1950), p. 225.

Notas sobre a utilização das igrejas como seções eleitorais e os frequentes maus-tratos que sofriam por serem locais de violentos conflitos políticos encontram-se em João Brígido, *Apontamentos para a história do Cariri: Crônica do sul do Ceará* (Fortaleza, 1888), pp. 102-3.

13. Frei Vitale da Frascarolo (1780-1820) é mais conhecido no Nordeste pelo nome abrasileirado de frei Vidal. Ele não foi apenas uma figura mítica; uma história semioficial das missões capuchinhas no Brasil observa que frei Vidal era conhecido através do Nordeste "por sua apaixonada pregação popular, adornada de referências proféticas, que ainda vive na lembrança e nas tradições dos 'sertanejos'", citado em P. Metodio da Nembro, *I Cappucini nel Brasile, Missione e Custodia del Maranhão, 1892-1956* (Milão, 1957), p. 5.

Para algumas reminiscências em primeira mão das missões pregadas no Vale do Cariri — que lembram bastante os *revival meetings* americanos (de tipo pentecostal) no final do século XIX — e dos poderes miraculosos atribuídos aos pregadores, veja-se Paulo Elpídio de Menezes, *O Crato do meu tempo* (Fortaleza, 1960), p. 56.

14. Uma tentativa pioneira de estudar a religião *folk* do Ceará é o trabalho de Abelardo Montenegro, *História do fanatismo religioso no Ceará* (Fortaleza, 1959). Cerca de metade do volume refere-se a padre Cícero.

Nossas referências à religião *folk*, suas crenças e práticas baseiam-se, em grande parte, em dois trabalhos do notável folclorista cearense Eduardo Campos: *Folclore do Nordeste* (Rio de Janeiro, 1960a), especialmente o capítulo intitulado "O sertanejo e as suas superstições", pp. 59-68, e *Estudos do folclore cearense* (Fortaleza, 1960b), sobretudo o capítulo intitulado "Magia e medicina popular", pp. 99-106. Quanto ao costume dos sertanejos doentes de recorrer a rezadores, veja-se Luís da Câmara Cascudo, *Dicionário do folclore brasileiro* (2. ed., Rio de Janeiro, 1962, 2 v.), v. I, pp. 259-61. Sobre a religião *folk* no Cariri, ver Pinheiro (1950), pp. 137-41.

15. Nosso relato da revitalização do vale nos anos 1850 foi baseado no de Pinheiro (1950), pp. 81-4.

16. A resolução da Câmara da cidade do Crato (nº 640, art. 50) é citada por Pinheiro (1963), p. 138.

17. Nossas estatísticas foram retiradas do resumo mais amplo que existe sobre a história do cultivo da cana-de-açúcar no Cariri: José de Figueiredo Filho, *Engenhos de rapadura do Cariri* (Rio de Janeiro, 1958), p. 69.

18. Muitas dessas indústrias caseiras localizavam-se nas casas de caridade, que eram equipadas com teares. Sobre as casas, ver pp. 46-50 deste texto e respectivas notas.

19. Para uma discussão sucinta da estrutura social tradicional do Brasil rural, ver Charles Wagley, *An Introduction to Brazil* (Nova York, 1963), pp. 99-114.

20. Para mais esclarecimentos sobre o compadrio, ver Wagley (1963), pp. 190-1.

21. Pinheiro (1950), pp. 81-4. Sobre o primeiro sobrado construído no Crato, em 1857, ver Pinheiro (1963), pp. 143-4.

22. Quanto aos pormenores sobre *O Araripe* e outros jornais publicados no Crato, ver F. S. Nascimento, "Subsídios para a história do jornalismo cratense", *A Província* (Crato, v. III, 1955), pp. 3-14, 99-112.

23. Para os detalhes sobre os planos de criação de uma nova província com sede no Crato, ver Pinheiro (1950), pp. 31-4. Também é claro que uma das principais razões para o estabelecimento do jornal cratense *O Araripe* era promover a campanha e disseminar a propaganda em prol da nova província; sobre esse assunto, ver Décio Teles Cartaxo, "Pela instalação de um órgão da cadeia associada em Crato", *A Província*, v. III (1955), pp. 61-4.

24. Para uma breve descrição de propostas e esforços semelhantes em 1828, 1839, 1846, 1940 e 1957, ver a publicação especial da campanha, *Estado do Cariri*, separata da revista *Itaytera* (Crato, 1957).

25. Nosso relato baseia-se, sobretudo, em Celso Mariz, *Ibiapina, um apóstolo do Nordeste* (João Pessoa, 1942), passim. Ver também monsenhor Silvano de Souza, "Padre Mestre Ibiapina", *Itaytera* (Crato, 1961), v. vi, pp. 89-108.

26. As interdições episcopais a Ibiapina foram registradas no *Livro do tombo* da paróquia de Sobral e são citadas verbatim em Mariz (1942), pp. 68-70.

27. A melhor descrição das casas de caridade e irmandades femininas fundadas por Ibiapina encontra-se em José de Figueiredo Filho, "Casa de Caridade do Crato, fruto do apostolado multiforme do padre Ibiapina", *A Província*, v. iii (1955), pp. 14-25; ver também Mariz (1942), pp. 202-3.

28. Quanto à utilização das casas de caridade, em especial a do Crato, na pequena produção de pano de algodão grosseiro, ver Figueiredo Filho (1955), passim.

29. O "regulamento" de Ibiapina foi transcrito por Mariz, em anexo (1942).

30. Tecnicamente falando, a Casa de Caridade do Crato não foi a primeira escola feminina do Cariri. Em 1861, uma das três escolas primárias do Crato era para meninas, segundo Thomaz Pompêo de Souza Brazil, *Dicionário topográfico e estatístico da província do Ceará* (Rio de Janeiro, 1861), p. 34.

31. *Álbum histórico* (1914), pp. 1-3. Para os dados biográficos adicionais sobre d. Luís Antônio dos Santos, que foi sagrado arcebispo da Bahia em 1880, ver Apolônio Nóbrega, "Dioceses e bispos do Brasil", *Revista do Instituto Histórico e Geográfico Brasileiro* (Rio de Janeiro), v. 222 (jan./mar., 1954), pp. 3-328, especialmente pp. 166-8, e Arnold Wildberger, *Os presidentes da província da Bahia* (Salvador, 1949), p. 684.

Para o obituário do bispo, no qual ele foi tido como um dos reformadores da Igreja, consulte-se Guilherme Studart, *Datas e factos para a história do Ceará* (Fortaleza, 1896-1924a, 3 v.), v. iii, pp. 24-7.

32. Dados sobre o clero encontram-se em Nertan Macedo, *O padre e a beata* (Rio de Janeiro, 1961), p. 44; ver também *Álbum histórico* (1914), p. 83.

33. Nossa noção de "romanização" do catolicismo brasileiro inspirou-se na sugestiva análise da religião no Brasil escrita por Roger Bastide, "Religion and the Church in Brazil", em T. Lynn Smith e Alexander Marchant (Orgs.), *Brazil, Portrait of Half a Continent* (Nova York, 1951), pp. 334-55.

Para Bastide, o conceito de "romanização" (embora use a expressão "Igreja romanizada") consiste: 1) na afirmação da autoridade de uma Igreja institucional e hierárquica (episcopal) estendendo-se sobre todas as variações populares de catolicismo *folk*; 2) no levante reformista do episcopado, em meados do século xix, para controlar a doutrina, a fé, as instituições e a educação do clero e do laicato; 3) na dependência cada vez maior, por parte da Igreja brasileira, de padres estrangeiros (europeus), sobretudo das congregações e ordens missionárias, para realizar "a transição do catolicismo colonial ao catolicismo universalista, com absoluta rigidez doutrinária e moral" (p. 341); e 4) na busca desses objetivos, independentemente e mesmo contra os interesses políticos locais.

A essas dimensões do processo de "romanização" importa acrescentar um quinto item, a saber: 5) a integração sistemática da Igreja brasileira, tanto no plano institucional como no ideológico, nas estruturas altamente centralizadas da Igreja Católica Romana. Sinais deste último processo são abundantes, tais como o estabelecimento do Colégio Sul-Americano ou Colégio Pio Latino--Americano, em 1858, onde 26 arcebispos e bispos latino-americanos tinham sido formados até 1922, e de onde saiu diplomado em teologia o primeiro cardeal da América Latina, d. Joaquim Arcoverde do Brasil (1906); a crescente participação do clero e do laicato brasileiros nas peregrinações do Ano Santo a Roma; e a convocação em Roma, em 1899, do primeiro sínodo de bispos da América Latina, sob os auspícios do papa.

Julgamos que este último processo torna mais clara a observação perceptiva de Bastide: "Ao se tornar romanizada, a Igreja [brasileira] desnacionalizou-se" (p. 343). Importa observar, entretanto, que a revitalização da Igreja brasileira não se deu no vácuo. Na Europa, a reforma da Igreja e do clero e a ênfase acentuada na santidade pessoal e nas devoções sobrenaturais (a do Sagrado Coração de Jesus, por exemplo) estavam em pleno vigor durante o papado de Pio ix; para o plano europeu, ver o excelente estudo de Paul Droulers, S. J., "Roman Catholicism", em Guy Métraux e François Crouzet (Orgs.), *The Nineteenth-Century World* (Nova York, 1963), pp. 282-315, especialmente pp. 306-7.

34. *Álbum histórico* (1914), especialmente cap. ii e iii, pp. 19-44; para uma biografia elogiosa do padre Pierre Chevallier, ver cap. viii, pp. 106-15.

35. Para uma descrição dos milagres atribuídos a Ibiapina em Caldas, Barbalha e, também, no açude público que o missionário mandou construir perto da casa de caridade, no município de Milagres, ver Pinheiro (1950), pp. 161-3, e Mariz (1942), p. 96, nota 32. É provável que os "milagres" de Caldas tenham resultado do alto conteúdo mineral da água salubre de fonte; há cerca de dez anos, o governo do estado do Ceará autorizou a instalação de uma estação de águas minerais na fonte de Caldas, segundo Antonio Marchet Callou, "Barbalha", *Itaytera*, v. v (1959), pp. 127-33, especialmente p. 128.

36. Ver *A Voz da Religião no Cariri* (Crato), 14 mar. 1869, citado em Nascimento (1955), pp. 4-5.

37. A proibição de d. Luís é citada por Pinheiro (1950), p. 160.

360

38. Para um exemplo dos hinos da casa de caridade nos quais é Ibiapina em pessoa objeto da devoção religiosa das beatas, ver "Hino do padre Ibiapina reproduzido da tradição popular por Teresa Rosando Simões", *Itaytera*, v. IV (1959), p. 109.

39. Para uma crítica astuta da formação religiosa inadequada das beatas e para observações sobre seus frequentes desvios do catolicismo ortodoxo, ver Figueiredo Filho (1955), passim.

40. "Declaração que faz o padre Ibiapina aos irmãos, beatos e irmãs das santas casas de caridade do Cariri-Novo [...]. Gravatá, Paraíba, 16 de setembro de 1872", citado em Pinheiro (1950), pp. 161-2, nota 30.

41. Para uma descrição dos primeiros cinquenta anos do Seminário do Crato, ver *Álbum do Seminário do Crato* (Rio de Janeiro, 1925), doravante citado como *Álbum*.

42. Ibid., p. 30. Para as posições de Chevallier, ver texto deste capítulo, p. 60.

43. Ibid., p. 32.

44. A Carta Pastoral é citada por Nóbrega (1954), p. 168.

45. A "questão religiosa" no Império é tratada por J. Lloyd Mecham, *Church and State in Latin America: A History of Politico-Ecclesiastical Relations* (Chapel Hill, 1934), pp. 316-21. Sobre a oposição do Vaticano à maçonaria, ver Droulers (1963), pp. 302-6.

46. "Se as lojas maçônicas eram anticlericais em outras partes, elas certamente não o eram no Brasil", Mecham (1934), p. 317.

47. Um professor e pesquisador brasileiro interpreta o affaire de 1872 como o ponto decisivo das relações entre a Igreja e o Estado brasileiro. Daí em diante, o catolicismo brasileiro passou a firmar o princípio ultramontano da total independência da Igreja nos assuntos de sua própria jurisdição. "O começo de diferenciação que aí se esboça é, pois, o de uma recaptura de atribuições substancialmente religiosas pela hierarquia episcopal", Cândido Mendes, *Memento dos vivos: A esquerda católica no Brasil* (Rio de Janeiro, 1966), p. 35.

Sobre o ataque do episcopado à franco-maçonaria, ver nota 50, a seguir.

48. Trechos da Carta Coletiva Pastoral do Episcopado Brasileiro em 1890 são citados em uma das mais importantes obras sobre o catolicismo nos primeiros decênios da "República Velha": padre Júlio Maria [de Morais Carneiro], *O catolicismo no Brasil (Memória histórica)*, (Rio de Janeiro, 1950), pp. 213-8. Foi publicada, originariamente, em 1900.

Embora a Pastoral reconhecesse a República, exprimia a esperança de que a nova Constituição (1891) não conteria "uma só palavra que pudesse ofender a liberdade da consciência religiosa" (p. 216).

361

Que a República foi aceita pela Igreja, a fim de adquirir a liberdade com a qual pudesse vir a defender-se contra as próprias doutrinas que erigiram a República, torna-se bastante claro pela seguinte declaração de padre Júlio Maria: "Para a religião, o período republicano ainda não pode ser de esplendor, assim como o foi o colonial. Nem é tampouco de decadência como foi o do Império. É, e não pode ser de outra forma, o período do combate" (p. 242).

Não há dúvida de que o dilema da Igreja brasileira, imposto pela nova República, poderia ter ficado sem solução, caso não houvesse ocorrido uma profunda transformação da atitude do papado para com o mundo moderno na forma das várias encíclicas do papa Leão XIII. Foi ele quem mais contribuiu "para a tranquilidade doméstica de todos os países ao incentivar a lealdade dos católicos ao sistema político vigente", segundo Droulers (1963), p. 312.

49. Para um estudo mais sistemático das doutrinas aqui apresentadas, ver Mecham (1934), pp. 321-30, e João Cruz Costa, *Contribuição à história das ideias no Brasil* (Rio de Janeiro, 1956), passim.

50. Sobre a atuação de d. Luís em prol de seus colegas e contra o imperador, ver o capítulo "O Ceará e a questão religiosa", em Geraldo Bezerra de Menezes, *Homens e ideias à luz da fé* (2. ed., Rio de Janeiro, 1959), pp. 194-209; e Nóbrega (1954), p. 168.

Apesar da conhecida interpretação historiográfica da questão religiosa a qual afirma que muitos bispos "observaram um silêncio discreto" (Mecham, 1934, p. 319) com respeito à prisão de seus dois confrades, importa ver que muitos bispos passaram logo depois a condenar às claras a maçonaria. A leitura de Nóbrega, citado acima, informa que oito dos quinze bispos existentes entre 1872 e 1875 escreveram cartas pastorais atacando a maçonaria ou em prol de seus colegas; ao que tudo indica, quatro bispos ficaram em silêncio, apesar da pressão em contrário por parte dos colegas, embora não seja especificada nessa fonte nenhuma informação sobre a posição assumida pelos três bispos restantes. Mais da metade dos membros do episcopado brasileiro veio a público contra a maçonaria, o que pode requerer dos historiadores que revejam a literatura relativa à questão.

51. Algumas notas sobre a expansão do protestantismo no Nordeste brasileiro, durante o último quartel do século XIX, encontram-se em Luís da Câmara Cascudo, *História do Rio Grande do Norte* (Rio de Janeiro, 1955), pp. 252-5. Nos anos de 1890 a 1891, o diário de Fortaleza, *A República*, publicou alguns artigos de proselitismo de autoria do ministro reverendo De Lacy Wardlow.

52. Ver monsenhor José Quinderé, *Dom Joaquim José Vieira* (Fortaleza, 1958), para os dados biográficos relevantes e suas realizações como bispo do Ceará.

53. D. Joaquim José Vieira, *Carta Pastoral* [...] *exhortando os seus diocesanos a orarem pela egreja e pela patria e premunindo-os contra os vicios opostos à santa religião* [...] *25 de março de 1893* (Fortaleza, 1894). Uma versão publicada encontra-se em Macedo (1961), pp. 139-56.

54. Manoel Monteiro, "Segunda carta aberta [...] a Gomes de Mattos", *Unitário* (Fortaleza), 8 maio 1952.

55. A promessa de d. Luís e a consagração solene do Ceará estão citadas no *Álbum histórico* (1914), p. 5. Sobre os atos públicos semelhantes através do mundo católico em 1875, e sobre sua origem num decreto papal, ver nota 5 deste capítulo.

56. Montenegro (1959), p. 32.

57. Padre Antônio Gomes de Araújo, "Padre Pedro Ribeiro da Silva, o fundador e primeiro capelão de Juàzeiro do Norte", *Itaytera*, v. IV (1958), pp. 3-7.

58. Nossa descrição do Joaseiro por volta de 1875 baseia-se em Lívio Sobral (pseudônimo do padre Azarias Sobreira), "Padre Cícero Romão", *RIC*, t. LVII (1943), pp. 285-96; foi esse o último de uma série de quatro artigos consecutivos, todos com o mesmo título, o primeiro dos quais publicado em *RIC*, t. LXXI (1948), pp. 73-101, especialmente pp. 84-91. Entre as descrições mais recentes está a de Otacílio Anselmo e Silva, "A história do padre Cícero", *Itaytera*, v. V(1959)-VII(1961), passim.

Depois de ter terminado o presente manuscrito, em princípio de 1968 surgiu uma biografia muito minuciosa: Otacílio Anselmo e Silva, *Padre Cícero: Mito e realidade* (Rio de Janeiro, 1968). É um dos primeiros estudos brasileiros a utilizar documentos amplamente selecionados do arquivo eclesiástico da diocese do Crato (ver cap. 2, nota 1); omite material do arquivo pessoal do clérigo (ver cap. 2, nota 4), ao qual Anselmo não teve acesso. O tempo não me permitiu avaliar em detalhe a obra desse autor. Sua interpretação, no entanto, liga-se à corrente historiográfica crítica de padre Cícero — exemplificada nos escritos de padre Antônio Gomes de Araújo e outros autores cujas contribuições foram aquilatadas no cap. 6, nota 1, e em notas de outros capítulos.

59. Ver Sobral (1943), passim, e Alves (1948), p. 87.

60. A opinião de que Ibiapina e padre Cícero são muito parecidos na devoção à Igreja e nos métodos pastorais tem sido contestada com veemência por escritores da ortodoxia católica do Cariri. Um exemplo desse ponto de vista é a "Carta de Otacílio Anselmo e Silva ao padre Antônio Gomes de Araújo, 22 de janeiro de 1957", em *Ecos do "Apostolado do embuste"*, separata da revista *Itaytera* (Crato, 1957), pp. 13-9.

61. Sobre a obra educacional de Isabel da Luz que foi incentivada por padre Cícero, ver Amália Xavier de Oliveira, "Minha mestra", num volume comemora-

tivo do cinquentenário do município do Joaseiro, *Revista do Cinqüentenário do Juàzeiro do Norte* (Fortaleza, 1961), pp. 25-30 (doravante citada como *Rev. do Cinqüentenário*).

62. Sobre a pobreza de padre Cícero e seu desinteresse pelas coisas mundanas, ver Menezes (1960), p. 62; e Manuel do Nascimento Fernandes Távora, "O padre Cícero", *RIC*, t. LVII (1943), pp. 35-69, passim.

63. Alves (1948), pp. 89-90; Pinheiro (1950), pp. 220-1.

64. Alves (1948), pp. 85-6.

65. Sobre o padre Felix e sua sociedade penitente no Crato, ver *Álbum* (1925), pp. 85-6; Pinheiro (1950), p. 230; José Alves de Figueiredo, *Ana Mulata* (Crato, 1958), p. 181; Menezes (1960), pp. 40-1, 54-6. Sobre as origens e a sobrevivência atual dessas sociedades, ver Fernando Altenfelder Silva, "As lamentações e os grupos de flagelados do São Francisco", *Sociologia* (São Paulo), v. XXIV (mar. 1962), n. 1, pp. 15-28.

66. Encontra-se no *Álbum* (1925), pp. 92-4, uma nota biográfica sobre monsenhor Francisco Rodrigues Monteiro. Quanto às suas atividades pastorais em Iguatu, ver Alcântara Nogueira, *Iguatu: Memória sócio-histórico-econômica* (Fortaleza, 1962), p. 104. Sobre seu desempenho nos acontecimentos de Joaseiro, ver Menezes (1960), pp. 63-4.

67. Típico dos inúmeros relatos populares sobre padre Cícero e ainda em circulação hoje através do Nordeste é Tristão Romero, *Vida completa do padre Cícero Romão Batista (Anchieta do século XX)* (Juazeiro do Norte, 1950).

68. Sobre o papel de padre Cícero na expansão da mandioca no Cariri depois de 1877, ver Celso Gomes de Mattos, "Em defesa da serra do Araripe", *A Província*, v. III (1955), pp. 31-4.

69. Uma referência a essa promessa encontra-se em J. Machado, *Duas palavras (Excertos da vida do padre Cícero)* (Juazeiro do Norte, 1948), p. 14. Essa é uma das várias versões publicadas da última vontade e testamento de padre Cícero, de 1923. Um texto incompleto desse testamento está citado em Macedo (1961), pp. 113-20. Sobre a devoção pessoal de padre Cícero ao Sagrado Coração, ver Dinis (1935), p. 8.

70. Dados biográficos sobre Maria de Araújo (1862-1914) encontram-se em Pinheiro (1963), p. 148.

71. Esse relato do milagre é baseado numa carta de padre Cícero a d. Joaquim José Vieira (7 jan. 1890); é um dos vários documentos importantes encontrados no arquivo pessoal do sr. Hugo Catunda que foram publicados sob o título "Documentos sobre a questão religiosa do Juazeiro", em *RIC*, t. LXXV (1961), pp. 266-97, especialmente pp. 266-9 (doravante citado como "Documentos").

72. Ibid., p. 268.

2. O CONFLITO ECLESIÁSTICO [pp. 86-111]

1. D. Joaquim José Vieira a padre Cícero Romão Batista, 4 nov. 1889, Arquivo do Bispado do Crato (doravante citado como ABC).

2. Ibid., d. Joaquim afirma, claramente, que "monsenhor Monteiro, sem me consultar, deu publicidade ao fato, que foi publicado pelos jornais [...]. Como bispo desta diocese, não posso ser estranho a esse movimento [...]. Como é que se pretende estabelecer uma nova ordem de cousas religiosas sem a audiência do diocesano!".

3. Entre março de 1889 e abril de 1891, apenas quatro artigos sobre o milagre apareceram na imprensa brasileira: *Diário do Commercio* (Rio de Janeiro), 19 ago. 1889; e *Diário de Pernambuco* (Recife), 29 ago. 1889. A estes se refere José Joaquim Teles Marrocos em carta ao padre Clycério da Costa Lobo, 12 out. 1891, citada em "Documentos" (1961), pp. 285-8.

O terceiro artigo, também favorável ao milagre, apareceu em *Estrêla da Aparecida* (São Paulo), 29 dez. 1889, e sua autoria é atribuída a monsenhor Francisco Monteiro, em 11 de novembro de 1889, citado em Pinheiro (1963), pp. 477-80. Monteiro negara categoricamente que tivesse escrito qualquer artigo sobre o acontecimento; ver Monteiro a Joaquim, 27 out. 1889, ABC. O quarto e único artigo desfavorável foi publicado no *Estado do Ceará* (Fortaleza), 19 ago. 1890.

4. A reconstituição dos fatos ocorridos entre 1889 e 1891 baseia-se em cartas encontradas no ABC e no Arquivo do Colégio Salesiano São João Bosco, Juazeiro do Norte, Ceará (doravante citado como ACS). O último é constituído, essencialmente, pelo arquivo pessoal de padre Cícero Romão Batista, herdado após sua morte pelos padres salesianos.

5. Joaquim a Cícero, 4 nov. 1890, ABC.

6. Joaquim a Cícero, 3 nov. 1888, ABC; publicada por Pinheiro (1963), pp. 448-50.

7. Joaquim a Cícero, 19 jan. 1890, ABC.

8. Cícero a Joaquim (7 jan. 1890), ABC; publicada em "Documentos" (1961), pp. 266-9.

9. A seção de Joaseiro do Apostolado da Oração foi solenemente fundada em 19 de outubro de 1888; ver "Ata da fundação solene da Associação do Apostolado da Oração do Sagrado Coração de Jesus, na povoação do Juàzeiro, paróquia do Crato. Diocese do Ceará", ACS.

10. O reconhecimento por parte de padre Cícero de que a beata sofria, desde a infância, de ataques nervosos encontra-se no "Auto de perguntas feitas ao rev.^{mo} padre Cícero Romão Batista, perante o ex.^{mo} e rev.^{mo} d. Joaquim José

Vieira, [...] Fortaleza, 17 de julho de 1891", em "Documentos" (1961), pp. 269-72 (doravante citado como "Auto de perguntas").

11. Cícero a Joaquim (7 jan. 1890), ABC; publicada em "Documentos" (1961), p. 268.

12. Joaquim a Cícero, 5 nov. 1889, ABC.

13. Joaquim a Cícero, 19 jan. 1890, ABC.

14. Ibid.

15. Joaquim a Cícero, 27 jan. 1890 e 7 mar. 1890, ABC.

16. Joaquim a Cícero, 4 jun. 1890, ABC.

17. Cícero a Joaquim (7 jan. 1890), ABC; publicada em "Documentos" (1961), p. 268.

18. Ibid.

19. São esses os mesmos padres que compareceram à fundação solene do Apostolado da Oração em Joaseiro em 1888, Acta da Fundação..., ACS.

20. Padre Manuel Félix de Moura ao vice-reitor do seminário, 25 jan. 1898; publicada em "Documentos" (1961), pp. 291-2. O trecho importante é o seguinte: "No princípio, quando as coisas permaneciam sob sigilo, eu me inclinei a acreditar [...]".

21. "Comunicado: Milagres na povoação do Joaseiro do Crato", Cearense (Fortaleza), 24 abr. 1891.

22. Ibid.

23. Foi essa a interpretação de d. Joaquim expressa em carta ao dr. Madeira, 15 nov. 1892, ACS.

24. Cearense (Fortaleza), 10 maio 1891.

25. Entre eles, o padre Laurindo Duettes, vigário de Triunfo, Pernambuco, ordenado com monsenhor Monteiro. Duettes fundara o Partido Católico de Triunfo, em 1890, e chegou a conseguir armar milhares de camponeses, que foram lançados, sob seu comando, contra as forças republicanas; citado em Álbum histórico (1914), p. 100. Os outros dois eram os padres Manoel Antônio Martins de Jesus, vigário de Salgueiro, Pernambuco, e Cícero Torres, da Paraíba.

26. Manoel Antônio Martins de Jesus, "Carta aos Editores", Era Nova (Recife), 18 maio 1891, citado no panfleto do padre J. Soares Pimentel (Org.), Os milagres do Joaseiro ou Grande collecção de documentos que attestam a veracidade da transformação da Sagrada Hostia em sangue, sangue precioso de Nosso Senhor Jesus Christo, na povoação do Joaseiro... (Caicó, Rio Grande do Norte, 1892), pp. 5-8.

27. Citado em Dinis (1935), pp. 19-22. O "atestado" do dr. Ildefonso é datado de 30 de maio de 1891.

28. Ibid., pp. 22-8. O "atestado" original é datado de 29 de abril de 1891.

29. *Os milagres do Joaseiro ou Nosso Senhor Jesus Christo manifestando Sua presença real no divino e adorável sacramento da Eucharistia,* Donaciano de Norões Maia e José Manoel de A. Façanha (Orgs.) (Crato, 1891), doravante citado como *Os milagres.*

30. Padre Cícero enviou cópias desse panfleto a d. Joaquim, mas negou categoricamente que tivesse participado de sua publicação; Cícero a Joaquim, 18 jun. 1891, ACS.

31. *Os milagres* (1891), pp. 24-9.

32. A chegada de padre Cícero a Fortaleza, em 16 de junho de 1891, foi noticiada pelo *Libertador* (Fortaleza), 16 jul. 1891.

33. "Auto de perguntas", em "Documentos" (1961), pp. 269-72.

34. Portaria de 19 de julho de 1891, publicada em "Documentos" (1961), pp. 275-6.

35. Joaquim a Cícero, 22 jun. 1891, Confidencial, ABC; publicada por Pinheiro (1963), pp. 466-7, e "Documentos" (1961), pp. 277-8.

36. Petição de Apelação, 28 jul. 1891, em "Documentos" (1961), pp. 278-9.

37. Cícero a Joaquim, 14 ago. 1891, ABC; também em "Documentos" (1961), pp. 279-81, e parafraseada, em parte, por Pinheiro (1963), pp. 456-7.

38. Ibid.

39. Pormenores das atividades da comissão em Joaseiro e no Crato encontram-se em um dos dois cadernos de apontamentos mantidos por um dos adeptos mais importantes do milagre, José Joaquim Telles Marrocos. O caderno em questão foi o segundo a ser encontrado pelo autor no arquivo pessoal de padre Cícero Coutinho, filho da terra e residente em Juazeiro do Norte, Ceará (doravante citado como PCC). Para maior clareza, esse caderno será doravante citado como Caderno de Marrocos II, PCC; sobre o primeiro caderno a ser encontrado, ver nota 49.

40. Dados biográficos dos padres Clycério e Antero encontram-se no *Álbum histórico* (1914), passim; monsenhor José Quinderé, "História eclesiástica do Ceará". *O Ceará*, Raimundo Girão e Antônio Martins Filho (Orgs.), (Fortaleza, 1939), pp. 351-66, especialmente p. 364; e Victor Hugo Guimarães, *Deputados provinciais e estaduais do Ceará: Assembleias Legislativas, 1835-1947* (Fortaleza, 1952), p. 260.

41. Quinderé (1939), p. 364.

42. Antero foi também conhecido por sua devoção ao Sagrado Coração de Jesus. Erigiu "uma formosa capela ao Divino Coração, a primeira que sob esta invocação foi edificada em nossos sertões", *Álbum histórico* (1914), p. 96.

43. Caderno de Marrocos II, PCC.

44. Padre Clycério da Costa Lobo a padre Cícero, 24 nov. 1891, citado em Pinheiro (1963), pp. 469-70.

45. "Cópia autêntica do processo do inquérito instruído pelo ex.^{mo} e rev.^{mo} dr. d. Joaquim José Vieira sobre os fatos extraordinários ocorridos em Joazeiro, 1891" (doravante citado como "Cópia autêntica"), ABC.

46. Ibid., ff. 25v.-30r.

47. Ibid., ff. 28v.-29r.

48. Ibid., f. 22v.

49. A seguinte descrição do entusiasmo popular que a comissão despertou no Crato lança alguma luz sobre as possíveis pressões que os dois padres devem ter sofrido: "No conhecimento do que se passava, a multidão — grandes e pequenos — invadiu em tropel o recinto da Casa de Caridade (do Crato)".

"Os que não puderam entrar pelo portão do claustro saltaram grades, escalaram muros e apinharam-se na igreja do edifício, nos salões e nos corredores no empenho de verem ao menos a pobre Maria de Araújo."

Essa descrição encontra-se no primeiro caderno de José Marrocos, agora conservado no ACS e doravante citado como Caderno de Marrocos I, ACS.

50. Ver os artigos do missionário protestante, reverendo De Lacey Wardlow, em *A República* (Fortaleza), durante 1890 e 1891.

A preocupação do clero com a expansão do protestantismo datava, pelo menos, dos anos 1880 no Ceará. Em 1883, por exemplo, um padre não identificado, de Fortaleza, escreveu a padre Cícero: "Meu amigo; continua infelizmente o ministro evangélico que chama-se Lacy Badalo [?] — a protestantizar nossa capital; mas parece-me que não terá coragem de arredar o pé d'aqui para o sertão, visto o fiasco por que passou o Albino em Bat[urit]é". Padre (?) a Cícero, 13 set. 1883, ACS.

51. Rdo. Francisco Ferreira Antero a monsenhor Saluci, comissário do Santo Ofício, Roma, 5 ago. 1892, Caderno de Marrocos I, ACS.

52. Clycério a Cícero, 21 nov. 1891, citado em Pinheiro (1963), pp. 467-9.

53. *Álbum histórico* (1914), passim.

54. Quinderé (1958), pp. 56-9.

55. Ibid., p. 57

56. Pinheiro (1963), p. 504.

57. Clycério a Cícero, 24 nov. 1891, ACS.

58. Antero a d. Jerônymo, 5 out. 1893, Caderno de Marrocos I, ACS.

59. Antero a Saluci, Roma, 5 ago. 1892, ACS, Pasta Marrocos.

60. Para uma análise popular da importância dos padres estrangeiros na América Latina, ver Ralph Della Cava, "Ecclesiastical Neo-Colonialism in Latin America", *Slant* (Londres, out/nov. 1967, n. s. 3), v. 5, pp. 17-20.

61. Ver despacho do reverendíssimo bispo diocesano em "Documentos" (1961), p. 279.

62. "Cópia autêntica", ff. 82v.-83, ABC; também citado em "Documentos" (1961), pp. 278-9.

63. Padre Antero a d. Jerônymo, 5 out. 1893, Caderno de Marrocos I, ACS.

64. Nossa biografia de Marrocos baseia-se no padre Antônio Gomes de Araújo, "Apostolado do embuste", *Itaytera*, v. II, pp. 3-63, e no padre Azarias Sobreira, *Em defesa de um abolicionista* (resposta ao "Apostolado do embuste") (Fortaleza, 1956).

65. Padre A. E. Frota a José Marrocos, 5 set. 1890, PCC.

66. F. S. Nascimento, "Esboço da evolução literária do Crato", *Itaytera*, v. IV (1958), pp. 56-70.

67. Marrocos a Cícero, jun. 1889 (?), PCC. Nessa carta, Marrocos pedia a padre Cícero para comemorar solenemente a vindoura Festa do Precioso Sangue à qual Monteiro devia ser convidado. Marrocos sugeriu que o clérigo armasse arcos de palmas ao longo da rua principal e organizasse o povo para uma procissão. Tudo indica que a carta foi escrita um mês antes de Monteiro ter levado 3 mil moradores do Crato, em procissão, a Joaseiro.

68. Ver nota 3.

69. Ver "Depoimento e considerações do professor José Joaquim Teles Marrocos" em "Documentos" (1961), pp. 285-8.

70. Cópias das consultas de Marrocos enviadas aos bispos do Maranhão, Pará, Bahia e Rio Grande do Sul (no Brasil) e de Funchal e Guarda (em Portugal) encontram-se em ACS, Pasta da Questão Religiosa.

3. UM MOVIMENTO EM GESTAÇÃO [pp. 112-33]

1. Uma fonte muito valiosa que esclarece a crescente preocupação da hierarquia brasileira, relativa aos acontecimentos em Joaseiro, é a até então inédita correspondência mantida entre o bispo de Fortaleza e d. Joaquim Arcoverde, que, em 1906, se tornou o primeiro cardeal do Brasil. Entre 18 de outubro de 1891 e 20 de maio de 1893, os dois religiosos trocaram entre si quase duas dúzias de cartas. Apenas doze de Arcoverde e uma única de d. Joaquim foram encontradas no ABC, Pasta Arcoverde.

É estranho que Arcoverde tenha sido colega de turma de padre Cícero e do monsenhor Monteiro, no Colégio do Padre Rolim, em Cajazeiras, Paraíba. Ainda mais estranho é o fato de José Marrocos ter sido aí seu professor. Em 7 de setembro de 1891, Marrocos enviou a seu ex-aluno uma das primeiras consultas. Mas Arcoverde recusou-se a dar qualquer conselho e advertiu-o a comprovar sua fidelidade à Igreja, acatando a decisão do bispo.

369

Foi a carta de Marrocos que levou Arcoverde a escrever a d. Joaquim, em 18 de outubro de 1891. O futuro cardeal incluiu uma cópia das consultas e sua própria resposta a Marrocos.

Em cartas posteriores (27 de novembro de 1891 e 12 de dezembro de 1891, ABC, Pasta Arcoverde), Arcoverde criticou d. Joaquim com dureza por não ter cortado as raízes (de Joaseiro) com um ato enérgico. Arcoverde estava convencido de que o panfleto do Crato, *Milagres do Joaseiro*, provou sem sombra de dúvida que "aí em Joaseiro o ridículo é o caráter predominante. Por conseguinte, nada há ali de divino". Arcoverde a d. Joaquim, 27 nov. 1891, ABC, Pasta Arcoverde. Na carta de 12 de dezembro de 1891, Arcoverde traçava o plano de ação que deveria ser seguido por d. Joaquim.

Em sua resposta de 28 de dezembro de 1891, d. Joaquim rogou compreensão: "Como eu proibir que mais de vinte sacerdotes acreditar nos milagres, embora estejam ilusos!".

Nota do autor à segunda edição: Embora d. Joaquim fale de "mais de vinte sacerdotes", fui capaz de identificar — baseado numa variedade de documentos contemporâneos, publicados e não publicados — apenas os dezoito seguintes: padre Cícero Romão Batista; monsenhor Francisco Rodrigues Monteiro, reitor do Seminário do Crato; padres Quintino Rodrigues de Oliveira e Silva, natural de Quixeramobim e na época professor do Seminário do Crato, e Joaquim Soter de Alencar, natural de Barbalha e também professor do seminário; padres Clycério da Costa Lobo e Francisco Ferreira Antero, comissário e secretário da primeira comissão de inquérito; padres Manoel Rodrigues Lima, João Carlos Augusto, Cícero Torres, Laurindo Duettes, Manoel Antônio Martins de Jesus, Manoel Furtado de Figueiredo, Félix Aurélio Arnaud, Nazário David de Souza Rolim, Manoel Félix de Moura, Joaquim Soares Pimentel, Manoel Cândido dos Santos e Vicente Soter de Alencar.

2. Essa promessa de permitir que os dissidentes apelassem a Roma foi repetida numa carta de d. Joaquim ao padre Francisco Ferreira Antero (secretário da comissão de inquérito), 10 nov. 1892, Caderno de Marrocos I, ACS.

3. Sobre a igualdade do milagre de Joaseiro com os idênticos ocorridos na Europa, ver carta de Antero a Saluci, Roma, 5 ago. 1892, ACS, Pasta Marrocos, já citada tanto no texto como na nota 51 do cap. 2.

4. Um ilustre morador do Crato, testemunha ocular dos acontecimentos de Joaseiro, relembra o impacto causado pelas ocorrências: "[Eles] foram recebidos no Crato, como sendo uma dádiva, concedida por Deus ao povo do Cariri. O padre Monteiro, muito querido pelo povo, foi proclamador da boa-nova. Acreditou sinceramente nas santas revelações". Citado em Menezes (1960), p. 64.

5. Entre as beatas mais famosas, muitas vezes chamadas de "falsas" beatas, estavam: Anna Leopoldina d'Aguiar Melo, Maria da Soledade, Maria Caminha e Maria das Dores.

6. O relato seguinte baseia-se em: Aderson Ferro, "Milagres em Joaseiro", em *Combate* (Fortaleza), 31 ago.; 2, 6, 14 set.; 25, 28 out. 1892; "Cópia autêntica", ABC; e a correspondência de monsenhor Alexandrino a d. Joaquim, ABC.

7. Depoimento da beata Anna Leopoldina d'Aguiar Melo, de dezenove anos de idade, natural do Crato, 19 set. 1891, in "Cópia autêntica", f. 67v., ABC.

8. Depoimento de Maria de Araújo, 11 set. 1891, "Cópia autêntica", f. 22v., ABC.

9. Depoimentos da beata Joaquina Timotheo de Jesus, de 31 anos, natural do Crato, 18 set. 1891, "Cópia autêntica", f. 45v.; e do cura da cidade de Milagres, padre Manoel Rodrigues Lima, de 45 anos, 17 set. 1891, "Cópia autêntica", f. 38, ABC.

10. Depoimento de um natural do Crato, Joel Wanderlei Cabral, de 33 anos, 5 out. 1891, "Cópia autêntica", f. 74, ABC.

11. Uma lista dos 27 é dada no "Termo de declaração d'algumas graças obtidas mediante votos feitos ao Precioso Sangue", 3 out. 1891, em "Cópia autêntica", ff. 78-79v., ABC.

12. O relato que se segue baseia-se em Ferro (1892). A efervescência que reinava em Joaseiro entre junho e setembro de 1892 é descrita nas cartas de monsenhor Alexandrino a d. Joaquim, ABC: a de 28 de junho assinala um crescimento das peregrinações; a de 14 de julho fala de beatas que estão imitando Maria de Araújo; as de 9 de agosto e 16 de setembro informam sobre "novos milagres" de crucifixos que sangram apresentados por Maria das Dores, Maria Caminha e Maria da Soledade.

13. O bispo concedeu a Cícero a faculdade, normalmente reservada ao bispo, de absolver maçons e protestantes de seus pecados contanto que assinassem uma declaração pública de obediência à Igreja Católica e a seu credo; Joaquim a Cícero, 25 jun. 1891, ABC.

De acordo com o juiz de Barbalha, João Firmino de Holanda, que visitou Joaseiro em 15 de maio de 1891, padre Cícero fez um sermão que consistia "no histórico da perseguição da religião cristã desde os tempos dos imperadores romanos até os nossos dias; na conversão de Constantino; no fim do mundo, que estava próximo conforme a promessa de Jesus Cristo; e finalmente na obrigação de confessar-se imposta aos que a mandado de Deus iam ao Joaseiro". Nessa parte do sermão, padre Cícero com frases enérgicas aconselhava a confissão, e repetia o seguinte: "Não sou doido, não sou idiota, não entendo magias. O que vos digo, o que tendes visto, eu ouvi, me foi predito, Jesus Cristo derrama o seu sangue para vos salvar, os que acreditarem, ele o disse, se salvarão. Ele escolheu este lugar, ficais sabendo que é ele que vos manda aqui para vossa salvação; portanto, confessai-vos aqui ou onde puderdes". Cópia das notas da visita feita por João Firmino a Joaseiro, em 15 de maio de 1891, em "Cópia autêntica", ff. 109-114v., 30 jun. 1892, ABC.

14. Um importante fator que levou d. Joaquim a suspeitar da beata foi o relatório confidencial a ele submetido por padre Quintino de Oliveira e Silva, vice-reitor do Seminário do Crato. Solicitado em segredo pelo bispo, o relatório confidencial de Quintino retificou, em substância, seu depoimento anterior e menos crítico, prestado à comissão de inquérito, em 25 de setembro de 1891 (em "Cópia autêntica", ff. 55v.-58, ABC). Na resposta secreta às oito perguntas formuladas por d. Joaquim, Quintino afirmou que nunca viu a hóstia se transformar em sangue. Isso só ocorreu após a beata reabrir a boca *vários minutos depois* de ter comungado. Insinuou também que a beata lhe havia mentido acerca das aparentes visões. Ambas as informações levaram d. Joaquim à conclusão de que a beata devia ter substituído a hóstia consagrada por outra que produzia algo parecido com sangue. Além do mais, a desonestidade não era uma característica de santidade.

Uma versão publicada do relatório confidencial de Quintino e sua mudança de atitude com relação aos alegados milagres encontra-se em Gomes de Araújo (1956), pp. 3-64, em especial pp. 14-5. Infelizmente, é difícil saber a data do relatório confidencial de Quintino. Aparece em "Cópia autêntica", ff. 93v.-96, ABC, como "Relatório do padre Quintino". É aí mencionado como escrito em Fortaleza, em 31 de outubro de 1891. A carta de d. Joaquim ao padre Quintino (na qual são levantadas as oito perguntas) é, entretanto, datada de 26 de dezembro de 1891, ABC. É possível que Quintino só tenha enviado a resposta em 31 de dezembro de 1891 (não em 31 de outubro). É improvável que d. Joaquim tenha enviado as oito perguntas em outubro, porque o bispo só tomou conhecimento do "Processo", no qual é transcrito o primitivo depoimento de Quintino, em novembro de 1891.

Em 1894, d. Joaquim ainda se responsabilizava por não ter agido com mais firmeza contra Joaseiro. Em carta confidencial a monsenhor Monteiro, que primeiro anunciou o milagre, do púlpito, no Crato, dizia o bispo: "Eu tenho alguma culpa neste negócio, porque fui fraco em 1889. Quando vossa reverendíssima abusivamente subiu ao púlpito e declarou [...] dizendo que aquele sangue [nos panos] era o verdadeiro Sangue de Nosso Senhor e o padre Cícero começou a dar culto etc., era meu dever suspendê-los imediatamente; não o fiz na esperança de ser atendido em minhas advertências fraternais; agora estou expiando essa fraqueza". Joaquim a Monteiro, 5 mar. 1894, Caderno de Marrocos I, ACS.

372

15. Segundo o padre Antônio Gomes de Araújo (1956), p. 5, seu avô, Basílio Gomes da Silva, chefe político de Brejo dos Santos entre 1893 e 1927, visitara Joaseiro no auge do milagre, presumivelmente em 1891. Depois de três dias lá, disse à sua mulher: "Vamos embora. Aqui não há nada do outro mundo. Padre Cícero está enganado". Apesar da lúcida visão do coronel, nem ele nem nenhum outro leigo importante do Vale do Cariri admitiram tal descrença antes de julho de 1892, três meses depois de estar em marcha o plano de d. Joaquim de denunciar o embuste.

16. Além dos vinte padres "ativistas", havia outros para os quais os milagres constituíam uma fonte de inspiração. Por exemplo, o padre A. Xisto Albano, filho do barão de Aratanha e futuro bispo do Maranhão, teve notícia dos fatos que ocorriam em Joaseiro e escreveu a padre Cícero: "Mais do que nunca desejo vir presenciar estes fatos extraordinários". Depois pediu-lhe que rezasse por ele "a fim de me obter do Sagrado Coração a verdadeira santidade sacerdotal, hoje mais do que nunca indispensável". A. X. Albano a Cícero, 12 dez. 1891, ACS, Pasta da Questão Religiosa.

O cura de União, padre Agostinho José de Santiago Lima, pediu a padre Cícero que se lembrasse dele em suas orações. Padre A. J. de Santiago Lima a Cícero, 15 nov. 1891, ACS, Pasta da Questão Religiosa.

17. Os dois padres em questão são Quintino Rodrigues de Oliveira e Silva, vice-reitor do Seminário do Crato, e Manoel Cândido dos Santos, cura de Barbalha. O primeiro havia deposto em defesa dos milagres perante a comissão de inquérito, em 25 de setembro de 1891. O último, não.

18. Dados resumidos sobre a carreira de Alexandrino encontram-se em Pinheiro (1963), p. 172. Não se sabe por que d. Joaquim escolheu esse filho de Assaré (considerada a cidade mais ocidental do Vale do Cariri), assim como se ignoram as razões da remoção de seu predecessor, padre Antônio Fernandes Távora. O último era amigo íntimo de padre Cícero, mas não tinha muita fé nos "milagres". Apesar disso, sua demissão foi muito bem recebida por d. Joaquim Arcoverde (Arcoverde a d. Joaquim, 23 fev. 1892, ABC), o que pode ser um indício do descontentamento deste para com o padre Távora.

Alexandrino saiu de Quixadá para o Crato em 2 de fevereiro de 1892, segundo o *Estado do Ceará* (Fortaleza), 10 fev. 1892.

19. A correspondência entre Alexandrino e d. Joaquim revela que o bispo com frequência acusara seu subordinado de ser abertamente favorável aos dissidentes. Por vezes, Alexandrino admitia sua tolerância, mas retrucava que ela surtia efeito, visto que padre Cícero nunca pregara contra os ensinamentos da Igreja. Embora Alexandrino confessasse que nunca estivera "do lado contrário aos fatos do Joaseiro", ele, no entanto, asseverava ao bispo que "nunca acreditou

neles". De tal forma não acreditava, dizia, que havia em Joaseiro muito poucos peregrinos provenientes da sua antiga paróquia de Quixadá. Alexandrino a d. Joaquim, 31 ago. 1892, ABC. Mais tarde, as dúvidas de d. Joaquim tornaram-se tão fortes que Alexandrino foi obrigado a reafirmar sua lealdade ao bispo. Alexandrino a Joaquim, 4 jul. 1893 e 26 set. 1894, ABC.

Os dissidentes chegaram a acreditar que Alexandrino tinha sido o principal responsável por grande parte das resoluções episcopais contra eles. De fato, antes da sua transferência para uma paróquia no estado do Piauí, em 1900, informou-se que ele foi a Joaseiro. Aí, "do altar da igreja, com lágrimas nos olhos, em altas vozes, pediu perdão ao povo pelas injustiças por ele cometidas na direção do segundo inquérito, contra o padre Cícero e as demais pessoas acusadas, alegando ter assim procedido por ordem terminante do seu diocesano". Esse relato foi feito pelo auxiliar político de padre Cícero, Floro Bartholomeu, na famosa defesa do clérigo perante a Câmara Federal em 1923. Foi feita como prova de que os padres do vale tinham dado razão suficiente para que o povo continuasse a acreditar na veracidade dos milagres. Ver Floro Bartholomeu da Costa, *Joazeiro e o padre Cícero* (*Depoimento para a história*) (Rio de Janeiro, 1923), pp. 48-9.

20. O segundo inquérito foi realizado em três manhãs sucessivas, na capela da Casa de Caridade do Crato, de 20 a 22 de abril de 1892. Quatro sacerdotes, três médicos e várias testemunhas leigas tomaram parte. Entre eles, encontravam-se o dr. Marcos Rodrigues Madeira e o coronel Joaquim Secundo Chaves. O depoimento do primeiro de que não havia explicação natural para o milagre de 1891 precipitara o conflito eclesiástico. O último, amigo de longa data de padre Cícero, era um dos três "procuradores".

Parece que as hóstias usadas no segundo inquérito foram trazidas de Fortaleza. Tem-se a impressão de que d. Joaquim suspeitava que as beatas do Crato — cujas tarefas incluíam preparar as hóstias com farinha de trigo e água — substituíam as hóstias naturais pelas adulteradas. Gomes de Araújo (1956), pp. 7, 8 e 26, nota 2, chega a dar uma fórmula química, a qual, caso fosse usada na preparação da hóstia, faria com que ela ficasse vermelha ao entrar em contato com a saliva.

O relatório original do segundo inquérito encontra-se em "Cópia autêntica", ff. 115-116v., ABC. Uma alusão a ele encontra-se em Gomes de Araújo (1956), pp. 15-6.

21. O furto da urna foi descoberto em 22 de abril de 1892, segundo carta de monsenhor Alexandrino a d. Joaquim, 22 abr. 1892, ABC. Essa mesma carta assinalava que padre Cícero e padre Joaquim Soter tinham entregado a urna pessoalmente a monsenhor Alexandrino, em março de 1892.

Por ocasião do roubo, monsenhor Alexandrino informou que, no Crato, a suspeita recaía sobre José Marrocos; Alexandrino a d. Joaquim, 22 abr. 1892, ABC. D. Joaquim também corroborou o relatório sobre a culpabilidade de Marrocos, escrevendo a padre Francisco Ferreira Antero: "Oh! Padre Antero, pois vossa reverendíssima não me disse aqui em Fortaleza que o sr. Marrocos lhe havia escrito dizendo-lhe que arranjou de tal modo o roubo dos panos que não comprometesse o padre Cícero!"; d. Joaquim a padre Antero, 10 nov. 1892, Caderno de Marrocos I, ACS. Na mesma carta, o bispo declarava: "eu tinha quase certeza de que o roubo dos panos tinha sido feito pelo sr. Marrocos; [...] depois vossa reverendíssima me confirmou nesse pensamento [...]".

A descoberta da urna entre os pertences de José Marrocos logo após sua morte, em 14 de agosto de 1910, foi feita pelo dr. Raul de Souza Carvalho, juiz substituto do Crato. Essa descoberta, entretanto, só se tornou pública em 1953, quando o dr. Carvalho publicou o artigo "Um capítulo inédito sobre o padre Cícero", em *Unitário* (Fortaleza), 27 dez. 1953, 3 e 10 jan. 1954 (republicado em *O Povo*, Fortaleza, 22 jul. 1961).

É evidente que a história do roubo contada por Gomes de Araújo (1956), pp. 13-4, situando a ocorrência em *julho de 1891*, está errada. O padre Gomes de Araújo deve ter confundido os fatos ligados à primeira comissão de inquérito, de 1891, com os do segundo inquérito, de abril de 1892. Uma leitura mais cuidadosa da "Cópia autêntica" (fonte bastante usada pelo autor-sacerdote) revela que a primeira comissão de inquérito examinou o conteúdo da urna, em Joaseiro, em 12 de setembro de 1891 (ver "Cópia autêntica", "Termo da abertura de caixa...", f. 24v., ABC), mas nunca a levou para o Crato, como alega Gomes de Araújo (1956), p. 14. Isso só ocorreu em 1892, como indica a carta de Alexandrino a d. Joaquim, 22 abr. 1892, ABC.

O estudo de Gomes de Araújo (1956), com o propósito de acusar José Marrocos não apenas de preparar o embuste, mas também de fingir que acreditava na sua origem divina (p. 29, nota 9), incorre, ainda, em grave erro na sua linha central de interpretação; ao lançar Marrocos no banco dos réus, o padre Gomes de Araújo isenta, injustamente, seus predecessores colegas de sacerdócio da maior parte da culpa e da responsabilidade de inculcar e manter a crença popular no milagre. O provável desejo do padre Gomes de proteger os sacerdotes do Cariri é compreensível, mas não justifica algumas de suas interpretações que tendem a distorcer o papel ativo dos padres na propagação da crença nos propalados milagres. Seguem-se dois exemplos das referidas interpretações.

Primeiro, a despeito de ampla evidência documental existente na "Cópia autêntica", com referência ao comprometimento de monsenhor Francisco Monteiro, do Crato, em nenhuma parte do seu estudo o padre Gomes alude ao papel proeminente que foi desempenhado por esse clérigo. Foi monsenhor Monteiro, afinal de contas, quem primeiro anunciou os milagres do púlpito, quem levou a primeira peregrinação a Joaseiro em 1889, quem guiou as principais beatas envolvidas nos "milagres" e quem insuflou padre Cícero a rejeitar a ordem de d. Joaquim de abandonar a propagação dos milagres. Ao contrário, padre Gomes declara que monsenhor Monteiro e outros padres que acreditaram no começo, admite ele, foram vítimas inocentes da astúcia de Marrocos. Essa opinião, entretanto, subestima em muito as ações e as razões do clero do Cariri ao defender Joaseiro.

Num segundo exemplo, padre Gomes transcreve apenas em parte uma carta do padre Manuel Félix de Moura a d. Joaquim, de 25 jan. 1893 (1956), pp. 39-40, nota 25. Cita a seguinte frase: "No princípio, quando as coisas (de Joaseiro) permaneciam sob sigilo, eu me inclinei a acreditar, mas depois [...] acentuando-se os fatos cada vez mais [...] retirei minha crença" (grifos dele). A frase completa citada em "Documentos" (1961), pp. 291-2, é a seguinte: "No princípio, quando as coisas permaneciam sob sigilo, eu me inclinei a acreditar, mas depois que monsenhor Francisco Rodrigues Monteiro, do alto do púlpito, no Crato, convidou o povo a vir a Joaseiro adorar o sangue de Jesus Cristo, acentuando-se os fatos cada vez mais capciosos, retirei minha crença" (sem grifos no texto original). Por casualidade, o trecho excluído volta a confirmar o importante papel desempenhado por monsenhor Monteiro. Os comentários acima não visam, de modo algum, negar a vasta e correta documentação do padre Gomes (1956), pp. 3-4 e passim, de que se acreditava ter sido José Marrocos quem arquitetou o embuste. Sua alegação de que os padres nada mais foram do que vítimas inocentes é, por outro lado, uma grave distorção da realidade histórica.

22. O efeito do depoimento dos leigos sobre o público foi muitíssimo limitado, uma vez que as cartas eram confidenciais e não publicadas. Foram, entretanto, enviadas a Roma em 1893.

Os três leigos importantes que prestaram depoimento confidencial a d. Joaquim foram: 1) João Firmino de Hollanda, juiz de direito de Barbalha; 2) João Batista de Siqueira Cavalcanti, juiz de direito do Crato; e 3) coronel Juvenal de Alcântara Pedrosa, comerciante e fazendeiro do Crato. Suas cartas foram identificadas, respectivamente: 1) 30 jun. 1892, alegando transcrever anotações feitas pelo autor logo após visitar Joaseiro em 15 de maio de 1891, foi incluída na "Cópia autêntica", ff. 109-114v, ABC; 2) 28 jul. 1892, transcrita na íntegra em "Documentos" (1961), pp. 289-90; e 3) 10 ago. 1892, encontra-se em "Cópia autêntica", ff. 118-120v, ABC.

Segundo carta de monsenhor Alexandrino a d. Joaquim de 9 de agosto de 1892, tanto o coronel Juvenal quanto o dr. Siqueira Cavalcanti tinham sido solicitados por d. Joaquim a submeter seus depoimentos escritos após a conclusão do segundo inquérito, em abril. Ambos afirmaram que o dr. Marcos Rodrigues Madeira, o primeiro médico a jurar em público quanto à "natureza milagrosa" dos "milagres", confessara, em privado, que havia chegado a uma conclusão errada. Segundo a carta do coronel Juvenal, o dr. Madeira estava disposto a fazer uma retratação pública. Entretanto, apesar de dois pedidos de d. Joaquim nesse sentido, o médico recusava-se a alterar por escrito sua primitiva declaração de 1891. Seu oferecimento de ir a Fortaleza, às custas do bispo, foi sumariamente repelido por d. Joaquim, que insistiu para que ele expusesse suas opiniões por escrito para o bem de Roma. A posição do médico foi expressa em duas cartas, não publicadas, escritas a d. Joaquim em 13 de dezembro de 1892 e 25 de janeiro de 1893; ambas encontram-se na "Cópia autêntica", ff. 126-128v, ABC, e no Caderno de Marrocos I, ACS. A retratação de outro médico importante que presenciou os acontecimentos de Joaseiro de 1891 encontra-se na carta do dr. Inácio de Sousa Dias a d. Joaquim, datada de 16 de outubro de 1892, em "Documentos" (1961), pp. 290-1.

23. O registro dos "milagrosos acontecimentos" verificados ao mesmo tempo em Icó, Aracati e União estão documentados nos artigos de Aderson Ferro (1892). Devido, talvez, ao envolvimento do clero naqueles acontecimentos, eles tenham sido subestimados, de forma exagerada, por Gomes de Araújo (1956), p. 42, nota 30.

Em outubro de 1892, exatos três meses após o episódio acima mencionado, uma das beatas de Joaseiro, Maria da Soledade, apareceu em Barbalha. Ela apresentou ao pároco, padre Joaquim Soter de Alencar, uma "milagrosa" hóstia, que sangrava; o sacerdote a colocou no altar da capela familial diante da qual velou, em oração, com membros de sua família. O incidente foi divulgado no jornal *A Província* (Recife) em 20 de janeiro de 1893, e de pronto levou d. Joaquim a interrogar o padre Soter e seu irmão, também sacerdote, padre Vicente Soter de Alencar; padre Vicente a d. Joaquim, 23 abr. e 12 jul. 1893, Caderno de Marrocos I, ACS.

Em 28 de dezembro de 1892, Maria da Soledade apareceu na cidade de Jardim, onde o padre Vicente Soter era vigário. Uma hóstia que ela não pôde consumir foi posta no altar. Mais tarde, muitos cidadãos importantes vieram adorá-la. Em 21 de janeiro de 1893, esses cidadãos, inclusive um deputado estadual e outros funcionários locais, assinaram um documento oficial atestando o "milagre". Foi registrado em cartório, em Jardim, no dia 7 de fevereiro de 1893. Uma cópia encontra-se em ACS, Pasta da Questão Religiosa.

24. Em carta a padre Cícero vários meses após os acontecimentos, o padre Clycério relembrou que a beata Maria Caminha lhe havia feito várias "revelações [...] relativas à punição de vários lugares e especialmente de Aracati"; padre Clycé-

rio a padre Cícero, 5 out. 1892, Caderno de Marrocos I, ACS. A mesma carta revela que o padre Clycério talvez tenha se deixado levar por sua própria ingenuidade: "Para cúmulo de desgraça, o Demônio inspirou a mais de uma devota a apresentar algumas partículas como miraculosas [...]". Não obstante, Clycério foi o único responsável por ter comunicado como verdadeiras as "revelações" relativas à destruição divina das cidades de Limoeiro e Cascavel; padre Clycério aos respectivos vigários, 28 e 29 jul. 1892, ABC. Escreveu também ao secretário de d. Joaquim, dizendo que, segundo a profecia, Fortaleza sofreria um grande "castigo", a menos que os habitantes da cidade se arrependessem dentro de quinze dias; padre Clycério ao monsenhor vigário-geral da diocese de Fortaleza, 29 jul. 1892, ABC. O pedido de intervenção policial apareceu em *A República*, (Fortaleza), 9 ago. 1892.

No final de 1893, d. Joaquim ordenou um inquérito sobre as ocorrências de Aracati e União. Foi realizado na cidade de União, em 9 de novembro, sob a direção do padre Agostinho José de Santiago Lima. Das três beatas interrogadas, uma era Maria da Soledade, que, segundo Ferro (1892), apareceu em Joaseiro depois de passados os acontecimentos de União de julho de 1892. Os autos do inquérito, não publicados, encontram-se em "Cópia autêntica", ff. 146-55, ABC, sob a rubrica "Autoamento".

25. Padre Cícero foi suspenso pela portaria de 5 de agosto de 1892, segundo a carta de monsenhor Alexandrino a d. Joaquim, 15 ago. 1892, ABC.

Uma cópia dessa portaria foi localizada no Caderno de Marrocos I, ACS. Ela relaciona sete razões para a suspensão: 1) por proclamar milagrosos os acontecimentos de 1889 e por dar início a seu culto; 2) por se recusar a desistir da proclamação pública dos milagres, apesar da ordem do bispo no sentido de fazê-lo desistir; 3) por sustentar e inculcar doutrinas audaciosas, supostamente a da segunda Redenção; 4) por demonstrar falta de equilíbrio emocional e intelectual para conduzir os fiéis; 5) por animar o povo a fazer promessas baseadas em falsos princípios; 6) por causar aflição às famílias cristãs; 7) por ter concorrido, de modo indireto, para o roubo da urna. Em conclusão, Cícero foi não só suspenso como também proibido de guardar hóstias consagradas no tabernáculo da capela de Nossa Senhora das Dores.

Padre Clycério foi suspenso dois dias antes, em 3 de agosto de 1892; padre Clycério a d. Joaquim, 5 ago. 1892, ABC. Em outubro de 1892, conseguiu mudar-se para Mossoró, Rio Grande do Norte, então sob a jurisdição eclesiástica da diocese de Olinda e Recife (Pernambuco); padre Clycério a padre Cícero, 5 out. 1892, Caderno de Marrocos I, ACS.

Sem sombra de dúvida, os acontecimentos de União e Aracati foram decisivos para compelir d. Joaquim a suspender padre Cícero.

26. D. Joaquim José Vieira, "Carta Pastoral de 25 de março de 1893", publicada em Macedo (1961), pp. 139-56.

27. D. Joaquim enviou o caso a Roma em maio de 1893, dois meses depois de sua Carta Pastoral. Em acréscimo ao relatório da primeira comissão de inquérito de 1891 (que ele havia, no princípio, hesitado em enviar), anexou o relatório do segundo inquérito de abril de 1892, a Pastoral de 1893 e vários outros documentos, inclusive as cartas confidenciais dos três leigos, citadas na nota 22 deste capítulo. O acréscimo de documentos foi, mais tarde, contestado pelos dissidentes.

Roma, entretanto, já tinha sido avisada sobre o caso por d. Joaquim Arcoverde. O futuro primeiro cardeal do Brasil tomou a si esse encargo antes mesmo de setembro de 1892. Mais tarde, escreveu a d. Joaquim: "E por isso muito em reserva lhe digo, fiz que fossem previnidas certas pessoas em Roma pertencentes à Congregação do Santo Ofício [da Inquisição], e enviei-lhes tal folheto [*Milagres de Joaseiro* (Crato, 1891)] e mais extratos de cartas de vossa excelência devidamente traduzidas em italiano e explicadas". Arcoverde a d. Joaquim, 22 set. 1892, ABC, Pasta Arcoverde. É possível que Arcoverde tenha também solicitado uma ação enérgica por parte de Roma a fim de destruir Joaseiro, assim como ele havia aconselhado d. Joaquim a fazer, em dezembro de 1891; ver nota 1.

Não se sabe quando Arcoverde escreveu a Roma. Entretanto, o cardeal Monaco, chefe do Santo Ofício, escreveu a d. Joaquim em 17 de julho de 1892, ABC, solicitando detalhes completos relativos aos "fatos de Joaseiro".

28. Padre Antero foi a Roma sem a expressa permissão de d. Joaquim e durante a ausência deste de Fortaleza. Ele também "surrupiou" uma cópia do relatório da primeira comissão de inquérito. D. Joaquim aludiu publicamente a essa afronta de mau gosto à sua autoridade na segunda Pastoral, de 25 de julho de 1894, em Macedo (1961), p. 162.

Padre Antero retrucou, mais tarde, que d. Joaquim lhe dera *carte blanche* para fazer a viagem. Segundo Antero, o bispo chegou mesmo a oferecer-lhe o pagamento da viagem. D. Joaquim animou o padre a empreender a viagem como mais uma prova da completa liberdade dos dissidentes. A intenção de d. Joaquim de enviar o padre Antero a Roma com o relatório de 1891 aparece claramente na carta do bispo a d. Joaquim Arcoverde, 28 dez. 1891, ABC, Pasta Arcoverde.

A ida ilícita de Antero a Roma, sob pretexto de visitar um sobrinho doente que era seminarista lá, talvez tenha levado Arcoverde a alertar em segredo os membros da Inquisição no tocante a Joaseiro (ver nota 27); pelo menos, Arcoverde assegurou a d. Joaquim: "Vossa Excelência, pode estar tranquilo (agora que Roma está avisada) que o padre Antero sairá de lá corrido e envergonhado

379

do triste papel que foi representar [...]", Arcoverde a d. Joaquim, 22 set. 1892, ABC, Pasta Arcoverde.

Uma vez em Roma, Antero não deixou de apresentar o relatório (pedindo desculpas por estar fraco) e fez um forte apelo em nome de Joaseiro. Disse (ou talvez ameaçou) que, se Roma não legitimasse os "milagres de Joaseiro", seria uma árdua tarefa explicar aos fiéis por que eles deviam continuar acreditando em outros "milagres semelhantes". Ressaltou também que o grande número de conversões já verificadas em Joaseiro era um sinal da veracidade dos acontecimentos; Antero a monsenhor Saluci, Roma, 5 ago. 1892, Caderno de Marrocos I, ACS.

29. A viagem de monsenhor Monteiro ao Rio realizou-se depois de 29 de setembro de 1893; ele regressou em meados de novembro; monsenhor Alexandrino a d. Joaquim, 27 set. 1893 e 20 nov. 1893, ABC. D. Joaquim referiu-se à viagem de Monteiro em sua Carta Pastoral de 1894, citada em Macedo (1961), pp. 162-3.

Entre os "novos documentos" que Monteiro levou ao Rio de Janeiro estava uma longa carta do dr. Marcos Rodrigues Madeira. Nessa carta, o médico tentava destruir nos seus pormenores dois pontos levantados na Pastoral de d. Joaquim de 1893, a qual visava invalidar as declarações anteriores do médico; dr. Madeira ao monsenhor Monteiro, 28 set. 1893, Caderno de Marrocos I, ACS. A recusa do dr. Madeira em negar o caráter sobrenatural dos "milagres" decerto animou os dissidentes a continuar com suas apelações. Sobre a recusa de Madeira em retratar-se, ver nota 22.

30. José Marrocos ao padre Felippe Sottovia, 30 nov. 1893 e 28 dez. 1893, Caderno de Marrocos I, ACS.

31. Alexandrino a Joaquim, 28 jun. 1892, ABC, e Ferro (1892).

32. Alexandrino a Joaquim, 16 set. 1892, ABC.

33. Alexandrino a Joaquim, 28 jun. 1892, ABC.

34. Padre Antônio Gomes de Araújo, "Um civilizador do Cariri", *A Província*, v. III (1955), pp. 127-46, especialmente p. 136.

35. Alexandrino a Joaquim, 31 ago. 1892, ABC. Mais tarde, Alexandrino escreveu que os habitantes do Crato "estão mais modificados a respeito de Joaseiro, embora estejam revoltados com a suspensão do Padre Cícero", Alexandrino a Joaquim, 16 set. 1892, ABC.

36. Alexandrino a Joaquim, 18 out. 1892, ABC.

37. Cópia da petição, dez. 1892, ACS, Pasta da Questão Religiosa. A petição faz referência a duas provas do respeito de padre Cícero pelas autoridades civis: 1) que ele tinha acabado com várias brigas de família, e 2) que ele realizara o primeiro casamento civil do sertão. A descrição do primeiro fato, ocorrido em 1888, encontra-se em Bartholomeu (1923), pp. 112-3, nota 30.

38. Alexandrino a Joaquim, 15 maio 1892, 4 jul. 1893, 20 nov. 1893, ABC. Referências sobre a opinião generalizada entre o povo de que d. Joaquim era "maçom e republicano" encontram-se em *A República* (Fortaleza), 20 jun. 1893.

39. Alexandrino a Joaquim, 20 nov. 1893, ABC.

40. Essa proibição foi confirmada por d. Joaquim na sua portaria de 23 de janeiro de 1894: "Em ordem a evitar qualquer interpretação estranha [...] à nossa (prévia) portaria proibitiva da celebração de qualquer festividade religiosa na capela de Juazeiro, declaramos [...] que [...] nossa proibição compreende todos os sacerdotes deste bispado, sem excetuar vossa reverendíssima como pároco da freguesia, e bem assim sem exceção de solenidade [...]", citado em Pinheiro (1963), p. 168.

41. José Marrocos ao padre Felippe Sottovia, 30 nov. 1893, Caderno de Marrocos I, ACS.

42. Um exemplo foi a concentração popular que houve em Joaseiro em 3 de julho de 1893, para festejar o regresso do padre Antero de Roma. Mais de mil pessoas foram ao seu encontro na saída da aldeia, entre as quais padre Cícero e monsenhor Monteiro. As ruas foram decoradas com duzentos arcos e iluminadas pelas velas que eram levadas pelos admiradores. Mocinhas deram-lhe as boas-vindas fazendo discursos.

Às oito horas da noite, houve fogos de artifício e efeitos pirotécnicos. Faixas proclamavam "Viva o padre Antero", "Viva o Padre Cícero". No dia seguinte, foi celebrada a missa, com a assistência de oito padres, numa impressionante exibição; Alexandrino a Joaquim, 4 jul. 1893, ABC.

43. D. Joaquim José Vieira, Carta Pastoral de 1894, citada por Macedo (1961), p. 161. Em julho de 1893, d. Joaquim proibira expressamente que qualquer padre benzesse medalhas e que qualquer leigo as venerasse. Essa proibição foi publicada em *A Verdade* (Fortaleza), 23 jul. 1893.

44. Alexandrino a d. Joaquim, 8 jan. 1894, ABC. Essa carta informa que padres e leigos continuavam a acreditar nos milagres.

45. "Decisão e decretos da S. Congregação do Santo Ofício", 4 abr. 1894, citado em Macedo (1961), pp. 164-5.

46. Ibid.

47. Ofício, d. Joaquim a padre Cícero, 9 ago. 1894, ABC: ordenava ao sacerdote que fosse a Fortaleza dentro de trinta dias sob pena de suspensão ipso facto. Os outros religiosos que também foram chamados a Fortaleza: padre Antero, monsenhor F. Rodrigues Monteiro, padre Manoel Rodrigues Lima e padre João Carlos Augusto. Segundo o Caderno de Marrocos II, PCC, padre Cícero deixou Joaseiro em 28 de agosto de 1894 e chegou a Fortaleza em 2 de setembro de 1894.

O "plano mestre" de d. Joaquim encontra-se nas suas "Instruções que devem ser fielmente observadas pelo [Rev.^{mo} padre Alexandrino] [...] no tocante às pessoas envolvidas nos fatos de Joaseiro"; Joaquim a Alexandrino, 20 ago. 1894, ABC.

48. De acordo com o Caderno de Marrocos II, PCC, quarenta soldados da polícia do estado chegaram ao Crato vários dias antes da partida de padre Cícero, em 23 de agosto. Eram comandados pelo capitão Fialho. Em 22 de agosto, um sargento (alferes) de nome Porfírio já se encontrava em Joaseiro com vários homens.

Em 1906, José Marrocos referiu-se a esse incidente como uma das ocasiões da vida de padre Cícero em que ele "escapou [...] da espada do governo diante de quem [sic] foi denunciado como conspirador"; ver "Esboço do relato histórico aos senhores do Congresso", 10 ago. 1906, ACS, Caderno de Marrocos. Não se sabe se esse "Esboço" jamais foi enviado à Câmara.

49. A transcrição é uma paráfrase fiel do relatório de Alexandrino a Joaquim, 20 set. 1894, ABC.

50. Uma possível alusão ao julgamento dos parentes de Maria de Araújo encontra-se no artigo de Gorgônio Brígido dos Santos, "O milagre do Joazeiro do Crato no estado do Ceará", *Diário de Pernambuco* (Recife), 6 set. 1893. Gorgônio Brígido, ao que tudo indica, foi promotor público no Crato. Nesse artigo, acusou padre Cícero de exigir que ele não denunciasse "a mãe, tio e primo de Maria de Araújo pelo assassinato praticado no engenho de José Dias, e conseguindo desviar depoimentos de testemunhas para que nesse processo saíssem os cúmplices e levar-se ao cárcere a um moço inocente, que afinal foi absolvido pelo júri e não apelado". (Ver a réplica de um tal Zezinho Costa, "O sr. Gorgônio Brígido e os milagres do Joaseiro", *A República*, 31 jan. 1894, Fortaleza).

O relato de Alexandrino, claro, foi escrito um ano depois do primeiro artigo mencionado. Talvez ele se referisse a outro crime cometido ou a um segundo julgamento.

51. Alexandrino a Joaquim, (23-26 set. 1894?), ABC.

52. Alexandrino a Joaquim, 26 set. 1894, ABC.

53. A informação subsequente baseia-se na portaria de d. Joaquim, 13 set. 1894, publicada em *A República* (Fortaleza), 22 out. 1894, e Alexandrino a Joaquim, 26 set. 1894, ABC.

54. Ver "Instruções...", nota 47.

Várias beatas se retrataram diante da pressão de monsenhor Alexandrino e das ameaças de perda da residência e do hábito. Há uma lista daquelas que declararam que suas afirmações anteriores eram falsas: 1) 22 set. 1894, beata Antônia Maria da Conceição; 2) 14 out. 1894, Rachel Sisnando Lima; e 3) 25 out. 1894, Maria Joanna de Jesus. Essas retratações se encontram na "Cópia autêntica", ABC.

55. Segue-se uma lista parcial dos padres que se retrataram formalmente e cujas declarações foram publicadas na imprensa secular e religiosa (aqueles com asterisco foram convocados a Fortaleza com padre Cícero):

NOME	DATA DA RETRATAÇÃO	VEÍCULO E DATA DA PUBLICAÇÃO
1. Padre Laurindo Duettes, pároco de Triunfo (PE)	24 set. 1894	*Era Nova* (Recife) 27 set. 1894 *A República* (Fortaleza) 5 out. 1894
2. Padre Cícero Joaquim de Siqueira Torres, diocese de Pernambuco	8 out. 1894	*A Verdade* (Fortaleza) 28 out. 1894
*3. Padre Manuel Antônio Martins de Jesus, pároco de Salgueiro e Belmonte (PE)	21 out. 1894	*A Verdade* (Fortaleza) 11 nov. 1894
*4. Padre João Carlos Agosto	26 nov. 1894 (carta a d. Joaquim, ACS)	*A Verdade* (Fortaleza) 2 fev. 1895 *A República* (Fortaleza) 4 fev. 1895
5. Padre Jacintho Ramos, diocese de Pernambuco	13 dez. 1894	*Era Nova* (Recife) 15 dez. 1894 *A Verdade* (Fortaleza) 13 jan. 1895
*6. Monsenhor Francisco Rodrigues Monteiro	fev. 1895	*A Verdade* (Fortaleza) 2 fev. 1895 *A República* (Fortaleza) 4 fev. 1895
7. Padre Manuel Rodrigues Lima, pároco de Missão Velha (CE)	fev. 1895	*A Verdade* (Fortaleza) 2 fev. 1895 *A República* (Fortaleza) 4 fev. 1895
8. Padre Clycério da Costa Lobo	fev. 1895	*A Verdade* (Fortaleza) 2 fev. 1895 *A República* (Fortaleza) 4 fev. 1895

continua

NOME	DATA DA RETRATAÇÃO	VEÍCULO E DATA DA PUBLICAÇÃO
*9. Padre Francisco Antero (Nota: A recusa de retratação do padre Antero em dez. 1894 levou à sua completa suspensão de ordens, comunicada na portaria de 22 fev. 1895, Caderno de Marrocos I, ACS)	12 jun. 1897	*Ceará* (Fortaleza) 30 jun. 1897

A imprensa pernambucana, secular e religiosa, colocou-se frontalmente contra os dissidentes. Em 1894, artigos contra os "fanáticos cismáticos" apareceram no *Diário de Pernambuco* (Recife), em 1º de maio e em agosto. O último foi transcrito em *A República* (Fortaleza), em 14 de setembro, e concluía com um apelo urgente ao bispo de Olinda e Recife para que não tolerasse que seus padres do interior continuassem a divulgar "esses fatos detestáveis".

56. Alexandrino a Joaquim, 20 out. 1894, ABC.

57. Alexandrino a Joaquim, (18 jan. 1895?), ABC.

58. Alexandrino a Joaquim, 26 set. e 20 out. 1894, ABC.

4. ORGANIZA-SE O MOVIMENTO [pp. 134-51]

1. Os dados biográficos sobre José Lobo são tirados do manuscrito inédito intitulado "O Joaseiro e seu legítimo fundador, padre Cícero Romão Batista" (manuscrito inédito, 1963, Juazeiro do Norte), da autoria de um popular historiador do Joaseiro, recém-falecido, Octávio Aires de Menezes. O sr. Octávio era neto de José Lobo. Autodidata, opôs-se com veemência ao fanatismo religioso das classes baixas e de certas elites de Joaseiro. Tinha também uma atitude crítica em face da exploração do fanatismo pela Igreja, mas, ao mesmo tempo, detestava profundamente os que criticavam padre Cícero, a quem defendia como o verdadeiro fundador de Joaseiro e sem o qual não haveria cidade. Seus breves relatos sobre a história e os personagens de Josaseiro eram lidos todos os dias através da rádio da cidade. Seu manuscrito merece ser publicado.

2. Numa petição não datada (provavelmente *c*. 1895 ou 1896) dirigida ao papa Leão XIII, ACS, Pasta Legião da Cruz, as seguintes organizações paroquiais são enumeradas com seus respectivos diretores: Antônio Landim das Chaves, presidente da Conferência de Nossa Senhora das Dores; Pedro Feitosa e Silva, presidente da Conferência do Santíssimo Sacramento; Antônio Cláudio Alves

da Costa, presidente da Conferência do Precioso Sangue; José Júlio Carneiro Costa, segundo secretário da Legião da Cruz. José Lobo é relacionado como segundo vice-presidente e propagador do Óbolo de São Pedro (conhecido no mundo de língua inglesa como *Peter's Pence Annual Collection*). Em documentos de datas posteriores fica claro que o óbolo era a mesma organização que a Legião da Cruz. Não parece razoável que a mesma organização seja aqui enumerada como duas entidades distintas, a menos que seja para dar a impressão de que havia uma organização a mais. Essa, entretanto, não é uma resposta satisfatória, visto que a Sociedade de São Vicente de Paulo que foi fundada em Joaseiro em 1888 — ver Studart (1896-1924a), v. II, p. 356 — existia na época em que se fez essa lista. De fato, depois da chegada de Lobo em 1894, ele desempenhou um papel importante na filial dessa sociedade em Joaseiro.

3. "Livro do registro do Apostolado da Oração do Santíssimo Coração de Jesus" (Joaseiro), 13 jan. 1898, ACS, Pasta da Legião da Cruz. Ver também cap. 5, nota 11.

4. Nas eleições de maio de 1889 para o Senado, o sexto distrito eleitoral do Ceará, constituído por Crato, Barbalha, Joaseiro, São Pedro, Porteiras e Brejo dos Santos, deu um total de 1942 votos. O eleitorado do Crato, com 652 votos, era o maior do vale, citado em *Cearense* (Fortaleza), 9 jun. 1889. Cifras sobre o eleitorado nacional a partir da República são citadas por Guerreiro Ramos, *A crise do poder no Brasil: Problemas da revolução nacional brasileira* (Rio de Janeiro, 1961), p. 32.

5. O relato é de uma reunião da Legião da Cruz, "Atas da Legião da Cruz, Sessão Ordinária", 4 abr. 1897, ACS, Pasta Legião da Cruz.

6. Aires de Menezes (1963, ms.), pp. 37-8.

7. Uma petição em forma de carta foi enviada em 27 de dezembro de 1894; padre Cícero ao papa Leão XIII, Caderno de Marrocos I, ACS. Um telegrama pedindo resposta foi passado em 5 jan. 1895, ibid.

8. Padre Cícero ao papa Leão XIII, 27 dez. 1894, ibid.

9. Caderno de Marrocos I, ACS.

10. Carta do ramo de Joaseiro recomendando José Joaquim de Maria Lobo ao Conselho Superior das Conferências de São Vicente de Paulo, Joaseiro, mar. 1895, Caderno de Marrocos I, ACS.

11. Detalhes das viagens e conversas de Lobo no Rio e em Petrópolis encontram-se no Caderno de Marrocos II, PCC; ver nota 25.

12. Não foram mantidos os registros das conversas havidas entre Lobo e d. Jerônymo de Maria Gotti. Fazemos suposições sobre a argumentação de Lobo com base na carta que escreveu a d. Jerônymo em 20 de julho de 1895, ACS. Tal argumentação, escrita depois do regresso de Lobo, é bem parecida com a petição

de padre Cícero de dezembro de 1894, a tal ponto que não é provável que Lobo tenha apresentado qualquer proposta surpreendentemente diversa. Um só ponto de diferença merece ser mencionado. Enquanto Cícero pedira a Roma que autorizasse uma comissão apostólica para rever os pormenores dos milagres, Lobo, em carta de 20 de julho de 1895, pediu a criação de "uma comissão fiscalizadora" que poderia ser composta de confrades da Sociedade de São Vicente de Paulo, no Rio de Janeiro, e cujas qualificações deveriam ser: 1) "Católicos verdadeiros de vida exemplar e serviço na religião", e 2) "Alheios às coisas daqui [de Joaseiro]".

Em 26 de janeiro de 1896, José Marrocos e José Lobo, em nome da organização religiosa de Joaseiro, cabografaram para o núncio em Petrópolis: "O povo do Joaseiro ainda espera confirmação das promessas de Petrópolis [...]"; telegrama em ACS, Pasta Legião da Cruz.

13. A Legião da Cruz foi fundada em Niterói, Rio de Janeiro, em 1885. Ver Quarta Carta Pastoral de d. Joaquim, 1898, em Macedo (1961), p. 179.

14. Segundo a *New Catholic Encyclopedia* (Nova York, 1967), v. XI, p. 235, "a atual coleta do óbolo de S. Pedro (*Peter's Pence Annual Collection*) originou-se nos anos 1860 como um subsídio para compensar a perda da receita dos Estados da Igreja. Pela encíclica *Saepe venerabiles fratres* (1871), recebeu aprovação oficial. Hoje, mesmo depois do Tratado de Latrão, permanece como uma oferta livre das dioceses católicas ao papa.

15. Segundo Lobo, o encontro com d. João Esberard teve lugar em 2 de abril de 1895; Lobo a d. Joaquim, 10 ago. 1898, ACS, Legião da Cruz. Com a autorização de d. João, Lobo encontrou-se, a seguir, com o dr. Carneiro Leão, proeminente líder católico leigo.

16. D. Joaquim, Quarta Carta Pastoral, 1898, em Macedo (1961), pp. 179-80. Nessa Pastoral, d. Joaquim dizia que o direito canônico reserva o direito a cada bispo de autorizar a criação de uma instituição religiosa na sua diocese. Dizia ainda que, mesmo que o papa, em vez de d. João Esberard, tivesse "autorizado" a Legião da Cruz em Joaseiro, ela não poderia ter permissão de funcionar na diocese do Ceará "sem o expresso plácito de seu prelado".

17. "Atas da Legião da Cruz, Sessão Ordinária", 4 abr. 1897, em ACS, Legião da Cruz. Esse documento indica que havia 5467 membros presentes à reunião. É provável que estes 5467 membros também participassem das cinco outras irmandades religiosas de Joaseiro.

18. Lobo aos cardeais da Sagrada Congregação dos Bispos, Roma, 1 ago. 1899, em ACS, Legião da Cruz.

Dos vários documentos da organização, foi possível identificar, a título experimental, a localização de dez capítulos: 1) Joaseiro; 2) Santa Quitéria e 3)

386

Riacho de Guimarães, ambos situados na cidade de Sobral, Ceará; 4) Varjota ou Varajota, perto da cidade de Ipu; 5) Capeztre (?); 6) Suassuna; 7) São Francisco e 8) Junco, identificados nos referidos documentos apenas como povoados ou povoações sem qualquer outra referência ao município ou estado no qual se localizavam; 9) sítio Loreto em Santa Luzia de Saboia, estado da Paraíba; e, por fim, 10) Cajazeiras, na paróquia de Tamboril, Ceará.

Na Quarta Pastoral de d. Joaquim, 1898, há uma referência aos capítulos das paróquias de Ipu, São Benedito e Meruoca; ver Macedo (1961) p. 181.

As datas de fundação das três filiais são conhecidas: a de Joaseiro, como vimos, foi fundada em 7 de julho de 1895; ver nota 2. A de Varjota, em 12 de setembro de 1897, segundo Eusébio de Souza, "A vida da Legião da Cruz", *RIC* (1915), pp. 315-22, especialmente p. 316. A do povoado de Junco foi fundada em meados de 1898 por 48 homens e oito mulheres "sob a presidência honorária do vigário" da paróquia de Nossa Senhora da Imaculada Conceição, que recomendou a fundação da Legião da Cruz, conforme carta de seu fundador, Adolpho Pácio de Oliveira Pedrosa, a Lobo, 16 ago. 1898, ACS, Legião da Cruz. Não há informação sobre a data de criação dos outros sete capítulos ou sobre o número de membros de cada um deles.

19. Informação sobre as taxas pagas mensalmente pelos membros da Legião baseia-se na carta de Lobo aos cardeais da Congregação dos Bispos, Roma, 1 ago. 1899, ACS, Legião da Cruz.

As taxas de conversão (dólares americanos e mil-réis brasileiros) usadas neste estudo baseiam-se em Julian Smith Duncan, *Public and Private Operations of Railroads in Brazil* (Nova York, 1932), p. 183.

20. *A República* (Fortaleza), 28 maio 1895, publicou a seguinte relação de contribuições recebidas em 1894, em alguns municípios do Cariri:

Jardim	7:033$186
Brejo dos Santos	2:570$111
Milagres	1:702$773
Missão Velha	5:412$373
Porteiras	2:621$123
Várzea Alegre	2:614$974

21. Relação de contribuições prestadas à Legião da Cruz:

DATA	TOTAIS COLETADOS DE DEZ CAPÍTULOS	TOTAIS COLETADOS APENAS EM JOASEIRO	DESTINO E QUANTIA
7 jul. 1895 a 26 abr. 1896	3:000$000 (est)	?	2:359$000 (a)
27 abr. 1896 a 7 maio 1897	6:137$000	?	4:685$000 (b)
jun. a jul. 1897	?	?	?
jul. 1897 a ago. 1898	8:504$860	5:054$260	6:790$400 (c)
set. 1898	3:129$700 (d)	?	?

Fonte: "Atas da Legião da Cruz", filial Joaseiro, 7 jun. 1896 a 2 out. 1898, ACS, Legião da Cruz.

(a) Enviado à direção nacional do Óbolo de São Pedro, Rio de Janeiro.
(b) Destino desconhecido, possivelmente o mesmo de (a).
(c) Entregue ao Santo Padre em Roma, 18 abr. 1898; Atas, 7 ago. 1898.
(d) Dessa cifra, 2:524$000 foram contribuições do capítulo perto de Sobral; "Atas, Sessão Extraordinária", 20 set. 1898.

22. O relatório de d. Joaquim encontra-se na Quarta Carta Pastoral, 1898, em Macedo (1961), p. 183.

O donativo de seis contos e 790 mil-réis da Legião da Cruz foi entregue pessoalmente a Leão XIII por Lobo em 18 de abril de 1898, em Roma. Sua viagem transatlântica deve ter custado cerca de dois contos, elevando-se, assim, a nove contos o fundo da organização em 1898, em comparação com o total da diocese, de mais de onze! Ver "Atas da Legião da Cruz, Sessão Ordinária", 7 ago. 1898, e "Sessão da 3ª Assembleia Geral", 15 ago. 1898, ACS, Legião da Cruz.

23. D. Joaquim José Vieira, portaria de 13 de abril de 1896 suspendendo padre Cícero de celebrar missa. O texto foi publicado na íntegra em *A Verdade* (Fortaleza), 19 abr. 1896, e no *Diário de Pernambuco* (Recife), 30 jul. 1896.

24. Citado na íntegra, nota 23. Ver também Terceira Carta Pastoral, 1897, em Macedo (1961), p. 172. A razão declarada para a suspensão foi "que de dia a dia mais se acumulavam desatinos sobre desatinos".

25. Lobo seguiu para Roma no final de 1896, meados de 1897 e princípio de 1898 em nome da Legião da Cruz. Na primeira viagem, apelou do decreto de 1894. A finalidade da segunda viagem era a de opor-se ao decreto de 1897 que ameaçava padre Cícero de excomunhão. A terceira viagem coincidiu com a de padre Cícero.

A quarta visita realizou-se em 1899 com o fim de apelar da Quarta Carta Pastoral de d. Joaquim, na qual o bispo denunciava a Legião da Cruz e seu fundador, José Lobo.

	DEIXOU JOASEIRO	VOLTOU A JOASEIRO
1ª viagem	2 set. 1896	27 fev. 1897
2ª viagem	28 maio 1897	21 set. 1897
3ª viagem	30 jan. 1898	6 ago. 1898
4ª viagem	29 abr. 1899	2 set. 1899

Fonte: Caderno de Marrocos II, PCC.

26. O relato do boicote religioso do Crato e a tentativa de assassinato de padre Cícero baseiam-se no longo relatório de monsenhor Alexandrino a d. Joaquim, 6 nov. 1896, ABC.

27. Esse decreto do Santo Ofício é de Roma, 10 fev. 1897, e foi publicado verbatim na Terceira Carta Pastoral de d. Joaquim, 30 jul. 1897. A Pastoral é citada em Macedo (1961), pp. 168-78, especialmente pp. 177-8.

Dom Joaquim recebeu o decreto em 25 de março de 1897, ibid., p. 174. Em abril, o bispo enviou um comunicado lacrado a padre Cícero. Não incluía o decreto romano. Apesar disso, começaram a circular boatos em Joaseiro. Segundo uma versão, padre Cícero havia sido defraudado de suas ordens; segundo outra, tinha sido totalmente reintegrado. Nem mesmo monsenhor Alexandrino estava a par de seu conteúdo; Alexandrino a d. Joaquim, 25 abr. 1897, ABC. A mando de d. Joaquim, monsenhor Alexandrino tentou promover um encontro confidencial com padre Cícero, no Crato, em 13 de junho. O clérigo recusou-se e insistiu para que tudo se fizesse por escrito, uma vez que *"verba volant et scripta manent"*; Alexandrino a Joaquim, 13 jun. 1897 e 24 jun. 1897, ABC. A resposta de padre Cícero a monsenhor Alexandrino, 19 jun. 1897, encontra-se em Irineu Pinheiro (1963), p. 169, onde está incorretamente datada de 21 de junho de 1897. Nessa carta, padre Cícero mais uma vez expressa a opinião de que "a calúnia e a má vontade me perseguem e me fazem sua vítima". Desconheceu quaisquer crimes e desobediências que lhe eram atribuídos e "em que, por mercê de Deus, nunca pensei".

28. Monsenhor Alexandrino em pessoa entregou a ameaça de excomunhão de 1897 a padre Cícero, no Sítio Paulo, perto do Crato, no dia 21 de junho de 1897. Havia duas testemunhas oficiais, Antônio Arinos Gomes Coimbra e Antô-

nio Coimbra Vila Nova. O encontro durou mais de uma hora. Segundo monsenhor Alexandrino, padre Cícero negou ter desobedecido à Igreja e acusou d. Joaquim "de querer tudo destruir e de ter-lhe imposto [a padre Cícero] pena canônica sendo [padre Cícero] inocente". Além disso, o clérigo garantiu nunca ter dito que os milagres de Joaseiro eram um embuste porque "ele [padre Cícero] estava certo de que tudo era verdade".

Enquanto prosseguia a reunião pública, juntava-se a multidão. Padre Cícero, então, pegou o decreto e começou a falar longamente "em defesa dos fatos do Joaseiro". Alexandrino concluiu: "Nunca tinha visto sair da boca de um sacerdote tantos dislates os quais parecem denotar verdadeiro desequilíbrio mental". Alexandrino recebeu ordem de ler o decreto no domingo, 4 de julho de 1897, no caso de padre Cícero não lhe dar uma resposta até 30 de junho de 1897. (O relato acima foi retirado do memorando enviado por Alexandrino a d. Joaquim, 28 jun. 1897, ABC).

Padre Cícero não deu qualquer resposta. Em vez disso, partiu para Salgueiro na noite de 29 de junho de 1897 sem comunicar seu destino a Alexandrino. Sua partida despertou em Joaseiro uma hostilidade ainda maior para com os representantes da Igreja. Todos responsabilizavam monsenhor Alexandrino pelo incidente; Alexandrino a Joaquim, 30 jun. 1897, ABC.

29. Lobo foi para Roma, via Portugal, em maio de 1897. Durante sua ausência, José Marrocos ficou no Crato, de onde passou a dirigir a nova campanha de padre Cícero.

Foi de Marrocos a ideia de preparar traduções para o italiano dos principais documentos relativos à "questão religiosa" de Joaseiro. Isso foi feito sem o consentimento prévio de padre Cícero "para prevenir que o bispo remeta uma tradução falsa (para Roma)". Marrocos também insistiu na publicação de vários documentos e de um relato dos milagres de Joaseiro num jornal de Roma, *Giornale di Roma*. Apesar do desacordo de padre Cícero, Marrocos mandou-os publicar "por minha conta e risco". Na sua Carta Pastoral de 1898, d. Joaquim atacou Cícero por essa publicação em Roma.

Entre os contatos dos dissidentes em Roma, estavam dois religiosos brasileiros: padre Fernandes da Silva Távora, antigo vigário do Crato, e frei Bessa, não identificável de outra forma. Solicitados por telegramas de 9 de julho de 1897 no sentido de intercederem em favor de padre Cícero, ambos se recusaram. Padre Fernandes Távora, entretanto, informou a padre Cícero que "sem a sua presença, o recurso é impossível". Tudo indica que esse fato foi decisivo para persuadir padre Cícero da necessidade de ir a Roma. O telegrama do padre Távora está publicado em Pinheiro (1963), p. 169.

As outras informações acima são um resumo da correspondência inédita entre José Marrocos e padre Cícero durante o exílio deste em Salgueiro; Marrocos a Cícero, 24 jul. 1897, 4 ago. 1897, 5 out. 1897 e 26 nov. 1897; Cícero a Marrocos, 31 jul. 1897, ACS, Pasta Salgueiro.

30. Padre Cícero a d. Quinou e d. Angélica (sua mãe e sua irmã), 20 out. 1897, ACS, Pasta Salgueiro. Nessa carta, o clérigo declara: "[...] estou achando tão desconforme esta perseguição que me obriga andar como vagabundo sem eu, graças a Deus, ter cometido crimes, sem terra, sem casas, à toa, só pela maldade e despotismo de homens sem consciência que não sei até onde irá tamanha opressão".

31. A história clássica de Antônio Conselheiro encontra-se na famosa obra literária *Os sertões*, de Euclides da Cunha. Foi maravilhosamente traduzida para o inglês por Samuel Putnam, *Rebellion in the Backlands* (Chicago, 1944). Quando o livro apareceu, em 1902, repetiu a acusação de que padre Cícero tencionava derrubar a República: "Em Joazeiro, no Ceará, um heresiarca sinistro, o padre Cícero, conglobava multidões de novos cismáticos em prol do Conselheiro" (p. 368, 13. ed.) Uma das muitas opiniões críticas sobre Euclides da Cunha é de Lauro Nogueira, "A segunda conferência do dr. Gomes de Mattos sobre o padre Cícero", *Unitário* (Fortaleza), 14 maio 1952.

Dois estudos que investigam além dos aspectos religiosos e penetram no político são: Abelardo Montenegro, *Antônio Conselheiro* (Fortaleza, 1954), e Ralph Della Cava, "Brazilian Messianism and National Institutions: A Reappraisal of Canudos and Joaseiro", *Hispanic American Historical Review*, XLVIII, n. 3 (ago. 1968), pp. 402-20. Ver também Rui Facó, *Cangaceiros e fanáticos* (Rio de Janeiro, 1963), e Maria Isaura Pereira de Queiroz, *O messianismo — no Brasil e no mundo* (São Paulo, 1965).

32. D. Joaquim, Terceira Carta Pastoral, 1897, em Macedo (1961), p. 170.

33. Os pormenores que precedem se baseiam em: Luiz Torres, "O governador da Bahia e Canudos. Calúnia", *A Bahia* (Salvador), 14 set. 1897, e *A República* (Fortaleza), 10 ago. 1897.

34. "Desordens do Joazeiro", *Diário de Pernambuco* (Recife), 30 dez. 1896.

35. Telegramas: governador Joaquim Correa Lima ao juiz de direito e delegado de polícia de Salgueiro, 14 ago. 1897, e bispo de Olinda ao vigário de Salgueiro, 14 ago. 1897, citados em Bartholomeu (1923), pp. 108-12, e também num dos relatos mais importantes do último período da história do Joaseiro, Irineu Pinheiro, *O Joaseiro do padre Cícero e a revolução de 1914* (Rio de Janeiro, 1938), pp. 159-61, nota 28.

36. Além dos telegramas enviados em 14 de agosto de 1897 ao governador e bispo de Pernambuco pelo juiz de direito de Salgueiro, Manuel Lima Borges, e

pelo vigário, padre João Carlos Augusto, as autoridades locais dos municípios vizinhos — Leopoldina, Granito, Ouricuri e Cabrobó — também mandaram telegramas de apoio ao governador. Esses documentos são citados por Bartholomeu (1923), pp. 110-2, e foram publicados em apêndice ao artigo "Veritas Super Omnia", *Diário de Pernambuco* (Recife), 7 out. 1897.

O artigo citado em defesa de padre Cícero, assinado por "muitos católicos", mas, ao que se supõe, escrito por José Marrocos, esclarece duas questões importantes. Primeiro, com relação à posição política de padre Cícero, denuncia a "perseguição desumana" com o fito de pôr o padre no papel de conspirador. Assinala que surgiu em Pernambuco um movimento de protesto de âmbito estadual a fim de provar que o padre era um cidadão pacífico e ordeiro que respeitava as autoridades civis. Segundo, com referência à "questão religiosa" do Joaseiro, o artigo salienta a importância nacional dos milagres da cidade. Ressalta a diferença de atitude da Igreja, que aprovava acontecimentos semelhantes na Itália e em Portugal e denunciava os de Joaseiro (e a decorrente perseguição a padre Cícero). Atribui a negação dos milagres de Joaseiro, por parte de Roma, a uma substituição do relato que foi "maquiavelicamente e clandestinamente preparada", ao que tudo indica por d. Joaquim, com o objetivo de mascarar o relatório do processo onde existiam "provas exuberantes e depoimentos do mais alto valor".

Outros telegramas enviados às autoridades eclesiásticas, inclusive um ao arcebispo da Bahia solicitando seu "poderoso auxílio" à causa dos milagres — "prestado ao grande bem que Deus quis patentear *em nossa pátria*" —, encontram-se em Pinheiro (1963), pp. 492-4 (grifos nossos).

37. O episódio de Canudos levou Marrocos e padre Cícero a procurarem o apoio dos líderes políticos do Vale do Cariri. Entre setembro e novembro de 1897, surgiram documentos assinados pelas autoridades civis do Crato e de Barbalha, atestando a boa conduta de padre Cícero na qualidade de cidadão e padre obediente. A oito padres do Vale do Cariri pediram-se cartas certificando "o comportamento civil, moral e religioso" do clérigo. Os documentos encontram--se em ACS, Pasta da Questão Religiosa.

Durante uma viagem do interior para Recife, rumo a Roma, padre Cícero foi acolhido por toda parte pelos chefes políticos de Pernambuco e pelo povo. Em Alagoa de Baixo, Pernambuco, hospedou-se na casa do coronel Chico Bernardo e foi recebido como amigo por outros poderosos chefes políticos locais, segundo relata Ulysses Lins de Albuquerque, *Um sertanejo e o sertão* (Rio de Janeiro, 1957), pp. 74-5.

38. Em outubro de 1897, o juiz de direito de Salgueiro, M. Lima Borges, pediu ao presidente Joaquim Correa Lima a passagem de padre Cícero a Roma;

Cícero a d. Quinou e d. Angélica, 20 out. 1897, ACS. Em final de dezembro, o presidente de Pernambuco acedeu em conseguir quinhentos mil-réis para a viagem e em providenciar encontros com os amigos de Recife para a obtenção de somas adicionais. Pediu o presidente que padre Cícero partisse em princípio de janeiro de 1898; M. Lima Borges a Cícero, 28 dez. 1897, ACS, Pasta Roma.

Padre Cícero, entretanto, só chegou a Recife, à casa da família de M. Lima Borges, em 3 de fevereiro de 1898, depois de uma breve estadia em Joaseiro para se despedir da família. No dia 8 de fevereiro, teve um encontro com o bispo de Olinda e no dia seguinte com o presidente de Pernambuco, de quem recebeu os quinhentos mil-réis prometidos; citado numa carta de um comerciante rico de Joaseiro que acompanhou o padre a Roma, João David da Silva a d. Angélica, 10 fev. 1898, ACS. Antes de embarcar para Roma, no dia 11 de fevereiro de 1898, padre Cícero tomou de empréstimo 250 mil-réis de um amigo do presidente, Sebastião Sampaio, de quem solicitou depois um outro empréstimo de 750 mil-réis; Cícero ao sr. Mendo Sampaio, Roma, 4 jul. 1898, ACS, Pasta Roma.

39. Padre Cícero chegou a Roma em 25 de fevereiro de 1898. Até 4 de julho, hospedou-se no Albergo dell'Orso, via Monte Brianzo, 94; João David da Silva a d. Angélica, Roma, 26 fev. 1898, ACS, Pasta Roma. Mais tarde, residiu na igreja de S. Carlo al Corso, ao que tudo indica protegido por um religioso italiano, padre Vincenzo Bucceri.

Em julho, pediu um empréstimo a Sebastião Sampaio, seu amigo de Recife (ver nota 37). Parece, entretanto, que não foi concedido. Em compensação, o juiz de Salgueiro, Lima Borges, e uma senhora de Recife, identificada como d. Engracinha, fizeram uma subscrição e enviaram ao padre 930 liras, cerca de um conto e quinhentos mil-réis; Cícero ao padre João Carlos Augusto, Roma, 13 set. 1898, ACS, Pasta Roma.

A razão do pedido de auxílio financeiro adicional foi a exigência inesperada do Santo Ofício para que permanecesse em Roma mais tempo do que ele havia pensado; Cícero a Lima Borges, Roma, 4 jul. 1898, ACS. Não há, entretanto, explicação para o fato de padre Cícero só ter informado o Santo Ofício de sua presença em Roma em abril, dois meses após sua chegada; Cícero ao cardeal Parocchi, 23 abr. 1898, ACS, Pasta Roma.

40. A relação a seguir baseia-se, sobretudo, num documento escrito à mão por padre Cícero, intitulado "Missas distribuídas pelo padre Cícero Romão Batista, Joaseiro, Ceará, para serem celebradas em Roma", assim como em recibos adicionais encontrados em ACS, Pasta Missas.

DATA	PESSOA	MISSAS ($N^{\underline{o}}$)	VALOR (LIRAS)
7 jun. 1898	Padre Alberto Pequeno	400	500,00
		10	12,50
8 jun. 1898	Padre Albano Maciel	50	62,50
10 jun. 1898	Cardeal Ledchowski, prefeito da Propaganda Fidei	2591	3250,00
?	Dr. padre Antônio Fernandes da Silva Távora	50 129	93,50 162,35
?	Dr. Cônego Antonio Murta	50	93,50
8 jun. 1898	Padre Vincenzo Bucceri, da igreja de S. Carlo, de Roma	50	62,50
13 jun. 1898	Padre Giuseppe M. Albani, geral da Ordem Servita	400	500,00
14 jun. 1898	Padre Andreas Frühwirth, geral da Ordem dos Pregadores (dominicanos)	1000	1250,00
?	Padre Aloysius Lauer, geral da Ordem dos Frades Menores (franciscanos)	874	1093,50
?	Padre Alberto Antero	400	500,00
?	Cardeal Goite (?)	2600	3250,00
?	Cardeal Parocchi, prefeito do Santo Ofício	2600	3250,00
8 jun. 1898	Padre Antonio Vessiani di (?)	50	62,50
3 out. 1898	Padre Pio Valeri	100	125,00
		11 354	14 367,85

O valor total das missas em moeda brasileira foi de 22 contos e 708 mil-réis. Ao câmbio de 1898, equivalia a 3406,20 dólares.

Essa soma representava mais de um terço da renda que um padre médio brasileiro do interior do Nordeste teria em toda a sua vida. Afora presentes, heranças etc., um pároco auferia sua renda totalmente das espórtulas oferecidas pela (a) celebração da missa e (b) pela realização de batismos, casamentos e enterros. Num único ano receberia cerca de 830 mil-réis por (a) e talvez um máximo de setecentos mil-réis por (b). Seu rendimento anual era, portanto, de cerca de 1,5 conto de réis. Ao final de quarenta anos, deveria ter recebido sessenta contos. Muitos talvez ganhassem menos. A exiguidade desses salários talvez possa explicar a acentuada tendência do clero brasileiro para a participação ativa na política local.

Observe-se que padre Cícero havia distribuído as espórtulas das missas muito antes de sua visita a Roma de 1898. A seguir, uma relação de somas, bastante vastas para a época, que foram enviadas para Roma antes de 1898. Baseia-se nas anotações e nos recibos mantidos pelo padre e conservados em ACS. Essas cifras não incluem os estipêndios distribuídos entre membros do clero brasileiro durante o período.

ANO	NÚMERO DE MISSAS	TOTAL EM MIL-RÉIS	TAXA DE CONVERSÃO DO MIL-RÉIS (1$000) EM CENTAVOS DE DÓLAR	VALOR TOTAL EM DÓLARES
1891	420	840$000	30	252,00
1892	2797	5:594$000	24	1320,00
1893	2933	5:866$000	24	1392,00
1894	7342	14:684$000	20	2800,00
1895	150 (incompleto)	300$000	19	570,00
1896	5500	11:000$000	18	1980,00
1897	5000	10:000$000	16	1600,00
7 anos Total	24 142	48:284$000	—	9914,00

41. Ver notas 21 e 22.

42. O seguinte trecho de uma carta dirigida a um de seus amigos mais íntimos esclarece quanto ao estado de espírito do clérigo: "Se eu não tivesse laços que me prendem, nunca mais voltava ao nosso Brasil, não porque não o ame muito, mas porque os desgostos me encheram a vida de tantos abrolhos e espi-

nhos, que aspiro estar em um cantinho esquecido e desapegado de tudo, cuidando só de salvar-me"; padre Cícero a Secundo Chaves, Roma, 25 maio 1898, citado em Pinheiro (1938), pp. 162-4, nota 29.

43. Padre Cícero compareceu perante o Santo Ofício quatro vezes antes de 17 de agosto de 1898. Nesse dia, saiu o primeiro decreto da Inquisição. Está publicado em Macedo (1961), pp. 188-90. O religioso enfrentou o Santo Ofício pela quinta e última vez em 1º de setembro de 1898; ver carta de Lucido Maria Cardeal Parocchi, Roma, 7 set. 1898, também citada em Macedo (1961), p. 190. A análise do decreto de 17 de agosto de 1898 feita no texto baseia-se no documento.

44. Padre Cícero ao padre João Carlos Augusto, Roma, 13 set. 1898, ACS. Segundo uma chamada na margem de seu Breviário Romano, que se encontra no arquivo pessoal de d. Amália Xavier de Oliveira, de Juazeiro do Norte, Ceará (doravante citado como AXO), padre Cícero celebrou missa em 5 de setembro de 1898 na igreja de S. Carlo al Corso, em Roma. A permissão para celebrar missa no Brasil, sujeita à aprovação de d. Joaquim, só lhe foi concedida formalmente em 4 de outubro de 1898; ver carta do cardeal L. M. Parocchi a padre Cícero, doc. nº 7849, Roma, 4 out. 1898, ACS, Pasta Roma.

45. Padre Cícero saiu de Roma para Nápoles à meia-noite de 7 de outubro de 1898. Na véspera, ao meio-dia, monsenhor Cagiano de Azevedo apresentou o clérigo ao papa Leão XIII: "Falei ao Santo Padre e me ofereceu um rosário de ouro da Santíssima Virgem e Elle benzeu dois crucifixos que intencionei dar ao meu bispo, d. Joaquim, e ao sr. d. Manoel, bispo de Olinda". Ele deixou a Itália via Gênova em 10 de outubro e chegou a Recife em 29 de outubro. Chegou a Fortaleza em 12 de novembro, seguindo para Joaseiro no dia 20; lá chegou em 4 de dezembro de 1898; o relato baseia-se nas anotações do Breviário Romano feitas por padre Cícero, AXO.

46. D. Joaquim, Quarta Carta Pastoral, 1898, citado em Macedo (1961), pp. 178-90.

Dom Joaquim atacou a Legião da Cruz por utilizar o dinheiro que coletava dos pobres para apresentar "fervoroso zelo pelo bem-estar da Cadeira de São Pedro, no intuito de atrair-se a atenção do Santo Ofício em favor dos pretensos milagres" (p. 180).

Atacou-a, ainda, por usar os fundos nas viagens dispendiosas de José Lobo a Roma e na manutenção do representante da organização (talvez monsenhor Bessa) junto à Santa Sé (p. 180). O bispo deixou entender que os recursos financeiros da Legião da Cruz permitiam que padre Cícero dependesse de pessoas não identificadas — "quem advogasse sua causa, empregando todas as diligências para seu bom êxito" (p. 186).

47. Quatro dias depois da chegada de padre Cícero a Joaseiro, em 4 de dezembro de 1898, retirou-se para o Crato, como havia prometido a d. Joaquim;

396

Cícero a Joaquim, Fortaleza, 15 nov. 1898, em Pinheiro (1963), pp. 503-4. Lá esperaria até que o bispo recebesse autorização de Roma permitindo ao padre celebrar missa em Joaseiro.

Nesse ínterim, entretanto, os adeptos de Cícero espalharam o boato de que o clérigo havia sido integralmente reabilitado por Roma, mas que o bispo tinha retirado todos os seus privilégios. Houve uma nova "onda de indignação contra d. Joaquim"; monsenhor Alexandrino a d. Joaquim, 14 dez. 1898, ABC. Tal reação popular deve ter levado d. Joaquim a restringir o privilégio de Cícero de celebrar missa apenas fora de Joaseiro; esse privilégio foi divulgado na Quarta Carta Pastoral de d. Joaquim, 1898, citado em Macedo (1961), p. 187. Há motivo para se acreditar que a severidade de d. Joaquim a esse respeito — em contraste com a generosidade de Roma — envenenou mais uma vez as relações entre os dois homens.

No dia 1º de março de 1899, padre Cícero retornou a Joaseiro para todo o sempre; padre Cícero, notas no Breviário Romano, AXO.

5. DA RELIGIÃO À POLÍTICA [pp. 152-74]

1. Alexandrino Rocha, "Juazeiro, a meca do Padim Ciço", semanário *Manchete* (Rio de Janeiro), 4 dez. 1965, pp. 118-21. Dados sobre as duas peregrinações anuais encontram-se em Expedito Cornélio, "Festa da gratidão", *Rev. do Cinqüentenário* (1961), pp. 7-8. Para um relato altamente impressionista de uma peregrinação recente, da autoria de um viajante francês, ver François Vilespy, "Juazeiro do Norte et le padre Cícero", *Caravelle* (Toulouse, França), n. 5 (1965), pp. 61-70.

2. A condenação da Legião da Cruz apareceu na Quarta Carta Pastoral de d. Joaquim, 1898, citado em Macedo (1961), pp. 178-90, especialmente pp. 180-1.

Em 19 de junho de 1898, o semanário *A Ordem* (Sobral, Ceará) publicou um editorial intitulado "Os jagunços da Legião da Cruz", no qual acusava José Lobo de explorar a boa-fé e a generosidade dos fiéis ignorantes. Indagava, também, se a "polícia não tinha o imperioso dever de intervir para pôr um fim a estas desordens".

O semanário católico *A Verdade* (Fortaleza), 10 jul. 1898, publicou um comunicado de Ipu no qual acusava os líderes locais da Legião da Cruz de criarem uma "seita [...] terrível" que "era uma espécie de Canudos à qual não faltavam seu Conselheiro e seus conselheiristas".

Os pormenores sobre a apregoada tentativa de assassinato do coronel de Ipu e outras informações relativas à Legião encontram-se em Eusébio de Souza (1915), pp. 315-22.

3. Padre Quintino Rodrigues de Oliveira e Silva foi designado para o cargo de vigário do Crato em 23 de maio de 1900. Tomou posse em 10 de junho, segundo Pinheiro (1963), p. 170.

As 22 páginas do relatório confidencial e inédito escrito por um certo Fausto Sobrinho, sem qualquer outra identificação, fundamentaram-se na visita que fez a Joaseiro e ao Crato entre outubro de 1902 e janeiro de 1903. Intitula-se "Apontamentos sobre o fanatismo no Juazeiro", um exemplar do qual se conserva no ABC. É o único relato existente feito por uma testemunha ocular da situação do Joaseiro, no decênio de 1899 e 1909, período esse para o qual poucos documentos históricos existem ou foram encontrados; é doravante citado como "Apontamentos...", 1903, ABC.

A descrição da "Nova Jerusalém" em 1903 apresentada em nosso texto segue os "Apontamentos...", salvo quando outras referências são feitas.

4. A história do "beato da Cruz" está calcada em (Antônio) Xavier de Oliveira, *Beatos e cangaceiros* (Rio de Janeiro, 1920), pp. 37-46. A fidelidade da história é constestada por Bartholomeu (1923), pp. 113-22.

5. Uma oração forte é uma súplica dirigida a Deus ou aos santos seguindo uma fórmula que só deve ser empregada em circunstâncias extremas.

Essas orações originaram-se provavelmente nos séculos XVI e XVII na Península Ibérica como rezas e fórmulas a serem usadas contra feiticeiras. No Brasil, "as orações fortes são trazidas ao pescoço, num saquinho cosido, ou dentro da carteira, do bolso, em lugar oculto. Outras orações fortes, ou essas mesmas, são rezadas em momentos de aflição extrema, como remédio salutar e supremo para sua resolução". Para detalhes, ver "Oração forte", em Câmara Cascudo (1962), II, pp. 534-7.

6. Padre Cícero refere-se à promessa feita por ele e pelos padres Manoel Félix de Moura, Francisco Rodrigues Monteiro e Antônio Fernandes Távora, vigário do Crato, em 1890, em seu último testamento, *Cópia do testamento com que faleceu nesta cidade o rev.*^{mo} *padre Cícero Romão Batista* (Joazeiro, [s.d.]), pp. 6-7 (doravante citado como *Cópia do testamento*). Trechos do testamento encontram-se em Macedo (1961), pp. 113-20; uma longa explanação sobre a controvérsia gerada com a construção da capela, bem como fotografias encontram-se em Bartholomeu (1923), pp. 57-9.

Segundo Bartholomeu (1923), p. 58, d. Joaquim concedeu autorização a padre Cícero para construir a capela em 1890. A primeira proibição do bispo foi a de 13 abr. 1896, ACS, Legião da Cruz. A segunda proibição de d. Joaquim encontra-se na carta que escreveu ao padre Quintino, 17 set. 1903, ABC: "A continuação dessas obras seria de algum modo a sanção ao princípio falso de que ela originou-se [...]".

398

O arcabouço da catedral permaneceu intacto até por volta de 1939, cinco anos depois da morte de padre Cícero. Foi então que os salesianos, aos quais ele legara seus bens imóveis, demoliram-no para empregarem o material da construção em outros fins; ver Alves (1948), p. 62, pp. 72-101, especialmente p. 94. Apesar da interdição da igreja, as ruínas da catedral do Horto continuaram a ser, durante muitas décadas, o principal ponto de convergência das procissões da Semana Santa do povo de Joaseiro. Em 1955, entretanto, a hierarquia eclesiástica conseguiu, por fim, abolir de todo tal prática; ver Durval Aires, "A morte de uma tradição", *O Estado* (Fortaleza), 17 abr. 1955.

7. Esse importante ponto de vista é mencionado por Bartholomeu (1923), p. 59, nota 9.

8. A esperança de Cristo é mencionada nos "Apontamentos...", 1903, ABC. Também a ela Alves (1948) faz alusão, p. 84. Alves observa que "a serra do Horto é lugar de visita obrigatória do romeiro que encontra ali alguma semelhança com a paisagem da Terra Santa" (p. 95). A transformação mental que o romeiro fazia da topografia de Joaseiro associando-a à da Terra Santa é amplamente apresentada por Dinis (1935), pp. 100-1.

9. "Apontamentos...", 1903, ABC.

10. Essas palavras foram atribuídas ao chefe-comissário da primeira comissão de inquérito, padre Clycério da Costa Lobo, pelo padre monsenhor José Teixeira da Graça na carta que escreveu a d. Joaquim em 9 de novembro de 1892; a carta está citada em Montenegro (1959), pp. 27-8.

Para uma viva descrição de Joaseiro e da catedral do Horto c. 1904, ver Joaquim Pimenta, *Retalhos do passado* (Rio de Janeiro, 1949), pp. 40-2.

11. População de Joaseiro:

1890	2245 (a)
1898	acima de 5000 (b)
1905	12 000 (c)
1909	15 050 (d)

Fontes:

(a) "Descrição da cidade do Crato em 1882 pelo dr. Gustavo Horácio", *Itaytera*, v. v (1959), pp. 165-71, especialmente p. 169.

(b) Estimada no "Livro do registro do Apostolado da Oração do Santíssimo Coração de Jesus" (Joaseiro), 13 jan. 1898, ACS, Pasta da Legião da Cruz.

(c) Rascunho de carta, José Marrocos à Câmara Federal, 10 ago. 1906, ACS, Pasta Marrocos.

(d) "1º de janeiro de 1909 — a povoação do Joaseiro [...] tem na presente data dezoito ruas, quatro travessas etc., com a população de 15050 habitantes", documento apresentado à Assembleia Legislativa do Ceará em apoio ao pedido de autonomia municipal para Joaseiro, em ACS (doravante citado como "A povoação do Joaseiro", 1 jan. 1905).

12. O incentivo dos comerciantes às peregrinações é mencionado na Terceira Carta Pastoral de d. Joaquim, 1897, citado em Macedo (1961), pp. 172-3. Entretanto, não são dados pormenores específicos na Pastoral nem são encontrados em outras fontes do mesmo período.

O papel desempenhado pela Legião da Cruz em estimular as peregrinações foi mencionado na Quarta Carta Pastoral, 1898, em Macedo (1961), pp. 178-82.

13. Quarta Carta Pastoral, 1898, em Macedo (1961), pp. 181-2.

14. Alusões à primitiva imigração de alagoanos em Joaseiro são feitas por Joaquim Alves, *Nas fronteiras do Nordeste* (Fortaleza, 1932?), p. 240. A contínua influência de padre Cícero em Alagoas é mencionada por Alves (1948), pp. 93-4.

Referência a alagoanos e seus descendentes na população de Joaseiro, em 1963, encontra-se em frei Antônio Rolim, O. P., "Levantamento sócio-religioso da diocese do Crato" (Rio de Janeiro, 1964, mimeografado), citado em Ann Morton, *Religion in Juazeiro (Ceará, Brasil) Since the Death of Padre Cícero — A Case Study in the Nature of Messianic Religious Activity in the interior of Brazil* (dissertação de mestrado, inédita, Universidade Columbia, 1966).

Lamentavelmente, o autor não conseguiu obter dados específicos que esclarecessem as condições históricas de que resultou a imigração em grande escala de alagoanos em Joaseiro, no correr do século XX.

15. Alves (1932 e 1948), passim, ressalta, com exagero, a motivação "religiosa" dos romeiros.

16. Essas cartas foram encontradas no ACS. Ao citá-las nas notas, apenas a cidade de origem (e estado, quando identificado) e a data da carta serão mencionadas, nessa ordem.

17. "Apontamentos...", 1903, ABC.

18. Sertãozinho, 11 mar. 1910, ACS.

19. Bananalzinho, 30 mar. 1910, ACS.

20. Rozadinho, Alagoas, 12 jul. 1910, ACS.

21. Lourenço, jan. 1913, ACS.

22. Torres, 25 jul. 1911, ACS.

23. Em padre Pereira Nóbrega. *Vingança não (Depoimento sobre Chico Pereira e cangaceiros do Nordeste)* (Rio de Janeiro, 1961), pp. 84-93, especialmente p. 86.

24. Capricho, 2 maio 1910, ACS.

25. Belo Horizonte, Minas Gerais, 22 abr. 1910, ACS.

26. Pilões de Goiabeira, Pernambuco, 10 jul. 1910, ACS.

27. Ver Facó (1963), pp. 53-8.

28. Padre Cícero ao padre L., 18 jul. 1918, ACS, Pasta da Correspondência com o clero.

29. Joaquim Alves, *História das sêcas (Séculos XVII a XIX)*. Fortaleza: Edições Instituto do Ceará, 1953, p. 240; e Thomaz Pompeu Sobrinho, *História das sêcas (Século XX)*. Fortaleza: Editora A. Batista Fontenele, 1953, p. 191.

30. Celso Furtado, *The Economic Growth of Brazil*, p. 145.

31. Djacir Menezes, *O outro Nordeste* (Rio de Janeiro, 1937), pp. 158, 162.

32. Facó (1963), pp. 29-37, especialmente p. 30; e Thomaz Pompeu de Souza Brasil, *O Ceará no centenário da Independência do Brasil*. Fortaleza: Typographia Minerva, 1922-6. 2 v., v. I, p. 231.

33. Facó (1963), pp. 30-1; e Rodolpho Theophilo, *A secca de 1915*. Rio de Janeiro: Imprensa Ingleza, 1922b, pp. 138-40. A visão que apresentamos da carência de mão de obra nordestina fundamenta-se sobretudo em Facó (1963), pp. 29-37, e Furtado (1965), pp. 141-8.

34. Rodolpho Theophilo. *Seccas do Ceará (Segunda Metade do século XIX)*. Fortaleza: Louis C. Choloveiçki, 1901, pp. 65-6, 141, 156; também Furtado (1965), p. 147.

35. Ver os relatórios anuais dos governadores do estado à Assembleia Legislativa durante este período, em especial a *Mensagem apresentada à Assembléia Legislativa do Ceará pelo presidente do estado, dr. Antonio Pinto Nogueira Accioly, em 1º de julho de 1897*. (Fortaleza, 1897), pp. 26-7. Vários planos de contratação de asiáticos e europeus para o Ceará foram discutidos no jornal de Fortaleza, *A República*, 6 jun. 1894 e 17 ago. 1896.

36. A mão de obra permaneceu relativamente fixa no Nordeste a partir de 1919, quando o governo federal começou a financiar um vasto programa de obras públicas que incluía a construção de açudes, estradas e cacimbas. Ver Pompeu Sobrinho (1953), pp. 330-477, e Albert O. Hirschman, *Journeys Towards Progress* (Nova York, 1963), pp. 13-91, 30.

37. Durante as secas do final da década de 1850-1860, observou-se que o Vale do Cariri tinha se tornado o centro de convergência não apenas daqueles que buscavam alimentos como dos que buscavam um refúgio das secas que atingiam da Bahia ao Piauí: "O Vale do Cariri é, sem exagero, como aqueles oásis da Líbia para onde acorrem os árabes do deserto"; Pompêo de Souza Brazil (1861), p. 34. Logo após a proclamação da seca de 1888, os jornais de Fortaleza descreveram com clareza o quadro geral costumeiro da migração que se iniciara em direção ao vale: "A falta de inverno manifestou-se também nas comarcas centrais

do Rio Grande do Norte e Paraíba *cujas populações ordinariamente correm para o Cariri* como primeira estação do seu êxodo; de onde resultam as grandes ondas de emigrantes que dali vêm inundar a capital [Fortaleza] quando os recursos locais se extinguem; e que na crise atual, cedo já começam a mover-se", em *Pedro II* (Fortaleza), 21 jun. 1888 (grifos nossos). Ver também Pinheiro (1950), p. 20.

38. Bartholomeu (1923), pp. 44-5; p. 90, nota 23.

39. Ver Pimenta (1949), p. 43, com relação à rivalidade entre Barbalha e Crato; ver também Guilherme Studart, "Descripção do município de Barbalha", *RIC*, t. II (1888), pp. 9-13. Para informações mais recentes sobre Barbalha, ver Marchet Callou (1959), pp. 127-33.

40. José de Figueiredo Brito. "A contribuição dos romeiros na construção econômica do Cariri", *Itaytera*, v. II, (1956), pp. 227-9, especialmente p. 228. O autor salienta que o cultivo das serras pelos peregrinos foi tão bem-sucedido que os grandes fazendeiros passaram a invadir as áreas recém-cultivadas e expropriaram os peregrinos de suas terras (p. 228).

41. Pinheiro (1938), p. 173. Ver também cap. 6, nota 45 deste livro.

42. Salvo menção expressa, todos os dados para o ano de 1909 são retirados do documento "A povoação do Joaseiro...", 1 jan. 1909, ACS.

Os dados para 1917 são os do tenente José Pinheiro Bezerra de Menezes, "Joazeiro do Cariry", *Correio do Ceará* (Fortaleza), 18 out. 1917. Segundo o artigo, o autor era um oficial de engenharia do Exército que compilou as estatísticas relativas a Joaseiro para o Estado-Maior do Exército brasileiro.

43. Pinheiro (1950), p. 21. Já em 1896-1897 a borracha de maniçoba constituía um importante produto de exportação do Ceará; ver os artigos publicados em *A República* (Fortaleza), 26 nov. 1896 e 2 ago. 1897. O auge da produção situou-se entre 1897-1917, segundo Pompeu de Souza Brasil (1926), II, 244. Para Bartholomeu (1923), p. 45, nota 4, "deve-se única e exclusivamente ao padre Cícero o plantio da maniçoba na serra Araripe em uma área de cerca de dez léguas".

44. Pinheiro (1950), p. 64.

45. "A povoação do Joaseiro...", 1 jan. 1909, ACS.

46. Uma carta do comerciante à irmã de padre Cícero é citada no cap. 4, nota 38.

47. Facó (1963), 179.

48. "A povoação do Joaseiro...", 1 jan. 1909, ACS.

49. Facó (1963), p. 180.

50. Bartholomeu (1923), pp. 170-1; também parcialmente citada por Facó (1963), p. 181.

51. Pinheiro (1963), pp. 209, 213.

52. José Maria Bello, *A History of Modern Brazil, 1889-1964*. Trad. James L. Taylor com um capítulo de conclusão de Rollie E. Poppino. Stanford: Stanford University Press, 1966, pp. 162-71, especialmente pp. 164-6.

53. Ibid., p. 194; a denominação de "política dos governadores" dada à linha política de Campos Sales encontra-se em José Maria dos Santos, *A política geral do Brasil* (São Paulo, 1930), pp. 352-3.

54. Não existe, infelizmente, uma biografia de Accioly nem um estudo monográfico dos seus vinte anos de influência na política do Ceará. Uma série contemporânea de artigos corrosivos atacando seu governo foi escrita por (J. G. da) Frota Pessoa e publicada em livro com o título *O olygarcha do Ceará* (*A crônica de um déspota*) (Rio de Janeiro, 1910). Ver também Martim Soares (pseudônimo de Antônio Salles), *O Babaquara*, (Rio de Janeiro, 1912). Uma denúncia igualmente sectária do governo Accioly e talvez a única fonte impressa de inegável valor para qualquer futura monografia é o livro de Rodolpho Theophilo *Libertação do Ceará* (*Queda da Oligarchia Accioly*) (Lisboa, 1914).

Encontra-se um panegírico revisionista no panfleto de José Waldo Ribeiro Ramos *Centenário do comendador Nogueira Acioli* (Fortaleza, 1940). Um rápido exame da "oligarquia" Accioly foi feito no trabalho já citado de Abelardo Montenegro sobre os partidos políticos do Ceará (1965), pp. 38-42; e Glauco Carneiro, *História das revoluções brasileiras* (Rio de Janeiro, 1965), v. I, pp. 196-203, especialmente pp. 186-90.

Informações esparsas sobre o período encontram-se nas memórias de Pimenta (1949), passim, e em monsenhor José Quinderé, *Reminiscências* (Fortaleza, 1941), passim.

Dados biográficos sobre o governador Accioly encontram-se em Guimarães (1952), pp. 192-5.

55. Por exemplo, a transição do Império à República no Crato não resultou por si só na deposição do coronel José Antônio de Figueiredo, que conservou o controle político "de fato" até 1892; ver José de Figueiredo Brito, "Maxixes e malabares (Episódio inédito da história política do Crato)", *Itaytera*, v. v (1959), pp. 37-57, especialmente pp. 38-40.

Sobre o coronelismo, há o estudo clássico de Victor Nunes Leal, *Coronelismo: enxada e voto* (Companhia das Letras, 2012). Um estudo recente de quatro coronéis contemporâneos do Nordeste é o livro *Coronel e coronéis* (Rio de Janeiro, 1965), de Marcos Vinicius Vilaça e Roberto C. de Albuquerque.

56. Bartholomeu (1923), pp. 170-1, demonstra que os impostos pagos por Joaseiro ao estado do Ceará eram muito mais elevados do que os que eram pagos ao governo federal:

ANO	IMPOSTOS ESTADUAIS	IMPOSTOS FEDERAIS
1916	19:500$000	2:440$000
1917	24:600$000	5:717$000
1918	31:500$000	19:942$000
1919	43:000$000	19:140$000
1920	32:100$000	18:831$000
1921	47:900$000	24:831$000
1922	52:100$000	31:800$000

Fica claro, assim, que o total dos impostos anuais, federais e estaduais pagos por Joaseiro cresceram mais de 400% em sete anos.

57. Orlando Carvalho, *Política do município* (Rio de Janeiro, 1946), p. 165, demonstra que, de 1868 a 1910, a percentagem de toda a receita governamental coletada pelos municípios aumentou mais de sete vezes. Infere-se daí que o governo municipal tornou-se "mais real" e que aumentaram as possibilidades de corrupção e remunerações legítimas a serem distribuídas pelos chefes políticos locais, assegurando-se-lhes, dessa forma, poder ainda maior do que na época do Império.

58. Pinheiro (1938), pp. 180-4, 189-91. As deposições ocorreram em Missão Velha em 1901; Crato, 1904; Barbalha, 1906; Lavras, 1907 e 1910; Santana do Cariri e Campos Sales, em 1908; Aurora e Araripe, 1908. Em 1909 o "oligarca mirim" do Crato foi ameaçado, mas sobreviveu; ver também Pinheiro (1950), p. 187.

Apenas a luta do Crato de 1904 é amplamente documentada tanto em Pinheiro (1938 e 1950) quanto em Figueiredo Brito (1959). Novos esclarecimentos são dados nas memórias de (senador Manuel do Nascimento) Fernandes Távora, *Algo de minha vida* (2. ed. Fortaleza, 1963), pp. 30-2.

59. Já em 1912 Gustavo Barroso observava em seu livro de estreia, *Terra de sol* (6. ed. Fortaleza, 1962), que a "geografia do banditismo" não se limitava apenas ao Vale do Cariri, mas que se estendia para a Paraíba e Pernambuco, pp. 102-3. Ver também Figueiredo Brito (1959), pp. 50-1, e Pinheiro (1938), p. 191, no referente aos cangaceiros alugados em Pernambuco para o conflito do Crato em 1903-1904.

60. Um estudo pioneiro do cangaceirismo é o de Abelardo Montenegro, *História do cangaceirismo no Ceará* (Fortaleza, 1955).

61. Frota Pessoa (1910), pp. 231-2.

62. Cópias reconhecidas em cartório de petições datadas de 2 de fevereiro de 1900 ao Santo Padre, 4 de setembro de 1902 ao núncio em Petrópolis e 29 de setembro de 1903 ao papa Pio X foram localizadas em ACS, Pasta da Questão Religiosa.

Em 25 de novembro de 1905, o *Jornal do Cariry* (Barbalha) numa edição especial de uma página anunciou, de forma equivocada, que Roma havia reintegrado padre Cícero em resposta a um pedido telegrafado enviado pelo povo do Joaseiro no início do ano. Ver também nota 63, a seguir.

Em 30 de março de 1906, uma comissão de comerciantes de Fortaleza recebeu de d. Joaquim uma recusa formal de transmitir a Roma um pedido em prol de padre Cícero; citado em Pinheiro (1963), pp. 174-5.

Por fim, em 1908, o núncio apostólico em Petrópolis escreveu a um dos membros da comissão que só Roma poderia restaurar as ordens de padre Cícero; d. Alessandro a Adolpho Barroso, 26 ago. 1908, ACS, Pasta da Questão Religiosa.

63. As cópias das petições autenticadas enviadas a d. Joaquim foram encontradas no ACS, Pasta da Questão Religiosa. A de Santana do Cariri é datada de 10 dez. 1905; a de Barbalha, 10 jan. 1906; a de Brejo dos Santos, 8 fev. 1906; a do Crato, 19 fev. 1906.

64. A neutralidade do padre nas disputas locais foi ainda comprovada pelo auxílio financeiro que deu à Empresa Tipográfica Caririense de Barbalha. Organizada por José Marrocos em 1904 e 1905, a "empresa" lançou um hebdomadário apolítico e não partidário. É interessante notar que o *Jornal do Cariry* tinha por fim promover o desenvolvimento de toda a região. Condenava, com veemência, as rivalidades entre coronéis e municípios, atribuindo-lhes a causa "de grande obstáculo, às vezes, de invencível embaraço" aos grandes empreendimentos "de interesse comum"; baseado em documentos e nos "Estatutos da Empresa Tipográfica Caririense" encontrados em ACS, Pasta Marrocos.

65. Os pedidos a padre Cícero para que ele interferisse no sentido de evitar hostilidades locais encontram-se nas seguintes cartas: padre Pedro Esmeraldo a padre Cícero, 24 fev. 1903, PCC, com respeito a Missão Velha; Júlio A. Pequeno a padre Cícero, 17 ago. 1907, PCC, com respeito a Lavras; coronel Domingos Leite Furtado a padre Cícero, 1 jan. 1909, ACS, com respeito a Aurora; e dr. Antônio P. N. Accioly a padre Cícero, 29 abr. 1911, PCC, com respeito ao coronel Joca de Macedo, chefe político de Barbalha. A citação no texto é da carta de Júlio A. Pequeno.

66. Testamento de José Lobo: "Atesto que sendo caririense de origem...", 25 dez. 1910, ACS, Pasta da Questão Religiosa.

Floro Bartholomeu observa também esse fato mais de dez anos depois: "(durante esse período) [...] O Joazeiro, apesar de ser um simples povoado, era refúgio dos vencidos e o padre Cícero o intermediário oficioso do governo e dos litigantes, no sentido de pacificar os ânimos e evitar desafrontas pessoais".

"Porque, nesse tempo, [padre Cícero] não era político, sua intervenção era sempre solicitada." Bartholomeu (1923), p. 177, nota 42.

6. PADRE CÍCERO INGRESSA NA POLÍTICA [pp. 175-96]

1. A primeira e talvez mais violenta difamação de padre Cícero foi publicada por um colega seu, padre Joaquim de Alencar Peixoto, *Joazeiro do Cariry* (Fortaleza, 1913). Num capítulo intitulado "Aman-Ra", Peixoto comparou Cícero a um antigo governante do Egito e declarou que "como sacerdote, como cidadão e como político, [ele] é um homem funesto [...] uma influência fatal" (pp. 80-1). Estranhamente, o padre autor foi o fundador do primeiro jornal de Joaseiro, *O Rebate*, e um dos principais adeptos da autonomia da cidade.

Rodolpho Theophilo (1914) dizia que foram os esplendores da corte do papa que convenceram padre Cícero "de que ser rico não impedia de ir ao céu e tanto que o chefe da Igreja o era" (p. 79). Uma vez rico, porém, "desejava mandar na política de todo Cariri" (p. 80).

Professores e pesquisadores também contribuíram, talvez sem maiores intenções, para essa linha de análise. Em 1926, o educador brasileiro de atual reputação mundial Manuel Bergstrom Lourenço Filho publicou um livro de grande divulgação e premiado, *Joaseiro do padre Cícero* (*Scenas e quadros do fanatismo no Nordeste*) (2. ed. São Paulo, 1926). Esse livro, infelizmente, foi mais do que qualquer outro responsável pela imagem que se fez de padre Cícero, então com 82 anos e doente, como um megalomaníaco e paranoico (pp. 64-75). Esse retrato, apesar dos muitos méritos do estudo de Lourenço Filho, deve ter feito muito para impedir uma investigação mais desapaixonada com relação a Joaseiro e ao padre, por mais de duas décadas. Alves (1948) foi o primeiro estudioso a empreender tal tarefa. Em 1943, o eminente político do Ceará e médico Manuel do Nascimento Fernandes Távora classificou padre Cícero como "paranoico" (1943) pp. 35-69. O ataque mais recente a padre Cícero é o do padre Antônio Gomes de Araújo, "Apostolado do embuste" (1956), já citado; foi ampliado recentemente no último artigo do autor, "À margem de 'À margem da história do Ceará'", *Itaytera*, v. VIII (1962), pp. 5-19.

Duas apologias, agora quase esquecidas, foram escritas em vida do clérigo, bem depois de ter ele se tornado politicamente influente. L. Costa Andrade, *Sertão a dentro* (*Alguns dias com o padre Cícero*) (Rio de Janeiro, 1922) afirma que "o amado sacerdote, longe de ser um fanatizador, um energúmeno, um demolidor [...] é um sacerdote de ideias cultas e sugestivas [...] sempre em dia com os modernos avanços da humanidade" (pp. 94-5). Tão elogiosa quanto essa obra é o trabalho de Simões da Silva, *O padre Cícero e a população do Nordeste* (*Elementos de defesa, história, "folklore" e propaganda*) (Rio de Janeiro, 1927). Essa obra foi escrita "em defesa do padre Cícero" (p. 19) e pode ter sido encomendada pelo clérigo ou por seus conselheiros.

Depois da morte de padre Cícero, o estudo de Irineu Pinheiro (1938) foi o primeiro a reabilitar a reputação do sacerdote sem lisonjeá-lo. Nos últimos decênios, a defesa de padre Cícero tem sido empreendida por um filho de Joaseiro, também religioso, padre Azarias Sobreira. Seus escritos com o pseudônimo de Lívio Sobral (1940-1943) estão todos mencionados no cap. 1, nota 58 deste livro. Seu trabalho mais recente, uma série de artigos, apareceu com seu próprio nome, padre Azarias Sobreira, "Padre Cícero, enigma de ontem e de hoje", *O Povo* (Fortaleza), out. 1965-fev. 1966. Só após ele ter completado o estudo foram os artigos acima publicados em livro sob o título *O Patriarca de Juàzeiro* (Petrópolis, 1969).

2. *Cópia do testamento* [s.d.], p. 3. A outra razão dada pelo Patriarca foi seu desejo de "atender aos insistentes pedidos do então presidente do estado o meu saudoso amigo, comendador Antonio Pinto Nogueira Accioly" (p. 3). Entretanto, a prova citada mais adiante no texto e na próxima nota demonstra que a iniciativa de evitar a nomeação de "outro cidadão" para prefeito do Joaseiro coube a padre Cícero e não a Accioly. Naquela época, os prefeitos não eram eleitos, mas nomeados pelo presidente do estado.

3. Padre Cícero a Accioly, 18 jun. 1911, ACS. Percebe-se com clareza que a carta foi motivada pelas insistências em Joaseiro de que o "outro cidadão", identificado como o major Joaquim Bezerra de Menezes, estava exigindo um cargo oficial assim que Joaseiro passasse a município. Pela leitura do testamento de padre Cícero, depreende-se que o major pretendia nada mais nada menos do que o cargo de prefeito.

4. A identificação do major Joaquim Bezerra de Menezes explica-se na nota 3 deste capítulo. É mencionado por Pinheiro (1950), p. 64, como um dos dois mais importantes fazendeiros de algodão do Vale do Cariri. Detinha ele o posto honorífico de major da Guarda Nacional. Entre seus descendentes estão os eminentes produtores de algodão e políticos de Joaseiro, o major Humberto Bezerra de Menezes, oficial do Exército, ex-prefeito de Joaseiro e, no momento (1968), deputado federal pelo Vale do Cariri, e seu irmão Adauto, agora exercendo seu segundo mandato de deputado estadual em Fortaleza. Ambos deram ao autor informações, em Joaseiro, em setembro de 1964. (O major Adauto, irmão gêmeo do deputado Humberto Bezerra, passa a governador do estado do Ceará a partir de 15 de março de 1975. [N. T.])

5. Em entrevistas realizadas em agosto e setembro de 1964 com historiadores de Joaseiro, o falecido Octávio Aires de Menezes e o octogenário José Ferreira Bezerra de Menezes, não foi possível obter maiores esclarecimentos sobre o comício promovido pelo major Joaquim.

O "boicote" do clérigo ao *meeting* é deduzido indiretamente de seu próprio fracasso, bem como pelo fato de não terem esses dois famosos historiadores locais dado à reunião de 1907 um lugar na sua história. 6. O texto desse folheto raro, intitulado "Ao povo do Joazeiro", encontra-se no trabalho de d. Amália Xavier de Oliveira (Org.), "Inquérito do Juazeiro" (manuscrito inédito, 1943), pp. 4-5. D. Amália é uma das educadoras mais importantes de Joaseiro e é, no momento, diretora da Escola Normal Rural, mantida pelo estado do Ceará e criada na cidade em 1934.

Nota do autor à segunda edição: Inacessível para mim no momento em que foi publicada a edição original deste livro, *O padre Cícero que eu conheci (A verdadeira história de Juazeiro)* (Rio de Janeiro, 1969), de d. Amália, livro em parte fundamentado, segundo me consta, no "inquérito", constitui-se numa fonte útil que, nas palavras da autora, é "baseada em fatos positivos por mim vistos ou levados ao meu reconhecimento pelos meus antecedentes — parentes ou amigos que merecem fé".

"Domingo próximo, 18 do vigente, ao meio-dia, realisar-se-á uma reunião cívica, sem cor política, em casa do prestimoso cavalheiro major Joaquim Bezerra de Menezes, devendo tratar-se do engrandecimento desta florescente cidade.

"É absolutamente desnecessário declarar que a reunião, visando somente um fim patriótico, deve contar com o vosso mais franco e decidido apoio, pois em falando-se de melhoramento a este torrão abençoado, tão querido, fostes sempre animados pela chama de um acrisolado patriotismo.

"É chegado o momento de pugnarmos com alta energia e valor pela nossa elevação social, elevando Joazeiro à categoria do município, aumentando assim a importância de toda a zona do Cariri que bem merece os vossos serviços para chegar ao grao de prosperidade de que é digno.

"Tenhamos confiança no futuro e podemos aguardar os louros de uma esplendente vitória.

"À reunião.

"Joazeiro, 16 de agosto de 1907."

7. Sobre a petição do coronel Antônio Luís ao bispo, em 1906, ver cap. 5, nota 63.

8. Sobre a visão política de José Marrocos ver cap. 5, nota 64. As posições políticas de José Lobo são analisadas por seu neto, Aires de Menezes (ms. inédito, 1963): "Zé Lôbo com as suas ideias de monarquia odiava o regime republicano" (p. 67).

9. A apresentação da estrutura social de Joaseiro fundamenta-se, em parte, em José Fábio Barbosa da Silva, "Organização social do Juazeiro e tensões entre litoral e interior", *Sociologia*, v. xxiv (1962), n. 3, pp. 181-94, especialmente pp.

181-7; e Amália Xavier de Oliveira (ms. inédito, 1943), pp. 43-7. Nossa apresentação busca esclarecer as raízes históricas dos "dois Joaseiros".

10. Informações sobre os irmãos Silva e João Batista de Oliveira foram dadas ao autor por d. Maria Gonçalves da Rocha Leal, em Fortaleza, em 4 de julho de 1964. D. Maria Gonçalves foi a primeira professora de escola de Joaseiro com formação profissional. Ela voltou para lá em 1924; três anos mais tarde, dirigia o primeiro grupo escolar da cidade. Ver Tarcila Cruz Alencar, "A evolução das letras em Juazeiro do Norte", *Rev. do Cinqüentenário* (1961), pp. 22-4.

11. Aires de Menezes (ms. inédito, 1963), pp. 66-7, enumera os seguintes filhos da terra que, embora "não se tornando inimigos do padre Cícero, [...] ficaram afastados [...] Aristides Ferreira de Menezes, o velho João da Rocha, coronel Joaquim da Rocha, Pedro Jacintho da Rocha, coronel Coimbra, Joaquim Inácio de Figueiredo, o velho Benjamin Callô". A divisão em torno do problema religioso é confirmada por Pinheiro (1938), p. 172.

12. Para um esboço biográfico de Pelúsio Macedo, ver Raimundo Gomes de Mattos, "Perece um gênio do sertão", *Unitário* (Fortaleza), 12 maio 1955. Ver também *Álbum* (1925), p. 107.

13. Carta, Pelúsio Correia de Macedo a José Marrocos, 24 jan. 1905, PCC.

14. Pinheiro (1938), p. 172.

15. Barbosa da Silva (1962), p. 183; Amália Xavier de Oliveira (ms. inédito, 1943), pp. 44-5, e informação dada ao autor por d. Amália Xavier de Oliveira, em Joaseiro, 13 set. 1964.

16. Amália Xavier de Oliveira (ms. inédito, 1943), p. 45.

17. Esse é o ponto de vista de críticos como Lourenço Filho (1926), pp. 79-84; Fernandes Távora (1943), p. 45; e Alves (1948), p. 95. É compartilhado pelo padre Azarias Sobreira, "O revolucionário", em *Rev. do Cinqüentenário* (1961), pp. 14-6. Escreve o padre Sobreira que "foi a chegada de Floro Bartholomeu em 1908 e sua gradativa ascedência sobre o padre Cícero que imprimiram a tudo nova diretriz. Foi Floro quem [...] inoculou no velho sacerdote a ideia de acelerar a marcha do torrão querido para sua plena e definitiva autodeterminação", (p. 14).

18. A data de chegada encontra-se em Bartholomeu (1923), p. 106, nota 29, e p. 137. Informações biográficas publicadas sobre Floro Bartholomeu (1876-1926) encontram-se em: Azarias Sobreira, "Floro Bartholomeu — O caudilho baiano", *RIC*, t. LXIV (1950), pp. 193-202; Guimarães (1952), pp. 244-5; Pinheiro (1963), pp. 160-1, 213; necrológios publicados no *Jornal do Commercio* (Fortaleza), 9 mar. 1926, *Correio do Ceará* (Fortaleza), 10 mar. 1926, *Diário do Ceará* (Fortaleza), 10 e 11 mar. 1926; e, claro, nas alusões autobiográficas feitas pelo próprio Bartholomeu (1923), passim, e (1909-1910), 24 out. 1909.

19. O encontro de Floro com o conde Adolpho é mencionado por Bartholomeu (1923), pp. 136-7. Informações biográficas publicadas sobre o conde Adolpho van den Brule encontram-se em: Bartholomeu (1923), pp. 132-7; e Sílvio Froes de Abreu, "Schisto bituminoso da Chapada do Araripe", *RIC*, t. xxxviii (1924), pp. 363-77, especialmente pp. 363-4.

20. Pouco se conhece das atividades anteriores do conde Adolpho. Algumas informações existem em Bartholomeu (1923), pp. 135-7, e Abreu (1924), p. 363. Em 1904, o conde Adolpho visitou o Cariri pela primeira vez e encontrou cobre em Coxá, e pensou, de maneira equivocada, que se situava no município de Aurora. Logo depois, graças a seu irmão que ainda vivia em Paris, o conde incorporou uma firma em Paris conhecida como Société Anonyme d'Exploitation des Mines de Cuivre d'Aurora (Brésil). De acordo com outro documento também encontrado no acs, Pasta do Conde Adolpho, o principal sócio do francês era o padre Augusto Barbosa de Menezes, vigário de São Pedro do Cariri (hoje Caririaçu), que era amigo íntimo de padre Cícero. Em 1907, a notícia de que os proprietários de terra tencionavam apoderar-se de Coxá e explorar as minas de cobre sem a participação do conde fez o francês voltar ao Cariri, segundo nos relata Bartholomeu (1923), p. 136.

21. Não há registro da compra ou da data da compra de Coxá pelo Patriarca. Pinheiro (1938), p. 164, afirma que foi comprado "na primeira década no século atual" e leva a crer que tal fato se deu antes da chegada do dr. Floro e do conde Adolpho (p. 165). É bem provável que o amigo de padre Cícero e sócio do conde, o padre Barbosa, tenha influenciado a decisão do Patriarca nesse sentido. Ver também notas 20 e 22 sobre o papel do padre Barbosa.

22. Uma explanação quase completa da disputa pela terra de Coxá foi escrita pelo dr. Floro Bartholomeu, "Minas de Coxá: Ligeiras considerações para refutar os argumentos aduzidos pelo il.^{mo} sr. coronel José Francisco Alves Teixeira no *Correio do Cariry* de 5 do corrente", uma série esquecida de doze artigos que foram publicados no primeiro jornal de Joaseiro, *O Rebate*, entre 22 de agosto de 1909 e 25 de julho de 1910.

Interessa observar que, seguindo o conselho dado pelo dr. Guilherme Studart, eminente historiador do Ceará, ao padre Barbosa, padre Cícero trocou correspondência com os missionários beneditinos do Quixadá, Ceará, os quais detinham título de propriedade de terras em Coxá. Segundo essa correspondência, datada de 14 de setembro, 28 de outubro de 1908 e 1º de janeiro de 1909 e encontrada no acs, Correspondência com as Ordens Religiosas, o Patriarca convenceu o abade Bonifácio Jansen a não vender suas terras em Coxá aos outros proprietários interessados do Cariri.

Encontram-se informações sobre os beneditinos em d. Joaquim G. de Lima, "Os monges beneditinos no Ceará", *RIC*, t. LXVI (1952), pp. 220-40, assim como em Luna (1951).

23. Pormenores sobre o conflito armado em Coxá encontram-se numa carta sem data do dr. Floro a padre Cícero, citada por Pinheiro (1938), pp. 164-7, especialmente p. 165, nota 30. É interessante notar que não há qualquer referência a esse fato em Bartholomeu (1909-1910).

24. As relações de família entre o coronel Antônio Luís e o coronel J. F. Alves Teixeira são mencionadas por Pinheiro (1938), pp. 183-4.

Bartholomeu (1909-1910; 26 set. 1909) ressaltou que o coronel Antônio Luís possuía terras perto de Coxá e deduziu daí que ele, e não seu parente coronel J. F. Alves Teixeira, havia instigado o ataque ao grupo do dr. Floro. Numa edição não especificada do jornal da cidade vizinha de Barbalha, *A União*, um artigo não assinado acusava abertamente o coronel Antônio Luís de enviar capangas para impedir a demarcação de Coxá. O artigo foi republicado mais tarde sob o título "Inedictoriaes — Os últimos ccontecimentos", em *O Rebate* (Joaseiro), 25 jul. 1909.

O incidente de Coxá foi utilizado mais tarde por Alencar Peixoto (1913) para retratar padre Cícero como "capitão de infames, de bandidos e celerados" (pp. 208-11).

25. Indício de que padre Cícero começou a trabalhar pela criação da nova diocese já desde 1907 encontra-se no artigo de Manuel Benício, "Dr. Leandro Bezerra", que foi publicado no jornal *O Fluminense* (Niterói), 11 jun. 1907: "Ultimamente L[eandro]. B[ezerra]. M[enezes]. acha-se empenhado *secundando* os ingentes esforços do virtuoso sacerdote padre Cícero Romão Batista, seu particular amigo, na criação de um bispado que tenha por sede a cidade do Crato" (grifo nosso).

Leandro Bezerra de Menezes (1826-1911), originário do Crato, antigo senador do Império por Alagoas, era um católico arquiconservador. Em virtude de seus íntimos contatos com a hierarquia brasileira de Niterói e do Rio, assim como com o núncio apostólico em Petrópolis, tornou-se, apesar de sua avançada idade, o maior defensor no Sul da nova diocese do Cariri. Informação sobre sua pessoa encontra-se em "Leandro Bezerra", *RIC*, t. XXVI (1912), pp. 206-14, e em Pinheiro (1963), p. 89.

Em carta de padre Cícero ao dr. Leandro Bezerra, 25 set. 1908, ACS, Pasta do Bispado do Cariri, dizia o clérigo: "Creio não há mais dúvida estar criada a diocese do Cariri. Deus o quer e o venerando amigo foi o principal encarregado da Providência pª essa grande obra na Igreja de Deus. Quando estive em Roma em '98 apresentei esse pedido escrevendo por meio de alguém à sua santidade Leão

XIII e aqui depois mandei publicar nos jornais a necessidade de criação dessa diocese neste centro dos diferentes estados que se limitam no Cariri; e o Joazeiro é o ponto principal para onde convergem de todas as partes, desde Alagoas ao Maranhão; o ponto desejado e querido de todos, próprio para uma grande cadeira de ensino de civilização e de fé entre populações que se estão barbarizando ainda mais do q'eram [...].

"Deus por sua Bondade multiplique os preciosos anos ao seu fiel servo [...] que veja no humilde torrão de seus antepassados a sede de um bispado (aqui) na capela de Nossa Senhora das Dores [...]."

26. Padre Cícero foi informado de que a criação do bispado do Crato lhe seria prejudicial. Há prova quanto a isso em Bartholomeu (1923), p. 72, onde dr. Floro menciona uma carta sem data que foi escrita certa vez ao Patriarca, provavelmente em 1907, quando se acreditava que padre Cícero era favorável ao Crato como sede da nova diocese (ver nota 25): "Um outro monsenhor conhecia tão de perto a possibilidade de ser aumentado o martírio do seu amigo padre Cícero, com um bispado em Crato, duas e meia léguas distante do Joazeiro, que, ao saber dos esforços daquele sacerdote para isso conseguir, em uma carta a ele dirigida, lhe disse, mais ou menos, o seguinte: 'Admira-me da sua insistência em querer um bispado ai; se você com um bispo distante, vai amargando o pão que o demônio amassou, quanto mais com um trepado na sua garupa'".

27. Ibid.

28. Pinheiro (1963), p. 175; pp. 504-5.

29. Telegrama, padre Cícero ao dr. Leandro Bezerra, 10 dez. 1908. O original está no arquivo pessoal do neto do dr. Leandro Bezerra, dr. Geraldo Bezerra de Menezes (doravante citado como GBM), que reside em Niterói, Rio de Janeiro.

30. Em carta a padre Cícero de d. Ruperto Rudolph, abade beneditino de Quixadá, e sucessor de d. Bonifácio (ver nota 22), o monge propôs vender ao Patriarca as terras em Coxá que pertenciam ao mosteiro. Disse que, em virtude da correspondência anterior do Patriarca com a Ordem, conhecia sua intenção de "fazer delas parte do patrimônio da futura diocese do Cariri"; d. Ruperto a padre Cícero, 16 ago. 1913, ACS, Pasta da Correspondência com as Ordens Religiosas.

31. Padre Cícero ao dr. Leandro Bezerra, 21 abr. 1909, GBM.

32. Padre Cícero a José Marrocos, 21 abr. 1909, ACS, Bispado do Cariri. Segundo essa carta, o clérigo pretendia partir no dia 23 de abril. Sua primeira escala era Fortaleza, onde d. Joaquim lhe exigira que fizesse o retiro anual do clero. Daí, foi de navio para o Rio de Janeiro, onde esperava chegar em 31 de maio de 1909, de acordo com o *Hebdomadário Cathólico* (Rio de Janeiro), 27 maio 1909. Esse jornal observou que "um dos fins da viagem do virtuoso sacerdote cearense é promover a criação de um bispado no sertão do Crato ou Joaseiro".

É certo que padre Cícero esperava erigir a diocese em Joaseiro, como se depreende do pedido que fez a José Marrocos, 19 jan. 1909, ACS, Bispado do Cariri, para que preparasse uma circular de levantamento de fundos. Num exemplar da circular intitulada "O bispado do Cariry" e conservada no ACS, propunha-se que Joaseiro fosse a sede da diocese, que envolveria todo o Vale do Cariri até o extremo norte, Icó, Ceará; a oeste, até Picos, Piauí; a leste, até Cajazeiras, Paraíba, e ao sul, até Petrolina, Pernambuco.

33. *Unitário* (Fortaleza), 29 jun. 1909. Este jornal foi fundado em 1903 pelo brilhante jornalista João Brígido dos Santos (1829-1921), do Ceará. Seu aparecimento marcou o inexplicável rompimento de João Brígido com o governo de Accioly, ao qual servira como redator-chefe de *A República*, o órgão oficial do PRC-C. Estranhamente, depois de ter João Brígido ajudado a derrubar Accioly em 1912, ele passou a trabalhar para restaurar o poder do oligarca. Não há, infelizmente, uma biografia desse homem que deixou tantos registros da história política do Ceará e nela desempenhou um papel marcante, desde os anos 1860 até 1921.

Em 1948, o *Unitário* republicou muitos dos artigos de João Brígido, bem como avaliações a seu respeito. O tributo que lhe foi prestado decorreu entre 13 e 18 de julho de 1948 e constitui uma fonte importante para qualquer estudo que se venha a fazer do jornalista.

34. Nosso relato baseia-se em Pinheiro (1938), pp. 183-4. Afirma Pinheiro que uma das causas da agressão ao Crato foi a demarcação das jazidas de Coxá (p. 183).

35. O precedente relato da inimizade entre Furtado e Antônio Luís está documentado, no que se refere aos fatos, no excelente e pormenorizado estudo feito por Figueiredo Brito (1959), pp. 39-40, 51-3, e aludido com reservas em Pinheiro (1938), p. 191. A interpretação é de minha responsabilidade.

Os laços políticos e de família entre o coronel Antônio Luís e o dr. Accioly são mencionados por Figueiredo Brito (1959), pp. 47, 54-5, e Souza Carvalho (1953-1954).

Dados biográficos do coronel Antônio Luís Alves Pequeno (1864-1942) encontram-se em Guimarães (1952), pp. 184-6. Não se deve confundi-lo com seu pai e com seu avô, cujos nomes são os mesmos, erro esse que prejudica seriamente o relato de Pereira de Queiroz (1965) no tocante à rivalidade entre Crato e Joaseiro.

36. O importante tema do conflito entre fazendeiros e comerciantes do interior em consequência da mudança de estrutura econômica do Nordeste é sugerido, embora num contexto bem diverso, por Facó (1963), pp. 149-68. Infelizmente, por não serem disponíveis dados estatísticos, impossível se torna um tratamento mais sistemático do tema, a não ser o que é apresentado neste capítulo.

Na questão em pauta, há abundantes indícios de que a oposição de Furtado devia-se à sua desaprovação da maneira pela qual os comerciantes do vale investiam uma boa parte de seus lucros em empreendimentos agrícolas. Dessa forma, os fazendeiros-comerciantes ficavam muito mais seguros nas épocas de seca do que os fazendeiros tradicionais solitários.

37. Ver Pinheiro (1938), pp. 183-4. Segundo o artigo "Inedictoriaes — Os últimos acontecimentos", *O Rebate* (Joaseiro), 25 jul. 1909, os três comerciantes de Barbalha tinham evitado o conflito armado conseguindo que todos os lados concordassem em comparecer a uma reunião que nunca ocorreu. Segundo esse relato, a possibilidade de violência terminou em maio de 1909. Um papel importante na tentativa de conciliação foi desempenhado por Raymundo Gomes de Mattos, parente afim de Accioly. (Raymundo Gomes de Mattos era casado com uma neta do senador Pompeu, sobrinha, portanto, da esposa do presidente Accioly [N. T.])

38. *O Rebate* (Joaseiro), 18 jul. 1909. Seu último número, o 104, apareceu em 3 de setembro de 1911. Uma coleção incompleta pode ser encontrada na Biblioteca Nacional, Rio de Janeiro. A coleção mais completa se encontra com padre Cícero Coutinho de Joaseiro, ao qual sou profundamente grato por sua permissão de microfilmar essa fonte inestimável.

O dr. Floro refere-se ao regresso de padre Cícero em Bartholomeu (1923), pp. 106-7, nota 29. Situa, erradamente, a data em 1910, em vez de 1909.

O dr. Floro salientou a recepção excepcional que padre Cícero teve em Alagoas, na sua viagem por terra em direção a Joaseiro. Tanto lá quanto na Bahia e em Pernambuco foi recebido oficialmente pelos governantes. Tal visita, ainda lembrada pelos velhos da região, talvez explique, em parte, a extraordinária influência que tinha o padre na população da região do rio São Francisco. Ver cap. 5, nota 14 deste livro.

Várias referências à entrada de alagoanos em Joaseiro, entre 1903 e 1911, encontram-se em Alencar Peixoto (1913), pp. 117, 165, 171.

39. Um esboço biográfico incompleto do padre Joaquim de Alencar Peixoto (1871-1957) apareceu em *O Rebate* (Joaseiro), 26 abr. 1911. O padre Peixoto recusou-se firmemente a aceitar deveres pastorais, atitude que levou o vigário do Crato, padre Quintino, a levantar indiretamente o problema da suspensão daquele religioso: "Eu nunca falei em suspensão para ele; é claro que não me era lícito tal procedimento, *ainda quando o julgasse merecedor daquela punição*"; padre Quintino a d. Joaquim, 28 out. 1907, ABC (grifos nossos).

Em 1904, padre Peixoto, jornalista em tempo parcial, apoiou ativamente o coronel Antônio Luís na deposição do coronel Belém. Em 1907, entretanto, o intrépido sacerdote rompeu com Antônio Luís e, sem permissão do bispo, foi

414

para Joaseiro, onde passou a residir em 15 de agosto de 1907. Se bem que atendesse às necessidades espirituais de Joaseiro sem autorização, é provável que ele tenha ido para lá com o propósito de incitar o povoado a obter sua autonomia do Crato, o que constituía, segundo pensava, uma vingança política contra seu inimigo, o coronel Antônio Luís.

40. A troca de telegramas entre padre Cícero, o presidente Accioly e o coronel Antônio Luís foi publicada, sem data, em *O Rebate* (Joaseiro), 25 jul., 15 e 22 ago. 1909. Prova de que esses telegramas foram expedidos em julho de 1909 encontra-se no editorial de *O Rebate*, publicado no ano seguinte, em 25 de setembro de 1910, "Quem não gostar, que se morda": "Em julho do ano passado (1909) voltando o padre Cícero do Rio de Janeiro e cientificando-se do que ocorrera no Cariry, Cícero resolveu telegrafar à sua excelência o presidente do estado e ao sr. Antônio Luís no mesmo sentido (isto é, no de propor a elevação do Joaseiro a município)".

41. Em tom amargo, d. Joaquim escreveu ao padre Quintino, do Crato, logo depois de padre Cícero ter saído de Joaseiro: "[...] mas dir-lhe-ei uma vez por todas: ainda que o padre Cícero arranjasse um patrimônio de mil contos de réis, eu jamais concorreria para criação da diocese no Joaseiro, que é habitado por exploradores e explorados". Prosseguiu encorajando o padre Quintino a aceitar o desafio e prometeu a ele, em troca, assumir a direção ele mesmo. Deu-lhe dois anos para levantar o dinheiro; d. Joaquim ao padre Quintino, 19 abr. 1909, ABC.

Conforme duas cartas de monsenhor Antônio de Macedo Costa, um influente padre de Petrópolis, dirigidas a padre Cícero, 8 e 15 jun. 1909, ACS, as acusações de d. Joaquim ao Patriarca eram de tal forma prejudiciais que nem o arcebispo do Rio, d. Joaquim Cardeal Arcoverde, nem o núncio apostólico poderiam agir contrariamente aos desejos do bispo do Ceará.

Tudo indica que d. Joaquim e padre Cícero tiveram um encontro no Mosteiro de São Bento, no Rio. Monsenhor Macedo então acrescentou: "Depois de ver o modo amável como o bispo d. Joaquim Vieira lhe recebeu no mosteiro e ouvir as acusações terríveis que ele lhe fizera em conversa com o núncio, mistério... mistério... mistério...". Citado em Bartholomeu (1923), pp. 177-8, nota 43.

42. A incapacidade do Crato de levantar fundos para o patrimônio da nova diocese era tão evidente que quando a Santa Sé concedeu, enfim, o privilégio ao Crato, em 1914, o patrimônio ainda não tinha sido levantado; Pinheiro (1963), p. 505.

Depois do regresso do Patriarca a Joaseiro em julho de 1909, ele continuou a trabalhar para Joaseiro ser escolhido sede da diocese. Em 11 de abril de 1910, escreveu à viúva do barão de Ibiapaba, pedindo-lhe uma contribuição de 150 contos para o patrimônio. A correspondência entre o Patriarca e a baronesa começou em 25 de setembro de 1908 e continuou até 1914. As cartas encontram-se no ACS, bispado do Cariri.

A ideia de que padre Cícero entrou na política em virtude de seus problemas com a hierarquia da Igreja é expressa por dois autores. Abelardo Montenegro (1955) argumenta, de forma imprecisa, que padre Cícero ingressou na política partidária por temer que "o seu prestígio junto às massas sertanejas fosse destruído pela Igreja" (p. 89).

Uma opinião mais abalizada, que leva em conta os violentos antecedentes de Coxá, mas, ao mesmo tempo, ignora de maneira inexplicável a questão do bispado, é a de Irineu Pinheiro (1938): "[...] chega-se à conclusão de que o padre Cícero acabou por julgar que através da influência do governo melhor poderia resolver a questão que tanto o interessava. Daí o aproximar-se pouco a pouco, sem talvez o perceber, do campo sempre eletrizado da política" (p. 166).

43. Informação sobre d. Manuel Antônio de Oliveira Lopes e a visita pastoral ao Cariri, tendo sido Joaseiro expressamente excluído do itinerário, encontra-se em Pinheiro (1963), pp. 178-80, e nas memórias do então secretário de d. Joaquim, monsenhor José Quinderé (1957), pp. 45-51.

44. Bartholomeu (1923), p. 57. O religioso em questão era o padre Antônio Tabosa Braga.

45. Bartholomeu (1923), p. 57. Os artigos originais do dr. Floro são: Manuel Ferreira de Figueiredo (pseudônimo de Floro Bartholomeu), "Justa defesa", "Olho por olho, dente por dente" e "Os efeitos da imprudência", *O Rebate* (Joaseiro), 29 ago., 12 e 19 set. 1909.

46. A expressão "alter ego" foi usada pela primeira vez pelo padre Manuel Macedo, natural de Joaseiro, numa série de artigos publicados primitivamente no semanário católico *O Nordeste* (Fortaleza), jun. 1925, mais tarde reunidos e publicados em livro, intitulado *Joazeiro em fóco* (Fortaleza, 1925), p. 10. A expressão tornou-se (e ainda é) a mais famosa caracterização do dr. Floro depois de ter sido popularizada no título de um capítulo do livro de Lourenço Filho (1926), cap. 6, "O alter ego...", pp. 77-84.

A caracterização de Floro feita por Azarias Sobreira como o "Caudilho Baiano" (1950) nunca chegou a pegar.

47. Sobre d. Hermínia, ver o retrato desfavorável feito por Alencar Peixoto (1913), pp. 147-52, e o próprio relato feito por Floro Bartholomeu (1923), pp. 60-3.

48. Bartholomeu (1923), pp. 60-1.

49. Padre Cícero a José Marrocos, 5 out. 1906, ACS: "Estou passando o cemitério daqui que já está quase concluído faltando somente completar o embucamento e dei princípio nos alicerces da capela a Nossa Senhora do Perpétuo Socorro.

"O vigário [do Crato] mandou pedir a licença ao sr. bispo e eu encarreguei-me de erigir." A "licença" pode referir-se tanto à permissão canônica requerida para abrir o cemitério quanto para construir a igreja. Não fica claro no texto da carta, mas acredita-se que se refira à igreja.

50. Bartholomeu (1923), p. 61.

51. Hermínia faleceu em 15 de novembro de 1908. No primeiro aniversário de sua morte foi celebrada em sua memória uma missa em Joaseiro, segundo *O Rebate* (Joaseiro), 21 nov. 1909.

52. Bartholomeu (1923), p. 62.

53. Ibid. O episódio relativo a d. Hermínia levou o clérigo a incluir em seu testamento uma defesa da virtude da mulher e daí uma justificativa de sua decisão de enterrá-la na capela de Nossa Senhora do Perpétuo Socorro; ver *Cópia do testamento* [s.d.], p. 8. Se bem que a capela só tenha sido consagrada depois da morte do Patriarca, ele enterrara aí a mãe e a irmã, assim como Maria de Araújo. No testamento, pediu que ele próprio aí repousasse, pedido esse que foi cumprido após sua morte, em 20 de julho de 1934.

54. Em 1913, dois anos depois de o redator-chefe de *O Rebate*, padre Joaquim de Alencar Peixoto, ter rompido com o Patriarca por motivos políticos, o jornalista-padre publicou sua própria versão do affaire d. Hermínia. Deixava aí entender que o Patriarca havia seduzido a virtuosa senhora; Alencar Peixoto (1913), pp. 147-52, especialmente pp. 149-51.

Foi essa acusação, a primeira e a última a ser feita ao celibato de padre Cícero, que o intimou a declarar altivamente em seu testamento: "Devo ainda declarar por ser para mim uma grande honra e um dos muitos efeitos da Graça Divina, sobre mim, que, em virtude de um voto por mim feito, aos doze anos de idade, pela leitura nesse tempo que eu fiz da vida imaculada de São Francisco de Sales, conservei a minha virgindade e minha castidade até hoje". *Cópia do testamento* [s.d.], p. 3.

55. Aires de Menezes (ms. inédito, 1963) informa que no princípio do século coube a José Lobo manter-se a par de todos os negócios de padre Cícero, inclusive de sua correspondência com os peregrinos de todos os estados do Nordeste; "Zé Lobo era o encarregado de responder todas essas cartas, dando, pelo padre Cícero, as respostas de tais consultas" (p. 43). Em 1908 e 1909, a correspondência ficou muito reduzida, em parte porque os romeiros preferiam fazer "suas consultas de viva voz, por ocasião da visita" (p. 68).

56. Aires de Menezes (ms. inédito, 1963), pp. 68-72.

57. José Marrocos a padre Cícero, 19 jul. 1909, pcc.

58. José Marrocos a padre Cícero, 22 jul. 1909, pcc.

59. José Marrocos, *Joaseiro: A carta do snr. Nicodemos — Resposta de José de Arimatea* (1909?, sem editor); um exemplar desse panfleto foi gentilmente cedido ao autor, em 1964, pelo falecido sr. Odílio Figueiredo, natural de Joaseiro e residente em Fortaleza.

60. Alencar Peixoto (1913), pp. 81, 215-6, é o autor desta acusação.

61. Em 21 de agosto de 1910, *O Rebate* (Joaseiro) dedicou todo o número à memória de José Marrocos. A oração fúnebre do dr. Floro foi aí publicada sob o título "Oração fúnebre".

62. Essa opinião, talvez baseada em história oral, foi dada só recentemente por Gomes de Araújo (1962), p. 15, nota 25:

"A versão é a de que teria sido Floro Bartolomeu da Costa o autor do envenenamento, porque, há muito instado pelo comendador Nogueira Accioly a entrar para o Partido Republicano do Ceará, o padre Cícero recusava sempre, aconselhado pelo dito professor José Joaquim Telles Marrocos. Mal a vítima cerrara os olhos, o algoz voou para sua fazenda, 'Barreiros' (em Missão Velha). *Não surgindo suspeita contra a sua pessoa*, regressou a Juazeiro e ainda fez uma locução fúnebre à margem do túmulo de sua vítima [...] (grifos nossos)."

Em nossa opinião, o padre Gomes de Araújo não possui qualquer elemento para provar que Floro envenenou Marrocos. Sua principal fonte, Alencar Peixoto, caracterizava-se pelo exagero e marcava-se pela vingança política que ele descarregava sobre padre Cícero e Floro. O próprio padre Gomes de Araújo observa que, por ocasião do falecimento de Marrocos, Floro não fora de modo algum considerado suspeito!

63. Alencar Peixoto (1913), pp. 79-83, acusou padre Cícero de exercer uma "influência fatal" sobre seus amigos. Na maneira do autor, ele relata o "destino" dos antigos defensores do Patriarca: José Marrocos; monsenhor Monteiro; padre Joaquim Soter; padre João Carlos; padre Vicente Soter de Alencar; padre Clycério da Costa Lobo; padre Francisco Ferreira Antero; dr. Marcos Rodrigues Madeira; dr. Ildefonso Lima; coronel Secundo Chaves; tenente-coronel José Joaquim de Maria Lobo; major João Cyriaco; capitão Belmiro Maia e tenente José Duda. Apesar do exagero de Alencar Peixoto, todas essas pessoas que figuraram entre os íntimos de padre Cícero ou tinham morrido, ou eram idosos ou estavam demasiado distantes no espaço para poderem exercer alguma influência sobre o Patriarca em 1908, exceto Marrocos. Em certo sentido, padre Cícero sobreviveu à sua "era" e, por conseguinte, tinha necessidade de Floro mais do que nunca.

64. Ver Raimundo Girão, *História econômica do Ceará* (Fortaleza, 1947), pp. 380-2, 401-60.

65. Encontra-se uma visão crítica do bacharelismo em Sérgio Buarque de Holanda, *Raízes do Brasil* (Rio de Janeiro, 1936), pp. 114-8. Sob a República, o título de bacharel tornou-se cada vez mais "um mero meio de acesso a um nicho numa ordem burocrática urbana", segundo Richard Morse, *From Community to Metropolis* (Gainesville, Florida, 1958), p. 154. Embora refira-se fundamentalmente a São Paulo, julgamos que a afirmação também se aplica aos pequenos "centros urbanos" do sertão.

66. O famoso romancista e sociólogo cearense Jader de Carvalho documentou a ascensão do bacharel e o declínio do coronel no sertão do Ceará no seu romance satírico *Sua majestade, o juiz* (São Paulo, [s.d.]). Para um comentário no campo da ficção sobre as mudanças que se operaram no Ceará após 1930, ver *Aldeota*, também de J. de Carvalho (São Paulo, 1963), que conta a história do bairro mais elegante de Fortaleza, cuja ascensão esteve intimamente ligada às lucrativas atividades de contrabando de alguns de seus residentes.

67. Dados importantes podem ser encontrados em Souza Carvalho (1953--1954) e Pinheiro (1963), p. 209.

68. Baseado em Guilherme Studart, *Para a história do jornalismo cearense, 1824-1924* (Fortaleza, 1924b), pp. 151-74.

69. A recepção favorável que Floro teve dos habitantes de Joaseiro e do Patriarca — o que poucos autores têm querido admitir — encontra-se no trabalho do principal historiador falecido de Joaseiro, Octávio Aires de Menezes (ms. inédito, 1963), pp. 73-4: "Aqui chegando instalou [o dr. Floro] um ambulatório na rua S. Pedro onde começou a clinicar. Dada a falta de médicos naquela época em Joaseiro, em pouco tempo o dr. Floro angariou vasta clientela e tornou-se o médico de confiança do padre Cícero [...]. Inteligente [...] Floro verificou que o caminho seguro para conquistar a simpatia e o apoio do povo seria sua profissão de médico, podia muito bem abrir mãos de seus trabalhos, em favor do povo sem necessidade de grandes lucros. E assim pensando meteu mãos a obra. O dr. Floro era um dínamo, atendia a quantos lhe procurassem com uma solicitude de verdadeiro apóstolo da medicina. Em pouco tempo em Joaseiro não havia casa que não tivesse visita do dr. Floro em caso de doença. O povo via em dr. Floro o médico amigo e caridoso que atendia a ricos e pobres com a mesma solicitude, sem distinção de classe. A semente estava plantada, o povo estava com ele, faltava apenas esperar, uma oportunidade". A boa acolhida dada a Floro também foi confirmada por d. Maria Gonçalves Rocha Leal numa entrevista concedida em Fortaleza, em 4 de julho de 1964.

Outro fator que talvez tenha concorrido para o sucesso de Floro como médico foi a descoberta, por essa época, de que o sr. Ernesto Rabello, que era o principal farmacêutico de Joaseiro e médico "à sua moda", havia adulterado os aviamentos das receitas farmacêuticas com ingredientes caseiros. Atribuíram-se várias mortes a esse exercício indevido da medicina e o charlatão foi logo expulso da cidade, conforme relata Alencar Peixoto (1913), pp. 133-6.

70. Para uma discussão atual, em termos de ciência política, do doutor como um tipo alternativo de "chefe político", ver Jean Blondel, *As condições da vida política no estado da Paraíba* (Rio de Janeiro, 1957), pp. 57-72, especialmente pp. 70-2, "o médico".

7. JOASEIRO PEDE AUTONOMIA [pp. 197-215]

1. Pinheiro (1963), p. 505.

2. Ver cap. 5 para o contexto econômico; ver cap. 4, subtítulo "Os capangas e a cúria", para os detalhes da ameaça de invasão armada ao Crato, em 1896.

3. Bartholomeu (1923), p. 57, nota 8, dá pormenores da greve. Segundo Manuel Ferreira de Figueiredo (pseudônimo de Floro Bartholomeu), "Os efeitos da prudência", *O Rebate* (Joaseiro), 26 set. 1909, a "greve" parece ter sido aconselhada com muita prudência por padre Cícero "a fim de que alguns desatinados [...] não maltratassem [os romeiros] tabosamente, possibilitando conflitos [entre Joaseiro e Crato]".

Nesse artigo, o dr. Floro defendeu também os romeiros que tinham sido condenados pelo padre Tabosa como "seguidores de Satanás". Os argumentos usados pelo dr. Floro mostram, ainda, a importante contribuição dos romeiros à economia do Cariri (ver cap. 5): enquanto em todo o Nordeste há uma emigração maciça para os seringais da Amazônia, "o sertão progride, principalmente o Cariry pela afluência dos romeiros do Joazeiro".

Floro opunha o romeiro ao cangaceiro: "[...] e se não fosse a existência do romeiro — o elemento produtor d'essas zonas, concentrando suas energias em prol de seu desenvolvimento [...] material, consequentemente teríamos o sinistro predomínio do cangaceiro — o elemento destruidor.

"E por que existem romeiros, suprindo a falta dos naturais, nos felicitando com os seus esforços, senão, devido a providencial influência do rev.^{mo} padre Cícero?

"[...] pois os romeiros joazeirenses, por serem localizados e trabalhadores, são verdadeiros imigrantes de utilidade."

4. Montenegro (1959), p. 32, observa com razão que "a luta entre Joaseiro e Crato tinha uma indisfarçável causa econômica".

5. Ver "Abaixo a intriga!", *O Rebate* (Joaseiro), 5 dez. 1909. O artigo refere-se à denúncia do *Correio do Cariry*, do Crato.

6. Flávio Gouveia (pseudônimo de Floro Bartholomeu), "Joaseiro", *O Rebate* (Joaseiro), 29 maio 1910.

7. O ataque do *Correio* é citado em "A mentira", *O Rebate* (Joaseiro), 19 jun. 1910.

8. As atitudes para com Peixoto são mencionadas no único relato publicado e, em parte, inexato, como fonte secundária, da campanha de Joaseiro pela autonomia, escrito por um natural de Joaseiro, padre Cícero Coutinho, "A política em Juazeiro, logo após sua independência", *O Jornal do Cariry* (Juazeiro do Norte), 30 jul. 1950b.

O vigário do Crato, padre Quintino, em carta a d. Joaquim, [s.d.] (mas *c.* 25 dez. 1910-1 jan. 1911), ABC, alega que padre Peixoto confessava as moças de Joaseiro na casa de um cidadão cuja própria filha, segundo os boatos propalados, tornara-se o objeto dos amores do confessor.

9. O agente exportador-importador de Fortaleza Adolpho Barroso, principal comprador da maniçoba de Joaseiro, foi um ardoroso advogado da causa da cidade junto ao governador Accioly. Em carta a padre Cícero, 30 ago. 1910, PCC, Barroso afirmava que Accioly havia dito o seguinte: "Diga ao padre Cícero que ele me merece tudo porém, estando com o padre Peixoto, eu (Accioly) não poderei dar um passo em seu favor [...]".

Souza Carvalho (1953-1954: 3 jan. 1954) também afirma que Accioly não concederia autonomia a Joaseiro "sem o *placet* de seu amigo e parente, coronel Antônio Luís Alves Pequeno".

10. "A mentira". *O Rebate* (Joaseiro), 19 jun. 1910.

11. Ver um artigo anterior de padre Cícero Coutinho, "A independência do Joaseiro", *Jornal do Cariry* (Juazeiro do Norte), 23 jul. 1950a. O artigo foi republicado em *O Pioneiro* (Juazeiro do Norte), 22 jul. 1953.

12. Padre Cícero ao governador Accioly, 26 jul. 1910, ACS. Numa carta anterior a Accioly, 16 jun. 1910, ACS, o religioso tentara manter o batalhão de polícia afastado do Crato com medo de que o coronel Antônio Luís o utilizasse contra Joaseiro (ver também nota 16 deste capítulo).

Tal temor não era infundado, pois, apesar da declaração de Accioly de que o batalhão fora enviado para combater cangaceiros, Adolpho Barroso informava a padre Cícero que as tropas tinham sido de fato enviadas "devido aos boletins incendiários de *O Rebate*. Aqui [em Fortaleza] conta-se como certo uma revolução". Barroso a padre Cícero, 30 ago. 1910, PCC.

13. Sobre a neutralidade ou reticência de Accioly, ver Pinheiro (1938), p. 30.

14. Segundo o octogenário José Ferreira Bezerra de Menezes, natural de Joaseiro e amigo íntimo e braço direito do dr. Floro, o primeiro encontro de políticos de Joaseiro verificou-se em 10 de julho de 1910, na loja do comerciante

Manoel Victorino da Silva, irmão do coronel Cincinato, candidato à intendência da futura Câmara Municipal do Joaseiro. Decidiu-se aí convocar uma assembleia para 15 de agosto. Tal informação encontra-se no manuscrito inédito que o autor colocou gentilmente à minha disposição, "A minha história sobre as cousas antigas e modernas de Joaseiro" (ms. inédito, 1936).

15. Baseado em Souza Carvalho (1953-1954). No artigo de 3 de janeiro de 1954, o autor nega que o coronel Antônio Luís Alves Pequeno tencionasse chantagear padre Cícero com os panos, afirmação esta que não resiste a um exame mais cuidadoso.

16. Telegrama, Accioly a padre Cícero, 20 ago. 1910, ACS; também a carta de Accioly a padre Cícero, 20 ago. 1910, PCC, na qual ele escrevia: "Vejo com satisfação que vossa senhoria aprovou a criação de companhia volante que estará aí para dar caça aos cangaceiros que tanto mal têm feito a essas zonas do estado". Ficava, assim, salvaguardado o amor-próprio de Antônio Luís.

17. A recusa de Antônio Luís foi assinalada em "A questão do Joaseiro — Como o snr. Antônio Luís abusou da prudência do povo do Joaseiro", *O Rebate* (Joaseiro), 4 set. 1910.

18. Souza Carvalho (1953-1954), passim. Além da caixa, existiriam dois manuscritos de Marrocos relativos à questão religiosa de Joaseiro, assim como um livro de química em francês no qual havia a fórmula química que teria sido usada pelo falecido para transformar as hóstias em sangue; quanto a esse ponto, consulte-se também Gomes de Araújo (1956), passim, e (1962), pp. 14-6.

O temor do Patriarca de que d. Joaquim pudesse apropriar-se da caixa é sugerido por Alencar Peixoto (1913), pp. 216-8.

19. O telegrama é transcrito, sem assinatura, por Alencar Peixoto (1913), p. 218. O autor alega que, logo após o governador Accioly ter obtido a caixa, ele enviou um telegrama para forçar padre Cícero a aderir ao PRC-C. Tal fato parece improvável, uma vez que o Patriarca já concordara com várias exigências de Accioly, as quais parecem ter sido satisfatórias o suficiente para que o oligarca prometesse, em 20 de agosto de 1910, elevar Joaseiro à categoria de município (ver nota 85).

Abriu-se o debate sobre quem guardou a caixa logo após a morte de José Marrocos. À luz de acontecimentos posteriores, concordamos com Souza Carvalho (1953-1954) ao afirmar que ela sempre permaneceu sob a guarda de Antônio Luís. Alencar Peixoto (1913), pp. 218-9, e Gomes de Araújo (1962), pp. 14-6, afirmam que Accioly a tinha recebido.

Além disso, a carta até então inédita do padre Quintino a d. Joaquim, [s.d.] (mas *c.* 25 dez. 1910-1 jan. 1911), ABC, diz o seguinte: "Relativamente aos panos da questão do Juazeiro, não vale requerer a entrega deles, porque não se acham em poder de nenhuma autoridade, *mas sim no poder do coronel Antônio Luís*, que os mandou depositar aí [em Fortaleza] em mão segura, contando, com os tais panos, todos datados e assinados pelo padre Cícero, *fazer pressão sobre o mesmo padre*. O fato de não ter o padre Cícero conseguido reaver o 'sagrado' depósito [...] deu causa principal ao 'torneio' truculento, de consequências não previstas, em que se acham empenhados, seriamente empenhados, os dois paladinos de nossa imprensa [...] *O Rebate* e *O Correio do Cariry* [...]" (grifos nossos).

20. A reunião, sem data precisa, que ao que tudo indica se deu depois de o coronel Antônio Luís ter regressado ao Crato em 31 de agosto de 1910, é relembrada por Souza Carvalho (1953-1954, 10 jan. 1954). O autor, que não estava presente, afirma que padre Cícero confessou a Antônio Luís tanto sua descrença nos milagres quanto seu temor de revelá-la a seus adeptos. Detalhes e uma suposta transcrição literal da apregoada conversa, baseados em informações prestadas por mais um testemunho, Antônio Nogueira, encontram-se em Montenegro (1959), pp. 5-7.

Somos de opinião de que a duplicidade atribuída ao Patriarca não nos parece documentada o suficiente. Além disso, Irineu Pinheiro (1963), por muitos anos médico do padre, garante que ele morreu convencido de que os milagres de 1889-1891 eram de origem divina (p. 533).

21. Baseado inteiramente no relato contemporâneo publicado: "Independência do Joaseiro — Passeatas e discursos", *O Rebate* (Joaseiro), 4 set. 1910.

22. Pinheiro (1963), p. 505.

23. A tentativa do major Joaquim Bezerra é referida, com alusões, em "A questão do Joaseiro", *O Rebate* (Joaseiro), 18 set. 1910, e em "Quem não gostar, que se morda...", *O Rebate* (Joaseiro), 25 set. 1910.

24. "A questão do Joaseiro". *O Rebate* (Joaseiro), 11 e 18 set. 1910.

25. Ibid., 18 set. 1910.

26. Adolpho Barroso a padre Cícero, 2 jan. 1911, ACS, informou que telegramas chegavam a Fortaleza, às autoridades, alegando que a posição de Joaseiro era defensiva. Fez ele que essa posição fosse apresentada a um funcionário federal de alto nível "que tem interesse em chamar as vistas do governo federal já que o governo estadual não se move".

27. Ver Coutinho (1950 a e b), passim.

28. "Independência do Joaseiro — Passeatas e discursos". *O Rebate* (Joaseiro), 4 set. 1910.

29. A Câmara Municipal de Missão Velha concordou plenamente com as novas fronteiras com Joaseiro em um comunicado oficial endereçado à Assembleia Legislativa do Ceará em 23 de agosto de 1910, ACS. Não foi encontrada uma declaração semelhante de Barbalha.

30. Isso explica por que foram os comerciantes de Barbalha srs. S. Sampaio, A. S. Filgueiras, J. C. de Sá Barretto e A. Grangeiro que se apressaram a ser os mediadores (em parte, bem-sucedidos) da briga de maio de 1909; ver cap. 6, nota 37. As conversações entre os comerciantes de Barbalha e Missão Velha relativas aos "interesses políticos comuns" datam de 1909; ver "Inedictoriaes — Os últimos acontecimentos", *O Rebate* (Joaseiro), 25 jul. 1909.

31. Ver *O Rebate* (Joaseiro), 18 e 25 set. 1910. Sobre a questão de Aurora, ver relato incompleto de Pinheiro (1938), p. 182.

32. Floro Bartholomeu da Costa, "De água abaixo, não irá o Joaseiro". *O Rebate* (Joaseiro), 8, 15, 22, 29 jan./5 fev. 1911a.

33. Sobre a aliança de última hora do coronel Nélson Franca de Alencar com Antônio Luís, na revolta de 1904, ver Figueiredo Brito (1959), pp. 46-7. A principal razão para mudar de predileção parece ter sido o fato de seu cunhado, de maneira audaciosa, haver atirado no detestado delegado de polícia de Belém. Ignora-se se o cunhado do coronel Nélson, Horácio Jacome, teve a intenção de desencadear a revolta ou não. Em caso afirmativo, deve-se indagar por que o poderoso coronel Nélson não se tornou o novo prefeito do Crato em vez do comerciante Antônio Luís. A explicação reside, em parte, no fato de que Antônio Luís era primo-irmão tanto de Jacome quanto do presidente Accioly. Informação sobre o coronel Nélson encontra-se no tributo prestado por Alves de Figueiredo (1958), pp. 67-9.

34. Encontram-se os pormenores em Floro Bartholomeu da Costa, "Última palavra", *O Rebate* (Joaseiro), 26 fev. 1911b.

35. Uma versão do acordo é relatada em carta de padre Cícero ao presidente Accioly, 22 fev. 1911, ACS.

36. Padre Cícero aos coronéis Abdon Franca de Alencar et al., 3 mar. 1911, ACS. Essa carta, escrita pela mão de Floro, insistia ainda para que Joaseiro fosse um distrito de polícia, concessão essa que foi confirmada pela Assembleia Legislativa e deu, assim, ao novo município o direito de lá estacionar tropas.

37. Accioly a padre Cícero, 7 out. 1910, PCC.

38. Ver Montenegro (1965), passim, especialmente p. 42.

39. Sob o pseudônimo de Martin Soares, o famoso escritor cearense Antônio Salles publicou um livro intitulado *O Babaquara* (Rio de Janeiro, 1912).

40. A descrição mais detalhada do desenvolvimento da oposição a Accioly encontra-se em Theophilo (1914), pp. 5-88.

41. Bello (1966), pp. 248-9.

42. Ver nota 34.

43. Na carta incompleta e escrita pela mão de Floro a Accioly, 22 fev. 1911, ACS, o Patriarca ressaltou que em 15 de fevereiro — três dias antes da chegada a

Joaseiro da delegação oficial de paz do Crato — o padre João Carlos Augusto chegou à cidade. Foi ele que, a pedido dos negociantes e de outras personalidades do Crato tais como Irineu Pinheiro, propôs de início as conversações de paz entre Crato e Joaseiro.

Há uma alusão na carta mencionada à probabilidade de ter sido Accioly quem instigou as conversações de paz. O Patriarca agradeceu a comunicação de Accioly de 6 de fevereiro de 1910. A ideia central da resposta de padre Cícero é de que Accioly o aconselhara no plano das negociações de paz.

A contribuição do padre João Carlos Augusto é também mencionada por Bartholomeu (1911b).

44. Todo o número de *O Rebate* (Joaseiro) de 26 de abril de 1911 foi dedicado ao aniversário do padre Peixoto. Quatro dias depois o número foi dedicado à formatura do dr. Floro. O fato de que a última edição apareceu três dias antes do prazo marcado demonstra nitidamente a intensidade da competição entre o dr. Floro e o padre Peixoto.

45. A plataforma do PRC-C foi publicada em duas partes por *O Rebate* (Joaseiro), 14 e 28 maio 1911.

46. Padre Joaquim de Alencar Peixoto, "Ao público". *O Rebate* (Joaseiro), 27 ago. 1911.

47. Padre Cícero a Accioly, 18 jun. 1911, ACS.

48. A retirada da indicação de José André para intendente, o que determinou seu desaparecimento da cena política do Joaseiro, é salientada por Coutinho (1950b). O autor, entretanto, não dá explicação para o fato a não ser a ambição do dr. Floro em obter "o prato de lentilhas".

49. Theophilo (1914), passim; quanto à participação da Associação Comercial do Ceará nas manifestações de dezembro de 1911 contra Accioly, ver pp. 91-2.

50. Padre Cícero a José Accioly, 18 out. 1911, ACS.

51. Padre Cícero a Accioly, 18 jun. 1911, ACS. Nessa carta, o Patriarca relembra ao presidente do estado, com certo exagero, que Joaseiro seria o "maior [...] eleitorado dos sertões do estado". Tratava-se, nitidamente, de um caso de pressão política sobre o presidente.

52. Numa carta da maior importância que padre Cícero dirigiu ao coronel Antônio Luís Alves Pequeno, 1 out. 1911 (?), ACS, informava que o pacto era do "desejo do dr. Accioly [...]; compadre Sant'Anna está encarregado pelo dr. Accioly de propor esse acordo".

O padre Gomes de Araújo (1962) afirma que o pacto foi concebido e executado pelo juiz de Barbalha, Arnulpho Lins da Silva, o que parece estar invalidado (p. 11). Também é inexata sua explanação sobre a significação do pacto, visto que não se refere ao papel de Accioly nem o encara de um plano político mais amplo.

53. Padre Cícero ao coronel Antônio Luís, 4 out. 1911 (?), ACS.

54. O pacto encontra-se em Pinheiro (1938), pp. 174-80, e em Macedo (1961), pp. 120-3.

55. Padre Cícero a Adolpho Barroso, 18 out. 1911, ACS.

56. Theophilo (1914), p. 72.

57. Ibid., p. 77.

8. O CARIRI QUER O PODER ESTADUAL [pp. 216-54]

1. Theophilo (1914).

2. Dois estudos recentes que colocam a queda de Accioly numa perspectiva política nacional são: Afonso Arinos de Melo Franco, *Um estadista da República* (Rio de Janeiro, 1955), v. II, pp. 701-41; e Nelson Werneck Sodré, *História militar do Brasil* (Rio de Janeiro, 1965), pp. 190-8.

3. Bello (1966), p. 248. Deve-se também lembrar que Rui Barbosa contou com o apoio dos influentes interesses cafeeiros de São Paulo, sem os quais o suporte da classe média teria sido de pouca valia.

4. Em 1908, Accioly sucedeu a si mesmo na presidência do estado depois de ter feito aprovar a emenda de 1907 à Constituição estadual, que, até então, proibia a reeleição consecutiva. Os dois fatos muito contribuíram para congregar as forças de oposição, antes mesmo da campanha civilista de 1910. Foram ambos analisados por Frota Pessoa (1910), pp. 135-70, e Theophilo (1914), pp. 21-35.

Theophilo (1914), p. 170, refere-se às eleições fraudulentas de 1910 no Ceará.

5. Melo Franco (1955), v. II, p. 702.

6. Melo Franco (1955) assegura que a mudança foi devida às "ambições desencadeadas dentro do novo partido político dominante, que era o Exército", v. II, p. 702. Sodré (1965) observa, com discernimento, que "a campanha de Rui se faz sob o nome de civilismo, o que fazia crer uma contradição entre civis e militares que, na realidade, não existia" (p. 190).

Para um excelente sumário bibliográfico das origens de classe média do corpo de oficiais antes de 1910, e também quanto às armadilhas dessa hipótese, ver June E. Hahner, *Brazilian Civilian-Military Relations, 1889-1898* (Ithaca, Latin American Studies, Program Dissertation Series, n. 29, Cornell University, 1967), pp. 117-9 (mimeografado).

7. Além de Melo Franco (1955), passim, Sodré (1965), passim, Bello (1966), pp. 255-62, outras informações descritivas e bibliografia sobre as salvações po-

dem ser encontradas em Pedro Calmon, *História do Brasil* (Rio de Janeiro, 1959), v. VI, pp. 2124-40.

As interpretações históricas sobre o que levou os militares a intervirem não são claras. Para alguns escritores, os militares buscavam vingança contra as classes médias urbanas por terem sido firmemente antimilitares durante a campanha "civilista". Preferimos a hipótese de que: a) os militares estavam vinculados à classe média pela origem e afinidade, e b) as forças oposicionistas locais acolheram os militares como o único instrumento então capaz de ajudar aquelas forças a tomar o poder.

8. Ver Costa Porto, *Pinheiro Machado e seu tempo: Tentativa de interpretação* (Rio de Janeiro, 1951), pp. 151-8. Menos satisfatória é a biografia de Cyro Silva, *Pinheiro Machado* (Rio de Janeiro, [s.d.]).

A primitiva cisão entre Minas e São Paulo, os dois estados que dominavam o governo da República, foi causada pela recusa do segundo em permitir que um mineiro ou um carioca fosse sucessor presidencial, o que poderia ser prejudicial aos interesses cafeeiros de São Paulo. O problema é analisado por Santos (1930), pp. 432-3.

9. A descrição de Pinheiro Machado como o "Papa Negro" é encontrada em Santos (1930), p. 436; Calmon (1959), entretanto, a ele se refere como "o homem forte" (v. VI, p. 2136), que parece ter sido uma expressão mais comum na época.

Importa verificar que em Pinheiro Machado a procura do poder e o desejo de chegar à presidência refletiam a ambição de seu estado natal de romper o quase invencível controle que Minas e São Paulo exerciam sobre o governo federal. O rompimento temporário deste eixo em 1910 viu o Rio Grande do Sul, então o terceiro estado mais rico e mais populoso do Brasil, apoiar os esforços de Pinheiro Machado. Esse desejo só foi atendido em 1930, quando outro filho da terra, Getúlio Vargas, chegou ao poder empurrado pela revolução de outubro. Sem sucesso até 1930, o Rio Grande do Sul, na sua posição de "terceira força" dentro do sistema político nacional dominado pela "política do café com leite" (expressão com que se caracterizavam as economias cafeeira e pecuarista da dupla política São Paulo-Minas), foi amplamente responsável pela criação de um dinamismo na política do país após 1910. Sem os oferecimentos de alianças do Rio Grande, tudo indica que o Nordeste brasileiro, cuja relativa estagnação econômica tinha havia muito tempo reduzido sua importância política dentro da federação, não teria podido exigir maiores vantagens regionais por parte da nação, como foi o caso após 1915.

Nota do autor à segunda edição: O melhor estudo sobre o papel na política nacional do estado gaúcho é de Joseph L. Love, *Rio Grande do Sul and Brazilian Regionalism, 1882-1930* (Stanford, Califórnia, 1972).

10. Theophilo (1914), pp. 74-6.

11. Theophilo (1914), pp. 82-5. Informações biográficas sobre Franco Rabelo (1861-1920) podem ser localizadas em Eusébio de Souza, *História militar do Ceará* (Fortaleza, 1950), p. 306, nota 160.

12. Theophilo (1914), pp. 85-8; Melo Franco (1955), v. ii, pp. 724-5.

13. Theophilo (1914), pp. 38-48, 60-70. A importância para o Ceará do surto da borracha do Amazonas é citada na p. 42. É lamentável que ainda não exista um estudo monográfico sobre as ligações do Ceará com o extremo Norte. Verdadeiros panegíricos sobre a contribuição da Associação Comercial encontram-se nas pp. 164 e 267-8.

14. Facó (1963), passim, e Sodré (1965), passim; Melo Franco (1955), v. ii, pp. 702-3.

15. Os acontecimentos são apresentados pormenorizadamente por Theophilo (1914), pp. 89-92, 103-6, 108-17.

16. Theophilo (1914), pp. 112-22.

17. Theophilo (1914), pp. 118-57, especialmente pp. 120-6, 138-40, 143.

18. Theophilo (1914), pp. 141, 160, por exemplo, reconhecia, com relutância, que a ação proletária, de modo bem independente da liderança anti-Accioly de classe média, dava uma enorme contribuição à derrota do oligarca. Mas criticava o terrorismo do proletariado, afirmando que ele (o povo), "é uma criança que se ilude com facilidade".

19. Theophilo (1914), pp. 140, 145, 148, 151. É importante ressaltar que os oitocentos cavalarianos de Accioly, da Força Pública, haviam desertado (pp. 122, 147).

Monsenhor Quinderé, ao rever tais acontecimentos em *Comendador Antonio Pinto Nogueira Accioly* (Fortaleza, 1950), nega que Accioly tenha se demitido por causa da inabilidade do inspetor militar federal, coronel José Joaquim Faustino, em defender o oligarca. Diz monsenhor Quinderé que foi d. José Joaquim Vieira, bispo do Ceará, que convenceu as tropas federais a desistirem de defender Accioly, pois o líder da Igreja acreditava que a situação estava "irremediavelmente perdida" (pp. 2-4).

A análise de Quinderé também elogia Accioly por ter contribuído para o progresso do Ceará e afirma que a queda do oligarca foi prejudicial às próprias melhorias públicas pelas quais a classe média tanto clamava (pp. 5-6).

20. Theophilo (1914), pp. 141, 157-62.

21. Não existe, infelizmente, um estudo sobre a história política proletária do Ceará. Nossa interpretação revisionista do papel do proletariado nos acontecimentos de 1911-1912 é aduzida do permanente repúdio de Theophilo (1914) por seus atos de violência. Os dois partidos operários que se formaram em For-

taleza logo após a proclamação da República foram depois traídos pelas elites; ver Montenegro (1965, pp. 36-8). Uma alusão pessoal ao sindicalismo radical e marxista em Fortaleza, por volta de 1930, encontra-se num recente relato jornalístico e sensacionalista de Joaseiro, de autoria de Edmar Morel, *Padre Cícero, o santo de Juazeiro* (Rio de Janeiro, 1946), pp. 215-22. Ver também Pimenta (1949), passim.

22. As eleições legislativas federais são tratadas por Theophilo (1914), pp. 102; 168-70.

23. Para detalhes biográficos do dr. Francisco de Paula Rodrigues, descendente da família Paula Pessoa, que era contrária aos Accioly desde o tempo do Império e à qual Franco Rabelo confiou a liderança do partido rabelista em 1912, ver o artigo de Plácido Aderaldo Castelo, "Deputado Paula Rodrigues", *RIC*, t. LXXVIII (1963), pp. 307-12. O artigo faz também um esboço das disputas entre as duas famílias, desde os últimos dias do Império até a revolução de 1930. Ver ainda a opinião de um antigo opositor político, Manuel do Nascimento Fernandes Távora, "Dr. Francisco de Paula Rodrigues", *RIC*, t. LXXVIII (1963b), pp. 299-306.

24. Os componentes do rabelismo são vistos por Theophilo (1914), pp. 141, 160. Outra fonte e uma das melhores análises rabelistas dos acontecimentos de 1912 foi escrita por um elemento do "círculo íntimo" do rabelismo, Hermenegildo Firmeza, "A revolução de 1912 no Ceará" (editado por seu genro, dr. José Bonifácio de Souza), *RIC*, t. LXXVII (1963), pp. 25-59. Trata-se de um dos documentos mais ilustrativos da política de "clientela" brasileira durante a República Velha.

25. Theophilo (1914), pp. 168-70.

26. Theophilo (1914), pp. 209-19.

27. Theophilo (1914), pp. 175-202; 222-52.

28. Para a versão rabelista do pacto com José Accioly, H. Firmeza (1963), pp. 40-52; também Theophilo (1914), pp. 252-5. Nossa exposição exclui os aspectos mais delicados das manobras e negociações políticas, as várias tentativas para impor candidatos de conciliação e uma infinidade de episódios violentos, os quais desempenharam um papel importante na divisão final em três direções. Para tais pormenores, consultem-se os trabalhos acima citados assim como Carneiro (1965), I, pp. 188-9. Nossas conclusões são, entretanto, fidedignas.

29. A vitória eleitoral de Rabelo em Fortaleza foi retumbante; obteve 1491 votos, cabendo 210 ao general José Bezerril Fontenele, que concorreu como candidato de Pinheiro Machado, depois de o homem forte gaúcho e Cavalcante não terem conseguido que Bezerril fosse aceito como candidato de "conciliação" pelos rabelistas e acciolystas. A recusa por parte do rabelismo é compreensível, ao passo

que Accioly recusou porque temia que Bezerril, uma vez eleito, pedisse demissão e entregasse o governo a Cavalcante, cuja aliança com Pinheiro Machado o tornara inimigo dos Accioly. Ver Theophilo (1914), pp. 175-6, 179, 186-9, 192, 253.

A pequena dimensão do eleitorado de Fortaleza, um total de 1701 votos, dá ideia da balança política e da base da política de clientela.

30. Para os detalhes sobre a falta de maioria por parte de Franco Rabelo na Assembleia, ver Theophilo (1914), pp. 255-65; Firmeza (1963), pp. 52-9.

31. Pereira de Queiroz (1965), pp. 321-7, fala de uma dicotomia entre o litoral e o interior. Diferentemente de E. da Cunha (1902, 1944), passim, Pereira de Queiroz admite uma interpenetração entre as culturas do interior e do litoral que não é necessariamente violenta. Em desacordo com nossa opinião, entretanto, a autora cita Joaseiro como um exemplo de interpenetração limitada (p. 320). Para uma crítica dessa teoria de dualismo, ver Rodolpho Stavenhagen, "Seven Erroneous Theses about Latin America", *New University Thought*, v. IV (1966-1967), n. 4, pp. 25-37, especialmente pp. 25-9.

32. Segundo Coutinho (1950b), o coronel José André tomou posse do cargo de presidente do conselho municipal no final de 1911, mas "não permaneceu por muito tempo no posto a que fora guindado".

De fato, as atas das reuniões do conselho municipal de meados de 1912 (citado a seguir, na nota 35) pareciam confirmar aquele fato, pois seu nome não mais aparece entre os que tomaram parte nas reuniões.

Um exemplar raro do panfleto intitulado "Ao povo" e dirigido contra José André foi gentilmente posto à nossa disposição pelo sr. Odílio Figueiredo, joaseirense que ora reside em Fortaleza. Encontra-se um fac-símile no presente livro.

Floro Bartholomeu reconheceu mais tarde sua participação em impedir a candidatura de José André, numa série de sete artigos intitulada "Formal desmentido", *Unitário* (Fortaleza), 14 jul. 1915.

A acusação de que a família de José foi mantida como refém aparece em Peixoto Alencar (1913), pp. 224-5.

A ideia de que José André continuou candidato dos filhos da terra é expressa no artigo inédito de Octávio Aires de Menezes (1964), citação completa na nota 33, a seguir.

33. A única fonte secundária que esclarece de alguma forma a história política de Joaseiro em 1912 é o artigo inédito do falecido Aires de Menezes, "Col. Franco Rabelo e a revolução do Joaseiro" (ms. inédito, 1964). Foi escrito para combater um artigo, que ele considerava hostil, de autoria de Glauco Carneiro, "A revolta dos jagunços", *O Cruzeiro* (Rio de Janeiro), 4 ago. 1964, mas nunca chegou a ser impresso. Foi gentil permitindo-me fotocopiar seu único exemplar, pouco antes de falecer.

O artigo de Carneiro foi, mais tarde, incluído no volume I de sua obra em dois tomos sobre as revoluções brasileiras (1965).

Numa carta do coronel Joaquim Alves da Rocha a padre Cícero, 25 fev. 1912, PCC, há indicações da profunda preocupação dos chefes pró-Accioly do Crato, de Barbalha e Jardim, acerca da manutenção de seu poder político.

34. Theophilo (1914), p. 229.

35. "Atas da posse dos vereadores (de Joaseiro), José da Cruz Neves, secretário da Câmara, reunião de 10 de junho de 1912", ACS. O documento foi reconhecido em cartório pelo secretário e dado a padre Cícero. Infelizmente, o livro no qual foram registradas as atas de 1911-1912 desapareceu no arquivo da Câmara Municipal de Joaseiro há algumas décadas.

36. Adolpho Barroso a padre Cícero, 12 jul. 1912, PCC.

Numa das cartas do importador-exportador de Fortaleza Adolpho Barroso a padre Cícero, 24 maio 1912, ACS, na qual se tratava do fracasso de Rabelo em assegurar a maioria na Assembleia Legislativa, Barroso dizia ao Patriarca: "Em política, vossa reverendíssima é mais bem informado do que eu".

Está aí, na nossa opinião, mais um indicador indireto de que o sertão se mantinha em dia com a política do litoral e era em geral bem informado. Lembremos que as comunicações telegráficas entre o Crato e Fortaleza existiam desde 1899. A estação telegráfica em Joseiro foi aberta em 1908 ou 1909. O desenvolvimento tecnológico teve importância considerável na integração de um sistema político constituído de três ordens, no qual a região, o estado e a nação estavam ligados entre si.

37. Adolpho Barroso a padre Cícero, 30 ago. 1912, ACS.

38. "Circular nº 1 do Comitê Executivo do Partido Marreta", 30 jul. 1912, endereçada a padre Cícero e encontrada no PCC.

A circular anunciava que a convenção do partido seria em Fortaleza em 25 de agosto de 1912. O principal motivo era indicar os candidatos marretas a deputado estadual nas eleições de novembro de 1912. A circular condenava abertamente o "malfadado acordo celebrado no Rio" entre rabelistas e acciolystas.

39. Aires de Menezes (ms. inédito, 1964), p. 2.

40. Ibid., pp. 2-3. Infelizmente, não encontramos qualquer evidência conclusiva sobre quando e se uma eleição municipal foi realizada em Joaseiro. A história de Aires de Menezes fala com clareza de eleições locais, embora não dê datas exatas. Por outro lado, o octogenário coronel João Bezerra de Menezes, em entrevista que nos concedeu em 1º de agosto de 1964, em Joaseiro, afirmou que ele foi "selecionado" para o cargo por padre Cícero. Naquele momento, não foi percebida a importância da entrevista do coronel Bezerra para este trabalho e, por descuido, não insistimos solicitando detalhes.

41. Coutinho (1950b).

42. Aires de Menezes (ms. inédito, 1964) verifica que, em virtude da aliança entre Floro e coronel João Bezerra, a candidatura do sr. José André foi liquidada sem qualquer possibilidade de vitória. Como não poderia ter sido de outra forma, João Bezerra foi eleito por uma esmagadora maioria de votos (p. 3).

43. O compromisso da campanha de Rabelo de eleger os prefeitos municipais em vez de nomeá-los está contido no único discurso público que ele pronunciou durante toda a sua campanha. Foi proferido num banquete em sua homenagem oferecido pela Associação Comercial do Ceará (o que não é de surpreender) em 21 de março de 1912. Ver tenente-coronel Marcos Franco Rabelo, "Plataforma lida por ocasião do banquete político realizado no dia 21 de março de 1912 no teatro José de Alencar pelo tenente-coronel dr. Marcos Franco Rabelo, candidato à presidência do Ceará no quatriênio de 1912 a 1916", em Theophilo (1914), pp. 273-82.

Os outros sete princípios da plataforma refletem os interesses e as exigências da classe média: 1) terminar os gastos e o consumo de luxo por parte das autoridades estaduais, impor a austeridade; 2) orçamento equilibrado; 3) restituição do controle orçamentário dos municípios aos prefeitos locais; 4) expansão das facilidades educacionais, sobretudo em Fortaleza; escolha de professores de acordo com o mérito individual; 5) redução dos custos e do tamanho da Força Pública; instituição de uma força policial de cidadãos através das Sociedades de Tiro (então em voga no Brasil); 6) reforma judiciária; 7) melhoria dos serviços públicos de higiene, esgoto e fornecimento de água potável, além do embelezamento da capital.

O item 3 era nitidamente um lance para obter o apoio dos chefes do interior que tinham sido os apoiadores tradicionais de Accioly.

44. Figueiredo Brito (1959), p. 55. O candidato da bem-sucedida coalizão era o coronel Francisco José de Brito, comerciante e rabelista furioso, diferente de seus puramente pragmáticos e conservadores companheiros de aliança, liderados pelo coronel Nelson da Franca Alencar. A história do afastamento de Antônio Luís encontra-se em Pinheiro (1938), pp. 43-4.

45. Relatado pelo órgão rabelista *Folha do Povo* (Fortaleza), 28 out. 1912, e citado em Montenegro (1955), p. 73. A interpretação da convenção rabelista de Barbalha como comparável à Haia Mirim de Joaseiro em outubro de 1911 é nossa. Lamentavelmente, só a última, por causa da presença de padre Cícero, foi objeto de estudo. A falta de documentação adequada neste momento impede uma análise mais pormenorizada da reunião de Barbalha de 1912 em prol do coronel Franco Rabelo. Os lugares do Cariri representados pelos rabelistas na reunião foram: Barbalha, Crato, Joaseiro, Milagres, Missão Velha, Jardim, Brejo dos Santos, Santana do Cariri, Aurora, Araripe, Campos Sales, Porteiras, São

Pedro (Caririaçu), Assaré, Saboeiro; as cidades da periferia Iguatu, Quixadá e São Mateus também enviaram representantes; Lavras não enviou.

46. O elogio à campanha de Franco Rabelo contra o cangaceirismo encontra-se numa série de artigos escritos por um sobrinho seu, Boanerges Facó, "Homens e cousas — Ceará: Governo Franco Rabelo", *Unitário* (Fortaleza), 2, 9 e 15 ago. 1959a, especialmente 9 ago. 1959.

47. Rodolpho Theophilo, *A sedição do Joazeiro* (São Paulo, 1922a), p. 28: as tropas eram comandadas pelo capitão Júlio Ladislau Lourenço de Sousa. A obra citada é uma sequência a *Libertação do Ceará* (1914), de R. Theophilo, e constitui um relato pormenorizado da queda de Franco Rabelo.

48. Ver Montenegro (1955), pp. 32-61, no tocante à história do banditismo no Ceará; Theophilo (1883), passim, sobre o surgimento do cangaço durante a seca de 1877-1879; e Facó (1963), passim, para uma interpretação moderna e marxista do cangaceirismo. O último contém importantes referências bibliográficas sobre o assunto.

Infelizmente, há poucos estudos sobre o cangaceirismo nos estados limítrofes do Ceará, isto é, Pernambuco, Paraíba e Rio Grande do Norte, que foram, além do Cariri, tradicionais zonas "protegidas" dos cangaceiros. Até que tais estudos sejam feitos e até que se obtenha com eles uma perspectiva de âmbito regional nordestina, não pode haver uma avaliação satisfatória deste problema com relação ao Vale do Cariri.

49. Um dos poucos grupos de bandidos, se não o único, capaz de manter uma independência relativa em face dos chefes políticos foi aquele comandado pelo famoso pernambucano e herói *folk* Antônio Silvino, cujo nome verdadeiro era Manoel Batista de Moraes (nascido em 1875). Silvino desejava alugar seus serviços aos coronéis de vários estados, à maneira de um samurai japonês. Durante muito tempo, ele foi o opositor isolado da extensão da Great Northwestern rr nos sertões de Pernambuco. Há uma biografia parcial de Silvino no livro de Gustavo Barroso, *Heróes e bandidos* (*Os cangaceiros de Nordeste*), (Rio de Janeiro, 1917), pp. 225-78, e em *Almas de lama e aço* (São Paulo, 1930), pp. 75-89. A mais festejada história poética popular de Antônio Silvino foi feita por um dos mais famosos poetas do Nordeste, Francisco das Chagas Baptista, *História completa de Antônio Silvino, sua vida de crime e seu julgamento* (Rio de Janeiro, 1960).

50. A peça-chave da legislação que alterou a estrutura da política do Ceará foi a Lei nº 146, aprovada pela Assembleia Legislativa do Ceará em 1º de setembro de 1894; citado em Montenegro (1955), p. 63.

51. As causas mais amplas da queda de Belém, isto é, o conflito que emergia entre os interesses comerciais modernos e agraristas tradicionais já foram aludidos em outra parte deste livro.

433

52. Figueiredo Brito (1959), pp. 50-3. Infelizmente, duas gerações de historiadores do Crato (vários dos quais eram parentes do coronel Antonio Luís) se recusaram, de maneira consistente, a colocar toda a culpa pelo crescimento do cangaceirismo no Cariri na soleira da porta do chefe político, onde, em nossa opinião, uma parte dele justamente se encontra.

53. Ver Gomes de Araújo (1962), passim.

54. Pormenores baseados numa entrevista com o coronel João Bezerra de Menezes em Joaseiro, 1 ago. 1964.

55. Pinheiro (1950), p. 21.

56. Padre Cícero a presidente Accioly, 20 jun. 1911, ACS.

57. Ibid.

58. Pinheiro (1950), p. 21.

59. Padre Cícero a Santa Cruz, 10 nov. 1911, ACS.

60. Santa Cruz e seu aliado coronel Franklin Dantas empregaram, a propósito, os serviços do famoso cangaceiro Antônio Silvino no ataque ao governo da Paraíba; ver Barroso (1917), p. 254.

O fato ilustra que nunca foram traçadas com nitidez, entre os cangaceiros nordestinos do período, as linhas que separam o protesto social do banditismo criminoso e da brutalidade político-partidária puramente mercenária. Tal confusão também existiu entre bandidos italianos durante o século XIX, como mostrado no estudo de E. J. Hobsbawm, *Primitive Rebels: Studies in Archaic Forms of Social Movement in the 19th and 20th Centuries* (Nova York, 1965), pp. 23-9. Essa falta de clareza de objetivos questiona seriamente a interpretação de Rui Facó (1963) do cangaceirismo do Nordeste como uma forma significativamente consciente de protesto social.

61. Padre Cícero em carta ao general Bezerril Fontenelle, 19 maio 1912, ACS, refere-se ao fato. Garante o Patriarca que jamais ajudara Santa Cruz e que, pelo contrário, fizera todo o possível para convencer o vingativo chefe a retirar-se, em definitivo, para uma vida de paz e trabalho.

Para uma relação dos governantes da Paraíba, ver Luís Pinto, *Síntese histórica e cronológica da Paraíba* (Rio de Janeiro, 1953), especialmente p. 107.

62. Muitas das interpretações sobre a campanha de Rabelo contra o banditismo não reconhecem os seus objetivos obviamente políticos. Por vários motivos, ainda hoje os historiadores do Ceará negam-se a reconhecer as acusações de João Brígido, líder da oposição a Rabelo, de que a campanha foi ineficaz e de inspiração política facciosa. Referências sobre a posição de J. Brígido, merecedora de uma reavaliação mais objetiva, são mencionadas por Montenegro (1955), p. 75.

63. Comentando a campanha da política estadual contra os bandidos do Cariri, Rodolpho Theophilo (1922a) observou que "chefes locais ricos e com prestígio foram processados e responderam a júri" (p. 29).

64. Aires de Menezes (ms. inédito, 1964) relata, de forma expressiva, o encontro decisivo como se segue: "Supunha o dr. Floro que, eleito João Bezerra, a administração do Joaseiro, ou melhor, do município, ficaria sujeita às suas pretensões e orientação, uma vez que foi ele, Floro, o propulsor e orientador da vitória alcançada por João Bezerra. Entretanto, foi um puro engano do dr. Floro; João Bezerra, depois de empossado e amparado pelo governo de Franco Rabelo, recusava-se a aceitar as pretensões e orientação do dr. Floro".

Em entrevista concedida em Joaseiro, em 1º de agosto de 1964, o octogenário João Bezerra de Menezes explicou que ele havia requisitado o arquivo porque Franco Rabelo lhe pedira um relatório completo sobre a situação financeira do município. Acrescentou Bezerra: "Franco Rabelo me mandou dois bilhetes [...]. Mas eu não podia [fazer o relatório que ele pedia] pois não tinha os livros. Era Floro [...] quem tinha tudo. Padre Cícero tinha muito boa vontade mas nenhum poder [para obrigar Floro a me dar o arquivo]. Se eu não respondesse [a Rabelo] até o dia 2 [de setembro de 1912], Rabelo ameaçava sequestrar a minha propriedade pessoal.

"Então mandei Cincinato Silva a Fortaleza para conversar com o secretário do Interior [Frota Pessoa]. Ele foi e [depois] se encontrou com Rabelo. Eles [então] mandaram [capitão] José do Valle [ao Joaseiro, em meu nome]."

Quanto à declaração de João Bezerra de que Franco Rabelo o ameaçara caso o relatório financeiro não fosse feito, parece tratar-se ou de um pretexto previamente elaborado ou de uma racionalização *post facto* para justificar o rompimento público de Bezerra com Floro.

65. Uma carta recomendando o capitão José do Valle a padre Cícero foi enviada pelo coronel Vicente Motta, presidente interino do Ceará (entre a queda de Accioly e a posse de Rabelo). Motta salientava que, embora José do Valle fosse "nosso adversário político, me disse desejar aí [no Joaseiro] estar de perfeito acordo com a vossa reverendíssima", 14 set. 1912, Arquivo Pessoal de d. Beatriz Santanna, Joaseiro (doravante citado como ABS).

Um comunicado oficial, sem data, de Franco Rabelo a padre Cícero, PCC, apresentava "o capitão do Batalhão Militar do estado, José Ferreira do Vale, que segue para essa vila, onde vai exercer as funções do cargo do delegado, para que foi hoje nomeado".

66. Coutinho (1950b) afirma que Rabelo enviou o capitão J. do Valle para Joaseiro a fim de obrigar Floro a entregar o arquivo a Bezerra.

Telegrama de padre Cícero a José Accioly, 11 out. 1912, citado em Pinheiro (1938), p. 36, nota 15: "[Urgente]. Comunico-vos que atual delegado daqui, capitão José do Vale, está procedendo incorretamente a ponto ameaçar prisão e espancamento vereadores Câmara, que estão comigo e ameaçando até ataques minha casa a fim dasacatar dr. Floro. Vejo perigo iminente, tanto mais fui avisado ontem noite que hoje chegada Moreira Souza seria eu atacado. Reclame providências enérgicas intermédio vosso pai ao governo central. Saudações". Telegrama do Franco Rabelo a padre Cícero, 11 out. 1912: "Urgente. Em consideração vosso telegrama resolvi transferir de Barbalha para Joaseiro como delegado o tenente Júlio Ladislau oficial moderado criterioso confiando lhe prestarei todo apoio valioso concurso em bem da paz e ordem desse município. Saudações".

O telegrama precedente encontra-se no primeiro dos três volumes de telegramas recebidos e enviados pela estação de Joaseiro, *Cópias dos telegrammas do padre Cícero recibidos nesta estação do Joaseiro de 29 de setembro de 1912 em diante*. Os três volumes que contêm os telegramas enviados e recebidos por Joaseiro de 1912 a 1916 estão agora em poder do dr. F. S. do Nascimento, de Fortaleza (doravante citado como CN, isto é, Coleção Nascimento), a quem tenho o prazer de expressar minha gratidão pela oportunidade de transcrevê-los aqui.

Essa coleção foi muito provavelmente consultada pelo historiador cratense Irineu Pinheiro, cujos dois valiosos trabalhos sobre Joaseiro e Cariri (1938 e 1963) foram os primeiros a publicar alguns dos telegramas que se encontram na CN.

67. Padre Cícero a José Accioly, 11 jan. 1913, ACS. O Patriarca observava que "continua a perseguição contra mim" e dava como exemplo o afastamento de Pelúsio Macedo. Foi nessa carta que padre Cícero estabeleceu um código secreto a ser usado na sua futura correspondência telegráfica com os Accioly, que se encontravam então no Rio.

Há clara evidência do código na correspondência telegráfica encontrada na CN entre o Patriarca e o dr. Floro depois que o último foi para o Rio em meados de 1913.

É muito provável que pelo menos dois dos três volumes de telegramas (do final de 1913 até 1916) foram redigidos por Pelúsio Macedo depois de ter sido renomeado para o telégrafo de Joaseiro no final de 1913.

68. Há informações sobre o pacto interestadual em Barroso (1917), pp. 254--5; Theophilo (1922a), p. 30; e Montenegro (1955), p. 73. A interpretação de sua importância para a política de Rabelo no Cariri é nossa.

69. Num telegrama de Franco Rabelo a padre Cícero, 1 dez. 1912, CN, v. I, o presidente desmentiu como sem fundamento os rumores de uma iminente invasão intergovernamental do Cariri. Tais rumores tinham aparentemente levado padre Cícero a retirar seu apoio a Franco Rabelo. Numa tentativa de dissuadir o Patriarca, Rabelo telegrafou:

"[...] Meu governo repito folga reconhecer pessoa seu [terceiro] vice-presidente um dos maiores elementos ordem lamentando motivos respeitáveis devem negar-lhe seu valioso concurso político. Agora mesmo estados Pernambuco, Paraíba, Rio Grande do Norte, Ceará em reunião solene Recife sentaram bases completa extinção banditismo regiões limítrofes para sossego famílias. "Não se concebe pois governos que se sacrificam pela paz comum concitem perturbações fins inconfessáveis. Afetuosas sauds."

Infelizmente, o telegrama de padre Cícero, no qual retira seu apoio a Rabelo, não foi encontrado em nenhum arquivo.

70. Theophilo (1922a), pp. 13-22; Melo Franco (1955), v. ii, p. 726.

71. Theophilo (1922a), p. 21.

72. Depois da revolta de novembro de 1912, o partido de F. Rabelo era constituído pelo clã Paula Pessoa, profissionais da classe média e comerciantes. Opunha-se-lhe uma frente unida que compreendia: 1) acciolystas; 2) os Accioly dissidentes históricos de 1903 chefiados por João Brígido; 3) os que eram fiéis ao senador Cavalcante; e 4) a facção dos antigos inimigos de Accioly que tinham se exilado no Norte e recusavam qualquer participação no governo de F. Rabelo; estes eram liderados por Solon Pinheiro.

A melhor apresentação dos alinhamentos políticos de novembro de 1912 é feita por Theophilo (1922a), pp. 9-14. Theophilo responsabiliza claramente Rabelo por não ter formado um governo e um partido capazes de abranger "todos os grupos políticos" que se opuseram a Accioly. Segundo ele, o dr. Francisco de Paula Rodrigues, herdeiro da facção Paula Pessoa, não estava à altura da tarefa (pp. 11, 24-5). Joaquim Pimenta, entretanto, em *Retalhos do passado* (1949), culpa Rabelo redondamente; logo após ter sido proclamada a candidatura de Rabelo, Pimenta encontrou-se com Rabelo e assim relembra:

"Uma coisa que me surpreendeu e desagradou foi o seu completo alheiamento ou ignorância da situação política do Ceará. Apenas se recordava ou vagamente sabia de um grupo de políticos, o dos Paula Rodrigues, antigos correligionários do seu sogro, o general José Clarindo, deposto da presidência do Estado [...] em 1893. Referia-se a esse grupo com tal exclusividade e insistência, como se fosse a única força partidária existente no Ceará, ou digna de maior apreço, embora desde muito se tivesse retraído a um ostracismo cômodo, inativo, sem mais esperança de ver, um dia, restaurado o seu prestígio efêmero [...].

"Infelizmente [...] não consegui libertá-lo daquela ideia [...]" (pp. 145-6). Para os dados biográficos do dr. Paula Rodrigues, ver nota 23.

73. Theophilo (1922a), pp. 23-4, 31.

74. Entre as outras causas dessa ruptura, Irineu Pinheiro (1938), p. 36, dá grande importância à ameaça do capitão José do Valle de prender os vereadores de Joaseiro leais a padre Cícero (ver nota 66). Em relação a esse incidente, declara Pinheiro: "No Cariri, cometia a situação governista o erro imperdoável de

hostilizar o padre Cícero e as grandes massas populares que o seguiam. E isso por amor a elementos locais de medíocre, ou quase nula importância política" (p. 36).

75. Padre Cícero a José Accioly, 11 jan. 1913, ACS: referindo-se à vitória política do rabelismo e aos incêndios em Fortaleza, o Patriarca escreveu que "se não fora aquele malfadado acordo de junho, nada disso teria acontecido". Lembrou então a Accioly da veracidade do provérbio português "Quem se fia em inimigos, nas mãos deles cai".

76. Em novembro, Antônio Luís, como deputado estadual em exercício, partiu para Fortaleza para estar presente à sessão de novembro na qual as forças antirrabelistas tencionavam declarar a inconstitucionalidade do mandato de Franco Rabelo. De lá, telegrafou a padre Cícero: "Amigos Rio insistem pleitearmos eleição deputados estaduais. Tudo bem. Floro candidato. Comunique municípios vizinhos", Antônio Luís a padre Cícero, 15 nov. 1912, CN, v. I.

77. Irineu Pinheiro (1938), historiador do Crato e parente próximo de Antônio Luís, já havia salientado que, depois de Joaseiro ter obtido autonomia, em 1911, "datam relações de estima, que com o tempo se estreitaram cada vez mais entre o dr. Floro e o coronel Antônio Luís a quem aquele, de vez em quando visitava no Crato, hospedando-se em sua casa" (pp. 30-1).

Devido ao fato de Pinheiro ter vivido esses acontecimentos, suas observações sobre a crescente amizade entre Floro e Antônio Luís são aqui citadas na íntegra: "Depois da ascensão ao poder do coronel Franco Rabelo em 1912, continuaram as mesmas relações cordiais dos dois chefes políticos caririenses e diante do governo de prepotências daquele presidente era assunto obrigatório de suas conversações a necessidade de uma reação contra o adversário arbitrário e violento.

"Hostilizados pela demagogia reinante na época, aguardavam os chefes decaídos em todo o estado o momento oportuno da represália, amadurecendo--lhes no espírito a ideia da revolução.

"Estou convencido de que notavelmente contribuíram para a realização do movimento revolucionário aquelas conversações entre o coronel Antônio Luís e o dr. Floro Bartholomeu. Através delas se lhes foi cada vez mais firmando a convicção de que estava em uma encruzilhada o partido a que pertenciam: ou venceria ele, logo, por uma reação armada (e eram um fator de vitória os grandes contingentes de homens de Joaseiro) ou então o ostracismo fatalmente lhe iria aos poucos desagregando a trama íntima, reduzindo-lhe o número de adeptos, desprestigiando-lhe os elementos dirigentes. Foi esse um período que poderíamos chamar de incubação do movimento revolucionário [...] (pp. 31-2)."

Nota do autor à segunda edição: Ver o capítulo "Crônica (resumida) de uma sedição" (pp. 111-27), de Nertan Macedo, *Floro Bartholomeu — O caudilho dos beatos e cangaceiros* (Rio de Janeiro, 1970) para detalhes sobre a "sedição". A despeito do título, o trabalho de Macedo (que foi publicado no mesmo ano da edição original deste livro) não traz quase nenhuma informação sobre Floro que não possa ser obtida em várias outras fontes já publicadas.

78. Os que entre outros culpam padre Cícero pela revolução de 1913-1914 são Theophilo (1922a), Gomes de Araújo (1962) e Bello (1966).

Naturalmente, Pinheiro (1938) não podia culpar inteiramente seu parente, coronel Antônio Luís, a quem os historiadores recentes continuam a atribuir todos os progressos do Cariri. É uma pena que grande parte do passado do Cariri permaneça no domínio quer da "hagiografia", quer da "demonologia", e não da história.

Em 1923, Floro perguntava em tom apaixonado à Câmara: "Será possível que não se saiba ainda hoje que fui eu o chefe da revolução do Joaseiro e o único responsável por ela?", p. 89; também p. 88, nota 22.

No seu testamento, o Patriarca afirmou, de maneira explícita, que ele não era revolucionário nem tinha contribuído para a revolução; ver *Cópia do testamento* [s.d.], p. 4.

79. Que o coronel Antônio Luís deve ser encarado como um autor-chave da revolução pode ser deduzido da seguinte passagem de Pinheiro (1938), p. 32: "Sem dúvida, aquelas trocas de ideias entre os dois chefes [Antônio Luís e Floro], o balancear das probabilidades de vitória de uma revolta, os mútuos incitamentos etc., despertaram a iniciativa do dr. Floro e o determinaram a ele, que era, até então, um neófito na política do estado, a pôr-se à frente de uma reação armada contra o governo.

"Ao resolver-se a abater revolucionariamente a situação governista, não conhecia o dr. Floro, de vista, qualquer dos chefes de partido do Ceará. E nem ao menos fora ainda a Fortaleza!" (p. 32)

80. Enquanto Floro estava ausente de Joaseiro, seu secretário particular e compadre, José Ferreira de Menezes, recebia e transmitia as notícias a padre Cícero, como Floro determinara. Esse fato é confirmado pelas cartas de Floro ao octogenário José Ferreira, que gentilmente nos concedeu várias entrevistas gravadas em setembro de 1964, permitindo-nos também microfilmar sua correspondência com Floro.

Sobre o papel dos boatos e a tensão no Cariri em 1913, ver Pinheiro (1938), pp. 33-41, e Aires de Menezes (ms. inédito, 1964), passim.

81. *Cópia do testamento* [s.d.], p. 10.

82. Theophilo (1922a), pp. 37-9. A vítima foi o dr. Gentil Falcão, um rabelista que logo se passou para João Brígido e os marretas.

83. Numa carta de Accioly a padre Cícero, 9 mar. 1913, ACS, o ex-oligarca observou: "O salvador da nossa terra dia a dia desmoraliza-se mais no conceito público pela sua falta de compostura e a fraqueza de espírito. Agora mesmo, ao passo que telegrafava [...] ao famoso Bloco do Norte contra o senador Pinheiro Machado, dirigia-se a este eminente chefe protestando a sua solidariedade!".

Numa carta de José Accioly a padre Cícero, 20 jun. 1913, ACS, o filho do oligarca, que dirigia então o PRC-C, fez a seguinte observação sobre Rabelo: "O salvador caiu no maior descrédito nos círculos políticos, mercê da duplicidade com que se conduzia, declarando-se solidário com o general Pinheiro Machado, ora com o general Dantas Barreto". Em consequência, P. Machado não mais tolerava Rabelo. Accioly exigia então que "os nossos chefes locais estejam a postos, esforçando-se por manter o partido arregimentado em seus municípios e combinando entre si uma ação conjunta contra a tirania que oprime o estado. Desde que esta não conta mais com o apoio do governo da união, difícil lhe será resistir aos efeitos da própria obra a que meteu ombros".

84. Theophilo (1922a), p. 34. Sobre o desempenho de Pinheiro Machado na política do Ceará, ver F. S. Nascimento, "Caudilho gaúcho ganha capítulo na história política do Ceará", *O Povo* (Fortaleza), 24 e 25 ago. 1963.

85. Theophilo (1922a), pp. 35-47.

86. Telegrama, Floro a padre Cícero, 4 ago. 1913, CN, v. I. Foi enviado de Petrolina, Pernambuco, a alguns dias de distância a cavalo de Joaseiro. Pinheiro (1938), p. 33, apenas diz que Floro partiu em meados de 1913.

87. Telegrama, do chefe de polícia de Fortaleza a padre Cícero, 3 jul. 1913, CN, v. I. Telegrama, padre Cícero a Franco Rabelo, 4 jul. 1913, citado em Pinheiro (1938), pp. 36-7, nota 15.

Franco Rabelo respondeu a padre Cícero (telegrama, 5 jul. 1913, CN, v. I) que o chefe de polícia de Fortaleza não tencionava de forma alguma desrespeitar o Patriarca. Apesar de tentar apaziguar o padre, Rabelo concluiu de modo ameaçador: "Nem haverá anarquia [no Cariri] pois que as autoridades públicas não permitirão jamais ser desobedecidas e desacatadas impunemente".

88. É claro que o episódio de São João instigou padre Cícero, sem dúvida sob a influência de Floro, a criar uma unidade da Guarda Nacional em Joaseiro. O primeiro comunicado do assunto é um telegrama do Rio enviado pelo ex-presidente Accioly a padre Cícero, 1 jul. 1913, CN, v. I. Accioly aquiesceu de boa vontade em transmitir o apelo ao governo. Seus esforços surtiram efeito apenas em parte, segundo seus subsequentes telegramas ao padre em 12, 13 e 19 jul. 1913, CN, v. I.

Só depois da chegada de Floro ao Rio de Janeiro foi enfim aprovada a unidade da Guarda de Joaseiro. Telegrama, Floro a padre Cícero, 19 ago. 1913, 3 set. 1913, CN, v. I. Sem dúvida, Pinheiro Machado desempenhou um papel importante em permitir a criação dessa unidade em Joaseiro.

440

89. A benfeitora era a baronesa de Ibiapaba. Dois telegramas de Floro a padre Cícero (12 e 20 set. 1913, CN, v. I) tratavam dessa questão. No fim, a baronesa recusou-se a ajudar.

90. A atenção dispensada a Floro logo após sua chegada no Rio de Janeiro em 11 de agosto de 1913 por parte de alguns dos mais eminentes políticos do Brasil foi registrada nos telegramas de Floro a padre Cícero, 13, 16 e 19 ago. 1913, CN, v. I. Eis a rara ocasião em que ele pareceu ter sido sobrepujado por sua própria importância; Floro, o médico explorador de jazidas, tinha, de fato, atingido o ápice.

91. Padre Cícero foi colocado a par da conspiração do Rio de Janeiro por uma carta enviada por uma das personalidades públicas mais festejadas da República Velha, Francisco Sá. Antigo ministro da Viação e então senador pelo Ceará, essa autoridade mineira era genro do ex-presidente Accioly. Sua carta foi entregue ao Patriarca por Floro quando este regressou a Joaseiro em novembro de 1913. A transcrição que se segue encontra-se em Pinheiro (1963), p. 182: "Rio, 29 de outubro de 1913. Exmo rev.^{mo} padre Cícero. Em carta datada de hoje, que dirigimos a vossa reverendíssima os membros da comissão eleita pelos representantes do Ceará para dirigir aqui os interesses da política do estado, carta de que é portador nosso ilustre amigo sr. dr. Floro Bartholomeu da Costa, expomos a vossa reverendíssima terem ficado assentadas as medidas necessárias à retomação da paz e tranquilidade do povo cearense. Aí não entramos em detalhes, deixando àquele nosso amigo a liberdade de fazê-lo. Um há, entretanto, que me parece deixar claro desde já. Esse é o que se refere à eleição do presidente da assembleia legal a reunir-se em Joaseiro. Para esse cargo deve ser eleito quem aqui mais se esforçou pelas medidas que estão sendo tomadas em favor da nossa política e que aí representará as garantias de prestígio e de força de que precisa a ordem legal. Esse deve ser o próprio dr. Floro, cujo nome encontrará o mais decidido apoio da política federal. Expondo a vossa reverendíssima essa minha opinião, sobre a qual estão de acordo os nossos mais autorizados chefes, tenho por intuito rogar-lhe o favor de comunicá-la aos membros da assembleia, quando esta se reunir, a fim de compreenderem a necessidade de uma ação abnegada e conjunta com os elementos que aqui são favoráveis à nossa causa. Queira vossa reverendíssima dispor de quem se subscreve, com a mais elevada estima, de vossa reverendíssima amo ato [sic] e respeitador Francisco Sá".

92. Telegrama, Rabelo a padre Cícero, 11 set. 1913, CN, v. I. Rabelo insistia para que a missão do tenente-coronel Torres Mello ao Crato fosse meramente disciplinar e com o objetivo de transferir as unidades existentes. Tal a resposta de Rabelo a um telegrama de padre Cícero, enviado em 10 de setembro de 1913 e citado em Pinheiro (1938), pp. 33-4, nota 13.

441

93. A convicção de padre Cícero de que Rabelo tencionava invadir Joaseiro parece ter se baseado na informação coletada pelo coronel Antônio Luís e por outros chefes do vale. Ver telegrama de padre Cícero, Antônio Luís et al. a Floro, 10 de set. 1913, citado em Pinheiro (1938), p. 33, nota 13.

94. Uma alusão velada ao plano rabelista encontra-se em Pinhero (1938), pp. 33-4.

Os detalhes sobre os quais se fundamenta o nosso relato, entretanto, aparecem no recente trabalho de Otacílio Anselmo e Silva, *Padre Cícero: Mito e realidade* (Rio de Janeiro, 1968), p. 385.

95. Ibid.

96. Telegrama, Rabelo a padre Cícero, 13 set. 1913, CN, v. I. Os panfletos "sediciosos", como foram chamados, circularam com a chegada de tropas ao Crato.

97. Essa importante carta inédita de padre Cícero está no ACS (grifos nossos).

98. *Cópia do testamento* [s.d.], p. 4.

99. Os boatos de que padre Cícero tentava conciliar com Rabelo a fim de evitar o conflito armado contra Joaseiro levara Floro a insistir junto ao Patriarca por um desmentido; telegramas, Floro a padre Cícero, 15 e 16 set. 1913, CN, v. I; também citado em Pinheiro (1938), p. 34.

Na nossa opinião, os esforços de Cícero no sentido de uma conciliação com Rabelo talvez tenham sido mais do que boatos. Em 30 de outubro de 1913, CN, v. I, Adolpho Barroso, o comerciante amigo de confiança do Patriarca, telegrafou a Fortaleza para padre Cícero: "Conde Adolpho (Van den Brule) sábado portador minha carta que assegura tranquilidade Joaseiro por parte governo coronel Franco Rabelo. Este é um grande admirador suas excelsas virtudes. Confia seu critério cooperação progresso essa zona.

"Pode confiar desassombradamente."

100. A carta de padre Cícero era datada de 21 de outubro. Floro deixou o Rio de Janeiro em 30 de outubro de 1913, segundo o telegrama, Floro a Cícero, 30 out. 1913, CN, v. I.

101. Telegrama, João Brígido a padre Cícero, 10 nov. 1913, CN, v. I, diz que Floro partiu de Salvador, Bahia, em 2 de novembro, por terra, para Joaseiro.

Embora houvesse tropas ao longo da fronteira do Ceará com Pernambuco, Floro conseguiu chegar a Joaseiro porque o general Torres Homem, em Fortaleza, recusou-se a prendê-lo, segundo Theophilo (1922a), p. 48.

102. Theophilo (1922a), p. 48, trata da carta furtada.

Brígido telegrafou a padre Cícero, 9 dez. 1913, CN, v. I, indagando se sua carta datada de 5 de dezembro tinha sido recebida. Nessa mesma noite começava a revolução (p. 49).

103. Uma cronologia útil dos acontecimentos militares encontra-se em Souza (1950), pp. 306-11; em Theophilo (1922a), passim, e Pinheiro (1938), passim. Importantes comunicações telegráficas sobre a revolução foram publicadas por Pinheiro (1938), pp. 194-240, e (1963), pp. 182-200.

Um relato contemporâneo pouco conhecido é o de A. Gusmão, *O Ceará conflagrado — O movimento revolucionário do Juazeiro — Subsídio para a história do Ceará* (Fortaleza, 1915).

104. Telegrama, Pinheiro Machado a padre Cícero, 16 dez. 1913, citado em Pinheiro (1963), p. 187. Daí parecia claro que o Catete planejara apenas esperar de braços cruzados.

105. Segundo Montenegro (1955), "rabelistas e antirrabelistas incorporavam às suas forças grande número de cangaceiros e criminosos" (p. 76). Essa impressão é confirmada por uma testemunha ocular do Crato (que lá se encontrava entre dezembro e fins de janeiro): C. Livino de Carvalho, *A couvada*, Recife, 1959, pp. 57-81 (sob o título "A tomada do Crato"); antes publicado como "A tomada do Crato", *RIC*, t. LXVI (1952), pp. 119-36. Foi escrito em 1915 a pedido de Floro Bartholomeu.

106. Citado em Pinheiro (1963), p. 186.

107. A melhor descrição de Joaseiro em dezembro de 1913 é a de Pinheiro (1938), pp. 46-55. Sobre a contribuição do refugiado de Canudos que ajudou a construir as trincheiras, ver Nertan Macedo, *Memorial de Vilanova* (Rio de Janeiro, 1964), pp. 139-40. Também sobre os vallados, ver Lourenço Filho (1926), pp. 124-6.

108. Telegrama, coronel Alípio Lopes a padre Cícero, 19 de dez. 1913, citado em Pinheiro (1963), p. 188.

109. *Cópia do testamento* [s.d.], p. 4.

Embora padre Antônio Gomes de Araújo (1962), pp. 11, 14, tenha há pouco acusado padre Cícero de liderar a revolução de 1913-1914, outro sacerdote cearense defendeu o nome do Patriarca. A opinião do padre José Quinderé (1957) merece considerável crédito, pois, como deputado estadual e secretário de d. Joaquim durante a República Velha, suas opiniões são de uma qualidade de primeira ordem. Quinderé argumenta que apenas quando Cícero foi ameaçado de prisão e Joaseiro de destruição o Patriarca sancionou a "defesa armada" (pp. 92-3).

110. Pinheiro (1963), p. 189; Pinheiro (1938), pp. 41-51.

111. Para os versos populares sobre Joaseiro escritos pelos poetas sertanejos, ver Lourenço Filho (1926), pp. 165-94, "O Joaseiro no folclore", e Luís da Câmara Cascudo, *Vaqueiros e cantadores* (Porto Alegre, 1939), pp. 97-107.

112. Pinheiro (1912), p. 191; Pinheiro (1938), p. 104.

113. Comentário escrito no telegrama, Joaquim Lima a padre Cícero, 30 jan. 1914, CN, v. I. Quinderé (1957) exime o Patriarca de qualquer responsabilidade por esses atos bárbaros: "Tenho a convicção de que nesses excessos nenhuma culpa cabe ao velho sacerdote, incapaz de qualquer vingança e malfeitoria" (p. 93).

114. Para um relato não descomprometido da morte do capitão J. da Penha, ver J. H. de Holanda Cavalcante, *Um crime político* (Fortaleza, 1934). Outro relato de Francisco Souto encontra-se em Pinheiro (1963), pp. 516-21.

Para observações sobre a atitude da classe média de Fortaleza, ver também Raimundo de Menezes, "No tempo do padre Cícero...", "O canhão de Emilio Sá...", *O Povo* (Fortaleza), 30 e 31 mar. 1963.

115. O decreto do "estado de sítio" foi de 9 de março de 1914. O decreto de intervenção federal foi de 14 de março de 1914. Os textos dos dois documentos estão citados em Studart (1896-1924a), v. III, pp. 224-7.

116. O oficial assumiu o governo do Ceará em 15 de março de 1914. Seu próprio relato dos acontecimentos encontra-se em marechal Setembrino de Carvalho, *Memórias (Dados para a história do Brasil)* (Rio de Janeiro, 1950), pp. 104-25.

Uma importante fonte secundária do princípio de 1914 é Boanerges Facó, "Homens e cousas — Ceará: Intervenção federal", em *Unitário* (Fortaleza), 6 set., 11, 18 e 25 out. 1959b.

9. JOASEIRO NO PLANO NACIONAL [pp. 255-82]

1. Theophilo (1922a), p. 212: "O candidato à presidência [...] coronel Benjamin Liberato Barroso [...] foi imposto do Rio [...]".

2. Quinderé (1957), p. 106, diz que a escolha de Barroso foi da "iniciativa do marechal Hermes para desfazer a má impressão, que, porventura, causara ao Exército a violência de que foi vítima um camarada de armas, cuja responsabilidade lhe era atribuída".

3. Indo para Fortaleza, Barroso deu uma entrevista a um jornal de Recife na qual recordava suas inimizades políticas que datavam da década de 1890; ver "O *Jornal do Recife* entrevista o coronel Liberato Barroso, novo presidente do Ceará", *Jornal do Recife* (Recife), 21 jul. 1914.

4. Theophilo (1922a), p. 232: "O dr. Benjamin Barroso foi assediado pelos marretas, que o informaram, ao sabor de seus ódios e interesses, do estado em que se achava o Ceará".

A causa do rompimento entre os marretas e os acciolystas, agora liderados por Floro, foi nitidamente a recusa de Cavalcante de dissolver as unidades locais do partido marreta do Ceará; a recusa inflexível da parte de Cavalcante está no telegrama que enviou a padre Cícero, 4 ago. 1914, CN, v. III.

5. Sobre a divisão da Assembleia em 1914, ver Theophilo (1922a), pp. 264-5.

6. Sobre a tentativa de Floro de obter indenização do governo do estado, ver Theophilo (1922a), pp. 260-3. Sua própria versão deste episódio é: Floro Bartholomeu, "Formal desmentido", *Unitário* (Fortaleza), 9, 10, 11, 13, 14, 15, 17 jul. 1915.

7. Para alguns dos telegramas de Pinheiro Machado a padre Cícero, ver Pinheiro (1938), pp. 233-7.

8. Telegrama, Floro a Cícero, 20 set. 1914, CN, v. III; também publicado por Pinheiro (1938), pp. 237-9.

9. Referências à campanha de Barroso contra o banditismo no Cariri encontram-se em Montenegro (1955), p. 79.

10. Telegrama, Floro a Cícero, Rio, 11 nov. 1914, CN, v. III: "Recomendo-lhe não responder telegrama, sobre política ou outras providências para aí sem ser meu intermédio a fim evitar perfídias certos políticos cearenses".

Se bem que padre Cícero não enviasse uma resposta formal, deduz-se de seus telegramas subsequentes que daí por diante ele aquiesceu ao pedido de Floro de deixar ao encargo deste todas as questões políticas.

11. A tentativa de fazer um novo eixo rabelista-accyolista e a proposta ao Supremo Tribunal são tratadas por Theophilo (1922a), pp. 273-4; o agravamento da crise econômica de 1914-1916 é mencionado nas pp. 269-70.

Em 18 de agosto de 1914, padre Cícero recebeu um telegrama anônimo, CN, v. III, fazendo-lhe um relatório detalhado da guerra europeia e da morte do papa Pio X. Uma anotação na margem denota que Cícero estava chocado e ordenou que os sinos repicassem das quinze horas do dia 18 de agosto até a mesma hora do dia 21. Assim, a população de Joaseiro talvez tenha sido uma das poucas que no interior tomaram consciência dos acontecimentos mundiais.

12. O antigo deputado leal a Accioly, monsenhor José Quinderé, observou que o período de 1912 a 1930 foi de divisão política e de governos de coligação, ao contrário dos tempos da unanimidade acciolysta; ver Quinderé (1957), p. 59. Para os dados biográficos de Quinderé, ver Guimarães (1952), pp. 384-5.

13. Para as datas exatas dessas mudanças administrativas, ver Girão e Martins Filho (1939), p. 255.

14. Antônio Luís retornou como prefeito do Crato em 1914 e aí permaneceu até 1928. Teve a cadeira de deputado durante o governo de Barroso (1915-1916); ver Guimarães (1952), p. 42.

15. Sobre os progressos de Fortaleza, ver Raimundo Girão, *Geografia estética de Fortaleza* (Fortaleza, 1959), passim, especialmente pp. 221-7.

16. Dois documentos recentes que atestam quanto às exigências do Crato no sentido de obter de Fortaleza uma participação maior nos espólios do estado são: Joaquim Alves, "O Vale do Cariri", *Almanaque do Cariri* (Crato, 1949), pp. 13-4 (não deve ser confundido com o artigo de 1950 do mesmo autor e com o mesmo título); e o já citado *Estado do Cariri* (1957).

17. Ibid.

18. Baseado em vários telegramas dos candidatos a padre Cícero, CN. III.

19. Sobre a visita do presidente João Thomé de Saboia ao Patriarca em 1917, ver Bartholomeu (1923), p. 24, nota 1. A visita de Moreira da Rocha em setembro de 1925 é o tema de todo um número do semanário ilustrado de Fortaleza, editado sem continuidade, *Ceará Illustrado* (Fortaleza), v. II (25 out. 1925), n. 68. Para visita de Matos Peixoto, ver Morel (1946), passim, especialmente pp. 81-2. Sobre a visita de políticos a Joaseiro depois da morte de padre Cícero em 1934, ver Montenegro (1965), passim.

20. A carreira de Floro como deputado estadual é mencionada rapidamente em Guimarães (1952), pp. 244-5. Floro foi eleito deputado federal duas vezes, 1921-1923 e 1924-1927; informação recebida do dr. Hugo Catunda de Fortaleza numa carta do sr. José Oswaldo de Araújo de Fortaleza dirigida ao autor, 12 jan. 1968.

21. Morel (1946), p. 137. Sobre os esforços dos dois partidos para recrutar padre Cícero como candidato, ver *Jornal do Commercio* (Fortaleza), 23-29 mar. 1926.

22. Morel (1946), pp. 241-2.

23. Hirschman (1963), passim.

24. Bartholomeu (1923), pp. 12-3.

25. Sobre o tenentismo, ver Virgínio Santa Rosa, *O sentido do tenentismo* (Rio de Janeiro, 1933).

26. Sobre a Coluna Prestes no Ceará, ver Morel (1946), pp. 124-33; e Eusébio de Souza, *História militar do Ceará* (Fortaleza, 1950), pp. 315-26.

27. Ver *Diário do Ceará* (Fortaleza), 10 mar. 1926.

28. Raimundo Girão, *História econômica do Ceará* (Fortaleza, 1947).

29. Durante a seca de 1915, a principal fonte de alívio foram o dinheiro e os gêneros doados, não pelo governo, mas por particulares e organizações voluntárias, inclusive a Igreja; Quinderé (1957), p. 119. Em Joaseiro, a situação era desesperadora. Padre Cícero havia recebido trezentos mil-réis para distribuir entre os 30 mil habitantes do município; carta de padre Cícero a d. Bonifácio Jansens, 24 dez. 1915, ACS. Menos de dez anos mais tarde, Floro louvou o padre por seus heroicos esforços em manter a cidade viva; ver Bartholomeu (1923), p. 127, nota 33.

Sobre os esforços para explorar os depósitos de ferro e carvão, ver Bezerra de Menezes (1917) e Abreu (1924), passim.

Informação sobre a longa luta jurídica pelos depósitos de cobre de Coxá, que só foi decidida nos anos 1960, foi dada ao autor em setembro de 1964 pelo padre Gino Moratelli, diretor do Colégio Salesiano São João Bosco, Juazeiro do Norte, e por um dos juízes da questão, dr. Boanerges Facó, de Fortaleza.

30. O renascimento do algodão nos anos 1920 e as estatísticas citadas no texto encontram-se em Girão (1947), pp. 225-31, 425-37.

31. Ver relatório da delegação: Arno Pearse, *Cotton in North Brazil* (Manchester, 1923).

32. Sobre Campina Grande, ver a obra de Elpídio de Almeida, *História de Campina Grande* (Campina Grande, Paraíba, [s.d.]), especialmente pp. 357-92; referência ao desenvolvimento da indústria têxtil em Pernambuco encontra-se em Othon L. Bezerra de Mello, "A evolução da indústria de tecidos de Algodão em Pernambuco", *Revista do Instituto Arqueológico, Histórico e Geográfico de Pernambuco*, xxx (1915-1916), pp. 51-60.

33. Bartholomeu (1923), p. 90, nota 23. Fotografias dos engenheiros civis estrangeiros e proeminentes visitantes brasileiros a Joaseiro, ver Reis Vidal, *Padre Cícero: Joazeiro visto de perto; O padre Cícero, sua vida e sua obra* (2. ed., Rio de Janeiro, 1936), passim.

34. Citado em Dinis (1935), p. 32. Sobre as consagrações, ver, entre outros, Bartholomeu (1923), p. 50.

35. A visita de Lampião a Joaseiro teve ampla divulgação na imprensa cearense: *Correio do Ceará* (Fortaleza), 17 mar. 1926; *O Nordeste* (Fortaleza), 17 e 20 mar. 1926.

A visita de Lampião, em 1926, é relatada por Dinis (1935), p. 113, enquanto a controvérsia suscitada pela visita é mencionada por Reis Vidal (1936), pp. 61-70.

Lampião foi a Joaseiro a fim de ser comissionado pelo Exército em troca dos serviços prestados por ele e pelo seu bando contra a Coluna Prestes; ver Leonardo Motta, *No tempo de Lampeão* (Rio de Janeiro, 1930), especialmente o capítulo intitulado "Quem escreveu a patente de Lampeão?" (pp. 27-34).

A bibliografia sobre o famoso bandido é vasta e estende-se por várias disciplinas, sendo a literatura consideravelmente mais cultivada do que a história. As três obras básicas sobre Lampião são: Optato Gueiros, *Lampeão* (4. ed., Salvador, Bahia, 1956); Luiz Luna, *Lampião e seus cabras* (Rio de Janeiro, 1963); e Rachel de Queiroz, *Lampião* (Rio de Janeiro, 1953).

Existe uma vasta literatura *folk* sobre Lampião, assim como sobre padre Cícero; Casa de Rui Barbosa, *Literatura popular em verso — Catálogo* (Rio de Janeiro, 1962), v. i, representa uma importante tentativa de catalogar essa obra.

A única tentativa válida de analisar o significado do banditismo nordestino é Facó (1963), especialmente pp. 38-46, 169-79. A análise de Facó, entretanto, é apenas um ponto de partida no campo ainda pouco estudado da história social popular.

36. Bartholomeu (1923), p. 176.

37. Ibid., pp. 89; 94, nota 25.

38. Ibid., p. 11.

39. Alves (1945), pp. 123-7.

40. Amália Xavier de Oliveira (ms. inédito, 1943), pp. 57-60.

41. Pinheiro (1963), p. 209.

42. Cícero a Accioly, 16 jun. 1910, ACS.

43. Bartholomeu (1923), p. 97.

44. Ibid., p. 99, e Dinis (1935), pp. 102-3. Ver também o artigo do bispo do Crato, d. Quintino, "A corte celeste", que apareceu *c*. 1918 no jornal diocesano do Crato, *A Região*, e que foi transcrito na íntegra por Azarias Sobreira, *O primeiro bispo do Crato (Dom Quintino)*, (Rio de Janeiro, 1938), pp. 69, 72-8.

45. Sobre o beato José Lourenço, ver Bartholomeu (1923), p. 97, e o exagerado relato de Lourenço Filho (1926), pp. 97-105.

Em 1936, os militares destruíram a comunidade agrícola iniciada em Caldeirão pelo beato. A destruição foi justificada pelo oficial comandante, José Góes de Campos Barros, *A Ordem dos Penitentes* (Fortaleza, 1937), cujo exemplar foi posto à minha disposição por nossa querida amiga d. Alba Frota, falecida subitamente em 1967; seu desaparecimento privou Fortaleza de um dos talentos mais extraordinários do Ceará.

Há pouco tempo, o beato e Caldeirão tornaram-se os símbolos do pensamento progressista sobre a estrutura agrária brasileira; Ver "Apontamentos para a reforma agrária do Nordeste", *Boletim da Federação das Associações Rurais do Estado do Ceará* (Fortaleza, mar. 1955), pp. 9, 1-9, especialmente pp. 5-7; e Facó (1963), "Um saldo positivo: Caldeirão" (pp. 97-105).

46. Entrevista de d. Maria Gonçalves da Rocha Leal em Fortaleza, 4 jul. 1964.

47. Ver Cruz Alencar (1961), p. 23; e Dinis (1935), pp. 84-92.

48. O principal crítico do sistema educacional de Joaseiro foi Lourenço Filho, nomeado em 1922 diretor da Educação Pública do Ceará. Sua crítica é formulada em Lourenço Filho (1926), pp. 195-204, 212-3. As duas deficiências da crítica de Lourenço Filho são: 1) sua falha em analisar as instalações educacionais de Joaseiro levando em consideração o monopólio do Crato sobre a educação; 2) a possibilidade de que o julgamento político tenha influenciado o julgamento profissional, visto que padre Cícero não apoiou de início o então

presidente do estado, Justiniano Serpa. Ver também Bartholomeu (1923), pp. 94-5, e nota 47.

49. Amália Xavier de Oliveira (ms. inédito, 1943), pp. 82-3.

50. Telegrama, Cícero ao interventor federal, 23 de set. 1932, ABS, no qual o clérigo oferece o Sítio Santo Antônio para local da escola.

Sobre a escola, ver Plácido Aderaldo Castelo, "Histórico da Escola Normal Rural do Juazeiro, estado do Ceará", *Anais da Semana Ruralista de Juazeiro* (Fortaleza, 1938), pp. 129-39.

51. Pinheiro (1963), p. 209; Amália Xavier de Oliveira (ms. inédito, 1943), p. 88.

52. Sobre a estátua de padre Cícero, ver Eusébio de Souza, "Os monumentos do estado do Ceará", *RIC*, t. XLVII (1932), pp. 51-103, especialmente pp. 89-90; e Raimundo Gomes de Mattos, *Discurso proferido... na solemnidade da inauguração da estátua do venerando padre Cícero Romão Baptista, em Joazeiro, no dia 11 de janeiro de 1925* (Fortaleza, 1925).

53. Sobre o aeroporto de Joaseiro, ver *Gazeta do Cariry* (Crato), 4 fev. 1928.

54. *Cópia do testamento* [s.d.]: no testamento de 1923, Floro e Antônio Luis foram nomeados seus testamenteiros.

55. Hirschman (1963), passim, sobre o polígono das secas.

56. Barroso (1962), passim. É estranho que Barroso, que parecia não professar ideias racistas em 1912, tenha se tornado, em 1932, um dos expoentes integralistas do racismo. Barroso elevara o sertanejo nordestino como um símbolo nacional e nacionalista, o que talvez tenha sido inspirado nas opiniões semelhantes expressas pela primeira vez pelo historiador moderno mais importante do Brasil, João Capistrano de Abreu, em várias obras publicadas entre 1899 e 1922.

57. Leonardo Motta, *Cantadores* (3. ed., Fortaleza, [s.d.]); publicado pela primeira vez em 1921.

58. Citado por Herman Lima, "Era ele mesmo o sertão", em Leonardo Motta, *Violeiros do Norte* (3. ed., Fortaleza, 1962); 1. ed. 1925.

59. José Américo de Almeida, *A Parahyba e seus problemas* (João Pessoa, Paraíba, 1923).

60. Bartholomeu (1923), pp. 158-70, especialmente p. 170.

61. Costa Andrade (1922); Simões da Silva (1927); Reis Vidal (1936).

62. Sobre as qualidades do sertanejo comparadas com as dos imigrantes europeus, ver Simões da Silva (1927), pp. 23, 33-34, 108-111; sobre o nacionalismo de padre Cícero, ver Reis Vidal (1936), pp. 79-94; sobre a oposição de padre Cícero às concessões dadas a Henry Ford na Amazônia, ver Morel (1946), p. 143.

10. O PATRIARCA E A IGREJA [pp. 283-304]

1. Segundo Amália Xavier de Oliveira (ms. inédito, 1943), pp. 50-3, os prefeitos de Joaseiro foram: 1) 1911-1912: padre Cícero Romão Batista; 2) 1912-1913: coronel João Bezerra de Menezes; 3) 1914-1927: padre Cícero; 4) 1927-1929: José Eleutério de Figueiredo; 5) 1929-1930: Alfeu Ribeiro de Aboim; 6) 1930-1933: José Geraldo da Cruz; 7) 28 jul. 1933-7 out. 1934: tenente João Pinto Pereira e sr. Zacarias de Albuquerque; 8) 8 de out. 1934-31 maio 1935: José Geraldo da Cruz.

2. O agravamento da saúde do clérigo é tratado por Dinis (1935), p. 96.

3. Nossa informação é baseada, em parte, em Dinis (1935), pp. 91, 94-5, 123.

4. A mãe de padre Cícero, d. Joaquina Vicência Romana, mais conhecida como d. Quinou, faleceu em 4 ou 5 de agosto de 1914, em Joaseiro, segundo telegramas de pêsames encontrados na CN, v. III.

Maria de Araújo (1862-1914) faleceu em 17 de janeiro de 1914, no auge da revolução de Joaseiro; ver Pinheiro (1963), pp. 148, 191.

José Marrocos faleceu em 1910; José Lobo, em 1918.

5. Ver Reis Vidal (1936), passim.

6. Os dados biográficos de d. Joanna Tertuliana de Jesus, mais conhecida como "Beata Mocinha", encontram-se em Morel (1946), pp. 168-9; Menezes (1960), pp. 120-1; e Sobreira (1965-1966), artigo 50.

7. Dados sobre d. Angélica Vicência Romana encontram-se em Sobreira (1965-1966), 29 de out. 1965; ela nasceu em 1849, no Crato, e faleceu em Joaseiro em 6 de outubro de 1923. Sua irmã mais velha, também solteirona, d. Maria Angélica Romana, conhecida como d. Mariquinha (nascida em 1842), havia falecido no Crato em 1878, durante a grande seca.

8. Documentos encontrados no ACS, Pasta Mocinha, comprovam a amplitude das atividades da beata. Sua contribuição na construção do matadouro-modelo é mencionada em O Ceará (Fortaleza), 27 nov. e 12 dez., 1928.

9. Baseado nas cartas, ACS, Pasta da Correspondência Geral. Uma das práticas comerciais nas quais se utilizava o prestígio de padre Cícero — sem seu conhecimento — ocorreu por volta de 1914. A Farmácia Studart, em Fortaleza, mandou cunhar uma medalha de alumínio: na face havia um retrato de padre Cícero; no obverso, o anúncio de um elixir farmacêutico. Uma dessas medalhas foi gentilmente presenteada ao autor por um conhecido historiador do Cariri, padre Antônio Gomes de Araújo, no Crato, em 1964.

10. Sobre o papel dos santeiros, ver Dinis (1935), pp. 24-32, especialmente p. 26.

11. Ver ibid., pp. 26, 97, para a crítica aos membros da casa aos quais Dinis acusava de roubar as contribuições dos peregrinos. Ver também Sobreira (1965-

-1966), artigo 49, para uma crítica acerca de um certo Benjamin Abrahão, imigrante libanês, que teria dominado a casa do Patriarca; para outra opinião, ver Morel (1946), pp. 207-8.

12. Com relação ao temor de que os habitantes de Joaseiro fossem embora da cidade com a morte de padre Cícero, ver Bartholomeu (1923), p. 153.

O mesmo pensamento foi expresso numa conferência em Fortaleza, em 1952, dada por Raimundo Gomes de Mattos; trechos dessa conferência encontram-se em RGM. Ver também Lauro Nogueira, "A segunda conferência do dr. Gomes de Mattos sobre o padre Cícero", *Unitário* (Fortaleza), 14 maio 1952.

Floro teve a ideia de erigir a estátua dois anos anos antes; houve grande oposição a essa ideia por parte da Igreja Católica, segundo Bartholomeu (1923), pp. 73-4.

O relato mais completo sobre a construção da estátua, inaugurada em janeiro de 1925, é "A erecção da estátua do padre Cícero", *O Sitiá* (Quixadá, Ceará), I, 22 fev. e 8 mar. 1925. Ver também Gomes de Mattos (1925) e Souza (1932).

13. Quanto ao desmembramento da diocese do Ceará e a criação da diocese do Crato, ver Pinheiro (1963), p. 204.

14. Telegrama, Cícero a Accioly e Floro, 21 dez. 1914, CN, v. III; também publicado por Pinheiro (1963), pp. 204-5.

15. O oferecimento de padre Cícero aos franciscanos para abrirem uma escola em Joaseiro foi feito primeiro em 10 de setembro de 1914, de acordo com a resposta de frei Cyriaco Hilscher a padre Cícero, Rio, 22 out. 1914, ACS, Pasta da Correspondência com as Ordens Religiosas.

16. Padre Cícero a frei Cyriaco, 19 nov. 1914, ACS.

17. Uma opinião semioficial sobre padre Cícero encontra-se na publicação do Cinquentenário do Seminário de Fortaleza, *Álbum histórico* (1914), pp. 74-5: padre Cícero "meteu-se e intrincou-se na triste questão do Joazeiro, sendo hoje o Patriarca dos fanáticos daquela região".

18. O privilégio de celebrar missa foi agradecido por Cícero numa carta a d. Quintino, 28 dez. 1916, ACS; Cícero nela reafirma sua amizade e a homenagem prestada ao bispo durante a visita pastoral. Ver também Montenegro (1959), p. 35.

19. Provisão de criação da freguesia de Nossa Senhora das Dores do Joazeiro, citado no *Livro do tombo da freguesia de Nossa Senhora das Dores*, Juazeiro do Norte, pp. i-iv (doravante citado como LTJ).

20. O arquivo da diocese do Crato possui poucos documentos das transações entre Cícero e d. Quintino em comparação com os volumosos registros deixados por d. Joaquim. Uma razão fundamental para essa diferença é simplesmente geográfica; muito distante de Joaseiro, d. Joaquim exigia comunicação regular de seus agentes no Crato; uma vez que Crato se tornou sé episcopal, a

"questão religiosa" de Joaseiro, a apenas dezoito quilômetros de distância, poderia ser tratada em pessoa com mais frequência. A consequente falta de documentação explica o fato de dependermos estreitamente de alguns poucos documentos básicos, assim como a natureza mais especulativa de várias de nossas hipóteses acerca desse período.

21. Quanto aos dados biográficos de d. Quintino, ver Sobreira (1938). Ver também dois escritos recentes: padre Azarias Sobreira, "Dom Quintino — Centenário", *RIC*, t. LXXIX (1965), pp. 75-88; e Andrade Furtado, "O centenário de Dom Quintino", *RIC*, t. LXXVII (1963), pp. 60-2; também *Álbum* (1925), pp. 114-20.

22. Sobreira (1965-1966), 22 nov. 1965.

23. Sobreira (1961), p. 16; Pinheiro (1938), passim.

24. Montenegro (1959), p. 32, por exemplo, argumenta que padre Cícero já havia refletido bastante sobre sua situação como padre suspenso e que ingressou na política partidária por temer que seu prestígio junto às massas fosse destruído pela Igreja.

25. Por ocasião da revolução, o bispo de Fortaleza decidiu enviar o capuchinho italiano frei Marcellino Cusano para o interior, a fim de apaziguar os jagunços (manobra que lembrava Canudos). Foi Marcellino que observou que "entre as revoluções esta era uma das menos sangrentas e que o segredo da vitória dos jagunços consistia no imenso medo que os precedia por toda parte, facilitando-lhes uma investida vitoriosa". O relatório é citado por Da Nembro (1957), p. 302, nota 92.

26. Telegrama, irmão em Cristo a Cícero, 10 fev. 1914, CN, I.

27. Bartholomeu (1963), p. 63.

28. Outra fonte de amargor foi a participação de padre Cícero nas "solidarísticas", pseudoinstituições bancárias que prometiam aos depositantes 1000% de lucro no investimento. O clérigo autorizara um agente de seguros aparentemente respeitável a fundar uma solidarística em Joaseiro, em outubro de 1914; recebeu o nome de Banco da Mãe de Deus. Quando o agente desapareceu da cidade com a receita, surgiu uma onda de ressentimento contra padre Cícero. Importa notar que as solidarísticas espalharam-se como moscas através do Ceará, inclusive em Fortaleza.

Informações sobre as solidarísticas encontram-se esparsas em: Theophilo (1922a), passim; Bartholomeu (1923), pp. 124-7; Dinis (1935), pp. 135-6; Duarte Júnior, "Solidarísticas", *Itaytera*, v. IV (1958), pp. 185-7; Menezes (1960) p. 97; e Sobreira (1965-1966), artigo 51.

29. Os documentos importantes são: d. Maria Martins de Macedo (d. Maroca) a d. Lucas (Heuzer), O. S. B., 10 out. 1915, ACS, Correspondência com as Ordens Religiosas; d. Lucas a Cícero, 10 nov. 1915, ACS.

30. Bartholomeu (1923), p. 88, nota 22.

31. Ibid.

32. Gomes de Araújo (1962), p. 8. O decreto foi assinado em Roma em 21 de junho de 1916, segundo uma carta de d. Quintino a Cícero, 29 abr. 1920, ABC.

33. Não foi encontrada qualquer cópia da excomunhão de Roma no ABC. A justificação de d. Quintino pela não execução do decreto encontra-se no rascunho de um memorando que ele escreveu no Rio de Janeiro para o papa, 9 nov. 1920, ABC.

34. A troca de correspondência entre Quintino e d. Giuseppe, arcebispo de Sardi e núncio apostólico em Petrópolis, em novembro de 1915, teve como ponto de partida o inquérito do núncio sobre um certo Pelúsio Macedo, de Joaseiro, que havia escrito antes ao papa, pedindo a restauração de Cícero; 2 nov. 1915, ABC.

35. Gomes de Araújo (1962), pp. 8-9, afirma que d. Quintino não executou a ordem de Roma em virtude "da ameaça de Floro Bartholomeu da Costa, feita ao bispo por intermédio do finado monsenhor Pedro Esmeraldo da Silva".

36. De acordo com o recenseamento de 1925 da diocese do Crato, que se encontra no documento semioficial de origem eclesiástica *Álbum* (1925), havia cerca de 350 mil habitantes católicos nas 26 paróquias do Vale do Cariri; havia um total de 34 padres. Os seguintes dados acham-se nas pp. 221-5:

MUNICÍPIO	POPULAÇÃO	Nº DE PADRES
Joaseiro	32060	1 (excluído padre Cícero)
Crato	29774	10
Milagres	23360	1
Barbalha	19909	1
Icó	15005	4
Total: 26 municípios	cerca de 350000	34

37. Sobre a riqueza da paróquia de Joaseiro, ver Bartholomeu (1923), p. 175.

38. Portaria de transferência do vigário do Crato para Joaseiro em favor do padre Pedro Esmeraldo da Silva, 20 jan. 1917, LTJ.

Para uma biografia do primeiro cura de Joaseiro, ver *Álbum* (1925), pp. 99--100; e Sobreira (1965-1966), artigo 38.

39. Bartholomeu (1923), p. 56.

40. Sobreira (1965-1966), 22 nov. 1965.

41. Pinheiro (1963), p. 209; e Sobreira (1938), pp. 104-5.

42. Bartholomeu (1923), p. 82; e Sobreira (1938), p. 53.

43. As observações seguintes estão fundamentadas em documentos, ACS, Pasta das Missas.

44. No presente, a "redução" depende, em princípio, do arbítrio do bispo, sobretudo no caso de sua diocese ser carente de patrimônio. Antes de 1960, o direito era em geral conferido por Roma nos "quinquênios". Nenhum desses documentos foi encontrado no ABC, o que explica a natureza puramente hipotética das observações feitas no texto.

45. Rocha (1965).

46. Quintino a Cícero, 31 dez. 1916, ABC.

47. Quintino ao reverendo sr. vigário de Joaseiro (padre Pedro Esmeraldo), 6 fev. 1917, ABC.

48. Esmeraldo a Quintino, 6 fev. 1917, ABC.

49. Ibid.

50. Núncio apostólico a Quintino, documento nº 61, 14 abr. 1917, ABC.

51. Quintino a Cícero, 25 jun. 1917; 23 dez. 1917; 16 jan. 1918, ABC. As respostas de padre Cícero são datadas de: 28 jun. 1917, publicada por Pinheiro (1963), pp. 528-33; 30 dez. 1917, ABC; (?) jan. 1918, ABC.

52. Bartholomeu (1923), p. 65, nota 13.

53. Ibid., p. 66.

54. Ver nota 33.

55. Bartholomeu (1923), p. 69.

56. Suprema Sacra Congregatio Sancti Officii a Quintino, Protocolo nº 319/14, e 3 mar. 1921, ABC.

57. Quintino a Cícero, 3 jun. 1921, ABC. A opinião de Floro está em Bartholomeu (1923), p. 67.

58. Um interessante relato sobre a inépcia de Esmeraldo foi escrito por um sucessor, padre Manuel Macedo: História de Sucessão, LTJ, pp. 3-7.

59. Existe outro relato deste incidente em Sobreira (1965-1966), 22 nov. 1965.

11. OS ÚLTIMOS DIAS [pp. 305-28]

1. *Álbum* (1925), pp. 186-7, contém uma nota biográfica sobre o padre Manuel Macedo. Os dados encontrados em Amália Xavier de Oliveira (ms. inédito, 1943), p. 12, são úteis exceto pela afirmação de que padre Macedo assumiu o vicariato de Joaseiro em 1924, e não em 1923. A última data é confirmada na

Provisão do Vigário encomendada da Freguesia de Nossa Senhora das Dores do Joazeiro em favor do padre Manuel Macedo, por um ano, 26 jan. 1923, LTJ, f. 2 v.

2. Há no ABS uma cópia do testamento de 1922 rescindido. É datado de 7 de março de 1922 e legalizado em cartório.

3. Além da doação à Ordem Premonstratense de São Norberto, Cícero legava as propriedades restantes às irmãs de caridade de São Vicente de Paulo. Caso ambas as ordens não erguessem escolas no prazo de dois anos, seriam deserdadas em favor do Santo Padre. Nenhum grupo religioso foi incluído no testamento de 1923, passado legalmente. cf. *Cópia do testamento* [s.d.].

4. Ver carta de Quintino a padre Azarias Sobreira, 5 dez. 1919, em Sobreira (1938), pp. 148-9.

5. Sobreira (1938), pp. 105-7.

6. Ibid.

7. O relato seguinte fundamenta-se em Floro Bartholomeu da Costa, "Um padre ordinário", *Gazeta do Joaseiro* (Joaseiro), 6, 13, 21 jun., 18 jul., 1 ago. 1925, especialmente 6 jun. 1925.

8. Ibid.

9. Baseado em monsenhor Joviniano Barreto, "Organização religiosa", em Amália Xavier de Oliveira (ms. inédito, 1943), pp. 55-65, especialmente p. 60.

10. Ibid.

11. Floro denunciou os membros das duas irmandades como "Tartufos" políticos que, depois de comungarem, saíam conspirando; ver Bartholomeu (1925), 21 jun.

12. Filiação mencionada por Floro Bartholomeu (1925), 13 jun.

13. Xavier de Oliveira (1920).

14. Ibid., pp. 246-8.

15. Ibid.

16. Em outubro de 1934, Xavier de Oliveira concorreu a uma vaga de deputado federal na chapa da Liga Eleitoral Católica; ver os números de *O Nordeste* (Fortaleza), 13 out. 1934, e *Correio do Ceará* (Fortaleza), 6 nov. 1934; também Dinis (1935), p. 142.

17. Bartholomeu (1923), pp. 113-22; e (1925), 21 jun.

18. No trabalho da irmã de Xavier de Oliveira, d. Amália Xavier de Oliveira (ms. inédito, 1943), a decisão de opor-se a Floro é chamada de "a revolta dos filhos da terra"; eis a razão que dá para essa revolta: "Com o ano de 1925, iniciou-se uma nova fase na história de Juazeiro. Até então, os 'filhos da terra' quase não tinham atuação direta nos movimentos em prol da grandeza da cidade" (pp. 11-2).

19. Sobre a criação do Partido Republicano por Fernando Távora, ver Montenegro (1965), p. 47. Referência a José Geraldo da Cruz como chefe da seção do partido em Joaseiro acha-se em Bartholomeu (1925), 1 ago.; e em Dinis (1935), pp. 70, 161.

20. Sobre a Liga Eleitoral Católica e o Partido Integralista no Ceará, ver Montenegro (1965), pp. 66-9, 72-3.

21. Os apoiadores de Floro anunciavam na *Gazeta do Joaseiro*; estes eram compostos de: seis comerciantes de secos, um santeiro, um dentista, um farmacêutico, um advogado, dois comerciantes de ferragens, um padeiro e um ourives. Além deles, havia os nomeados para cargos municipais, estaduais e federais: o juiz de direito de Joaseiro, dr. Juvêncio Sant'anna; o coletor estadual, Alfeu Aboim; o coletor federal, dr. Pedro Uchoa de Albuquerque. Em grande parte, os apoiadores de Floro eram adventícios; baseado em vários números da *Gazeta do Joaseiro* (Joaseiro), 1925.

22. Bartholomeu (1925), 13 jun.

23. Ibid.

24. *O Ideal* (Joaseiro) era semanário; foi fundado, provavelmente, em julho ou agosto de 1924. O primeiro número dessa coleção rara, que nos foi cedida à consulta pelo sr. Odílio Figueiredo de Fortaleza, é o 48, de 8 de julho de 1925.

25. Para 1924, consulte-se *O Nordeste* (Fortaleza). No começo de 1925, esse jornal publicou o ferrenho ataque do padre Macedo a Floro; ver nota 31.

26. Baseamo-nos em Bartholomeu (1925), 13 jun.; e M. Macedo (1925a), pp. 13, 33.

27. A acusação de peculato é feita por M. Macedo (1925a), pp. 12-3, 61-71, e também se encontra em Dinis (1935), p. 68.

28. M. Macedo (1925a), pp. 6-7.

29. Baseamo-nos em Bartholomeu (1925), 13 jun.

30. A reunião secreta é tratada numa carta de Juvêncio Sant'anna a Floro, 9 jun. 1925, que foi publicada pela *Gazeta do Joaseiro* (Joaseiro), 13 jun. 1925. A própria explicação de padre Cícero sobre sua decisão foi publicada por *O Ceará* (Fortaleza), 20 set. 1925.

31. Os artigos apareceram em *O Nordeste*, em abril e maio de 1925; foram publicados depois como *Joazeiro em fóco* (1925a).

32. M. Macedo (1925a), pp. 6-7, 11, 23-4, 82.

33. Ibid., ver "Mortes", p. 44 e passim.

34. Padre Dubois, "Um pseudo-martyr", *Correio do Ceará* (Fortaleza), 29 ago. 1925.

35. Citação completa na nota 7.

36. Bartholomeu (1925), 21 jun.

37. Godofredo de Castro, *Joazeiro na Assembleia Legislativa do Ceará* (Fortaleza, 1925).

38. A visita constituiu assunto de dois números da *Gazeta do Joaseiro* (Joaseiro), 13 e 20 set. 1925.

39. *Ceará Illustrado* (Fortaleza), 25 out. 1925, v. II, p. 68.

40. Ver Dinis (1935), pp. 158-63; sugere que a decisão de apoiar Júlio Prestes, em vez de Getúlio Vargas, não foi realmente de Cícero. Ver também Morel (1946), pp. 181-3.

41. Padre Macedo admitiu esse fracasso numa série de artigos escritos após seu regresso ao Crato em julho de 1925; ver padre Manuel Macedo, "O Joaseiro ideal", em *O Ideal* (Joaseiro, 1925b), 8, 11, 18, 25 jul. e 1, 8, 15 ago.

42. Carta de José Geraldo Bezerra de Menezes a Cícero, 17 abr. 1924, ACS. Sobre a contínua hostilidade entre d. Quintino e Cícero em 1929, ver Morel (1946), pp. 163-5.

43. M. Macedo (1925a), p. 16.

44. Gomes de Araújo (1962), passim.

45. M. Macedo (1925a), pp. 16-8.

46. Ibid.

47. Bartholomeu (1925), 15 ago.

48. Cícero a padre Pedro Rota, 20 dez. 1924 e 21 jun. 1925, ACS, Pasta dos Salesianos. Esta pasta contém a correspondência de Cícero com os salesianos, a congregação à qual ele legou todos os seus bens em 1923.

49. Entrevista em setembro de 1964 dos padres Gino Moratelli, diretor do Colégio Salesiano São João Bosco, em Juazeiro do Norte, e Mário Balbi, professor de inglês.

50. Morel (1946), p. 53, afirma que isso ocorreu em Recife em 1898, antes da partida de Cícero para Roma; não apresenta, entretanto, provas.

É mais provável que o contato tenha sido feito para o Patriarca, em 1923, pelo dr. José Geraldo Bezerra de Menezes, filho de Leandro Bezerra, que havia ajudado Cícero a montar a diocese do Cariri e cujo próprio filho, João, estudava num colégio salesiano em Niterói, Rio de Janeiro; J. G. Bezerra de Menezes faz alusão a isso em carta a Cícero, 15 abr. 1925, ACS.

51. Cícero aos padres Rota e Della Via, 22 set. 1924, ACS, Pasta dos Salesianos.

52. Cícero a Rota, 22 set. 1924, ACS.

53. Rota a Cícero, 23 set. 1924, ACS.

54. Cícero a Rota, 11 jul. 1925, ACS: Cícero estava convencido de que d. Quintino "há de impor-me condições tão vexatórias que serei, talvez, forçado a não aceitá-las". O Patriarca também observou que a principal causa da contenda era a inflexível posição de d. Quintino contra as peregrinações. Qualquer acor-

do, pensava Cícero, o obrigaria a não mais ver os romeiros. A esse respeito, dizia: "Ora, estes são pobres sertanejos, na maioria, compadres e afilhados, que vieram pedir conselhos, quando qualquer dificuldade lhes aparece [...] meus conselhos só poderão resultar em benefícios domésticos, sociais, e religiosos, como em regra aconteceu. Quantos lares não tenho reconstituído; quantos crimes não tenho evitado; quantas almas errantes que eu não [fiz voltar a]os sentimentos de fé cristã, como resultado de meus conselhos! Portanto, seria imperdoável falta de caridade negar-me [a oportunidade de continuar] a vir em seu auxílio".

55. Cícero a Rota, 11 jul. 1925, ACS: "Creia é tão grande o desejo que tenho de me reabilitar que se o meu distinto amigo dispuser [...] a auxiliar-me, não me pouparei ao sacrifício de ir pessoalmente a Roma, apesar dos meus 82 anos de idade para tratarmos do assunto".

56. D. Francisco de Assis Pires chegou ao Crato em 10 de janeiro de 1932; Pinheiro (1963), p. 215.

57. As informações acima foram retiradas de: Cícero a d. Manuel, arcebispo de Fortaleza, 1 jan. 1932, ACS; Cícero a d. Francisco de Assis Pires, 1 jul. 1932, ACS; d. Bento (Lopez?), núncio apostólico, a d. Francisco, 5 jun. 1933, ACS.

58. Sobreira (1965-1966), artigo 42.

59. Barreto em Amália Xavier de Oliveira (ms. inédito, 1943), p. 58.

60. Dinis (1935), pp. 167-9; Reis Vidal (1936), pp. 119-26; Morel (1946), pp. 235-47.

61. Reis Vidal (1936), pp. 119-26; Morel (1946), pp. 245-6.

62. Entrevista do dr. Pio Sampaio, um dos médicos assistentes, em Fortaleza, ago. 1964.

63. Descrições do enterro encontram-se em *O Nordeste* (Fortaleza), 23 jul. 1934, e *O Povo* (Fortaleza), 18 ago. 1934.

64. A reconciliação da Igreja com os "fanáticos" é relatada em *O Povo* (Fortaleza), 30 mar. 1964: "Local proibido em Juazeiro foi visitado por bispo e padres durante a Semana Santa". Os artigos assinalam que o bispo do Crato, d. Vicente de Araújo Matos, na companhia de vários sacerdotes, guiou a peregrinação da Semana Santa até o Horto, local em que padre Cícero planejara construir sua catedral e que foi, por vários decênios, a origem de amargas animosidades entre ele e a Igreja. Ver também cap. 5, nota 6.

APÊNDICE [pp. 329-52]

1. Ver *Miracle at Joaseiro* (Nova York, 1970). Uma edição revisada foi publicada no Brasil em 1977, com o título de *Milagre em Joaseiro* (Rio de Janeiro), em

magnífica tradução de Maria Yedda Linhares. Entretanto, todas as citações de fontes primárias e secundárias em português foram extraídas das referidas fontes, sem alteração.

2. Contei parte dessa história em "Entrevista com Ralph Della Cava" (Rio de Janeiro, 2003). O que pôs um fim à minha expectativa de retorno ao Nordeste em 1969 para estudar o cangaço foi, entre outras circunstâncias, minha participação na campanha contra a tortura no Brasil; ver Elio Gaspari (São Paulo, 2000), pp. 271-3.

3. Se, para Lewis Hanke, Las Casas foi o símbolo da luta dos espanhóis por justiça no Novo Mundo, as minas de Potosí eram "o reverso da moeda [aquilo que lidava com] a luta por riqueza". Ver Lewis Hanke (Barcelona, 1965), v. 1, pp. 81-4, 83.

4. Ver "Entrevista com Ralph Della Cava", *Acervo* (2003).

5. Ver Lewis Hanke (Barcelona), pp. 81-4, 83.

6. Refiro-me a esse episódio em um trabalho escrito especialmente para um caderno especial que iria ser publicado antes da realização do III Simpósio Internacional sobre padre Cícero, em Juazeiro do Norte, Ceará, em julho de 2004, mas nunca foi. Por fim, ele apareceu sob o título "Antigas controvérsias, novos paradigmas: Lembranças de um pesquisador à véspera do III Simpósio Internacional sobre o padre Cícero" (Juazeiro do Norte; Crato, 2004), pp. 124-6.

7. Irineu Pinheiro, *O Joaseiro do padre Cícero e a Revolução de 1914* (1938). Os outros três trabalhos eram: Joaquim Alves, "Juàzeiro, cidade mística", *Revista do Instituto do Ceará*, v. 62, pp. 73-101, 1948; Manuel Bergström Lourenço Filho (1926); Rodolpho Theophilo (1922a).

8. Irineu Pinheiro (1963).

9. Em 2003 e 2004, doei tudo o que tinha sobre religião e sociedade no Brasil — livros, periódicos, fotografias, arquivos de recortes, fitas de áudio, microfilmes e demais memorabilia — à biblioteca especializada em América Latina da Universidade da Flórida em Gainsville, uma das únicas dezesseis existentes nos Estados Unidos com tal acervo nessa área de estudos. Com a coleção do saudoso Charles Wagley e a de outros brasilianistas, irá contribuir para transformar a Universidade da Flórida em uma das mais importantes depositárias das ciências sociais sobre o Brasil. Essa instituição planeja pôr à disposição dos pesquisadores uma parte da minha coleção por meio de bancos de dados on-line. Tratei da problemática de doações, tanto para os que doam como para os que recebem acervos, no ensaio "Matchmaker, Matchmaker: Of Collections in Search of Safe Havens" (New Orleans, 2006).

10. Hanke (1965), pp. 83-4, dizia o seguinte: enquanto o aluno trabalha em seu tema, "é bom que aprenda o valor da consulta a outros de seu campo, em

qualquer país em que esteja. Há poucas torres de marfim hoje e nenhuma delas devia ser habitada por historiadores". Ele sempre fornecia aos alunos cartas de apresentação a colegas que havia conhecido, durante suas incontáveis viagens à América Latina, para a Biblioteca do Congresso, onde foi fundador (em 1932) e é, desde há muito, editor de *The Handbook of Latin American Studies*.

11. Pouco antes de Lívio e sua esposa Lúcia viajarem para os festejos do Natal de 1963, ele deixou na nossa porta, sem avisar, um toca-discos, discos e exemplares de livros nos quais havia escrito as letras de canções populares que iam desde "Pelo telefone" até o sucesso do momento, uma canção importada da Itália, "Sonhar contigo". Olga e eu passamos os festejos inteiros no que veio a ser um "curso intensivo" de música popular brasileira.

12. O estudo, "Messianismo brasileiro e instituições nacionais: Uma reavaliação de Canudos e Joaseiro", foi publicado em uma edição de 1975 da *Revista de Ciências Sociais* (*UFC*), Fortaleza, v. vi, n. 1/2, pp. 121-39, com tradução de Eduardo Diatahy B. de Menezes.

13. Essas transcrições foram publicadas como "Documentos sobre a questão religiosa do Juàzeiro", na *Revista do Instituto do Ceará*, v. lxxv (1961), pp. 266-97.

14. Oswaldo e Amaury, seu filho, ambos já falecidos, tinham ido ao aeroporto para buscar d. Antonio Fragoso, na época bispo auxiliar de São Luís, Maranhão, ao lado de quem eu havia sentado por total acaso no mesmo voo. Antes de ir embora com a família Araújo, o bispo apresentou o pai e o filho a mim e à minha família. Minutos depois, Oswaldo retornou ao local onde nos deixara, obviamente na dúvida quanto ao nosso destino e ao que fazer em seguida, e se ofereceu para nos conduzir a um hotel naquela mesma noite. Nós seis e mais a bagagem para a estada de um ano fomos acomodados em um jipe Land Rover inglês e partimos para o palácio da arquidiocese. Mais tarde, ao nos deixar no Hotel Iracema, Oswaldo nos pediu que o considerássemos um amigo daquele momento em diante ("Por favor, use e abuse deste seu novo amigo"). Foi o que fizemos, e por sua amizade e a de sua família seremos eternamente gratos.

15. Entretanto, mais tarde um jovem colega da Universidade Columbia, Joseph Love, desenvolveu o gênero em sua plenitude com uma tese pioneira que virou livro, intitulado *Rio Grande do Sul and Brazilian Regionalism* — *1882-1930* (Stanford, 1971). A respeito de seu trabalho comparativo subsequente sobre o regionalismo durante a República Velha, realizado em parceria com nossos saudosos colegas John Wirth e Robert Levine, ver "Entrevista com Joseph L. Love" (Rio de Janeiro, 2003), concedida a Flávio M. Heinz.

16. Consultar Hanke (1965).

17. Na noite de 31 de março, minha esposa, eu e nossos amigos Giuseppe Sebasti e sua esposa Holly Ferriter assistíamos a um filme na Cinelândia. Ao sairmos, estavam disparando com metralhadoras. Já citei esse episódio em uma

460

entrevista dada à revista *Veja*, em 1970 ou 1972, e em uma entrevista recente à BBC, em comemoração ao quadragésimo aniversário do golpe de 64; ver "EUA ainda têm contas a acertar com o passado, diz historiador", 31 mar. 2004, 22h40 GMT (18h40, horário de Brasília). Passamos um dos dias seguintes na casa de Luiz Alberto Gomes de Souza e Lúcia Ribeiro, onde, com nossos filhos pequenos, ouvimos reportagens na Rádio Farroupilha, de Porto Alegre, sobre as últimas horas do governo de João Goulart.

18. Giuseppe Sebasti, mencionado na nota anterior, é um amigo de Roma, que eu havia conhecido em Nova York, e que na época era o diretor do escritório da Alitalia Airlines, no Rio de Janeiro. Nosso inesperado "Mecenas de Copacabana" se ofereceu para nos acomodar durante algumas semanas; ficamos uns dois meses. Ainda hoje somos amigos.

19. A biblioteca ficava situada ao lado do Parque da Liberdade (também conhecido como Parque das Crianças), bem antes de os arredores serem transformados em estacionamento de ônibus, onde nosso amigo Oswaldo de Araújo havia conseguido um apartamento em outubro de 1963, e que felizmente não ficava longe de sua própria residência.

20. Acho que fui apresentado ao padre Azarias Sobreira pelo sr. Odílio Figueiredo, nascido em Juazeiro do Norte, mas na época residente em Fortaleza, e que me havia fornecido dados sobre os penitentes joaseirenses. Mais ou menos na mesma época, o sr. Otacílio Anselmo e eu nos conhecemos na Livraria Renascença. Os livros de ambos foram mais tarde publicados como: Otacílio Anselmo, *Padre Cícero: Mito e realidade* (Rio de Janeiro, 1968); padre Azarias Sobreira, *O Patriarca de Juàzeiro* (Petrópolis, 1969).

21. A obra do padre Azarias Sobreira foi iniciada nos princípios da década de 1940, aparecendo em seguida como uma série de artigos consecutivos na *Revista do Instituto do Ceará*. Esses artigos foram publicados como respostas aos artigos do padre Antônio Gomes de Araújo, ou a artigos publicados sobretudo no periódico *Itaytera*, do Crato, ou em panfletos avulsos. Esse debate público, um tanto provocativo da parte do padre Gomes — acusatório como foi em um escrito de 1956, intitulado "Apostolado do embuste", também publicado em *Itaytera*, ao afirmar que os "milagres de Joaseiro" eram uma farsa deliberada —, havia, ao que parece, tido reflexo negativo no clero do Ceará. Por essa razão, as autoridades religiosas competentes da época, tanto de Fortaleza como do Crato, determinaram o fim da polêmica e que os dois sacerdotes mantivessem silêncio perpétuo acerca do assunto. Os pormenores exatos dessa polêmica merecem estudo mais aprofundado.

22. No final da década de 1960 ou no início da de 1970, d. Delgado escreveu dois opúsculos defendendo a reabertura do caso padre Cícero. Embora eu não

esteja de posse de nenhum dos dois hoje, lembro-me de que a motivação do argumento do arcebispo era que padre Cícero era um precursor do apelo do Concílio Vaticano II para que a Igreja se colocasse ao lado dos menos favorecidos. Mesmo antes da convocação do concílio, o pároco de longa data da matriz de Juazeiro, Nossa Senhora das Dores, o padre Murilo de Sá Barreto, havia muito defendia o mesmo ponto de vista, a despeito de considerável hostilidade por parte de seus pares, superiores e das elites do país em geral.

23. A carta estava datada de 16 de julho de 1964, mas só redescoberta em meus arquivos em 18 de maio de 2004.

24. Meu encontro com d. Vicente por pouco não se concretizava. Naquela noite, eu havia passado pela casa de d. Benigna Arraes de Alencar, mãe de Miguel Arraes e de Violeta Arraes, que eu havia conhecido anos antes na Europa. Fiz isso para expressar a minha solidariedade e oferecer alguma ajuda que estivesse ao meu alcance ao ex-governador de Pernambuco, à época sob o jugo do regime militar e feito prisioneiro na ilha de Fernando de Noronha.

Quem estava visitando d. Benigna na ocasião era o padre Frederico (como era chamado o padre Fritz Nierhoff), alemão da Ordem da Sagrada Família, pastor da paróquia de São Vicente, no Crato, além de bem-sucedido fabricante de telhas e tijolos. Ao tomar conhecimento do propósito de minha visita, ele saltou da cadeira e me alertou que era melhor eu correr até o escritório da cúria naquele momento, já que o bispo, cuja partida para a segunda sessão do concílio do Vaticano, estava marcada para o dia seguinte cedo, provavelmente estaria indo para a cama por volta daquele horário. Sem demora, o padre Frederico enfiou-me em sua picape e saiu em disparada pela cidade. O que aconteceu depois é conhecido.

25. No Crato, tanto o dr. José de Figueiredo Filho como o padre Francisco Montenegro foram generosos no apoio à minha pesquisa. O padre José Honor, secretário do bispo, mostrou-se um anfitrião de extrema hospitalidade.

26. Renato Casimiro, um dos alunos do Colégio Salesiano na mesma época, reconheceu nossos esforços para reconstruir o passado de Joaseiro e, em decorrência disso, dedicou boa parte de sua vida a esse mesmo objetivo. Nossa correspondência — e amizade — teve início na década de 1970, muito embora só tenhamos nos encontrado face a face como colegas em 1974. Consultar, entre seus escritos, *Antes qu' eu me esqueça* (Fortaleza, 2000) e Anais do Seminário — 150 anos de padre Cícero (Fortaleza e Juazeiro do Norte, 1994), organizado em parceria com João Arruda.

27. O amor de Geová pelos artesãos e poetas joaseirenses se transformou em especialidade e é demonstrado de forma excepcional, entre outras publicações, na sua obra *Xilógrafos de Juazeiro* (Fortaleza, 1984).

28. Felizmente para nós, a mãe de Olga, d. Maria Dyhdalevych, viajou até Fortaleza para o nascimento da neta e ofereceu uma mão generosa para que eu pudesse ficar trabalhando em Juazeiro.

29. Entre os arquivos particulares tão gentilmente cedidos pelos proprietários estavam: os primeiros rascunhos do livro de d. Amália Xavier de Oliveira sobre padre Cícero e outros artigos; um grosso calhamaço do jornal de Joaseiro *O Rebate*, de propriedade do padre Cícero Coutinho; vinhetas do passado da cidade, escritas e transmitidas pela estação de rádio local pelo historiador autodidata Octávio Aires de Menezes; jornais e escritos diversos de José de Figueiredo Bezerra de Menezes, d. Generosa Alencar e José Geraldo da Cruz.

30. Esse arranjo envolvendo uma tríplice via em forma de *patch* (remendo) entre Fortaleza, São Paulo e Juazeiro foi obra do poliglota e *hotelier* — nosso querido amigo há 41 anos — Abelardo Bezerra, de Fortaleza, proprietário do Hotel Pousada Jardim. Ednir, sua esposa, sempre me manteve em bom astral com lautas porções de um incomparável "pudim". A minha memória me trai quando tento lembrar o nome do radioamador de Juazeiro, sem cuja ajuda o estabelecimento dessa rede teria sido impossível. Obviamente, minha gratidão para com ele se equipara à que tenho por Milton Nascimento, de Fortaleza, o então fotógrafo-chefe da Faculdade de Medicina da Universidade Federal do Ceará, que não só revelou meus negativos experimentais como me instruiu na arte da fotografia de documentos.

31. Sobre a dificuldade da posição do padre Murilo, rever a nota 22.

32. Na verdade, o título do trabalho era "Religion and the Church in Brazil" (Nova York, 1951), pp. 334-55.

33. Ralph Della Cava, "Ecclesiastical Neo-Colonialism in Latin America" (1967), pp. 17-20.

34. Ocorrem-me agora as obras-chave de Rodolpho Theophilo, Xavier de Oliveira, Floro Bartholomeu, padre Manuel Macedo, M. B. Lourenço Filho, e os artigos e notas de José Geraldo da Cruz.

35. Refiro-me à obra multifacetada de Immanuel Wallerstein; ver, por exemplo, Immanuel Wallerstein, *The Essential Wallerstein* (Nova York, 2000).

Referências bibliográficas

ARQUIVOS

Arquivo do Bispado do Crato — Crato (CE)
Arquivo do Colégio Salesiano São João Bosco — Juazeiro do Norte (CE)
Cópias dos telegrammas do padre Cícero recibidos nesta estação do Joaseiro de 29 de setembro de 1912 em diante. 3 v. — Pertencentes a dr. F. S. Nascimento, Fortaleza (CE).
Livro do tombo da freguesia de Nossa Senhora das Dores — Juazeiro do Norte (CE)
Arquivo pessoal de d. Amália Xavier de Oliveira — Juazeiro do Norte (CE)
Arquivo pessoal de d. Beatriz Santanna — Juazeiro do Norte (CE)
Arquivo pessoal de dr. Geraldo Bezerra de Menezes — Niterói (RJ)
Arquivo pessoal de dr. Raimundo Gomes de Mattos — Fortaleza (CE)
Arquivo pessoal de padre Cícero Coutinho — Juazeiro do Norte (CE)

DOCUMENTOS PUBLICADOS

CÓPIA do testamento com que faleceu nesta cidade o rev.^{mo} padre Cícero Romão Batista. Juazeiro do Norte: [s.n.], [s.d.].
"DOCUMENTOS sobre a questão religiosa do Juàzeiro". *Revista do Instituto do Ceará*, Fortaleza, v. LXXV, pp. 266-97, 1961.

MENSAGEM apresentada à Assembléia Legislativa do Ceará pelo presidente do estado, dr. Antonio Pinto Nogueira Accioly, em 1º de julho de 1897. Fortaleza: Typ. d'*A República*, 1897.

PINHEIRO, Irineu. "Declaração que faz o padre Ibiapina aos irmãos, beatos e irmãs das santas casas de caridade do Cariri-Novo [...] Gravatá, Paraíba, 16 de setembro de 1872". In: _____. *O Cariri: Seu descobrimento, povoamento, costumes.* Fortaleza: [s.n.], 1950.

OBRAS PUBLICADAS

"ABAIXO a intriga!". *O Rebate*, Juazeiro do Norte, 5 dez. 1909.

ABREU, Sílvio Froes de. "Schisto bituminoso da Chapada do Araripe, Ceará". *Revista do Instituto do Ceará*, Fortaleza, v. XXXVIII, pp. 363-77, 1924.

"A ERECÇÃO da estátua do padre Cícero". *O Sitiá*, Quixadá, 22 fev./8 mar. 1925.

AIRES, Durval. "A morte de uma tradição". *O Estado*, [S.l.], 17 abr. 1955.

ÁLBUM do Seminário do Crato. Rio de Janeiro: [s.n.], 1925.

ÁLBUM histórico do Seminário Episcopal do Ceará. Fortaleza: [s.n.], 1914.

ALBUQUERQUE, Ulysses Lins de. *Um sertanejo e o sertão*. Rio de Janeiro: José Olympio, 1957.

ALENCAR, Tarcila Cruz. "A evolução das letras em Juàzeiro do Norte". *Revista do Cinqüentenário do Juàzeiro do Norte*, Fortaleza, pp. 22-4, 1961.

ALMEIDA, Elpídio de. *História de Campina Grande*. Campina Grande: Pedrosa, 1962.

ALMEIDA, José Américo de. *A Parahyba e seus problemas*. João Pessoa: Imprensa Official, 1923.

ALVES, Joaquim. *Nas fronteiras do Nordeste: Estudos de sociologia*. Fortaleza: Typographia Urania, 1932.

_____. "O Vale do Cariri". *Revista do Instituto do Ceará*, Fortaleza, v. LIX, pp. 94-133, 1945.

_____. "Juàzeiro, cidade mística". *Revista do Instituto do Ceará*, Fortaleza, v. LXII, pp. 72-101, 1948.

_____. "O Vale do Cariri". *Almanaque do Cariri*, Crato, pp. 13-4, 1949.

_____. *História das sêcas (Séculos XVII a XIX)*. Fortaleza: Instituto do Ceará, 1953.

"A MENTIRA". *O Rebate*, Juazeiro do Norte, 19 jun. 1910.

ANAIS do Seminário 150 anos de padre Cícero. Fortaleza: RCV 1994.

ANDRADE FURTADO. "O centenário de d. Quintino". *Revista do Instituto do Ceará*, Fortaleza, v. LXXVII, pp. 60-2, 1963.

ANDRADE, Leopoldino Costa. *Sertão a dentro (Alguns dias com o padre Cícero)*. Rio de Janeiro: [s.n.], 1922.

"A QUESTÃO do Joaseiro — Como o snr. Antônio Luiz abusou da prudência do povo do Joaseiro". *O Rebate*, Juazeiro do Norte, 4 set. 1910.

ARAÚJO, padre Antônio Gomes de. "Um civilizador do Cariri". *A Província*, Recife, v. III, pp. 127-46, 1955.

_____. "Apostolado do embuste". *Itaytera*, Crato, v. II, pp. 3-63, 1956.

_____. "Padre Pedro Ribeiro da Silva, o fundador e primeiro capelão de Juàzeiro do Norte". *Itaytera*, Crato, v. IV, pp. 3-37, 1958.

_____. "À margem de 'À margem da história do Ceará'". *Itaytera*, Crato, v. VIII, pp. 5-19, 1962.

BAPTISTA, Francisco das Chagas. *História completa de Antônio Silvino, sua vida de crimes e seu julgamento*. Rio de Janeiro: H. Antunes, 1960.

BARROS, José Góes de Campos. *A Ordem dos Penitentes*. Fortaleza: Imprensa Official, 1937.

BARROSO, Gustavo. *Heróes e bandidos (Os cangaceiros do Nordeste)*. Rio de Janeiro: Francisco Alves, 1917.

_____. *Almas de lama e aço: Lampeão e outros cangaceiros*. São Paulo: Melhoramentos, 1930.

_____. *Terra de sol: Natureza e costumes do Norte*. 6. ed. Fortaleza: Imprensa Universitária do Ceará, 1962.

BASTIDE, Roger. "Religion and the Church in Brazil". In: SMITH, T. Lynn; MARCHANT, Alexander (Orgs.). *Brazil, Portrait of Half a Continent*. Nova York: Dryden, 1951. pp. 334-55.

BELLO, José Maria. *A History of Modern Brazil, 1889-1964*. Inclui capítulo de conclusão de Rollie E. Poppino. Trad. de James L. Taylor. Stanford: Stanford University Press, 1966.

BENÍCIO, Manuel. "Dr. Leandro Bezerra". *O Fluminense*, Niterói, 11 jun. 1907.

BLONDEL, Jean. *As condições da vida política no estado da Paraíba*. Rio de Janeiro: Fundação Getúlio Vargas, 1957.

CASA DE RUI BARBOSA. *Literatura popular em verso*. Rio de Janeiro: Olímpica, 1961. t. I.

CASIMIRO, Renato. *Antes qu' eu me esqueça*. Fortaleza: Edições AFAJ/IPESC/ICVC/ABC, 2000. 3 v.

BRASIL, Thomaz Pompeu de Souza. *O Ceará no centenário da Independência do Brasil*. Fortaleza: Typographia Minerva, 1922-6. 2 v.

BRAZIL, Thomaz Pompêo de Souza. *Dicionário topográfico e estatístico da província do Ceará*. Rio de Janeiro: [s.n.], 1861.

BRÍGIDO, João. *Apontamentos para a história do Cariri: Crônica do sul do Ceará*. Fortaleza: Typograhia da *Gazeta do Norte*, 1888.

BRITO, José de Figueiredo. "A contribuição dos romeiros na construção econômica do Cariri". *Itaytera*, Crato, v. II, pp. 227-9, 1956.

_____. "Maxixes e malabares (Episódio inédito da história política do Crato)". *Itaytera*, Crato, v. V, pp. 37-57, 1959.

CALLOU, Antonio Marchêt. "Barbalha". *Itaytera*, Crato, v. v, pp. 127-33, 1959.

CALMON, Pedro. *História do Brasil*. Rio de Janeiro: José Olympio, 1959. 7 v.

CAMPOS, Eduardo. *Folclore do Nordeste*. Rio de Janeiro: Edições O Cruzeiro, 1960a.

_____. *Estudos de folclore cearense*. Fortaleza: Imprensa Universitária do Ceará, 1960b.

CARNEIRO, Glauco. "A revolta dos jagunços". *O Cruzeiro*, Rio de Janeiro, 4 ago. 1964.

_____. *História das revoluções brasileiras*. Rio de Janeiro: Edições O Cruzeiro, 1965. 2 v.

"CARTA de Otacílio Anselmo e Silva ao padre Antonio Gomes de Araújo, 22 de janeiro de 1957". *Ecos do "Apostolado do Embuste"*, separata da revista *Itaytera*, Crato, 1957.

CARTAXO, Décio Teles. "Pela instalação de um órgão da cadeia associada em Crato". *A Província*, Recife, III, pp. 61-4, 1955.

CARVALHO, Carlos Livino de. "A tomada do Crato". *Revista do Instituto do Ceará*, Fortaleza, v. LXVI, pp. 119-36, 1952.

_____. *A couvada*. Recife: Gráfica Editora do Recife, 1959.

CARVALHO, Jáder de. *Sua majestade, o juiz*. São Paulo: Musa, 1962.

_____. *Aldeota: Romance*. São Paulo: Exposição do Livro, 1963.

_____. "Padre Cícero: Mito e realidade — Prefácio ao livro de Otacílio Anselmo, no prelo". *O Povo*, Fortaleza, 19/20 fev. 1966.

CARVALHO, Orlando. *Política do município: Ensaio Histórico*. Rio de Janeiro: Agir, 1946.

CARVALHO, Raul de Souza. "Um capítulo inédito sobre o padre Cícero". *Unitário*, Fortaleza, 27 dez. 1953/3, 10 jan. 1954; republicado em *O Povo*, Fortaleza, 22 jul. 1961.

CARVALHO, marechal Setembrino de. *Memórias (Dados para a História do Brasil)*. Rio de Janeiro: [s.n.], 1950.

CASCUDO, Luís da Câmara. *Vaqueiros e cantadores*. Porto Alegre: Globo, 1939.

_____. *História do Rio Grande do Norte*. Rio de Janeiro: MEC; Serviço de Documentação, 1955.

_____. *Dicionário do folclore brasileiro*. 2. ed. Rio de Janeiro: Instituto Nacional do Livro, 1962. 2 v.

CASTELO, Plácido Alderado. "Histórico da Escola Normal Rural do Juàzeiro". In: Semana Ruralista de Juàzeiro, 1938, Fortaleza. *Anais...* Fortaleza: Imprensa Oficial, 1938. pp. 129-39.

_____. "Deputado Paula Rodrigues". *Revista do Instituto do Ceará*, Fortaleza, v. LXXVIII, pp. 307-12, 1963.

468

CASTRO, Godofredo de. *Joazeiro na Assembléia Legislativa do Ceará*. Fortaleza: Typographia São José, 1925.

CAVALCANTE, J. H. de Holanda. *Um crime político*. Fortaleza: [s.n.], 1934.

"COMMUNICADO: Milagres na povoação do Joazeiro do Crato". *Cearense*, Fortaleza, 24 abr. 1891.

CORNÉLIO, Expedito. "Festa da gratidão". *Revista do Cinqüentenário do Juàzeiro do Norte*, Fortaleza, pp. 7-8, 1961.

COSTA, Floro Bartholomeu da. "Minas do Coxá: Ligeiras considerações para refutar os argumentos adduzidos pelo Il.^{mo} sr. coronel José Francisco Alves Teixeira no 'Correio do Cariry' de 5 do corrente". *O Rebate*, Juazeiro do Norte, 22 ago. 1900/25 jul. 1910.

_____. "De agua abaixo, não irá o Joaseiro". *O Rebate*, Juazeiro do Norte, 8, 15, 22, 29 jan./5 fev. 1911a.

_____. "Última palavra". *O Rebate*, Juazeiro do Norte, 26 fev. 1911b.

_____. "Formal desmentido". *Unitário*, Fortaleza, 9, 10, 11, 13, 14, 15, 17 jul. 1915.

_____. *Joazeiro e o padre Cícero (Depoimento para a história)*. Rio de Janeiro: Imprensa Nacional, 1923.

_____. "Um padre ordinário". *Gazeta do Joaseiro*, 6, 13, 21 jun./18 jul./1 ago. 1925.

COSTA, João Cruz. *A History of Ideas in Brazil*. Trad. Suzette Macedo. Berkeley: University of California Press, 1964.

COUTINHO, padre Cícero. "A independência do Joaseiro". *O Jornal do Cariry*, Barbalha, 23 jul. 1950a.

_____. "A política em Juàzeiro, logo após sua independência", *O Jornal do Cariry*, Barbalha, 3 jul. 1950b.

CUNHA, Euclides da. *Rebellion in the Backlands*. Trad. Samuel Putnam (do original *Os sertões*). Chicago: University of Chicago Press, 1944.

DA NEMBRO, P. Metodio. *I Cappuccini nel Brasile, Missione e Custodia del Maranhão (1892-1956)*. Milão: [s.n.], 1957.

DELLA CAVA, Ralph. "Ecclesiastical Neo-Colonialism in Latin America". *Slant*, v. 3, n. 5, pp. 17-20, out./nov. 1967.

_____. "Brazilian Messianism and National Institutions: A Reappraisal of Canudos and Joaseiro". *Hispanic American Historical Review*, v. XLVIII, n. 3, pp. 402-20, 1968.

_____. *Miracle at Joaseiro*. Nova York: Columbia University Press, 1970.

_____. "Messianismo brasileiro e instituições nacionais: Uma reavaliação de Canudos e Joaseiro". *Revista das Ciências Sociais (UFC)*, Fortaleza, v. VI, n. 1/2, pp. 121-39, 1975.

DELLA CAVA, Ralph. *Milagre em Joaseiro*. Rio de Janeiro: Paz e Terra, 1977.

_____. "Antigas controvérsias, novos paradigmas: Lembranças de um pesquisador à véspera do III Simpósio Internacional sobre o padre Cícero". In: III Simpósio Internacional sobre o padre Cícero: "E quem é ele?". *Anais*... Juazeiro do Norte; Crato: Universidade Regional do Cariri; Diocese do Crato, 2004.

_____. "Matchmaker, Matchmaker: Of Collections in Search of Safe Havens". In: *Latin American Studies Research and Bibliography: Past, Present, and Future. Papers of the 50th Annual Meeting of the Seminar on the Acquisition of Latin American Library Materials*. New Orleans: SALALM Secretariat, 2006.

"DESCRIPÇÃO da Cidade do Crato em 1882 pelo dr. Gustavo Horácio". *Itaytera*, Crato, v. V, pp. 165-71, 1959.

"DESORDENS do Joazeiro". *Diário de Pernambuco*, Recife, 30 dez. 1896.

DINIS, M[anoel]. *Mistérios do Joazeiro*. Juazeiro do Norte: [s.n.], 1935.

DROULERS, S. J. Paul. "Roman Catholicism". In: MÉTRAUX, Guy S.; CROUZET, François (Orgs.). *The Nineteenth Century World*. Nova York: Mentor, 1963.

DUARTE JR. "Solidarísticas". *Itaytera*, Crato, v. IV, pp. 185-7, 1958.

DUBOIS, padre. "Um pseudo-martyr". *Correio do Ceará*, Fortaleza, 29 ago. 1925.

DUNCAN, Julian Smith. *Public and Private Operations of Railroads in Brazil*. Nova York; Londres: Columbia University Press; P. S. King & Son, 1932.

"ENTREVISTA com Ralph Della Cava". *Acervo — Revista do Arquivo Nacional*, Rio de Janeiro, v. 16, n. 2, pp. 3-18, jul./dez. 2003.

ESTADO do Cariri, separata da revista *Itaytera*, Crato, 1957.

FACÓ, Boanerges. "Homens e cousas — Ceará: Governo Franco Rabelo". *Unitário*, Fortaleza, 2, 9, 15 ago. 1959a.

_____. "Homens e cousas — Ceará: Intervenção federal". *Unitário*, Fortaleza, 6 set./11, 18, 25 out. 1959b.

FACÓ, Rui. *Cangaceiros e fanáticos*. Rio de Janeiro: Civilização Brasileira, 1963.

FERRO, Anderson. "Milagres em Joaseiro". *Combate*, Fortaleza, 31 ago./2, 6, 14 set./25, 28 out. 1892.

FIGUEIREDO, José Alves de. *Ana Mulata: Contos e crônicas*. Crato: Instituto Cultural do Cariri, 1958.

FIGUEIREDO, Manuel Ferreira de (pseudônimo de Floro Bartholomeu da Costa). "Justa defesa". *O Rebate*, Juazeiro do Norte, 29 ago. 1909.

_____. "Olho por olho, dente por dente". *O Rebate*, Juazeiro do Norte, 12 set. 1909.

_____. "Os effeitos da imprudência". *O Rebate*, Juazeiro do Norte, 19 set. 1909.

FIGUEIREDO FILHO, José. "Casa de Caridade do Crato, fruto do apostolado multiforme do padre Ibiapina". *A Província*, Recife, v. III, pp. 14-25, 1955.

FIGUEIREDO FILHO, José. "Engenhos de rapadura do Cariri". In: BRASIL; SERVIÇO DE INFORMAÇÃO AGRÍCOLA. *Documentário da Vida Rural*. Rio de Janeiro: Ministério da Agricultura, 1958. v. 13: Engenhos de rapadura do Cariri.

FIRMEZA, Hermenegildo. "A revolução de 1912 no Ceará". *Revista do Instituto do Ceará*, Fortaleza, v. LXXVII, pp. 25-9, 1963.

FRANCO, Afonso Arinos de Melo. *Um estadista da República*. Rio de Janeiro: José Olympio, 1955. 3 v.

FURTADO, Celso. *The Economic Growth of Brazil*. Berkeley; Los Angeles: University of California Press, 1965. [Ed. bras.: *Formação econômica do Brasil*. São Paulo: Companhia das Letras, 2007.]

GARDNER, George. *Viagens no Brasil principalmente nas províncias do norte e nos distritos do ouro e do diamante durante os anos de 1836-1841*. São Paulo: Companhia Editora Nacional, 1942. Publicado originalmente em Londres, 1846.

GASPARI, Elio. *As ilusões armadas*. São Paulo: Companhia das Letras, 2000. v. II: A ditadura escancarada. pp. 271-3.

GIRÃO, Raimundo. *História econômica do Ceará*. Fortaleza: Editora Instituto do Ceará, 1947.

_____. *Geografia estética de Fortaleza*. Fortaleza: Imprensa Universitária do Ceará, 1959.

_____. *A pequena história do Ceará*. 2. ed. Fortaleza: Editora Instituto do Ceará, 1962.

GIRÃO, Raimundo; MARTINS FILHO, Antônio (Orgs.). *O Ceará*. Fortaleza: Editora Fortaleza, 1939.

GOUVEIA, Flávio (pseudônimo de Floro Bartholomeu da Costa). "Joaseiro". *O Rebate*, Juazeiro do Norte, 29 maio 1910.

GUEIROS, Optato. *Lampeão*. 4. ed. Salvador: Progresso, 1956.

GUIMARÃES, Hugo Victor. *Deputados provinciais e estaduais do Ceará: Assembleias Legislativas, 1835-1947*. Fortaleza: Jurídica, 1952.

GUSMÃO, A. *O Ceará: O movimento revolucionário do Juàzeiro — Subsídio para a história do Ceará*. Fortaleza: [s.n], 1915.

HANKE, Lewis. "How a Historian Works: A Reply to a Student Query". In: *HOMENAJE a Jaime Vicens Vives*. Barcelona: Universidade de Barcelona; Facultad de Filosofía y Letras, 1965. 2 v.

HEINZ, Flávio M. "Entrevista com Joseph L. Love". *Estudos Históricos*, Rio de Janeiro, n. 32, pp. 165-77, 2003.

"HINO do padre Ibiapina, reproduzido da tradição popular por Tereza Rosando Simões". *Itaytera*, Crato, v. IV, p. 109, 1958.

HIRSCHMAN, Albert Otto. *Journeys Toward Progress: Studies of Economic Policy--making in Latin America*. Nova York: The Twentieth Century Fund, 1963.

HOBSBAWM, Eric John. *Primitive Rebels: Studies in Archaic Forms of Social Movement in the 19th and 20th Centuries*. Nova York: W. W. Norton, 1965. [Ed. bras.: *Rebeldes primitivos: Estudos sobre formas arcaicas de movimentos sociais nos séculos XIX e XX*. Rio de Janeiro: Zahar, 1970.]

HOLANDA, Sérgio Buarque de. *Raízes do Brasil*. Rio de Janeiro: José Olympio, 1936.

"INDEPENDÊNCIA do Joaseiro — Passeiatas e discursos". *O Rebate*, Juazeiro do Norte, 4 set. 1910.

"INEDICTORIAES — Os últimos acontecimentos". *O Rebate*, Juazeiro do Norte, 25 jul. 1909.

JÚLIO MARIA, padre. *O catolicismo no Brasil (Memória histórica)*. Rio de Janeiro: Agir, 1950.

LIMA, Herman. "Era ele mesmo o sertão". In: MOTTA, Leonardo. *Violeiros do Norte*. 3. ed. Fortaleza: Imprensa Universitária do Ceará, 1962. pp. 9-17.

"LEANDRO Bezerra". *Revista do Instituto do Ceará*, Fortaleza, v. XXVI, pp. 206-14, 1912.

"LOCAL proibido em Juàzeiro foi visitado por bispo e padres durante Semana Santa". *O Povo*, Fortaleza, 30 mar. 1967.

LOURENÇO FILHO, Manuel Bergström. *Joaseiro do padre Cícero (Scenas e quadros do fanatismo no Nordeste). Estudo de psychologia social*. São Paulo: Melhoramentos, 1926.

LOVE, Joseph. *Rio Grande do Sul and Brazilian Regionalism, 1882-1930*. Stanford: Stanford University Press, 1971.

LUNA, d. Joaquim G. de. "Os monges beneditinos no Ceará". *Revista do Instituto do Ceará*, Fortaleza, v. LXV, pp. 192-228, 1951.

_____. "Os monges beneditinos no Ceará". *Revista do Instituto do Ceará*, Fortaleza, v. LXVI, pp. 220-40, 1952.

LUNA, Luiz. *Lampião e seus cabras*. Rio de Janeiro: Leitura, 1963.

MACEDO, padre Manuel. *Joazeiro em fóco*. Fortaleza: Editora de Autores Católicos, 1925a.

_____. "O Joaseiro ideal". *O Ideal*, Juazeiro do Norte, 8, 11, 18, 25 jul./1, 8, 15 ago. 1925b.

MACÊDO, Nertan. *O padre e a beata*. Rio de Janeiro: Leitura, 1961.

_____. *Memorial de Vilanova*. Rio de Janeiro: Edições O Cruzeiro, 1964.

MACHADO, J. *Duas palavras (Excertos da vida do padre Cícero)*. Juazeiro do Norte: [s.n.], 1948.

MAIA, Donaciano de Norões; FAÇANHA, José Manuel de A. (Orgs.). *Os milagres do Joaseiro ou Nosso Senhor Jesus Christo manifestando Sua presença real no divino e adorável sacramento da Eucharistia*. Crato: [s.n.], 1891.

MARIZ, Celso. *Ibiapina, um apóstolo do Nordeste*. João Pessoa: União, 1942.

MARROCOS, José. *Joaseiro: A carta aberta do snr. Nicodemus — Resposta de José de Arimatéa*. [S.l.]: [s.n.], [1909?].

MATOS, Celso Gomes de. "Em defesa da serra do Araripe". *A Província*, Ceará, v. III, pp. 31-4, 1955.

MATTOS, Raimundo Gomes de. *Discurso proferido* [...] *na solemnidade da inauguração da estátua do venerando padre Cícero Romão Baptista, em Joazeiro, no dia 11 de janeiro de 1925*. Fortaleza: [s.n.], 1925.

_____. "Parece um gênio do sertão". *Unitário*, Fortaleza, 12 maio 1955.

MECHAM, J. Lloyd. *Church and State in Latin America: A History of Politico-Ecclesiastical Relations*. Chapel Hill: University of North Carolina, 1934.

MELLO, Othon L. Bezerra de. "A evolução da indústria de tecidos de algodão em Pernambuco". *Revista do Instituto Arqueológico, Histórico e Geográfico Pernambucano*, v. XXIX, pp. 51-8, 1928-9.

MENDES, Cândido. *Memento dos vivos: A esquerda católica no Brasil*. Rio de Janeiro: Tempo Brasileiro, 1966.

MENEZES, Djacir. *O outro Nordeste*. Rio de Janeiro: José Olympio, 1937.

MENEZES, José Pinheiro de Bezerra de. "Joazeiro do Cariry". *Correio do Ceará*, Fortaleza, 18 out. 1917.

MENEZES, Paulo Elpídio de. *O Crato do meu tempo*. Fortaleza: Imprensa Universitária do Ceará, 1960.

MENEZES, Raimundo de. "No tempo do padre Cícero... O canhão de Emilio Sá". *O Povo*, Fortaleza, 30, 31 mar. 1963.

MONTEIRO, Manoel. "Carta aberta... a Gomes de Mattos". *Unitário*, Fortaleza, 25 mar. 1952.

MONTENEGRO, Abelardo. *Antônio Conselheiro*. Fortaleza: A. Batista Fontenele, 1954.

_____. *História do cangaceiro no Ceará*. Fortaleza: A. Batista Fontenele, 1955.

_____. *História do fanatismo religioso no Ceará*. Fortaleza: A. Batista Fontenele, 1939.

_____. *História dos partidos políticos cearenses*. Fortaleza: [A. Batista Fontenele?], 1965.

MOREL, Edmar. *Padre Cícero, o santo do Juàzeiro*. Rio de Janeiro: Gráfica O Cruzeiro, 1946.

MORSE, Richard. *From Community to Metropolis*. Gainesville: University of Florida Press, 1958.

473

MOTTA, Leonardo. *Cantadores: Poesia e linguagem do sertão cearense*. 3. ed. Fortaleza: Imprensa Universitária do Ceará, 1961.

_____. *No tempo de Lampeão*. Rio de Janeiro: Oficina Industrial Gráfica, 1930.

_____. *Violeiros do Norte: Poesia e linguagem do sertão nordestino*. 3. ed. Fortaleza: Imprensa Universitária do Ceará, 1962.

NASCIMENTO, F. S. "Subsídios para a história do jornalismo cratense". *A Província*, Recife, v. III, pp. 3-14, 99-112, 1955.

_____. "Esboço da evolução literária do Crato". *Itaytera*, Crato, v. IV, pp. 56-70, 1958.

_____. "Caudilho gaúcho ganha capítulo na história política do Ceará". *O Povo*, Fortaleza, 24, 25 ago. 1963.

NÓBREGA, Apolônio. "Dioceses e bispos do Brasil". *Revista do Instituto Histórico e Geográfico Brasileiro*, Rio de Janeiro, v. 222, pp. 3-328, jan./mar. 1954.

NOGUEIRA, Francisco de Alcântara. *Iguatu: Memória sócio-histórico-econômica*. Fortaleza: Instituto do Ceará, 1962.

NOGUEIRA, Lauro. "A segunda conferência do dr. Gomes de Matos sobre o padre Cícero". *Unitário*, Fortaleza, 14 maio 1952.

NUNES LEAL, Victor. *Coronelismo, enxada e voto*. São Paulo: Companhia das Letras, 2012.

"O JORNAL do Recife entrevista o coronel Liberato Barroso, novo governador do Ceará". *Jornal do Recife*, Recife, 21 jun. 1914.

OLIVEIRA, Amália Xavier de. "Minha mestre". *Revista do Cinqüentenário do Juàzeiro do Norte*, Fortaleza, pp. 25-30, 1961.

OLIVEIRA, Antônio Xavier de. *Beatos e cangaceiros*. Rio de Janeiro: [s.n.], 1920.

"OS JAGUNÇOS da Legião da Cruz". *A Ordem*, Sobral, 19 jun. 1898.

PEARSE, Arno. *Cotton in North Brazil*. Manchester: Taylor, Garnett, Evans & Co., 1923.

PEIXOTO, padre Joaquim de Alencar. "Ao público". *O Rebate*, Juazeiro do Norte, 27 ago. 1911.

_____. *Joazeiro do Cariry*. Fortaleza: Typographia Moderna, 1913.

PEREIRA NÓBREGA, padre. *Vingança não (Depoimento sôbre Chico Pereira e cangaceiros do Nordeste)*. 2. ed. Rio de Janeiro: Freitas Bastos, 1961.

PESSOA, José Getúlio da Frota. *O olygarcha do Ceará (A chrônica de um déspota)*. Rio de Janeiro: Typographia do *Jornal do Commercio*, 1910.

PIMENTA, Joaquim. *Retalhos do passado*. Rio de Janeiro: Imprensa Nacional, 1949.

PIMENTEL, padre J. Soares (Org.). *Os milagres do Joazeiro ou Grande collecção de documentos que attestam a veracidade da transformação da Sagrada Hostia em sangue, sangue precioso de Nosso Senhor Jesus Christo, na povoação do Joazeiro... Caicó*: [s.n.], 1892.

PINHEIRO, Irineu. *O Joaseiro do padre Cícero e a revolução de 1914*. Rio de Janeiro: Irmãos Pongetti, 1938.

_____. *O Cariri: Seu descobrimento, povoamento, costumes*. Fortaleza: [s.n.], 1950.

_____. *Efemérides do Cariri*. Fortaleza: Imprensa Universitária do Ceará, 1963.

PINTO, Luís. *Síntese histórica e cronológica da Paraíba*. Rio de Janeiro: Minerva, 1953.

POMPEU SOBRINHO, Thomaz. *História das sêcas (Século XX)*. Fortaleza: A. Batista Fontenele, 1953.

PORTO, José da Costa. *Pinheiro Machado e seu tempo: Tentativa de interpretação*. Rio de Janeiro: José Olympio, 1951.

QUEIROZ, Maria Isaura Pereira de. *O messianismo, no Brasil e no mundo*. São Paulo: Dominus, 1965.

QUEIROZ, Rachel de. *Lampião*. Rio de Janeiro: José Olympio, 1953.

"QUEM não gostar, que se morda...". *O Rebate*, Juazeiro do Norte, 25 set. 1910.

QUINDERÉ, monsenhor José. "História eclesiástica do Ceará". *O Ceará*, Fortaleza, pp. 351-66, 1939.

_____. *D. Joaquim José Vieira*. Fortaleza: Editora Instituto do Ceará, 1948.

_____. *Comendador Antonio Pinto Nogueira Accioly*. Fortaleza: Tipografia Minerva, 1950.

_____. *Reminiscências*. Fortaleza: A. Batista Fontenele, 1957.

RABELO, tenente-coronel Marcos Franco. "Plataforma, lida por ocasião do banquete político realizado no dia 21 de março de 1912 no theatro José de Alencar pelo tenente-coronel dr. Marcos Franco Rabello candidato à presidência do Ceará no quatriênio de 1912 a 1916". In: THEOPHILO, Rodolpho. *Libertação do Ceará (Queda da oligarchia Accioly)*. Lisboa: Typographia A Editora Ltda., 1914.

RAMOS, Guerreiro. *A crise do poder no Brasil: Problemas da revolução nacional brasileira*. Rio de Janeiro: Zahar, 1961.

RAMOS, José Waldo Ribeiro. *Centenário do comendador Nogueira Acioli*. Fortaleza: Tipografia Minerva; Assis Bezerra e Cia., 1940.

REIS VIDAL. *Padre Cícero: Joazeiro visto de perto — O padre Cícero Romão Baptista, sua vida e sua obra*. Rio de Janeiro: [s.n.], 1936.

ROCHA, Alexandrino. "Juàzeiro, a meca do Padim Ciço". *Manchete*, São Paulo, pp. 118-21, 4 dez. 1965.

ROMERO, Tristão. *Vida completa do padre Cícero Romão Batista (Anchieta do século XX)*. Juazeiro do Norte: [s.n.], 1950.

ROSA, Virgínio Santa. *O sentido do tenentismo*. Rio de Janeiro: Schmidt, 1933.

SANTOS, Gorgônio Brígido dos. "O milagre do Joazeiro do Crato no estado do Ceará". *Diário de Pernambuco*, Recife, 6 set. 1893.

SANTOS, José Maria dos. *A política geral do Brasil*. São Paulo: Magalhães, 1930.

SERBIN, Kenneth P. *Needs of the Heart: A Social and Cultural History of Brazil's Clergy and Seminaries*. Notre Dame, Indiana: Notre Dame University Press, 2006. [Ed. bras.: *Padres, celibato e conflito social: Uma história da Igreja Católica no Brasil*. São Paulo: Companhia das Letras, 2008.]

SILVA, Antonio Carlos Simõens da. *O padre Cícero e a população do Nordeste (Elementos de defesa, história, "folklore" e propaganda)*. Rio de Janeiro: Imprensa Nacional, 1927.

SILVA, Cyro. *Pinheiro Machado*. Rio de Janeiro: Tupã, 1951.

SILVA, Fernando Altenfelder. "As lamentações e os grupos de flagelados de São Francisco". *Sociologia*, São Paulo, v. XXIV, n. 1, pp. 15-28, 1962.

SILVA, José Fabio Barbosa da. "Organização social de Juàzeiro e tensões entre litoral e interior". *Sociologia*, São Paulo, v. XXIV, n. 3, pp. 181-7, 1962.

SILVA, Otacílio Anselmo e. "A história do padre Cícero". *Itaytera*, Crato, v. V-VII, 1959-61.

_____. *Padre Cícero: Mito e realidade*. Rio de Janeiro: Civilização Brasileira, 1968.

SOARES, Martins (pseudônimo de Antonio Salles). *O Babaquara*. Rio de Janeiro: Typographia do *Jornal do Commercio*, 1912.

SOBRAL, Lívio (pseudônimo de padre Azarias Sobreira). "Padre Cícero Romão". *Revista do Instituto do Ceará*, Fortaleza, v. LVII, pp. 285-96, 1943.

SOBREIRA, padre Azarias. *O primeiro bispo do Crato (Dom Quintino)*. Rio de Janeiro: Editora ABC, 1938.

_____. "Floro Bartholomeu". *Revista do Instituto do Ceará*, Fortaleza, v. LXIV, pp. 193-202, 1950.

_____. *Em defesa de um abolicionista (Resposta ao "Apostolado do embuste")*. Fortaleza: A. Batista Fontenele, 1956.

_____. "O revolucionário". *Revista do Cinqüentenário do Juàzeiro do Norte*, Fortaleza, pp. 14-6, 1961.

_____. "Dom Quintino — Centenário". *Revista do Instituto do Ceará*, Fortaleza, v. LXXIX, pp. 75-88, 1965.

_____. "Padre Cícero, enigma de hontem e de hoje". *O Povo*, Fortaleza, out. 1965/fev. 1966.

_____. *O Patriarca de Juàzeiro*. Petrópolis: Vozes, 1969.

SOBREIRA, Geová. *Xilógrafos de Juazeiro*. Fortaleza: Edições da Universidade Federal do Ceará, 1984.

SODRÉ, Nelson Werneck. *História militar do Brasil*. Rio de Janeiro: Civilização Brasileira, 1965.

SOUZA, Eusébio de. "A vida da 'Legião da Cruz'". *Revista do Instituto do Ceará*, Fortaleza, v. XXIX, pp. 315-32, 1915.

souza, Eusébio de. "Os monumentos do estado do Ceará". *Revista do Instituto do Ceará*, Fortaleza, v. XLVII, pp. 51-103, 1932.

_____. *História militar do Ceará*. Fortaleza: Editora Instituto do Ceará, 1950.

souza, monsenhor Silvano de. "Padre mestre Ibiapina". *Itaytera*, Crato, v. VI, pp. 89-108, 1961.

stavenhagen, Rodolpho. "Seven Erroneous Theses about Latin America". *New University Thought*, v. IV, n. 4, pp. 25-37, 1966-7.

studart, Guilherme. "Descripção do município de Barbalha". *Revista do Instituto do Ceará*, Fortaleza, v. II, pp. 9-13, 1888.

_____. *Datas e factos para a história do Ceará*. Fortaleza: Typographia Studart, 1896. v. I e II.

_____. *Datas e factos para a história do Ceará — O Ceará estado*. Fortaleza: Typographia Commercial, 1924a. v. III.

_____. *Para a história do jornalismo cearense, 1824-1924*. Fortaleza: Typographia Moderna, 1924b.

távora, Manuel do Nascimento Fernandes. "O padre Cícero". *Revista do Instituto do Ceará*, Fortaleza, v. LVII, pp. 35-69, 1943.

_____. *Algo de minha vida: Cumprindo uma velha promessa*. 2. ed. Fortaleza: Imprensa Universitária do Ceará, 1963a.

_____. "Dr. Francisco de Paula Rodrigues". *Revista do Instituto do Ceará*, Fortaleza, v. LXXVIII, pp. 299-306, 1963b.

theophilo, Rodolpho. *Historia da secca do Ceará, 1877 a 1880*. Fortaleza: Typographia do *Libertador*, 1883.

_____. *Seccas do Ceará (Segunda metade do século XIX)*. Fortaleza: Louis C. Choloveiçki, 1901.

_____. *Libertação do Ceará (Queda da oligarchia Accioly)*. Lisboa: Typographia A Editora Ltda., 1914.

_____. *A sedição do Joazeiro*. São Paulo: Monteiro Lobato, 1922a.

_____. *A secca de 1915*. Rio de Janeiro: Imprensa Ingleza, 1922b.

torres, Luiz. "O governador da Bahia e Canudos. Calumnia". *A Bahia*, Salvador, 14 set. 1897.

_____. "O governador da Bahia e Canudos. Calumnia". *A República*, Fortaleza, 10 ago. 1897.

"veritas Super Omnia". *Diário de Pernambuco*, Recife, 7 out. 1897.

vieira, d. José Joaquim. *Carta Pastoral [...] exhortando os seus diocesanos a orarem pela egreja e pela patria e premunindo-os contra vicios opostos à santa religião [...] 25 de março de 1893*. Fortaleza: [s.n.], 1894.

vilaça, Marcos Vinicius; albuquerque, Roberto C. de. *Coronel e coronéis*. Rio de Janeiro: Tempo Brasileiro, 1965.

VILESPY, François. "Juàzeiro do Norte et le padre Cícero". *Caravelle*, Toulouse, v. 5, n. 5, pp. 61-70, 1965.

WAGLEY, Charles. *An Introduction to Brasil*. Nova York: Columbia University Press, 1963.

WALLERSTEIN, Immanuel. *The Essential Wallerstein*. Nova York: The New Press, 2000.

WILDBERGER, Arnold. *Os presidentes da província da Bahia*. Salvador: Tipografia Beneditina, 1949.

MANUSCRITOS NÃO PUBLICADOS

BARRETO, monsenhor Joviniano. "Organização religiosa". In: XAVIER DE OLIVEIRA, Amália. *Inquérito do Juàzeiro*. Juazeiro do Norte, 1943. pp. 55-65.

HAHNER, June E. *Brazilian Civilian-Military Relations, 1889-1898*. Ithaca, NY: Latin American Studies Program, Dissertation Series, Cornell University, 1967. Mimeografado.

MENEZES, José Ferreira Bezerra de. *A minha história sobre as cousas antigas e modernas do Juazeiro*. Juazeiro do Norte, 1936.

MENEZES, Octávio Aires de. *O Joaseiro e seu legítimo fundador padre Cícero Romão Batista*. Juazeiro do Norte, 1963.

_____. *Coronel Franco Rabelo e a revolução do Joaseiro*. Juazeiro do Norte, 1964.

MORTON, Ann. *Religion in Juàzeiro (Ceará, Brasil) Since the Death of Padre Cícero — A Case Study in the Nature of Messianic Religious Activity in the Interior of Brazil*. Nova York, Universidade Columbia, 1966. Dissertação (Mestrado).

OLIVEIRA, Amália Xavier de (Org.). *Inquérito do Juàzeiro*. Juazeiro do Norte, 1943.

RÓLIM, frei Antônio, O. P. *Levantamento sócio-religioso de diocese de Crato*. Rio de Janeiro, 1964. Mimeografado.

JORNAIS

A Bahia (Salvador)
A Ordem (Sobral)
A Província (Recife)
A República (Fortaleza)
A Verdade (Fortaleza)
Ceará (Fortaleza)

Cearense (Fortaleza)

Combate (Fortaleza)

Correio do Ceará (Fortaleza)

Diário de Pernambuco (Recife)

Diário do Commercio (Rio de Janeiro)

Era Nova (Recife)

Estado do Ceará (Fortaleza)

Hebdomadário Cathólico (Rio de Janeiro)

Gazeta do Joaseiro (Juazeiro do Norte)

Gazeta do Cariry (Crato)

Jornal do Cariry (Barbalha)

Jornal do Recife (Recife)

Libertador (Fortaleza)

O Ceará (Fortaleza)

O Estado do Ceará (Fortaleza)

O Fluminense (Niterói)

O Ideal (Juazeiro do Norte)

O Jornal do Cariry (Juazeiro do Norte)

O Nordeste (Fortaleza)

O Pioneiro (Juazeiro do Norte)

O Povo (Fortaleza)

O Rebate (Juazeiro do Norte)

Pedro II (Fortaleza)

Unitário (Fortaleza)

Créditos das imagens

pp. 1, 2 (acima), 3 (ao centro e abaixo), 4 (abaixo) e 7: Acervo Renato Casimiro e Daniel Walker.

pp. 2 (abaixo), 5 e 6: Cortesia de d. Amália Xavier de Oliveira, de Juazeiro do Norte, Ceará.

pp. 3 (acima) e 8: Arquivo do autor.

p. 4 (acima): Uma cópia do volante foi concedida ao autor pelo falecido sr. Odílio Figueiredo, de Fortaleza, Ceará.

Índice remissivo

Abolição, 106, 109; *ver também* escravidão

Accioly, Antonio Pinto Nogueira: como presidente do Ceará, 169-71, 173, 176-7, 184-5, 187, 194, 197-8, 201-3, 205, 209-13; deposição de, 210, 216-9, 221-2, 241; influência depois da revolução, 255-8, 260, 317; papel na revolução de 1913--1914, 240-2, 244-5, 247-8, 250-1, 253-4; *ver também* Partido Republicano Conservador — Ceará (PRC-C)

Accioly, José, 223-5, 229, 261, 312

acciolysmo, 28, 223, 225-6, 229, 242, 246, 257-8, 260, 290, 317

açúcar, 59, 63-4, 78, 131, 164-6, 273

açudes, 68, 267, 270, 273

adventícios, 18, 164, 178-81, 189, 191, 199-201, 204, 212, 228, 230-1, 288, 309, 312-3; *ver também* filhos da terra

advogados, 21, 65, 90, 95, 157-8, 182, 190-1, 196, 211, 245, 281, 316, 324

affaire d. Bento, 320-1

afilhados, 161, 165

agregados, 26, 65, 236

agricultura, 59, 63, 162-3, 165

Aires de Menezes, Octávio, 80, 230

Alagoas, 146, 158-9, 179, 183, 228, 264

Álbum histórico (volume comemorativo do cinquentenário do Seminário de Fortaleza), 105

Alemanha, 298

Alencar, Abdon Franca de, 208

Alencar, Antônio Alexandrino de, monsenhor, 118-9, 124-6, 128-9, 131, 143, 153, 197

Alencar, Nélson Franca de, 207, 208, 231

Alencar Peixoto, Joaquim de, padre, 187, 200-3, 205-6, 208, 211, 285, 310, 319

Alexandrino, monsenhor *ver* Alencar,

Antônio Alexandrino de, monsenhor

algodão, 61, 63-4, 68, 162-3, 166, 194, 269, 270, 273, 285, 328

alimentos, 59, 63, 124, 165, 252, 273, 288

altares, 81, 85, 90, 92, 117, 119, 121, 327

alter-ego de padre Cícero *ver* Bartholomeu da Costa, Floro

Alves Pequeno, Antônio Luís: antepassados de, 65, 73, 172; como chefe político, 172, 177, 183-5, 187, 196, 198-9, 201-3, 205-6, 208-10, 212-3, 235, 267; papel na revolução de 1913-1914, 243-4, 252; queda de, 231-2; retomando o poder político, 262, 276-7, 292, 313

Amazônia, 281

Américo de Almeida, José, 280

Anderson Clayton Company, 273

Angélica (irmã de padre Cícero), 286

Antero, Francisco Ferreira, padre, 100-1, 104-5, 107-9, 112, 122, 124, 132

anticlericalismo, 74, 104, 191

Antônio Luís *ver* Alves Pequeno, Antônio Luís

aparições *ver* Cícero Romão Batista, padre; Araújo, beata Maria de

Apocalipse, 96, 116

Apostolado da Oração do Sagrado Coração de Jesus, 89, 135-6; *ver também* Sagrado Coração de Jesus

Aracati, 120-1

Araripe, Chapada do, 59, 83, 237, 273

Araripe, O (jornal), 65

Araripe, serra do, 165

Araújo, beata Maria de: como prota-

gonista do milagre, 84, 89, 91, 94-5, 112-5, 117, 126, 128-9, 131, 153; examinada pela comissão de inquérito, 100-1; morte e sepultamento de, 285, 293, 327; revelações de Cristo a, 103, 116

Arcoverde, Joaquim, d. (primeiro cardeal do Brasil), 112, 122, 127

artesãos, 22, 49, 158, 167-8, 198, 222, 287-8

assassinatos e tentativas de assassinato, 143, 153, 160, 182, 228

Assembleia Legislativa do Ceará, 176, 205, 224-6, 242, 247, 261, 264, 317

Assis Pires, Francisco de, d. (segundo bispo do Crato), 324

Associação Agrícola do Cariri, 273

Associação Comercial do Ceará, 213, 222, 228

Associação das Senhoras de Caridade, 309

Aurora, 173, 206, 209

autonomia municipal, 168, 174-6, 187, 205, 275; *ver também* Joaseiro

autoridades eclesiásticas *ver* clero brasileiro

autoridades federais, 281, 285

aviação, 277, 326

Babaquara, 210; *ver também* Accioly, Antonio Pinto Nogueira

bacharéis, 195, 202, 205, 207, 287, 313

Bahia, 21, 30, 58, 100, 145-6, 158, 181, 185, 196, 218-9, 221, 250

Banco do Cariri, 297, 299

banditismo, 26, 28, 61, 233-4, 238, 240, 260, 271, 274; *ver também* cangaceiros

Barbalha, 63-4, 68, 71, 78, 92-3, 114,

120, 124, 128-9, 131, 164, 172-4, 185-7, 193-4, 196, 206-7, 209, 232, 238-9, 248, 253-4, 262, 273, 313, 326

Barbosa, Rui, 210, 217

Barreto, Dantas, 220, 245

Barreto, Joviniano, monsenhor, 324

Barroso, Adolpho, 166

Barroso, Benjamim Liberato, 256-8, 260, 289

Barroso, Gustavo, 30, 279; *ver também* João do Norte

Bartholomeu da Costa, Floro: e a reintegração de padre Cícero, 295, 303, 320-1; morte de, 265-8, 277, 318; oposição político-partidária dos filhos da terra, 309-18; papel na autonomia de Joaseiro, 54, 181-2, 184, 187-9, 191, 203, 205, 211-2, 276-7, 285; papel na política estadual e federal, 227-9, 231-2, 257-8, 260, 262-5, 267-8, 270-1, 283; papel na revolução de 1913-1914, 238-9, 241-2, 244-5, 247-8, 250-1, 253-4

Batalhão Patriótico de Joaseiro, 268

Batista, Cícero Romão, padre *ver* Cícero Romão Batista, padre

beatas, 69, 72, 80, 115, 117, 121, 154, 284-5; papel nos milagres, 101, 115, 117-8, 120-1, 128, 132; *ver também* Araújo, beata Maria de; Mocinha, beata

beatos, 154, 155, 274

Beatos e cangaceiros (Oliveira), 310-1, 319

Belém de Figueiredo, José, 185, 208, 234, 267

beneditinos, 293, 298, 320

Bento xv, papa, 289

Bernardes, Arthur, 268

Bezerra de Menezes, João, 228, 230-1, 238-9, 250, 309

Bezerra de Menezes, Joaquim 177, 180, 204, 212

Bezerra, Leandro, 290

bispado do Cariri *ver* diocese do Cariri

bispos do Ceará *ver* Assis Pires, Francisco, d.; Santos, Luís Antônio, d.; Lopes, Manuel, d.; Rodrigues e Silva de Oliveira, Quintino, d.; Vieira, Joaquim José, d.

"Bloco do Norte" (convenção política do Nordeste), 245

boicote: econômico, 22, 198-9, 205-6; religioso, 143, 178

Boris Frères, 166

borracha, 24, 163, 166, 194, 221, 256

Bosco, João, d., 322

Brasil *ver* clero brasileiro; clientela política e clientelismo; nacionalismo; "política dos governadores"; República, proclamação da

Brazilian Messianism and National Institutions: A Reappraisal of Canudos and Joaseiro (Della Cava), 52

Brejo dos Santos, 124, 141, 172

Breviário Romano (coleção de orações), 110

Brígido, João, 217, 223, 225-6, 229, 241-2, 244-5, 247, 250, 257-8

Brito, Francisco José de, 232, 248

burocracia, 170, 224, 266

cacimbas, 68, 267

café, 79, 163, 169-70

Câmara Federal, 209, 226, 250-1, 259,

264-5, 272, 274, 277, 281, 283, 310-1, 316

Câmara Municipal do Crato, 66, 205

campanha presidencial "civilista" (1910), 210, 217

campesinato, 26, 40, 142

Campos Sales, Manuel Ferraz de, 169-70

cangaceiros, 26, 37, 160, 171, 201, 232, 235-8, 240, 248, 251-4, 260, 271, 319; cangaceirismo, 233-4, 242, 311; *ver também* capangas

cantadores, 46

Cantadores (Motta), 280

Canudos, 12, 40, 50, 52, 145-8, 238

capangas, 142-3, 146, 171, 182, 187, 208, 236; *ver também* cangaceiros

capelas, 55-7, 71, 78-81, 84, 88-9, 110, 117, 126, 129, 135, 154-6, 190-1, 203, 284-5, 291, 293, 296, 309, 327

capitalismo, 21, 65, 194-5, 221, 271, 276

capuchinhos italianos, 62, 293

caridade *ver* casas de caridade

Cariri, Vale do: cangaceiros no, 232-3, 235-6; coalizões políticas no, 206, 208, 213, 215, 277-8, 280-1; como "terceira força" no estado do Ceará, 265, 267-8, 278, 318; desenvolvimento econômico do, 161-4, 186, 194-5, 265, 267-8, 270-1, 273-5, 277; geografia e história inicial do, 49, 58, 62-3, 65-6, 68-9; política no, 226-32; republicanismo no, 76-7; rivalidades políticas no, 172-4, 181-2, 184-5, 195, 197-9, 201-3, 205-6, 208-10, 212-3, 215, 276-7; *ver também* diocese do Cariri; *municípios individuais*

Cariris Novos, 66, 278

Carta Pastoral (D. Joaquim), 77, 121-3, 125, 127-8, 145, 150

Carta Pastoral (D. Luís), 74, 77

Carvalho, Fernando Setembrino de, 254

Carvalho, Raul de Souza, 195, 202

Casa de Caridade do Crato, 80, 91, 101, 115, 119, 132

Castro, Godofredo de, 317

Catete, 27, 220, 222, 245-6, 251, 254-7, 267; *ver também* Pinheiro Machado, José

Catholicae Ecclesiae (bula papal), 289

Catolé, serra do, 83, 155-6, 173, 274

catolicismo *ver* Igreja católica; clero brasileiro; religião popular

Cavalcante, Thomás, 224-5, 228, 245, 257, 258

Ceará: Assembleia Legislativa do, 176, 205, 224-6, 242, 247, 261, 264, 317; economia do, 162-3, 220, 223, 255, 263; *ver também* coronéis; diocese do Ceará; "política dos governadores"; *governantes específicos*

Ceará Illustrado (revista), 318

cemitérios, 61, 68, 110

chagas de Cristo *ver* estigmas

Chapada do Araripe *ver* Araripe, Chapada do

Chaves, Joaquim Secundo, 95, 109

Chevallier, Pierre, padre, 70, 82, 109; contrário à ordenação de padre Cícero, 73, 82; em conflito com o clero brasileiro, 106-9

Cícero Romão Batista, padre: atuação política e influência de, 176-8, 180, 183, 204-6, 208-10, 212-3, 215, 239, 241-2, 244-5, 247-8, 250-1,

253-4, 262-5, 283-6, 288, 314-5; como prefeito de Joaseiro, 49, 181, 215, 219; como protagonista dos milagres, 84-5, 87-9, 91-2, 99; como símbolo do regionalismo nordestino, 281-2; controvérsias acerca de, 53, 79, 81-2, 84, 176, 236, 319; crença nos milagres de Joaseiro, 89, 101, 103, 133; em conflito com as autoridades civis, 115, 122, 142-4, 146-7, 237-9, 241-2, 244-5, 247-8, 250-1, 253-4; em conflito com as autoridades eclesiásticas, 99, 113-4, 289, 291-2, 294-6, 298-9, 301-3, 319, 321-2, 324-5; enfermidade e morte de, 46, 161, 189, 264-5, 284-6, 306-7, 319, 321-2, 324-6; estátua de, 276, 288, 314, 327; excomunhão de, 144, 294-5, 303; milagres atribuídos a, 83, 153, 159; ordenação de, 56, 72, 82; pedidos de reintegração de, 123, 142, 150, 172-4, 183, 292, 294-6, 298-9, 301-3, 320-2, 324; personalidade e histórico inicial de, 53-9, 65, 78-9, 81-2, 84; plano de instalar um bispado em Joaseiro, 183, 246; "política de neutralidade" de, 172-4, 177-8, 182, 257; suspenso pela Igreja, 121, 138, 148, 291, 299, 306, 323; testamento de, 176, 244, 322, 324; vida ameaçada, 143; visões de, 56-8, 83, 100; visões teológicas de, 147, 161

cisma religioso em Joaseiro, 103, 111, 113

Clarindo de Queiroz, José, 24, 220, 223, 256-7

classes baixas, 61, 64, 69, 114, 151, 264, 327; apoiando os milagres de Joaseiro, 114-5, 117, 123-6, 128-9, 131-2, 143; condições econômicas das, 157-8, 160; crenças religiosas das, 153-5; oposição às autoridades eclesiásticas, 126, 129, 133, 141-2, 155, 297-8, 303; organização política das, 134-42

classes médias, 77, 195, 210, 217-9, 221-2, 225, 240, 251, 255-6, 263, 280, 282, 287, 313

clero brasileiro: apoiando os milagres de Joaseiro, 93, 97, 105, 114; na política cearense, 96, 104, 110, 310-1, 316-7; oposição à República, 96, 104, 139; reformas no, 71, 72; sentimento nacionalista entre o, 52, 105, 107, 303-4, 306-7; ver também "romanização" do catolicismo brasileiro

clientela política e clientelismo, 181, 221, 225-6

Clycério, padre ver Lobo, Clycério da Costa, padre

coalizões políticas: no Cariri, 206, 208, 213, 215, 277; no Ceará, 255-8, 260-1, 277-8, 280-1, 316-8

Colégio Pio Latino-Americano, 101, 107

Coluna Prestes, 29, 268, 272; ver também Prestes, Júlio

comerciantes, 22, 51, 65, 68, 73, 76, 92, 95, 130, 157, 166, 168, 179-80, 186-7, 195, 198-9, 201, 208-10, 213, 217, 221-3, 227-8, 231-2, 240, 254, 263, 287-8, 312, 327; de Fortaleza, 221-2, 251; de Joaseiro, 157, 187, 203, 212, 227-8, 287-8, 313; do Crato, 95, 143, 186, 208

Comissão de Febre Amarela da Fundação Rockefeller, 285

comissão de inquérito (1891), 98-100, 114; relatório da, 101, 103, 122, 132
comissão de inquérito (1892), 122, 133
Comte, Augusto, 76
comunhão *ver* hóstias; Santíssimo Sacramento; "transformação da hóstia" (milagre de Joaseiro)
Concílio de Trento, 99, 113
Conferência de São Vicente de Paulo, 135, 138
Congregação do Santo Ofício *ver* Santo Ofício
Conselheiro, Antônio, 145, 147, 238
Conselho Central do Ceará, 136
coronéis, 21, 26, 125, 171-4, 177, 195, 205-6, 208, 214, 223-4, 235, 243, 248, 262, 267, 271; alianças entre, 206, 208, 212-3, 215; conflitos entre, 172-4, 183-4, 195, 234-5, 238-9, 241-2, 244-5, 247; coronelismo, 170, 266; ligações com o sistema político, 170-1, 185, 223, 227, 266-8, 270-1, 273; papel na revolução de 1913-1914, 243; *ver também* elites do sertão
Correia Lima, Ildefonso, 95
Correia Lima, Joaquim, 148
Correio do Cariry (semanário), 198, 200, 202, 205, 207-8, 211
Coxá, 182-7, 190, 197, 199, 206, 228, 235, 269, 290
Crato, 55, 57, 63, 68, 78-9, 128-9, 151, 159, 177-8, 196, 313, 326; comerciantes do, 95, 185, 208; economia do, 64-5, 164, 183, 197-8, 273; educação no, 73, 275; fazendeiros do, 185, 208; *ver também* Cariri, Vale do; diocese do Crato; Joaseiro

Cristo *ver* Jesus Cristo
crucifixos, 117, 120, 167
Cruz, José Geraldo da, 309, 312, 314, 318
Cunha, Euclides da, 40, 50-1
curas, 68, 71, 110, 142, 147, 153

darwinismo, 113
Della Via, padre, 322
demografia, 18, 63, 157, 233
Deus, 19, 58, 62-3, 67, 69, 72, 83, 88, 92, 95, 98, 102, 105, 113, 115-6, 121, 144, 147, 160-1, 173, 184, 290, 312
"Deus, Pátria e Família" (lema do Partido Integralista), 312
Diário de Pernambuco, 146
dinheiro, 25, 81, 123, 131, 139, 163, 180, 194, 287, 308
diocese de Fortaleza, 86, 94
diocese do Cariri, esforços para a criação da, 183-4, 189, 194, 246, 289
diocese do Ceará, 47, 69, 110, 141; *ver também* clero brasileiro
diocese do Crato, 23, 47, 290, 292, 295, 298, 324
direito canônico, 90, 99, 108, 136, 148, 297-8
donativos, 180, 288, 296-7

economia: de Fortaleza, 162, 263; de Joaseiro, 166-8; do Ceará, 162-3, 220, 223, 255, 263; do Crato, 64-5, 164, 183, 197-8, 273; do Nordeste, 161; internacional, 50, 166-7, 269-70; nacional, 14, 50, 52
educação, 62, 65, 73, 170, 214, 275, 322; *ver também* escolas
eleições: de 1912, 209-10; máquina

488

eleitoral, 217, 219, 224; para a Câmara Federal, 283, 310

elites do sertão: apoiando padre Cícero, 148, 179; apoiando os milagres de Joaseiro, 95, 109, 113, 123-4, 131, 140; integradas ao sistema político, 51, 124, 169-71, 186, 225, 227-9, 231-2, 273, 316-8; *ver também* clero brasileiro; coronéis

engenhos de açúcar, 64, 78, 165-6

Era Nova (semanário católico), 95

Esberardo, João, 140

Escola Normal Rural, 275

escolas, 25, 65, 68, 73, 109, 166, 275, 328; *ver também* educação

escravidão e escravos, 64, 78-9, 106, 109-10

Esmeraldo da Silva, Pedro, padre, 296, 301, 303-5, 307-8, 320

espiritismo, 113

Estados Unidos, 64, 162

estátua de padre Cícero, 276, 288, 314, 327

estigmas (chagas de Cristo), 84, 95

estipêndio das missas, 148, 287

estradas de ferro *ver* ferrovias

Europa, 13, 15, 57, 61, 64, 70, 74, 75-6, 107, 126, 139, 148, 169, 259, 263, 269; exportações brasileiras para a, 270; guerra na, 256, 259, 269; imigrantes europeus, 163, 281; religião na, 57, 105, 113

excomunhão, 127, 134, 144-5, 202, 294-5, 302-3; *ver também* Santo Ofício

Exército: como interventor do Estado, 217, 218, 219, 221; na revolução de 1913-1914, 245, 247, 250, 254, 272; *ver também* "salvações"

fanatismo religioso, 12, 17-9, 21, 32, 40, 48, 51, 118-9, 134, 145-6, 151-3, 155-6, 158, 161, 180, 197, 274, 293, 299, 301, 304, 307, 319, 325, 328; *ver também* religião popular

Farmácia dos Pobres, 309

farsa, milagres de Joaseiro como, 118-9, 202

fazendeiros, 51, 63-5, 68, 73, 92, 118, 124, 134, 143, 153, 157, 168, 170, 172, 177, 179, 181, 185, 195, 204, 207-10, 228, 231, 234, 255, 287; *ver também* coronéis; elites do sertão

Feitosa, família (Inhamuns, Ceará), 123

Ferreira, Antônio Virgulino (Lampião), 271-2

ferrovias, 267, 270, 273, 317

Figueiredo Filho, Henrique, 96

Figueiredo, José André de, 201, 204-5, 208, 212-3, 227-31

filhos da terra, 32, 178-201, 204, 212, 227-31, 289, 308-13, 316, 318-9; *ver também* adventícios

Floro *ver* Bartholomeu da Costa, Floro

Fonseca, Hermes da, 210, 217-8, 238, 245, 249, 252, 256

Fontenele, José Bezerril, 224

força de trabalho, 64, 163-4, 273; escassez de, 163

Forças Armadas *ver* Exército

Ford, Henry, 281

Fortaleza, 56, 61, 72, 76, 97, 121, 131, 136, 146, 166, 172, 202-3, 211, 216, 240-2, 244-5, 263, 265, 275, 289, 317; condições de vida em, 162, 168, 219, 221-2, 263; Seminário de Fortaleza, 58, 73, 105, 109

fotografias, 37, 127, 264
França e franceses, 9, 57, 67, 70, 105, 107, 113, 166, 298
Francelino, "frei", 154
franciscanos, 290, 298, 323
Frascarolo, Vitale de, frei, 62, 68
Frota, A. E., padre, 110
Fundação Rockefeller, 285
Furtado, Celso, 281
Furtado, Domingos, 185-6, 199, 206

Gazeta do Joaseiro, 317
Gilli, Elias, 156
Gomes de Mattos, Pedro, 211
Gomes de Mattos, Raimundo, 195, 211
Gomes, Manuel, d. (arcebispo de Fortaleza), 316
Gotti, Jerônymo de Maria, d. (núncio apostólico), 139
Gouveia, Flávio, 199
Gouveia, Hermínia Marques de, 190-1
governo federal, 37, 164, 170, 257, 266-70, 278, 281, 313, 316, 318
Guarda Nacional, 134, 246
Guerra de Secessão americana, 269
guerrilha, 145

"Haia Mirim", 214, 233
heresia, 76, 142, 153, 317
Hermínia ver Gouveia, Hermínia Marques de
Heuzer, Lucas, d., 293
hierarquia eclesiástica, 11, 20, 47, 69, 75, 125, 136, 143, 146-7, 152, 178, 289, 301, 306, 316, 328
"hipnotismo", 102
Hobsbawm, E. J., 52
Horto ver Catolé, serra do

"hostes celestiais" (seita milenarista), 274
hóstias, 45, 84-5, 89-90, 94, 96, 98, 105, 115, 117, 119; ver também "transformação da hóstia" (milagre de Joaseiro)

Ibiapina, José Maria, padre, 66-9, 71-3, 80, 110
Icó, 59, 65, 101, 120, 124
Ideal, O (jornal), 313
ifocs ver Inspetoria Federal de Obras contra as Secas
Igreja católica, 14-15, 25, 37, 49-50, 70, 76-7, 81, 298, 316; finanças da, 298-9; "Igreja dentro da Igreja", 101-2, 104, 111; ver também Cícero Romão Batista, padre; cisma religioso em Joaseiro; "romanização" do catolicismo brasileiro; padres e bispos específicos
igrejas, 61, 68, 263
Iguatu, 82-3, 270
Imaculada Conceição, dogma da, 67
imigração e imigrantes, 163, 165, 167, 179, 281
Império brasileiro, queda do, 75-6, 96, 116; ver também República, proclamação da
imprensa, 86, 91, 95, 111, 124, 146, 183, 193, 201, 203, 207, 272; ver também jornais
indústria artesanal ver artesãos
industrialização, 49, 277
Inglaterra, 162, 270
Inquisição ver Santo Ofício
Inspetoria Federal de Obras contra as Secas (ifocs), 278
Instituto Brasileiro de Geografia e Estatística (ibge), 54

490

interdição canônica, Joaseiro sob, 123, 131, 133, 154

interesses agrários: no Cariri, 185, 205-6, 232; no Ceará, 220-1, 255

interventores militares, 313

Ipu, 153

irmandades, 69, 125, 134-7, 140, 180, 308-9

Isaú, Manuel, padre, 46

Itália, 107, 113, 155, 298

Jesus Cristo, 45, 56-7, 67, 78, 85, 90, 94-5, 99-100, 102-3, 117, 119, 155-6, 293; *ver também* Sagrado Coração de Jesus

João do Norte (pseudônimo de Gustavo Barroso), 30, 279-80

Joaseiro: aliança com o Crato, 262-5; bibliografia e historiografia de, 46, 175-6, 318; comerciantes de, 157, 187, 313; como centro de fanatismo religioso, 153-5, 274; crescimento demográfico de, 157, 166; crescimento econômico de, 166-8, 188, 275, 277; divisão de seus habitantes entre filhos da terra e adventícios, 178, 180, 212, 228-9, 231-2; educação em, 275; organizações paroquiais de, 88, 309; paróquia de, 295-6, 298-9, 301-3; rabelistas em, 227, 246, 250-1; reivindicação de autonomia municipal, 176, 187, 205, 275; rivalidade com o Crato, 183, 187-8, 197-8, 204-6, 208, 213, 215, 276; sob interdição episcopal, 123, 131, 133, 154; "teologia" de, 161; vida social de, 274-5; *ver também* peregrinos e peregrinações

Joazeiro do Cariry, O (panfleto), 310

Joazeiro em fóco (Macedo), 316, 319-20

jogatina, 274, 314-5

jornais, 21, 24-5, 65, 71, 77, 86, 93, 109, 132, 146, 184, 187, 193, 196, 198, 207, 210, 244, 299, 314, 317; *ver também* imprensa

jornalismo e jornalistas, 65, 77, 109, 120, 181, 189, 196, 205, 280-1

"juízo final", 116

Julião, Francisco, 281

Ladislau, Júlio, 239

Lampião *ver* Ferreira, Antônio Virgulino

Landim, Nazário Furtado, 236

Lavras da Mangabeira, 134

lazaristas, padres, 70, 105-7

Leão XIII, papa, 138-9, 141, 143, 149-50

Legião da Cruz, 135-7, 139-42, 149, 152, 157, 179, 192

leigos, 70, 96-7, 117, 119, 127, 132, 139, 310

Leme, Sebastião, cardeal, 305

liberalismo, 75

Libertação do Ceará (Theophilo), 216

Liga Eleitoral Católica (LEC), 312

Ligas Camponesas, 281

Lobo, Clycério da Costa, padre, 100-1, 104-5, 107-8, 112, 121

Lobo, José Joaquim de Maria, 134-42, 144, 148-52, 155, 173, 178-9, 192, 285, 309

Lopes, Alípio, 251

Lopes, Manuel (bispo auxiliar do Ceará), 188

Lopez, Bento, d. (visitador apostólico), 320-1

491

Lourenço, José, beato, 274
Lourenço, Ladislau, 251
Luz, Isabel da, 80

Macedo, Manuel, padre ("Macedinho"): como líder político, 309-11, 313-5, 317-9; como vigário de Joaseiro, 305-8, 322
Macedo, Pelúsio, 179, 239-40, 253, 293, 305
Maceió, 146
Machado, João, 238
maçonaria, 74-7, 92, 104, 113, 117, 125, 155; ver também "questão religiosa de 1872-1875" (Igreja católica versus maçonaria)
Madeira, Marcos Rodrigues de, 93
mandioca, 83, 165-6, 273
maniçoba, 166, 194, 237, 260, 270, 273
Maranhão, 158, 162, 183
Maria, Santa ver Virgem Maria
Marques, Lourival, 325
"marretas" ver Partido Marreta
Marrocos, José Joaquim Teles, 16, 71, 109-11, 119-20, 123, 126, 137, 144, 178, 192-4, 202, 285; como ideólogo da "questão religiosa" de Joaseiro, 109, 111, 123, 134-6; morte de, 119, 194, 201-2, 239; papel na política de Joaseiro, 178, 184, 192, 194, 201-2; suspeito de fraude, 119
massas rurais, 51
materialismo, 104-5, 113, 123
matérias-primas, 63, 162-3, 269
medalhas, 126-7, 137, 154, 167, 288, 301, 326
médicos, 19, 21, 65, 93, 95, 157-9, 161, 181-2, 189-90, 196, 211, 245, 274, 285-6, 302, 310-1, 327

"Memorando de Outubro", 109
messianismo, 13, 47, 48
Mestre Ibiapina ver Ibiapina, José Maria, padre
migratório, movimento, 157; ver também demografia
milagres: atribuídos a padre Cícero, 83, 153; atribuídos a padre Ibiapina, 71, 110; em Icó, Aracati e União, 121
milagres de 1889 em Joaseiro, 45, 58, 81, 84-5, 87-8
milagres de 1891 em Joaseiro, 86-7, 91-3, 95-6, 100-1, 103-4; aspectos políticos dos, 123; como defesa do catolicismo brasileiro, 105, 113, 123; como prova da igualdade do catolicismo brasileiro e europeu, 113; reabertura da controvérsia sobre a validade dos, 193; repetidos em outras cidades do Ceará, 121; suspeitos de serem uma farsa, 118-9, 202
Milagres do Joaseiro ou Nosso Senhor Jesus Christo manifestando Sua presença real no divino e adorável sacramento da Eucharistia (panfleto), 95
Milagres (município), 68, 92, 141, 182, 209; alianças municipais com, 185, 199; chefes políticos, 182, 185, 206
milenarismo, 13, 47, 48, 274
Minas Gerais, 70, 160, 169, 218, 245
Missão Velha, 68, 78-9, 92-3, 141, 173, 182, 185-7, 194, 206-7, 209, 214, 248, 265, 317
missas, 31-2, 103, 148, 297-9
missionários: brasileiros, 66; estran-

geiros, 298, 306, 324; italianos, 62, 293, 322; protestantes, 104

Mocinha, beata, 286-9

modernismo, 74

monarquia brasileira, 116; *ver também* Império brasileiro, queda do

Monteiro, Francisco Rodrigues, monsenhor, 73, 82, 107; como divulgador dos milagres de Joaseiro, 84-5, 87-9, 92, 110, 114, 123, 131

Moreira da Rocha, Manuel, 311, 316-7

Motta, Leonardo, 30, 280

Moura, Felix de, padre, 82-3, 93

movimento religioso de Joaseiro: aspectos de clandestinidade do, 133; como ameaça às autoridades civis e religiosas, 114, 122, 142-4, 146-7; comparado a Canudos, 52, 145-7; ideologia do, 125-6, 128-9; integrado a estruturas políticas, 48, 50, 125; *ver também* Cícero Romão Batista, padre; religião popular

Museu do Padre Cícero, 327

nacionalismo, 30, 52, 59, 100, 108, 139, 219, 264, 268, 277, 280-3, 306-7

neutralidade *ver* "política de neutralidade"

Niterói, 322

Nordeste brasileiro, 45, 58, 64, 95, 142, 146, 155, 174, 192, 216, 221, 254, 265-6, 275, 328; *ver também* regionalismo

Nordeste, O (jornal), 314, 316-7

Nossa Senhora das Dores, capela de, 55, 57, 78, 81, 117, 135, 144, 152, 154, 203, 284-5, 291, 296, 304

Nossa Senhora do Perpétuo Socorro, capela de, 190, 293, 327

"Nova Jerusalém", Joaseiro como, 153, 174, 235, 243, 246, 250, 252-4, 260, 281, 302, 307, 313, 318

núncio apostólico, 123, 139, 172, 290, 295, 303

obras públicas, 164, 221, 262, 267, 270

oficiais militares, 76, 285

oligarquias, 24, 26, 169-70, 184, 186, 210, 216-8, 221, 255

Oliveira, João Batista de, 179

"orações fortes", 154

Orfanato Jesus, Maria e José, 275

organizações paroquiais, 309, 312

"Pacto dos Coronéis", 214

padre Cícero *ver* Cícero Romão Batista, padre

"Padre ordinário, Um" (Macedo), 317

padres *ver* clero brasileiro

Padroado Real, 74

panos manchados de sangue (milagre de Joaseiro), 85, 90, 92, 98, 117, 119, 202, 203; *ver também* "transformação da hóstia"

Pará, 107, 163, 218

Parahyba e seus problemas, A (Almeida), 280

Paraíba, 59, 64, 66, 72, 95, 112, 140, 157-8, 162, 165, 171, 235-8, 240, 264, 270

paróquias, 63, 135, 289, 296-8

Partido Católico, 97, 104, 110

Partido Conservador Cearense, 258, 261-2, 317

Partido Democrata, 311

Partido Integralista, 312

Partido Marreta, 229-32, 257

Partido Republicano Conservador —

Ceará (PRC-C), 170-1, 194, 201-2, 209, 211, 214, 217-9, 223-5, 228-9, 233, 238, 240, 243, 250, 257-8, 261, 312, 318

Partido Unionista, 258

paternalismo, 271, 281

Patriarca *ver* Cícero Romão Batista, padre

Pedro II, 74, 77

Peixoto, Floriano, 218

Penha, José da, 254

peregrinos e peregrinações: influxo em Joaseiro, 110-1, 113, 116, 142, 157-8, 160-1, 288; permanência em Joaseiro, 307; proibição eclesiástica de, 300-2

Pereira, Chico (cangaceiro), 160

Pernambuco, 58-9, 64, 66, 95, 112, 116, 123, 146-8, 158, 162, 165, 171, 179, 181, 218-21, 235, 240, 245, 250, 263-4, 270

"Pérola do Cariri", 59, 73, 164, 183, 207, 253, 277; *ver também* Crato

Pessoa, Epitácio, 267

"Petição de Apelação de Julho", 99, 108-9

Petrópolis, 123, 138-9, 172, 184, 290, 295, 303

Pia União Josefina, 307

Piauí, 59, 66

Pinheiro Machado, José Gomes de, 27, 218-20, 224-6, 228-9, 241, 244-50, 252, 254, 257-8; papel na revolução de 1913-1914, 244-5, 247-8, 250-1, 253-4

Pinheiro, Irineu, 196, 211

polícia, 147, 199, 201-2, 204-5, 221-2, 233-4, 236, 238-9, 246, 326

"política de neutralidade", 172, 174, 177-8, 182, 257

"política dos governadores", 169, 195, 219

Portugal, 107, 111, 113

positivismo, 9, 13, 76-7, 104-5, 113, 123

PRC-C *ver* Partido Republicano Conservador — Ceará

Precioso Sangue de Cristo, devoção ao, 84, 89, 92, 96, 101, 110, 117, 120, 135; *ver também* Sagrado Coração de Jesus

Premonstratense, Ordem, 306, 322

presidentes do Ceará *ver* Accioly, Antonio Pinto Nogueira; Clarindo de Queiroz, José; Rabelo, Marcos Franco; Barroso, Benjamim Liberato; Moreira da Rocha, Manuel Prestes, Júlio, 318; *ver também* Coluna Prestes

Primeira Guerra Mundial, 24, 64, 298

Primitive Rebels (Hobsbawm), 52

"Processo do inquérito, O" (padre Clycério), 101

profissionais liberais, 51, 64, 210, 217, 261

proletariado, 222-3

promessas, 62, 83, 116, 127, 155, 220-1

proprietários de terra *ver* fazendeiros

proselitismo, 77, 104

protestantismo e protestantes, 76-7, 92, 113, 117, 155, 317

Queiroz, Rachel de, 280

"questão religiosa de 1872-1875" (Igreja católica versus maçonaria), 74-5, 77; *ver também* maçonaria

"questão religiosa" de Joaseiro, 21, 31, 87-8, 93, 107, 109, 125, 197, 317; *ver também* Joaseiro; milagres de Joaseiro

Quinou (mãe de padre Cícero), 286
Quintino, d. *ver* Rodrigues de Oliveira
  e Silva, Quintino, d. (primeiro bispo do Crato)

rabelismo e rabelistas, 221, 223-33,
  238-43, 246, 248, 250-3, 255-6,
  260-1, 290, 311; papel na revolução
  de 1913-1914, 252-3
Rabelo, Marcos Franco: ações políticas no Cariri, 238-9, 241-2, 244-5,
  247-8, 250-1, 253-4; candidatura
  de, 220, 224-5, 231, 256; como
  opositor de Pinheiro Machado,
  244; derrubada de, 244
Rebate, O (semanário), 187, 189, 193,
  196, 198-200, 203, 205, 207-8, 211-
  2, 310
Recife, 59, 63, 66, 76, 86, 95, 110, 146,
  148, 240, 263, 270, 276, 322
Redenção: teologia da "segunda Redenção", 96, 98
"redução" (elemento do direito canônico), 298
regionalismo: como fator de desenvolvimento, 266-8, 270-1, 273-5,
  277; como fator político, 205-6,
  208, 214-5, 263-5; nordestino, 263,
  277-80, 282-3
religião popular, 17, 114-5, 117; *ver*
  também superstições
relíquias, 117, 119, 326
República Velha, 21, 51, 195, 225, 259,
  262, 313
República, proclamação da, 77, 104,
  106, 169-70
republicanismo, 21, 75-7, 169, 195
revolução de 1913-1914: consequências da, 255-8, 260-1, 263-5, 267-8,

270-1, 273-5, 277, 283-4, 292, 294,
  300; execução da, 248, 250-1, 253-
  4; preparativos, 238-9, 241-2, 244-
  5, 247
Revolução de 1930, 29, 53
Ribeiro, Neco, 174
Rio de Janeiro, 10, 23-4, 30, 43, 66, 70,
  76, 93, 100, 110, 138, 140-1, 184,
  188, 192, 206, 216, 218-22, 224-6,
  241-50, 254-6, 259-60, 269, 290,
  303, 305, 310, 312, 320, 322
Rio Grande do Norte, 64, 95, 112, 116,
  157-8, 165, 240, 270
Rio Grande do Sul, 218
Rodrigues de Oliveira e Silva, Quintino, d. (primeiro bispo do Crato),
  120, 153, 183, 191, 253, 285; atitudes em relação a padre Cícero, 291-
  2, 294-6, 298-9, 301-3, 319, 321-2,
  324
Roma, 15, 48, 69, 74-5, 99-101, 105,
  107-9, 112-4, 122-4, 126-7, 131-4,
  136, 138, 140-2, 144, 147-51, 155,
  167, 172, 179, 180, 183, 188, 246,
  289-90, 294-5, 298-300, 302-3,
  305-7, 321-5; *ver também* Igreja católica; Santo Ofício; Vaticano
"romanização" do catolicismo brasileiro, 12, 15, 69-70, 75
romeiros *ver* peregrinos e peregrinações
Rota, padre, 323, 325

Sagrado Coração de Jesus, 57, 72, 78,
  84, 88, 135, 155; capela construída
  por padre Cícero em honra ao,
  155; consagração do estado do
  Ceará ao, 78; devoção litúrgica ao,
  84, 88, 135; imagem do, 57; pro-

messas de padre Cícero ao, 83, 155; visões de padre Cícero, 57; *ver também* Precioso Sangue de Cristo, devoção ao

salesianos, 23, 298, 300, 322-4

Salgueiro, 144-5, 147-8, 151, 238

"salvações" (intervenções militares na política), 218-21

Sampaio, os (comerciantes de Barbalha), 254

sangue de Cristo, 89-90, 96, 98, 115, 122; *ver também* Precioso Sangue de Cristo, devoção ao

Santa Cruz, Augusto, 236

Santana do Cariri, 172

Santanna, Juvêncio, 265

santeiros, 287-8

santidade, 15, 58, 62, 83, 91, 102, 155, 159, 280

Santíssimo Sacramento, 129, 135

Santo Ofício, 105, 107, 112, 122, 126, 132, 138, 142, 144, 149-51; condenação dos milagres de Joaseiro, 127, 132, 145, 300; excomunhão de padre Cícero, 144, 294-5, 302

Santos, Luís Antônio dos, d. (primeiro bispo do Ceará), 69-70, 72-3, 78, 82, 100

Santos, Manoel Cândido dos, padre, 120

santuários *ver* capelas; igrejas

São Paulo, 77, 169, 218, 240, 245, 260, 270, 305-6

São Pedro, 124, 139, 165, 248

Satanás, 105, 189, 198

secas, 61-2; impacto das, 162-3, 233, 256, 267, 274, 278, 306; no Cariri, 77, 106, 155

sedição do Joaseiro *ver* revolução de 1913-1914

Sedição do Joazeiro, A (Theophilo), 241

Semana Santa, 81, 86, 92, 95, 308

Seminário de Fortaleza, 56, 58, 73, 105, 109

Seminário do Crato, 74, 84, 90, 92, 106, 114, 120

Senhoras de Caridade *ver* Associação das Senhoras de Caridade

Sertões, Os (Cunha), 40, 50

Sílabo (Vaticano), 74

Silva, Cincinato, 201, 204-5

Silva, João David da, 167

Silva, Manuel Victorino da, 228-32

Silva, Pedro Ribeiro da, padre, 78

Silvino, Antônio, 160

Silvino, Pedro, 254

Sínodo Diocesano do Ceará, 100

Sobral, 66-8, 71, 153

Sobreira, Azarias, padre, 297

sociedade brasileira, 50, 53, 74, 114, 211

Sociedade de São Vicente de Paulo, 136-7, 309-10, 312, 314, 318

Soter, Joaquim, padre, 93

"sugestão psíquica", 102

Superintendência do Desenvolvimento do Nordeste (SUDENE), 281

superstições, 62, 97, 126-7, 132, 146, 153; *ver também* religião popular

Supremo Tribunal Federal, 261

Távora, Fernandes, padre, 83

Távora, Manoel do Nascimento Fernandes, 311, 318

tavoristas, 314, 318

Teixeira, J. F. Alves, 183

telégrafo, 166, 239, 242, 254, 305, 325

tenentes, 268

496

"terceira força", 261, 265, 268, 278, 281
Terra de sol (João do Norte), 279
Terra Santa, 298
Tertuliana de Jesus, Joanna ver Mocinha, beata
testamento de padre Cícero, 176, 244, 322, 324
tipografia, 95, 166, 187
Tomás de Aquino, São, 99
trabalhadores rurais, 62, 141, 157-8
transes religiosos, 117
"transformação da hóstia" (milagre de Joaseiro), 45, 89-90, 93-5, 101-2, 119; opinião do bispo sobre a, 98; propósito divino da, 105, 117; suspeita de fraude, 118-9; testemunhada pela comissão de inquérito, 102; ver também hóstias; milagres de Joaseiro (1889 e 1891)
transubstanciação, 98

União (município), 120-1
Unitário (jornal), 184-5, 210, 217, 223, 241, 244
urna de vidro (com as hóstias e os panos dos milagres de Joaseiro): removida de Joaseiro por ordem de d. Joaquim, 119; roubada, 119, 127, 202; veneração da, 92, 116-7

Vale do Cariri ver Cariri, Vale do
Valle, José Ferreira do, 239
Van den Brule, Adolpho, 181, 269

Vanguarda (tipografia do Crato), 95
Vargas, Getúlio, 53, 265-6, 277, 318
Vasconcelos, José Borba de, 254
Vaticano, 15, 25, 74-5; ver também Igreja católica; Santo Ofício
veneração da urna de vidro ver urna de vidro
Vianna, Luís, 146
Vieira, Joaquim José, d. (segundo bispo do Ceará), 77, 136, 140-3, 149, 178, 183, 188, 193, 203, 253, 290; Carta Pastoral de, 77, 121-2, 125-6, 128, 145, 150; confiança depositada em padre Cícero, 81, 87; posicionamento acerca de doutrinas contrárias ao catolicismo, 77, 87; reação aos milagres de Joaseiro, 86-93, 97, 99-101, 103-5, 107-9, 111, 113, 117-9, 121-2, 124-5
violência nos sertões, 52, 170-1, 173-4, 182, 184-5, 202
Virgem Maria, 67, 160-1, 167, 184, 188, 190, 304
visitador apostólico, 320-1
Vitale, frei ver Frascarolo, Vitale de, frei
Voz da Religião no Cariri, A (jornal), 71, 110

Xavier de Oliveira, Antônio, 310-1, 319
Xavier de Oliveira, José, 310

ESTA OBRA FOI COMPOSTA EM MINION PELO ACQUA ESTÚDIO E IMPRESSA
PELA GEOGRÁFICA EM OFSETE SOBRE PAPEL PÓLEN SOFT DA SUZANO
PAPEL E CELULOSE PARA A EDITORA SCHWARCZ EM JANEIRO DE 2014